가족, 사회, 자신을 위한 희망안내서

은둔형 외톨이

김혜원 · 조현주 · 김연옥 · 김진희 · 윤진희 · 차예린 · 한원건 공저

학지사

머리말

우리는 부인하고 싶다. 자신만의 공간에 머물며 세상과 극단적인 방법으로 단절하고 있는 젊은이들이 있다는 사실을. 여전히 많은 사람이 묻는다. 그런 사람들이 있냐고. 특히 혈기왕성한 젊은이가 그럴 수 있냐고. 그럴 수 있고, 그런 사람은 많으며, 우리 가까이에 있다.

그들을 뭐라고 불러야 할지부터 난감하다. 이제까지 이름 붙여 불러 준 적이 없기 때문이다. 우리가 인식하는 것보다 훨씬 오래전부터 그들은 우리 곁에 있었고, 자신들의 고통을 호소해 왔을지 모른다. 하지만 우리는 그들에게 눈길조차 준 적이 없었던 듯하다. 그러니 부를 이름이 없었던 것이 아닐까? 이제 우리는 그들을 은둔형 외톨이라고 부른다.

이 책의 저자들은 상담을 하는 사람들이다. 짧지 않은 기간 동안 은둔형 외톨이와 그 가족들을 만나 왔다. 처음 그들의 입을 통해 들은 사연은 우리를 놀라게 했다. '정말 이런 생활을 하는 사람이 있을까?' 믿기 어려울 정도였다. 그러면서 그들의 아픔에 함께 눈물 흘렸고, 세상에 나오기를 희망하는 그들의 마음을 확인하며 도우려 애썼다. 때로는 그저 들어 주고 함께 있어 주는 것 외에는 다른 방법을 몰라 안타까웠다. 이런 가운데 특히 답답한 점은 이들에 대해 참고할 자료가 거의 없다는 사실이었다. 우리보다 30여 년 앞서 유사한 경험을 한 일본의 자료와 최근의 몇몇 국내 연구결과나 기사가 참고할 내용의 전부였다. 이렇듯 현재 우리 사회에서 은둔형 외톨이와 관련하여 신뢰할 만한 자료는 너무나 빈약하다. 이는 은둔형 외톨이 현상이 최근에야 수면 위로 떠올랐기 때문이기도 하지만, 그만큼 사회적 관심이 부족했음을 보여 주는 것이기도 하다. 이런 답답함과 안타까움으로 이 책의 집필이 시작되었다.

은둔형 외톨이는 당사자만의 고통이 아니다. 은둔형 외톨이에게 세상과 거의 유일한 접점이 되는 부모의 고통은 상상을 초월한다. 이들을 현장에서 지켜보면서, 은둔형 외톨이 자녀를 두는 것은 '부모의 가장 고통스러운 부분이 가장 고통스러운 방법으로 건드려지는 것'이라는 생각을 하곤 했다. 하지만 은둔형 외톨이는 결코 부모에게 복수하기 위함도 아니고, 즐기며 그 상태에 머무르고 있는 것도 아니다. 그들에게는 다른 방법이 보이질 않는 듯하다. '내일은 나가야지.' '내일은 움직여야지.' 하고 결심하면서도 실행에 옮기지 못하고 매일매일 무너지는 자신을 보는 긴 세월은 한 인간에게 깊은 무력감과 절망감을 준다. 이 자체로 그들은 도움이 필요한 사람이다. '마음만 먹으면 되는 그 쉬운 걸 왜 못 해.'라는 말은 은둔형 외톨이에게 의미가 없다. 그들에게는 그것이 어렵기 때문이다.

이런 이유로 은둔형 외톨이가 '왜 은둔하게 되었는지, 그 상태에 머물러 있는 이유는 무엇인지'를 아는 것은 그리 중요하지 않을지도 모른다. 현재 그 상태에 머무를 수밖에 없다고 호소하는 사람들이 우리 주변에 꽤 많다는 사실 자체를 인정하는 것이 우선적으로 해야 할 일이다. 원인 규명이 불필요해서가 아니라, 그것이 당사자와 가족을 돕는 데 큰 소용이 없는 경우가 많기 때문이다. 이 책에서 우리는 은둔형 외톨이에 대한 평가와 해석을 자제하고, 밝혀진 사실들에 근거하여 우리 사회 은둔형 외톨이의 실상을 전달하는 데 충실하려 노력했다. 저자들은 있는 그대로의 사실을 가능한 한 객관적으로 확인하고 인정하는 것이 자책이나 비난보다 우선되어야 한다고 믿는다.

지금 누군가 넘어져서 무릎이 까지고 피가 흐르고 있을 때 우리는 쉽게 말하곤 한다. '왜 넘어졌어? 조심 좀 하지.'라고. 이러한 질책 전에 우리가 해야 할 것이 있다. 어디를 얼마나 다쳤는지, 상처가 어느 정도 심한지를 살피는 일이다. 그것이 지금 우리가 은둔형 외톨이와 그 가족에게 해 주어야 하는 일이다. 은둔은 젊은 날 한때 넘어진 해프닝이 될 수도 있지만, 발목부터 시작해서 목까지 빠져드는 늪이 되어 생명을 위협할 수도 있다. 이는 은둔형 외톨이와 그 가족만의 노력뿐 아니라, 우리 사회가 그들을 어떻게 바라보고 돕느냐에 따라 달라질 수 있다. 일부러 자신의 인생을 망치기 위해 애쓰며, 그 과정에 행복을 느끼는 사람은 아무도 없다. 그들이 스스로 삶의 방향을 바꾸지 못해 고통스러워할 때 주변의 도움이 필요한 이유가 여기에 있다.

은둔형 외톨이라는 다소 생소한 개념의 책 출판을 흔쾌히 맡아 준 학지사에 깊은 감사를 드린다. 또한 표지와 본문에 멋진 그림을 제공해 준 홍승전 청년작가에게도 감사의 마음을 전한다. 그의 감각적인 작품과 의미 있는 설명이 책을 한층 깊이 있게 만들어 주었다. 한 권의 책을 통해 은둔형 외톨이에 대한 모든 것을 말할 수는 없을 것이다. 하지만 이 책이 은둔형 외톨이 당사자와 부모 그리고 그들을 도와야 하고 돕고자 하는 사람들에게 조금이라도 신뢰 있고 체계적인 정보를 줄 수 있다면, 우리의 소임을 다한 것이라고 생각한다. 은둔형 외톨이 당사자와 그 가족들에게 깊은 응원의 마음을 보낸다.

2021년 6월
저자 일동

은둔형
외톨이

차례

● 머리말 _ 3

제1부 은둔형 외톨이 이해

/ 제1장 /
은둔형 외톨이의
개념과 기준   15

1. 은둔형 외톨이의 사회적 등장 / 15

2. 은둔형 외톨이 명칭이 갖는 사회적 의미 / 21

3. 은둔형 외톨이의 정의와 개념 / 23

4. 은둔형 외톨이 구분 기준 / 29

5. 은둔형 외톨이의 유형 / 35

6. 다양한 명칭 및 개념 / 38

7. 명칭, 개념보다 중요한 인정과 시선 / 44

/ 제2장 /
은둔형 외톨이의
현황   45

1. 국내 은둔형 외톨이 관련 현황 / 45

2. 국외 은둔형 외톨이 관련 현황 / 62

3. 그들은 어디에나 있고 언제나 존재한다 / 67

/ 제3장 /
은둔형 외톨이의
오해와 진실   71

1. 은둔형 외톨이는 정신질환이다? / 71

2. 은둔형 외톨이는 묻지마 범죄를 저지르기 쉽다? / 74

3. 은둔형 외톨이는 모두 인터넷 과의존 또는 게임 중독자이다? / 76

4. 은둔형 외톨이는 시간이 지나면 저절로 좋아진다? / 77

5. 은둔형 외톨이가 방 밖으로 나오면 문제는 해결된 것이다? / 79

6. 은둔형 외톨이는 절대 밖으로 나오지 않는다? / 81

7. 은둔형 외톨이가 되는 것은 모두 부모가 응석을 받아 준 결과이다? / 82

8. 은둔형 외톨이는 모두 가정 학대를 받아서 발생한다? / 83

9. 은둔형 외톨이는 유전이다-가족, 친척 중 은둔형 외톨이가 있다? / 84

10. 은둔형 외톨이는 사람을 싫어한다? / 86

11. 은둔형 외톨이는 방 안에서 편안함을 느낀다? / 87

12. 은둔형 외톨이는 성격이 둔감하다? / 88

13. 은둔형 외톨이는 삶의 의지와 의욕이 없다? / 89

14. 수많은 오해, 밝혀져야 할 진실 / 90

제2부 은둔형 외톨이 특징

/ 제4장 /
은둔형 외톨이의
인지적 특징   93

1. 은둔생활과 인지 / 93

2. 은둔형 외톨이의 주요 인지적 특징 / 98

3. 은둔형 외톨이의 생각 내놓기 / 117

/ 제5장 /

은둔형 외톨이의
정서적 특징   119

1. 은둔생활과 정서 / 119

2. 은둔형 외톨이의 주요 정서적 특징 / 124

3. 은둔형 외톨이의 마음 보기 / 145

/ 제6장 /

은둔형 외톨이의
행동적 특징   147

1. 행동의 중요성과 영향력 / 147

2. 은둔형 외톨이의 주요 행동적 특징 / 148

3. 은둔형 외톨이와 함께하기 / 170

제3부 은둔형 외톨이 원인

/ 제7장 /

개인적 요인과
은둔형 외톨이   173

1. 개인적 요인의 의미와 중요성 / 173

2. 개인적 요인과 은둔형 외톨이 / 178

3. 은둔형 외톨이는 우리와 다르다. 우리 모두도 다르다 / 200

/ 제8장 /

가족 관련 요인과
은둔형 외톨이   201

1. 가족 관련 요인의 의미와 중요성 / 201

2. 가정 관련 요인과 은둔형 외톨이 / 206

3. 은둔형 외톨이도 따뜻함을 그린다 / 228

/ 제9장 /
학교 및 진로 관련 요인과
은둔형 외톨이

231

1. 학교 및 진로 관련 요인의 의미와 중요성 / 231

2. 학교 관련 요인과 은둔형 외톨이 / 233

3. 진로 관련 요인과 은둔형 외톨이 / 250

4. 은둔형 외톨이를 믿고 기다려 주는 마음이 필요하다 / 253

/ 제10장 /
사회문화적 요인과
은둔형 외톨이

255

1. 사회문화적 요인의 의미와 중요성 / 256

2. 사회문화적 요인과 은둔형 외톨이 / 257

3. 은둔형 외톨이의 손을 잡아 주어야 한다 / 277

제4부 은둔형 외톨이 예방과 대응

/ 제11장 /
가정에서의 은둔형 외톨이
예방과 대응

281

1. 가정에서의 은둔형 외톨이 예방 / 281

2. 가정에서의 은둔형 외톨이 대응 / 293

3. 은둔형 외톨이와 그 가족에 대한 사회적 인식 / 300

4. 은둔형 외톨이 예방과 대응을 위한 가정 내 활동 / 301

/ 제12장 /

학교에서의 은둔형 외톨이 예방과 대응

311

1. 학교에서의 은둔형 외톨이 예방 / 311

2. 학교에서의 은둔형 외톨이 대응 / 320

3. 은둔형 외톨이에 대한 학교와 교사의 인식 / 327

4. 은둔형 외톨이 예방과 대응을 위한 학교 내 활동 / 329

/ 제13장 /

사회에서의 은둔형 외톨이 예방과 대응

337

1. 은둔형 외톨이에 대한 사회적 인식 / 338

2. 은둔형 외톨이에 대한 사회적 대응 현황과 전문기관 / 343

3. 은둔형 외톨이 관련 정책과 서비스 / 353

4. 당신은 결코 혼자가 아닙니다 / 368

/ 제14장 /

일본의 히키코모리 관련 주요 지원정책

371

1. 현재 일본의 히키코모리 관련 정책 및 가이드 / 371

2. 대표적인 히키코모리 지원기관 / 379

3. 히키코모리의 회복 사례 / 382

4. 은둔형 외톨이만을 위한 지원정책을 바라며 / 388

● **부록** _ 391

● **참고문헌** _ 414

● **찾아보기** _ 441

제1부 _____

은둔형 외톨이
이해

/ 제1장 / 은둔형 외톨이의 개념과 기준
/ 제2장 / 은둔형 외톨이의 현황
/ 제3장 / 은둔형 외톨이의 오해와 진실

그의 눈에는 새들이 날아다닌다. 잔잔한 틈 사이로 더 많은 것을 보려 하지만 이내 그의 손으로 덮고 만다.

제1장

은둔형 외톨이의
개념과 기준

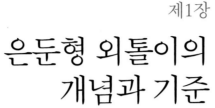

이 장에서는 우리 사회에서 은둔형 외톨이가 관심을 받아 온 과정에 대해 간략히 살펴보려 한다. 그리고 은둔형 외톨이 현상에 대한 정확한 명칭 사용과 개념 정립이 왜 중요하며, 현재까지 은둔형 외톨이에 대해 국내외적으로 어떤 다양한 명칭과 정의가 제기되어 왔는지 살펴볼 것이다. 또한 그러한 다양한 시각을 종합하여 은둔형 외톨이가 누구인지에 대한 정의와 그들을 구분할 수 있는 주요 기준이 무엇인지 알아보려 한다. 이를 통해 우리나라 은둔형 외톨이 현상에 대한 구체적이고 객관적인 시각을 가질 수 있을 것이다.

1. 은둔형 외톨이의 사회적 등장

1) 일본 히키코모리

(1) 일본 히키코모리의 등장

은둔형 외톨이의 종주국은 일본이다. 일본의 히키코모리라는 용어가 우리나라에

와서 새로 불려진 말이 은둔형 외톨이다. 원래 '히키코모루'라는 말이 '어느 장소나 방 안에 틀어박히다'라는 의미의 동사로 1970년대 정도부터 사용되어 왔지만, 명사형인 '히키코모리(ひきこもり)'가 본격적으로 사용된 것은 1990년대 말이다. 1998년 일본의 정신과 의사 사이토 타마키(斎藤環)가 저서 『사회적 히키코모리』에서 'social withdrawal'을 번역하여 처음으로 사용하였다(斎藤環, 2012; 오오쿠사 미노루, 2020a).

히키코모리를 부르는 다른 말로 'late bloomer(늦게 피는 꽃)' 'SNEP(Solitary Non-Employed Persons)' 등의 용어들도 제안되었지만 히키코모리만큼 지지받지 못했다. 'Hikikomori'는 현재 이 현상을 부르는 세계 공통 용어로 쓰이고 있고 2010년 옥스퍼드 영어사전에도 추가되었다([참고자료] 참조). 또한 일본 KHJ전국히키코모리가족연합회에서는 미국정신의학회의 DSM-IV 및 WHO의 국제질병분류 ICD에 Hikikomori를 등록하려는 움직임도 있다(오오쿠사 미노루, 2020a).

참고자료 영국 『옥스퍼드 영어사전』에 '히키코모리' 추가—집 안에 틀어박혀 나오지 않는 것을 의미하는 일본어를 발음 그대로 등재

19일 개정판이 발행된 세계적 권위의 영어사전 『옥스포드 딕셔너리 오브 잉글리쉬』(옥스포드대학 출판국)에 새롭게 수록된 2,000여 영단어 가운데 일본어 '히키코모리(hikikomori)'가 포함되어 있다고 마이니치신문이 보도했다(2010. 8. 20.). 히키코모리는 사회와의 접촉을 철저하게 꺼리는 사회부적응자로 주로 자기 방에만 틀어박혀 나오지 않는 사람 및 그 상태를 의미하는 일본어이다.

출처: JPINEWS(http://jpnews.kr/sub_read.html?uid=6502)

〈Definition of Hikikomori by Oxford Dictionary〉

hikikomori

Pronunciation /hɪˌkɪkə(ʊ)ˈmɔːri/

noun hikikomori

[mass noun]

1. (in Japan) the abnormal avoidance of social contact, typically by adolescent males.
   'Western psychologists compare hikikomori with social anxiety and agoraphobia, a fear of open places.'

1.1[count noun] A person who avoids social contact.

'A 17-year-old hikikomori sufferer killed a passenger after leaving his self-imposed exile and hijacking a bus.'

출처: LEXICO(https://www.lexico.com/definition/hikikomori)

(2) 일본 히키코모리의 현황

경기 침체가 오래 지속된 일본이지만 청년 이슈에서는 빈곤보다 히키코모리가 주목되어 왔다(오오쿠사 미노루, 2020a). 현재 일본에서 청년지원이라고 하면 히키코모리 및 이키즈라사[1]를 안은 청년에 대한 지원을 뜻할 정도로 히키코모리는 만연되고 긴급성이 높은 사회문제로 인식되고 있다(오오쿠사 미노루, 2020a).

현재 일본 내 히키코모리는 약 110만 명으로 추산된다(자세한 내용은 2장에서 다룸). 우리나라와 달리 일본은 히키코모리에 대한 전국 대단위 조사가 비교적 체계적으로 이뤄지고 있다. 2015년 조사는 '와카모노(わかもの)[2]의 의식에 관한 조사(히키코모리에 관한 실태조사)'로 전국 15~39세의 5,000명을 대상으로 이뤄졌다. 가정에 설문지를 배포하고 회수하는 방식으로 조사를 진행해 총 3,115명으로부터 회답을 받았다. 2018년에는 '생활상황에 관한 조사'를 통해 그동안 정책이나 지원대상에서 제외되었던 만 40세 이상 시민들을 대상으로 조사를 진행했다. 같은 방식으로 전국 만 40~64세 5,000명을 조사해 총 3,248명으로부터 회답을 받았다. 두 조사 결과, 2015년 조사에서 15~39세 중 약 54만 1,000명과 2018년 조사에서 40~64세 중 약 61만 3,000명이 히키코모리 상태에 있는 것으로 추산되었다. 총합 약 115만 4,000명에 이르는 숫자이다(오오쿠사 미노루, 2020a).

2) 한국 은둔형 외톨이

(1) 2000년대 초반-첫 조명

1990년대 초반 일본에서 출현했을 때만 해도 히키코모리는 일본에서만 나타나

---

1) 여러 가지 요인으로 어려움을 가진 젊은이
2) 일본어 '젊은이'라는 뜻으로 한국의 청소년과 청년을 합한 개념으로 널리 쓰이고 있다.

는 특수한 문화적 현상으로 여겨졌다. 그러나 한국도 1998년 IMF 경제위기를 겪으면서 장기적인 경기침체, 청년 실업률의 증가 등과 더불어 일본의 히키코모리와 유사한 특징을 보이는 은둔형 외톨이들이 생겨나기 시작했다. 이에 은둔형 외톨이가 더 이상 일본만의 특수한 문화적 현상이 아니라는 인식이 우리나라에도 제기되기 시작했다. 또한 초고속 인터넷망의 보급률이 전 세계 최고 수준에 이르면서 은둔형 외톨이가 급증할 수 있는 위험성은 늘고 있다(백형태, 김붕년, 신민섭, 안동현, 이영식, 2011).

국내에 존재한다는 것이 구체적으로 알려진 것은 2000년대 초반이다. 2001년 정신건강의학과 여인중 박사, 이시형 박사, 삼성사회정신건강연구소, 강북삼성병원이 함께 '은둔형 외톨이'에 대해 연구한 결과, 한국에도 일본과 같은 청소년과 청년이 상당수 존재한다는 것이 최초로 밝혀졌다(삼성사회정신건강연구소, 2000). 이 연구에서는 절반 이상의 은둔형 외톨이가 사춘기가 시작되는 청소년 시기에 나타나고, 이들의 문제점으로는 우울 증상, 대인공포, 자기혐오, 퇴행, 공격 성향 등이 두드러지는 것이라 설명하였다. 무엇보다 이 시기 은둔형 외톨이에 대한 사회적 관심이 모아진 것은 KBS 시사 프로그램 〈추적 60분〉에서 '나는 방에서 나오고 싶지 않다'(2005. 4. 13.)라는 제목으로 그 실태가 방송되면서부터이다. 영상을 통해 충격적인 실태를 확인하며, 우리 사회에 은둔형 외톨이가 분명하게 존재하고 그 상황이 심각함을 인지하는 계기가 만들어졌다(이지민, 2019).

(2) 2010~2020년—소수의 관심 이후 재조명

2000년대 초반의 사회적 관심 이후 은둔형 외톨이는 다시 잊혀 간 듯했다. 이렇다 할 후속 연구나 사회적 지원활동도 거의 이뤄지지 않았다. 그러다가 2010년부터 몇 개 기관을 통한 활동이 시작되었는데, 2010년 하자센터 내 사회적 기업인 '유자살롱'에서는 은둔형 외톨이 청소년에게 음악 프로그램을 제공했다. 하지만 이는 사업적 어려움으로 5년 만에 문을 닫았다. 이후 2012년에 은둔형 외톨이에 특화된 전문 민간단체인 'K2인터내셔널코리아'가 설립되어 활동이 시작됐다. K2인터내셔널그룹은 1989년 일본에서 당시 사회문제가 되기 시작한 등교거부 문제를 해결하기 위해 설립된 단체이다. 이후 요코하마, 이시노마키, 뉴질랜드 오클랜드, 호주 시드니에 이어 한국 서울에서 등교거부, 히키코모리(은둔형 외톨이), 니트(NEET) 청년들의 자립을 돕고 있다.

2014년에는 「학교 외 청소년 지원에 관한 법률」이 제정됨에 따라 등교거부·자퇴 청소년들을 위한 적극적인 지원체계가 만들어졌다. 지역마다 '학교밖청소년지원센터'가 설치되어, 상담, 검정고시 지도, 동아리활동, 인턴 지원 등이 이뤄졌다. 하지만 은둔생활에서 벗어났는지의 여부와 상관없이 24세가 되면 지원이 중단됨으로써 청년들의 충분한 자립적 기반을 마련해 주기에는 어렵다는 문제를 보였다.

2010년대 후반부로 가면서 은둔형 외톨이에 대한 사회적 이슈화와 활동이 보다 활발해졌다. 2016년부터 2018년까지 한국사회복지관협회와 사회복지공동모금회의 지원으로 NEET 지원사업인 '희망플랜' 사업이 3년 계획으로 진행되었다(K2인터내셔널코리아, 2020). 이 사업은 전국 11개 센터가 위탁을 받아 NEET 청소년 100명에게 상담, 취미활동, 취직지원, 문화/치유활동 등을 진행해서 참가자들의 좋은 호평을 받았다. 하지만 참가자들 중 은둔형 외톨이의 특성을 가진 비율이 매우 낮아(약 5%에 그치는 것으로 분석됨), 당사자 발굴의 과제에서 문제점이 지적되었다(K2인터내셔널코리아, 2020).

2018년과 2019년에는 주로 청년들의 취업지원을 담당했던 청년재단이 은둔형 외톨이를 지원하게 됨으로써 관련사업이 다소 활발해졌다. 'K2코리아'의 공동생활, 마음 치유운동가 집단인 '공감인'과 '이아당심리상담센터'의 다양한 심리 서비스 활동, '파이심리상담센터'의 심층 면담을 통한 욕구조사 등이 모두 비슷한 시기에 이뤄졌다. 또한 2017년 서울시에서 은둔형 외톨이 지원에 관한 조례 및 법안이 발의되었다(2017. 10. 18.). 하지만 은둔형 외톨이에 대한 사회적 인식이 매우 부정적인 수준이어서 지지를 받지 못하고 이 법안은 부결되었다. 그 후 2019년 전라도 광주광역시에서 전국 최초로 「은둔형 외톨이 지원 조례」가 제정되었고(2019. 10. 15., 시행 2020. 7. 1.), 법안 통과에 이어 9월부터 은둔형 외톨이 현황조사를 시작하였으며, 2021년 초(2021. 1. 27.) 결과를 발표했다. 같은 해 서울청년정책네트워크에서도 사회안전망분과회 청년들이 제출한 은둔형 외톨이 지원정책안이 서울시 청년자립예산으로 지원할 수 있도록 채택되어, 이듬해 청년청하에서 시행이 계획되었다. 하지만 이 예산은 원래 있던 니트 지원 예산으로 흡수되어 결국 사라지고 말았다(K2인터내셔널코리아, 2020).

(3) 2020년 이후 – 인정과 대응 고심

2020년은 특히 은둔형 외톨이 청소년 혹은 청년에 대한 사회적 관심과 대응이 눈에 띄게 활발해진 시기였다. 누구도 예상하지 못한 코로나 사태를 겪으며 '은둔'과 '고립'에 대한 사회적 관심이 커진 것도 원인이 되었을 수 있다. 또한 그동안 각각 활동하던 기관들이 모여 네트워크를 구성했다는 것도 성과의 주요 동력이 되었다. 먼저, 오랜 준비를 거친 '한국은둔형외톨이부모협회'가 연초에 발족되었다(2020. 1. 11.). 이 협회는 등교거부, 해직, 대인기피, 불안증, 무기력, 우울 등으로 방 밖으로 나가기를 거부하는 자녀들의 부모들이 만든 단체이다. 한국보다 먼저 청년들의 고립을 사회문제로 겪은 일본의 'KHJ 전국 히키코모리 가족 연합회'를 롤모델로 삼았다.

또한 3년 전 무산된 조례안 제정을 위한 노력이 이어졌다. '서울시 은둔형 외톨이 지원 조례안' 발의를 위한 공청회('서울시 은둔형 외톨이 현황과 지원방안', 2020. 8. 25.)가 개최되었고, 이후 조례안이 발의되었다(2020. 10.). 또한 이제까지 은둔형 외톨이 지원에 각각 헌신적인 노력을 기울여 오던 단체들이 뜻을 모아 연대 구성을 위한 노력을 기울였다. 준비모임이 주최한 공청회('은둔형 외톨이 지원 현황과 쟁점 진단', 2020. 8. 5.)에 이어 17개 관련기관과 개인이 참여한 '한국은둔형외톨이지원연대'의 창립총회가 개최되었다(2020. 11. 27.).

은둔형 외톨이를 다룬 언론도 등장했다. KBS 〈제보자들〉 '방 안에 갇힌 아들을 구해 주세요!~'(2020. 4. 29.)와 〈SBS 스페셜 다큐〉 '나는 고립을 선택했다'(2020. 3. 29.)가 그 예이다. 2020년 말에는 『국민일보』에서 「방에 나를 가뒀다, 은둔 청년 보고서」라는 기획기사 6편(2020. 11. 28.~12. 7.)을 실으며 은둔청년과 가족들의 구체적인 사례와 고통을 실었다. 이와 같은 언론 내용들은 우리 사회에 은둔형 외톨이의 분명한 존재와 그들의 현 상태에 대한 단면을 보여 주었다. 또한 은둔형 외톨이가 어떤 진단명도 아닌 사회가 만들어 낸 아픈 자화상이며 개인의 문제나 가정의 문제로 덮어 두지 않고 전문가들의 개입이 꼭 필요함을 알렸다. 또한 2021년 초 TBS의 〈TV민생연구소〉에서는 "이제는 나가고 싶어요. –대한민국 '은둔형 외톨이'들의 현 주소는?"이라는 제목하에 은둔형 외톨이의 실태, 원인 및 대응방안을 다루었다.

2. 은둔형 외톨이 명칭이 갖는 사회적 의미

1) 인정의 의미

하나의 사회적 현상이 처음 등장하면 자연스럽게 부를 명칭이 필요해진다. 처음에는 이름 없이 특징만을 나열하다가 차츰 간결하게 소통할 명칭이 필요해진다. 처음에는 다양한 측면 중 어느 부분을 강조하는가에 따라, 현상의 변화에 따라, 또는 부르는 사람들의 편리함에 따라 다양한 용어가 붙여진다. 차츰 사회구성원들의 인식이 분명해지고 여러 계기를 통해 용어와 개념에 대한 약속이 만들어지면서, 그 현상에 대한 명칭과 함께 정의와 개념도 정리된다.

우리가 어떤 대상에 이름을 붙여 준다는 것은 그 대상의 존재를 인정하는 것이다. 일찍이 한 시인이 노래했듯이,[3] 대상이 엄연히 존재하는 경우라도 이름이 없거나 아무도 부르지 않는다면 그 대상은 사회적으로 존재한다고 보기 어렵다. 은둔형 외톨이가 우리 사회에 있었던 것은 매우 오래전부터일 것이다. 하지만 그들의 존재를 인정하고 그들에 대한 사회적 관심이 모아진 것은 최근이다. 최근 그들을 부를 보다 정확한 용어가 무엇인지, 그들의 특징, 범위, 유형이 어떠한지에 대한 활발한 논의가 이뤄지고 있다는 것은 우리 사회가 은둔형 외톨이를 엄연히 존재하는 집단으로 인정한다는 의미가 된다. '하나의 몸짓'을 넘어 의미 있는 '대상'이 되는 것이다.

2) 긍정적 · 부정적 시각의 의미

명칭은 인정의 의미와 함께 사용자가 그 현상에 대해 어떤 시각을 갖는지를 보여 준다는 점에서도 중요하다. 당연하겠지만 우리가 현상을 부정적으로 보는 경우 부정적 명칭을 선택할 가능성이 높고, 긍정적 시각을 갖는 경우 긍정적 명칭을 선택할 가능성이 높다. 오랫동안 사용해 온 정신분열증이라는 병명을 최근 조현병으로 변

---

3) 김춘수 시인의 '꽃': "내가 그의 이름을 불러주기 전에는 / 그는 다만 / 하나의 몸짓에 지나지 않았다. / 내가 그의 이름을 불러주었을 때 / 그는 나에게로 와서 / 꽃이 되었다." (하략)

경한 것도 이러한 시각의 변화를 보여 준다([참고자료] 참조).

한편, 부르는 사람이 특별히 부정적인 시각을 담지 않아도—그래서 부르는 사람에게는 부정적 의도가 없었다 하더라도—불리는 당사자가 그 용어에 대해 거부감을 느낀다면 그 용어는 부정의 시각을 탑재한 것이 된다. 이런 점에서 현재 은둔형 외톨이라는 명칭이 당사자들에게 어떻게 받아들여지는가에 대해서도 활발한 논의가 이뤄지고 있다. 우리 사회 은둔형 외톨이의 특징을 가장 잘 나타내면서도 그들의 특징 이상으로 부정적 시각이 담기지 않도록 하려는 노력이기도 하다(자세한 내용은 뒤에서 소개).

참고자료

'정신분열병'에서 '조현병'으로

과거 정신분열병(精神分裂病)으로 불리던 조현병(調絃病)은 사고, 감정, 지각, 행동 등 여러 측면에 걸쳐 이상 증상을 일으키는 질병이다. 정신분열병은 1908년 스위스의 정신의학자 파울 오이겐 블로일러에 의해 처음 제기된 개념을 일본에서 'schizophrenia'를 번역하면서 1937년도에 만들어진 용어이다. 이 용어는 그리스 어원으로 '분열'과 '정신·마음'을 의미하는 단어의 합성어이다. 말 그대로 정신과 마음이 찢어지고 갈라진 상태의 의미를 담는다. 하지만 정신분열병이라는 명칭이 질병의 특징을 반영하지 못하고 병명에서 오는 편견·오해 등 부정적 인식이 크다는 주장이 지속적으로 제기되어 왔다. 이에 많은 단체와 전문가들의 노력으로, 2011년도에 '조현병'으로 변경되었다. 조현은 '현악기의 음률을 고르다'라는 뜻으로, 정신·마음의 기능을 '악기의 줄'에 비유한 것이다. 따라서 조현병은 현악기의 줄이 잘 조율되지 않은 상태를 '정신·마음의 기능이 잘 조절되지 않아 나타나는 병'으로 은유적으로 표현한 것이다.

출처: 디멘시아뉴스(http://www.dementianews.co.kr)

---

3) 지원 대상자 구분의 의미

은둔형 외톨이를 올바르게 지원하기 위해서도 정확한 용어 사용과 개념 정립은 매우 중요하다. 대상이 누구이며 그 범위를 어디까지 보느냐에 따라 사회적 지원의 내용과 방법이 크게 달라진다. 은둔형 외톨이 사업은 당연히 은둔형 외톨이를 주요 대상으로 해야 한다. 이때 대상의 범주를 잘 나눌 수 있는 용어를 사용해야 보다 명확한 대상 구분이 가능해진다. 뒤에서 살펴보겠지만, 예를 들어 은둔형 외톨이라는 용어 대신 사회적 고립자라는 용어를 사용하는 경우, 청소년과 청년층에 집중적으로 나타나는 은둔형 외톨이 현상을 넘어 사회적으로 고립된 노년층도 자연스럽게 포함된다. 그럴 경우 정책적 지원대상을 정하는 데 혼선이 생길 수 있다.

또 다른 예로, 니트(NEET)와 은둔형 외톨이는 처음에는 구분 없이 사용했지만 최근에는 꽤 엄밀하게 구분하는 개념이다(자세한 내용은 뒷부분 참조). 두 집단을 구분함으로써 이들에 대한 사회적 지원이 달라지기 때문이다. 구체적으로 니트는 어느 정도의 사회적 관계를 유지하기 때문에 활동하는 데 큰 무리가 없는 경우가 많다. 하지만 은둔형 외톨이는 관계를 매우 어려워하기 때문에 관계가 단절되고 심한 고립 상태인 경우가 많다. 따라서 니트에게는 자신의 비전을 찾아 주어 활동, 교육, 직업을 알선하는 등의 지원이 필요한 반면, 은둔형 외톨이에게는 우선 내면을 정리하고 심리적 건강을 회복시켜 줄 수 있는 도움이 필요하다.

3. 은둔형 외톨이의 정의와 개념

1) 일본 히키코모리의 정의와 개념

(1) 주요 정의와 개념

히키코모리라는 용어를 처음 사용한 사이토 다마키가 제시한 정의는 가장 널리 인용되는 개념 중 하나이다. 사이토 다마키(2012)는 은둔형 외톨이는 병명이나 진단명이 아니며 등교거부나 가정폭력과 같이 하나의 상태임을 강조한다. 그는 은둔형 외톨이를 ① (자택에 틀어박혀) 사회참여를 하지 않은 상태가 6개월 이상 지속되고, ② 정신장애를 그 원인으로 생각하기 어려운 경우라고 정의한다(단, 사회참여란 취학이나 취업 상태, 가족 외에 친밀한 대인관계가 있는 상태를 말함). 여기서 '자택에 틀어박혀'를 괄호 안에 넣은 것은 사회적 은둔을 하는 사람이 '반드시' 자택에 틀어박혀 있는 것은 아니기 때문이라고 설명한다. 즉, 혼자 편의점이나 비디오 대여점 혹은 영화관이나 스포츠 경기장에 가는 등 비교적 활동적인 경우도 있어, 이들은 사회적 은둔형으로 간주할 필요가 있다고 보았다. 또한 취학, 취업, 가족 외 친밀한 대인관계 중 하나라도 해당되는 사항이 있으면 사회참여를 하는 것으로 보았다. 따라서 '나는 회사에 다니지만 사실은 누구와도 깊은 관계가 없는 은둔형 외톨이다'라는 표현은 인정할 수 없다고 언급한다.

(2) 일본 정부의 개념

일본 정부의 시각도 이와 크게 다르지 않다. 일본은 후생노동성[4]에서 히키코모리 문제를 담당한다. 2003년 이에 대한 가이드라인을 발표한 이후 2007~2009년 '히키코모리의 평가, 지원에 관한 가이드라인'을 발표한 바 있다(오오쿠사 미노루, 2020a). 여기서 히키코모리는 다음과 같이 정의되었다(한국어 번역본이 제공됨). "다양한 요인의 결과로서 사회적 참가(의무교육을 포함한 취학, 비상근직을 포함한 노동, 가정 외에서의 교류 등)를 회피하며, 원칙적으로는 6개월 이상에 걸쳐 대개 가정 내 계속 머물고 있는 상태(타인과 교류하지 않는 형태로 외출을 할 수도 있음)를 가리키는 현상 개념." 그리고 "히키코모리는 원칙적으로 조현병의 양성 또는 음성 증상에 의한 은둔 상태와는 선을 긋는 비정신병성 현상으로 정의하지만, 실제로는 확정진단을 받기 전의 조현병이 포함되어 있을 가능성이 적지 않은 것에 유의해야 함"이라고 덧붙이고 있다.

동시에 후생노동성 홈페이지에 있는 건강용어사전 e-헬스넷에서는 히키코모리를 "다양한 원인으로 장기간 자택 등에서 나가지 않고 자택 외에 생활공간이 없는 상태. 특정 정신질환이 있는 경우와 그렇지 않은 경우가 있고, 후자는 사회문제화되고 있다."라고 설명한다(오오쿠사 미노루, 2020a).

2) 한국 은둔형 외톨이의 정의와 개념

(1) 2000년대 초반

국내 은둔형 외톨이 연구의 시작이라 할 수 있는 시기에 여인중(2005)은 은둔형 외톨이를 다음과 같이 정의했다: "친구가 하나밖에 없거나 혹은 한 명도 없고, 사회 참여를 하지 않는 사람이며, 가족 이외의 사람과 친밀한 인간관계가 없으면서 3개월 이상 사회참여를 안 하는 사람." 유사한 시기에 이뤄진 연구(한국청소년상담

---

4) 한국의 보건복지부와 고용노동부를 합친 부처에 해당됨.

원, 2006)에서는 '은둔형 부적응 청소년'이라는 용어하에 이들을 구분하는 기준과 정의를 다음과 같이 내렸다. "최소한의 사회적 접촉 없이 3개월 이상 집 안에 머물러 있고, 진학·취업 등의 사회참여 활동을 할 수 없거나 하지 않고 있으며, 친구가 하나밖에 없거나 혹은 한 명도 없고, 자신의 은둔 상태에 대한 불안감이나 초조감을 느끼는 청소년으로, 정신병적 장애 또는 중증도 이상의 지적장애(IQ 55~50)가 있을 경우는 제외한다."

(2) 2010~2020년

한동안의 공백기 이후 최근 몇 년간의 조사연구와 공청회 등을 통해 은둔형 외톨이가 다시 재조명되었다. 한국청소년정책연구원(2017)의 연구에서는 은둔형 외톨이를 "최소한의 사회적 접촉 없이 3개월 이상 집 안에 머물러 있고, 진학·취업 등의 사회참여 활동을 할 수 없거나 하지 않고 있으며 친구가 하나밖에 없거나 혹은 한 명도 없고 자신의 은둔 상태에 대한 불안감이나 초조감을 느끼고 있는 상태로서, 단 정신병적 장애 또는 중증도 이상의 지적장애(IQ 50~55)가 있을 경우에는 제외한다."라고 제시했다.

은둔형 외톨이 지원방안 마련을 위한 전문가 토론회에서 오상빈(2019b)은 "은둔형 외톨이는 은둔한 상태에서 누구와 소통을 하거나 외부활동을 하지 않는 상태"라고 보았다. 덧붙여 은둔형 외톨이의 구체적 특징을 다음과 같이 제시했다.

① 3개월 이상 자신의 방이나 집에서 가족 및 친구 등과 사회적 관계를 유지하지 않는다. (3개월이라는 기간이 짧을 수 있지만, 3개월이면 고립생활이 시작되어 고착화될 수 있기 때문에 이 기간을 기준으로 삼음)

② 학업이나 직업 활동이 필요하다고 하면서도 학업과 사회참여에 대한 동기나 의지를 보이지 않는다.

③ 친구가 한 명이거나 한 명도 없다. (친구를 사귀고 싶고 서로의 감정을 교류하고 싶어 하지만, 개인적 성향과 대인관계 기술 부족으로 교류를 하지 못한다.)

④ 방이나 집에서 생산적인 활동을 하지 못하거나 하지 않고 있다. (방이나 집에서만 활동하는 것이 모두 고립생활은 아니고, 결과적으로 생산적인 활동이 이뤄지지 않느냐가 기준이 될 수 있다.)

⑤ 자신의 고립 상태에 대한 불안감이나 초조감이 있다. (이러한 감정이 주변 가족에게 영향을 미친다.)

⑥ 지적장애나 정신장애 진단을 받은 사람이 장애라는 원인으로 고립생활을 하는 경우는 제외된다.

(3) 최근

2020년 초, 은둔생활을 하는 청년 당사자와 부모 총 81명을 대상으로 심층면담을 진행한 연구(파이교육그룹, 2020)에서는 '20대 이상이면서 자발적으로 3개월 이상 사회참여를 하지 않고 철수하거나 회피하는 성향이 있는 사람을 고립청년'으로 정의했다. 보다 구체적으로, 고립청년은 "생물학적으로 청소년이 아닌 성인의 연령에서 비교적 초반기에 해당하는 20대 이후의 사람이 심리 · 경제적 독립 측면에서 또는 사회적 관계 형성 및 유지 측면에서 지속적으로 어려움을 겪으며 개인적으로 소통하지 않는 사람을 의미한다."라고 제시했다. 흥미로운 것은 이 연구가 진행되던 시기만 해도 고립청년, NEET, 은둔형 외톨이라는 용어는 큰 구분 없이 혼용되는 경우가 많았던 상황을 보여 줬다는 점이다. 연구과제명도 두 개의 용어를 병기한 '고립청년(은둔형 외톨이) 실태조사'였고, 최종보고서에서는 은둔형 외톨이가 다소 부정적 느낌을 줄 수 있다는 이유에서 고립청년이라는 용어를 사용하였다.

윤철경과 서보람(2020)은 기존의 정의들을 종합하여 "가족 이외의 대인관계가 없고 사회에 참여도 하지 않는 상태, 집 밖으로 나오지 않는 것뿐만 아니라 외출을 하는 사람이라도 가족 이외 친밀한 대인관계가 없는 상태라면 은둔형 외톨이에 포함"된다고 정의했다(斎藤環, 2017: 박애선, 2018에서 재인용). 모세종(2020: 윤철경, 서보람, 2020에서 재인용)은 다음과 같이 은둔형 외톨이의 특징들을 제시하며 각 특징을 가진 정도에 따라 이들을 정의했다. 여기서 은둔 상태의 다섯 가지 기준 중 하나에 해당되고 그 기간에 대한 기준을 충족하는 경우를 은둔형 외톨이로 정의했다.

〈은둔 상태〉

① 방에서 거의 나가지 않는 경우

② 방에서는 나가지만 집 밖으로는 나가지 않는 경우

③ 필수적인 필요로 근처 편의점 등 극히 제한적으로만 외출하는 경우

④ 혼자하는 취미활동, 최소한의 가족모임 등을 할 때만 외출하는 경우

⑤ 은둔 상태를 극복하기 위해 심리치유, 자조모임 등을 할 때만 외출하는 경우

〈기간〉

앞서 제시한 상태가 6개월 이상 유지되고 있거나 그러한 적이 있던 사람

이를 다시 정리해 보면 '6개월 이상, 방 또는 집에서 나가지 않고 가족 이외에는 (심지어는 가족과도) 친밀한 대인관계를 맺지 못하는 사람'을 의미한다.

(4) 한국과 일본의 개념 차이

한국에서 활동하는 일본 히키코모리 지원단체인 K2인터내셔널코리아를 운영하는 오오쿠사 미노루(2020a)는 한국과 일본의 은둔형 외톨이는 사회 구조나 양상 차이에 기인한 일부 차이는 있지만 본질적인 부분은 같다고 보았다. 연구 초기 여인중(2005)이 "일본의 히키코모리가 에스프레소라면 한국의 은둔형 외톨이는 카페오레"라고 말한 바 있지만, 그 차이는 크지 않다고 말한다. K2그룹의 카나모리 대표 또한 "한국과 일본의 은둔형 외톨이는 똑같다. 단지 속도와 정도가 다르다. 한국이 더 빠르고 또 격하다."라고 설명한다(오오쿠사 미노루, 2020a).

덧붙여 오오쿠사 미노루(2020a)는 일본에서와 마찬가지로 한국의 은둔형 외톨이도 매우 부정적이고 심각한 측면이 부각된다고 언급한다. 하지만 현실에서는 일본과 한국 모두 개인차가 크고 나름의 활동을 하고 인간관계를 유지하려 노력하거나 은둔과 활동을 반복하는 등 공통점이 많다고 설명한다. 동시에 한국의 은둔형 외톨이 현상이 일본보다 가볍다고 치부되는 경우가 많은데 이는 사실과 거리가 있음을 지적한다. 한국의 은둔형 외톨이도 화장실조차 가지 않고 방에서 용변을 처리하거나 은둔 기간이 10년, 20년 된 경우도 있는 등 심각한 사례도 많기 때문이다(오오쿠사 미노루, 2020a).

(5) 법률에서 본 은둔형 외톨이

법률에서 사용하는 용어와 개념은 그 어떤 경우보다 명확하고 구체적이다. 법률 해석과 적용의 혼란을 방지해야 하기 때문이다. 그런 점에서 우리나라에서 은둔형

외톨이와 관련해서 제기되었거나 통과된 법률을 살펴보는 것은 의미가 있다.

먼저, 「서울특별시 은둔형 외톨이 지원에 관한 조례안」(2017. 10. 18.)에서 은둔형 외톨이는 "집이나 한정된 공간에서 일정 기간 이상 고립되어 머무르면서 가족 또는 소수의 특정인 이외의 사람들과는 일체의 교류를 거부하면서 밖으로 나가지 않고 고립된 상태로 생활하여 정상적인 사회활동이 특히 곤란한 사람"으로 정의되었다. 이 조례안은 '집이나 한정된 공간'과 같은 공간 기준도, '일정 기간 이상 고립'과 같은 시간 기준도, '정상적인 사회활동'과 같은 활동 기준도 상당히 모호한 것을 알 수 있다.

비슷한 시기 관련 법률안에서도 유사한 개념이 제기되었다. 「청소년복지 지원법 일부개정법률안」(2018. 12. 28.)에서는 "'은둔형 외톨이 청소년'이란 사회·경제·문화적 원인 등으로 인하여 집이나 한정된 공간에서 일정 기간 외부와 차단된 상태로 생활하여 정상적인 사회활동이 현저히 곤란한 청소년"이라고 정의하였다. 또한 「정신건강증진 및 정신질환자 복지서비스 지원에 관한 법률 일부개정법률안」(2019. 1. 17.)에서는 "'은둔형 외톨이 청소년'이란 특별한 사유 없이 일정 기간 이상 자신만의 공간에서 외부와 차단된 상태로 생활하여 정상적인 사회활동이 곤란한 사람"이라고 보았고, 5년마다 실태조사를 통해 현황을 밝히는 내용을 담았다.

이상의 법률들이 발의되었지만 무산되었거나 기존 법률의 일부개정안인 점과 달리, 광주광역시에서는 우리나라 최초로 은둔형 외톨이 지원조례가 통과되었다. 「광주광역시 은둔형 외톨이 지원에 관한 조례」(2019. 10. 15.)에서는 "은둔형 외톨이란 사회·경제·문화적으로 다양한 사유가 복합적으로 작용하여 일정 기간 이상을 자신만의 한정된 공간에서 외부와 단절된 상태로 생활하여 정상적인 사회활동이 현저히 곤란한 사람"이라고 정의했다.

3) 그 외 국가들에서의 명칭과 개념

은둔은 일본에서 가장 많이 관찰되지만 유사한 현상이 중국, 타이완, 홍콩에서도 보고되고 있다(위키피디아, 2020). 사용하는 용어 또한 다양한데, 중국에서는 컨라오주(啃老族, kenlaozu, 캥거루족) 또는 코우라오주(抠老族, koulaozu, 어른을 파먹는 세대), 영어권에서는 코쿤(cocoon, 누에)이 그 예이다. 또는 'basement dweller'로 묘사되기도 하는데, 이는 직역하면 '지하 거주자'로 "18세 이상이며 일반적으로 공적 교육을 받지 않고, 부모와 함께 살며 집을 나가거나 사회생활을 할 의지가 없는 사람"을 의미한다(위키피디아, 2020). 하지만 앞서 언급했듯 전 세계적으로 가장 많이 사용되는 용어는 히키코모리이다.

미국, 캐나다, 영국, 오스트레일리아 등 영어권 국가들에서도 히키코모리와 근본적으로는 같은 현상이 발견된다. 영국 BBC의 프로그램에서 일본의 히키코모리 현상에 대해 방영했을 때 BBC 홈페이지에는 시청자의 많은 글이 올라왔다. 그들이 개인적으로 히키코모리를 경험한 적이 있으며 일본에 국한된 현상이 아니라는 내용이었다(위키백과, 2020). 호주의 정신적 친척, 친구협회(Association of Relatives and Friends of the Mentally)에서도 은둔생활을 하는 부적응적인 집단을 "일상적 삶에서 보통의 대면적 접촉관계를 뚜렷이 회피하고, 자신이 생각하는 안심할 수 있는 장소로 은둔하고자 하는 것"이라고 정의하고 있다(고스게 유코, 2012).

이렇게 유사한 현상이 곳곳에서 나타나지만 은둔형 외톨이는 특정 국가에서 더욱 뚜렷한 듯하다. 오오쿠사 미노루(2020a)는 은둔형 외톨이가 많은 나라로 일본, 한국, 중국, 이탈리아, 프랑스를 꼽는다. 이들 나라는 집단주의 혹은 가족주의 특징이 강하다는 공통점을 갖는다. 반면, 미국이나 영국과 같은 개인주의 국가에서는 사회에 참여할 수 없으면 노숙자가 되기 때문에 은둔형 외톨이 양상은 주요 문제가 아니라고 설명한다. 흥미롭게도 이들 국가에서 젊은이 노숙자의 수는 미국 160만 명, 영국 25만 명인 반면 일본에서는 1만 명 이하이다. 이는 서구 국가들에서는 집을 떠나 길에서 사회와 고립된 생활을 하는 반면, 집단주의 특징이 강한 국가들에서는 집이라는 둥지에서 은둔하는 경향이 높음을 보여 준다.

4. 은둔형 외톨이 구분 기준

1) 주요 구분 기준

앞에서 보았듯이 은둔형 외톨이에 대해 다양한 정의가 제기되지만, 주요 기준으로 삼는 공통 요인이 발견된다. 이는 공간, 활동 및 기간이다. 즉, '한정된 공간'에서 '제한된 활동'을 하고 그것이 '일정 기간 지속되는가'의 여부이다. 이에 더해 대부분의 정의에서 지적장애나 정신질환으로 인한 은둔은 제외한다.

(1) 공간

한 개인이 은둔형 외톨이인가 아닌가, 그렇게 부를 수 있는가 없는가를 구분하는 첫 번째 기준은 그 사람이 머무는 공간이다. 먼저, 은둔의 공간을 제시할 때 '자신만의 (한정된) 공간'과 같이 포괄적인 기준을 제시하는 경우가 있다(광주광역시 은둔형 외톨이 지원에 관한 조례, 2019; 정신건강증진 및 정신질환자 복지서비스 지원에 관한 법률 일부개정법률안, 2019). 반면, 가정, 집 안, 자신의 방 등 좀 더 구체적으로 공간을 한정하는 경우가 더 일반적이다(한국청소년상담원, 2006; 斎藤環, 2012; 한국청소년정책연구원, 2017; 서울특별시 은둔형 외톨이 지원에 관한 조례안, 2017; 청소년복지지원법 개정법률안, 2018; 서울시 은둔형 외톨이 지원에 관한 조례안, 2020). 이를 종합하면, '대부분' 자신의 방이나 집 안에만 머무르는가가 은둔형 외톨이를 구분하는 중요한 기준이 된다.

(2) 활동과 대인관계

은둔형 외톨이를 구분하는 두 번째 기준은 활동과 대인관계 양상이다. 이에 대해 다소 의견이 분분한데, 실제로 은둔형 외톨이 중 일부는 집을 벗어나 이런저런 활동을 하는 경우가 있고 그 활동의 개인차가 있기 때문이다. 최근 발의된 서울시 조례안(2020)에서도 '자신만의 한정된 공간'에 머무는가뿐 아니라, 은둔 동안의 대인관계를 주목하여 대상자를 구분해야 한다고 정의하여 광주시 조례와 차이를 보였다(임성수, 2020).

먼저, 활동에 대해 '(정상적) 사회참여 혹은 사회활동을 하지 않는 경우'와 같이 추상적인 기준을 제시하는 경우가 있다(여인중, 2005; 斎藤環, 2012; 서울특별시 은둔형 외톨이 지원에 관한 조례안, 2017; 청소년복지지원법 개정법률안, 2018; 정신건강증진 및 정신질환자 복지서비스 지원에 관한 법률 일부개정법률안, 2019; 파이교육그룹, 2020). 반면, 일정의 사회활동을 하지만 그 내용에 따라 달리 볼 수 있다는 의견도 많다. 박대령(2020)은 은둔형 외톨이라고 칭하면 정책대상이 집 안에만 있는 이들로 한정되기 쉬운데, 사회활동을 거의 안 하지만 바깥활동을 하는 외톨이들도 포함되어야 한다고 주장한다. 유사하게 오상빈(2020)도 방이나 집에서만 활동하는 것이 모두 고립생활은 아니고 결과적으로 생산적인 활동이 이뤄지는가의 여부가 기준이 될 수 있다고 보았다.

이에 대한 일본의 기준을 보면 좀 더 명확한 내용을 알 수 있다. 후타가미 노우키 (二神能基, 2005)는 은둔형 외톨이의 정의를 '외출의 가능 여부와는 상관없이 가족 이외의 사람과 반년 이상 교류가 없는 상태'라고 정의한다(류승현, 2009에서 재인용). 이와 유사하게 사이토 다마키(2012)도 '가족 외 관계'를 주요 기준으로 본다. 그에 따르면 사회적 은둔을 하는 사람이 '반드시' 자택에 틀어박혀 있는 것은 아니고, 혼자 편의점이나 비디어 대여점 혹은 영화관이나 스포츠 경기장에 가는 등 비교적 활동적인 경우도 있다. 하지만 이들도 가족 외 누구와도 관계를 하지 않는다는 점에서 사회적 은둔형으로 간주해야 한다고 말한다. 따라서 사이토 다마키(2012)는 '나는 회사에 다니지만 사실은 누구와도 깊은 관계가 없는 은둔형 외톨이다'라는 표현은 인정할 수 없다고 말한다. 여인중(2005)도 '친구가 하나밖에 없거나 혹은 한 명도 없고' '사회참여를 하지 않고' '가족 이외의 사람과 친밀한 인간관계가 없는' 경우를 은둔형 외톨이로 보았다.

이상의 내용을 정리하면, 간헐적이고 일시적인 외출을 한다 하더라도 '가족 외 대인 관계가 없는 경우'는 은둔형 외톨이로 보고 있다. 반대로 취학, 취업, 가족 외 친밀한 대인관계 중 하나라도 해당되는 사항이 있으면 은둔형 외톨이로 보기 어렵다는 의견이 지배적이다.

(3) 지속 기간

공간이나 활동에 비해 지속 기간은 비교적 명료하게 구분된다. 일반적으로 3개월 또는 6개월이 기준점이 된다. 초기 연구들에서는 3개월 이상을 기준으로 삼은 경우가 많았고(여인중, 2005; 한국청소년상담원, 2006; 한국청소년정책연구원, 2017), 최근에도 3개월 기준이 제기된 바 있다(오상빈, 2019b, 2020). 이에 대해 오상빈(2020)은 3개월이라는 기간이 짧을 수 있지만 3개월이면 고립생활이 시작되어 고착화될 수 있기 때문이라고 밝힌다.

반면, 많은 연구에서는 6개월을 기준점으로 잡는다. 일본에서도 초기부터 이 기간을 기준으로 보았다(斎藤環, 2012). 이는 DSM-IV의 schizophreniform disorder(정신분열형장애)의 6개월 기준을 사용한 것으로 보인다. 또한 기간을 너무 짧게 잡지 않음으로써 부모나 전문가들이 이들을 과잉으로 대응하는 것을 방지하기 위한 이유가 포함되어 있다(斎藤環, 2002: 여인중, 2005에서 재인용). 우리나라에서도 최근 연구들은 일반적으로 6개월을 기준으로 보고 있다(모세종, 2020; 윤철경, 서보람, 2020에서 재인용; 파이교육그룹, 2020; 서울시 조례안, 2020).

하지만 구체적인 기간을 명시하지 않고 '일정 기간 이상'으로 제시하는 경우도 많은데, 대부분의 법률안이 그러하다(서울특별시 은둔형 외톨이 지원에 관한 조례안, 2017; 청소년복지지원법 개정법률안, 2018; 광주시 조례, 2019; 정신건강증진 및 정신질환자 복지서비스 지원에 관한 법률 일부개정법률안, 2019).

한편, 기간뿐 아니라 그 기간이 연속적인가 아닌가도 주목할 요소이다. 연속적으로 3개월 혹은 6개월 이상 집에만 있고 활동하지 않는 경우도 있지만, 은둔과 사회참여를 오고 가지만 지속적인 사회참여가 없는 경우도 많기 때문이다. 이에 대해 연속적은 아니어도 간헐적 교류나 사회참여를 제외하고는 주로 집 안에만 머무르는 경우를 은둔형 외톨이로 봐야 한다는 의견이 많다. 현장에서도 이런 상태로 시작되어 점차 지속적 은둔 상태에 빠지는 사람들을 많이 만나기 때문에, 이들을 은둔형 외톨이 범주에 포함시키는 것이 타당해 보인다.

(4) 배제 요소-지적장애나 정신질환

이상의 세 가지 기준에 덧붙여 한 가지 배제 기준이 있다. 일반적으로 은둔형 외톨이는 지적장애나 정신질환으로 인한 경우는 포함시키지 않는다. 다양한 지적장애와 정신질환으로 인해 사회로부터 고립되거나 일시적으로라도 심한 은둔생활을 하는 경우가 있다. 하지만 이 경우는 우리가 다루고 있는 은둔형 외톨이와는 근본 원인이 다르다. 예를 들어, 조현병이나 심한 우울증으로 인한 은둔생활은 은둔형 외톨이의 일반적 특징과는 비교적 차이가 분명하다.

그럼에도 불구하고 특히 정신질환과 은둔형 외톨이의 관계를 명쾌하게 구분하는 것은 쉽지 않다. 은둔생활이 지속되면서 우울과 불안에 시달리거나 환청, 환각의 조현병적 증상을 보이는 경우도 생긴다. 이런 증상으로 인해 병원을 찾는 경우 몇몇 정신의학적 진단이 내려지고 약물치료가 이뤄지는 경우도 적지 않다. 이런 경우 과연 정신의학적 원인이 은둔을 가져왔는지, 아니면 은둔이 지속되며 정신의학적 증상이 일시적으로 나타나고 있는 것인지 구분하기가 쉽지 않다. 즉, 현상만 보았을 때는 무엇이 먼저고 무엇이 나중인지 분명치 않은 경우가 생기는 것이다.

하지만 대부분의 연구자나 활동가는 은둔형 외톨이와 정신질환을 엄격하게 구분한다. 이에 대해 김혜원(2020)과 사이토 다마키(2012)는 대부분의 은둔형 외톨이에게서 정신병적 증상은 은둔으로 인해 2차적으로 파생된다고 강조한다. 그 이유로 첫째, 모든 증상이 은둔형 외톨이의 시작을 전후로 나타나고, 둘째, 모든 증상이 은둔형 외톨이의 장기화와 함께 악화되고, 셋째, 은둔형 외톨이 상태가 중단되면 증상이 급속하게 개선되거나 소멸되고, 넷째, 일단 소멸된 증상도 은둔 상태가 재개되면 다시 출현한다는 점들을 꼽았다. 윤일규(2019) 또한 "사회적 외톨이는 정신병력이 있는 경우도 있을 수 있지만, 학업, 취업, 대인관계 등에서 유발되는 스트레스가 원인인 경우가 많다는 점에서 정신병의 일종으로 보면 정확한 대책을 제시할 수 없다."라고 밝히고 있다. 따라서 "병을 '치료'하고 다친 곳을 '재활'한다는 입장보다는 심리적인 요인을 '치유'한다는 측면이 강조될 필요가 있다."라고 강조한다(자세한 내용은 '은둔형 외톨이의 오해와 진실에 관한 3장' 참조).

2) 기타 고려 사항−연령 범위

(1) 일찍 시작되고 늦게까지 지속

일반적으로 '은둔형 외톨이 청소년 혹은 청년'이라 부르듯이 은둔형 외톨이는 10~20, 30대의 전유물로 여겨지는 경우가 많다. 하지만 최근 나타나는 은둔형 외톨이는 은둔생활이 중장년기까지 이어지는 경우도 드물지 않다. 일본에서 2015년과 2018년에 걸쳐 실시된 두 조사에서, 15~39세 중에는 약 54만 1,000명이, 40~64세 중에는 이보다 많은 약 61만 3,000명이 히키코모리 상태에 있는 것으로 집계되었다(총 약 115만 4,000명). 이 숫자는 일본 사회에 큰 충격을 주었고 '사람은 몇 살이건 간에 은둔을 시작한다'는 새로운 인식이 생겼다(오오쿠사 미노루, 2020a).

이는 우리나라도 예외가 아닌 듯하다. 1990년대 후반 20대 초반이던 은둔형 외톨이가 40대 외톨이로 지내는 경우가 심심치 않게 발견되고 있다(박대령, 2020). 일본처럼 장년 외톨이가 증가하는 추세인 것이다. 81명의 은둔형 외톨이 당사자와 부모를 대상으로 조사한 연구(파이교육그룹, 2020)에서도 이러한 추세를 엿볼 수 있었다. 당사자의 경우 가장 많은 집단은 20대로, 20~29세가 80.8%를 차지했다. 한편, 10대(17~19세)가 4.3%인 것과 함께 30대(30~37세)도 14.9%나 나타나, 은둔형 외톨이의 연령 범위가 상당히 넓고 높은 연령층 또한 상당수임을 보여 주었다. 은둔형 외톨이 부모를 대상으로 한 한국 은둔형 외톨이부모협회의 최근 조사(주상희, 2020)에서도 유사한 결과가 나타났다. 총 27명의 부모에게 조사한 결과, 은둔 자녀의 연령대는 20~24세가 33.3%로 가장 많았고, 다음으로 25~29세가 25.9%, 30~39세가 22.2% 의 순서로 많았다. 요약하면, 20~39세 청년이 81.4%의 다수를 차지하지만 10대 후반도 10%가 넘고(15~19세 11.1%) 40세 이상도 3.7%를 차지해, 은둔형 외톨이가 청년층의 전유물이 아님을 알 수 있다.

한편, 은둔 시작 연령도 중요하게 볼 필요가 있다. 무엇보다 성인으로 이행되기 전에 은둔 경험이 있는가에 대한 확인이 중요하다(윤철경, 서보람, 2020). 성인기 이전에는 일반적인 생활을 하다가 중장년 또는 노년기에 은둔이 발생하는 경우와 아동·청소년 혹은 청년기부터 은둔이 발생해 성인기까지 지속되는 경우는 구별되어야 한다. 중장년 혹은 노년기와 달리 아동·청소년·청년기에 시작되는 은둔은 성인기로 옮겨 가는 과정에서 좌절이나 실패가 원인일 가능성이 크기 때문이다(윤철경, 서보람, 2020). 또한 이렇게 시작한 은둔 경험은 그 이후의 생애에 지속적인 영향을 미치며 언제까지 계속될지 예측하기 어렵다는 특징을 갖는다.

(2) 연령 구분과 사회적 지원의 관계

은둔형 외톨이의 연령범위를 어디까지 하느냐의 문제는 어떤 연령범위까지 지원의 대상으로 보느냐를 결정할 때 더욱 민감해진다. '청년'의 연령 범주가 불분명한 가운데, 30대 중반 혹은 후반부터는 중장년으로 구분하여 청년지원의 대상에서 제외하는 경우가 많다. 은둔형 외톨이 당사자의 다음과 같은 목소리가 이와 같은 애로사항을 잘 보여 준다.

"사실상 청년지원은 많지만 35세 이상이 되면 더 이상 지원받을 수 없는 상태가 됩니다. 구직을 하고 싶어도 할 수 없고, 젊은 시절에 실패가 극복 가능한 형태가 되려면 은둔형 외톨이에 대한 사회적 안전망이나 기업, 공공기관에서 사람을 뽑을 때 나이에 대한 핸디캡을 없게끔 하는 게 제도화되어야 할 것 같습니다."(윤철경, 서보람, 2020)

이런 점들을 감안할 때 현재 우리 사회에서 은둔형 외톨이를 청년에게만 국한할 수는 없는 상태이다. 동일한 특징을 보인다 해도 하위집단별로 발달단계상 당면하는 어려움이나 은둔 피해가 다르게 나타날 수밖에 없다. 예를 들어, 이 책에서 초점을 두고 있는 은둔형 외톨이 청소년과 청년의 경우, 이 시기의 은둔으로 인해 삶에 필요한 요소들이 심각하게 훼손되는 결과를 가져오기 쉽다. 학업 중단, 경제적 독립 기회 상실, 사회적 관계 기회 상실 등이 포함된다. 또한 이러한 준비와 탐색 부족으로 인해 자신 스스로 더 이상의 기회가 없을 것이라는 절망감, 무망감, 무력감을 내면화하게 된다면 심각한 문제가 될 수 있다.

따라서 동일한 은둔생활을 하는 경우에도, 은둔형 외톨이 아동·청소년, 은둔형 외톨이 청소년·청년, 은둔형 외톨이 중장년, 은둔형 외톨이 노년 등과 같은 하위집단 구분이 필요하다. 그러한 구분에 따라 각 집단에 맞는 맞춤형 사회적 지원이 필요하기 때문이다. 앞으로 혹시 우리 사회에 은둔형 외톨이가 더욱 많아지고 양상이 심각해진다면 이러한 구분은 필수사항이 될 것이다. 이를 뒷받침하며 윤일규(2019)는 연령별 발생 시기를 몇 가지로 구분한다. 그는 사회적 외톨이 현상의 발생 시기는 청소년기인 13~19세, 성년 이후 청년기인 20세부터 39세, 중장년기인 40세부터 64세, 노년기인 65세 이상으로 나눌 수 있다고 보았다. 또한 이 중 사회적 외톨이가 집중적으로 나타나는 시기는 15세부터 20세이기 때문에, 주로 15세부터 39세까지의 시기에 대한 지원 대책이 우선적으로 필요하다고 주장한다.

5. 은둔형 외톨이의 유형

1) 은둔형 부적응 청소년의 3개 수준

일찍이 한국청소년상담원(2006)에서는 '은둔형 부적응 청소년'을 다음 3개의 수준으로 분류하였다.

① 고위험군: 다음 조건 중 3개 모두 해당하는 경우
  • 3개월 이상 학교를 가지 않고 일도 하지 않는다.

• 현재 친한 친구나 같이 노는 친구가 없거나 한 명이다.

• 외출을 하지 않고, 집에서 잘 나가려 하지 않는다.

② 위험군: 다음 조건 중 2개 이상 해당하는 경우

• 가끔 학교를 안 가고 일도 하지 않는다.

• 현재 친한 친구나 같이 노는 친구가 없거나 한 명이다.

• 외출을 하지 않고, 집에서 잘 나가려 하지 않는다.

③ 잠재적 위험군: 다음 조건 중 1개 이상 해당하는 경우

• 가끔 학교를 안 가고 일도 하지 않는다.

• 현재 친한 친구나 같이 노는 친구가 없거나 한 명이다.

• 외출을 하지 않고, 집에서 잘 나가려 하지 않는다.

이 구분은 등교일, 친구 수, 외출 정도를 기준으로 삼았고, 기준에 조금 혹은 많이 부합되느냐에 따라 유형을 구분했다. 하지만 고위험군은 3개월 이상으로 구체화한 반면, 위험이나 잠재적 위험군에는 '가끔'으로 되어 있어 명료하지 않다. 또한 '일' '친한 친구' '잘 나가려 하지 않는'과 같은 추상적인 의미가 많아 이에 따라 유형을 나누기가 쉽지 않을 듯하다. 무엇보다 고위험군이라 하더라도 이 장에서 제시한 은둔형 외톨이의 특징들을 잘 담고 있다고 보기 어렵다. 대신 청소년으로서 적응해야 할 영역에서 '부적응'적인 측면이 어느 정도인가에 초점을 두고 유형을 나누었다고 볼 수 있다.

2) 5개 유형의 은둔형 외톨이

오상빈(2019b)은 은둔형 외톨이를 '희망을 찾는 사람'으로 표현한다. 그에 따르면 은둔형 외톨이는 삶에 대한 목표를 상실하고 또한 자신은 무능한 사람이라고 생각하면서 더는 노력하지 못하는 '무망감'이 은둔을 지속시키는 주요 요인이라고 진단한다. 그는 은둔형 외톨이 유형을 다섯 가지로 나누고 유형, 특성, 요인, 정책적 대안을 〈표 1-1〉과 같이 제시한다.

표 1-1 | 은둔형 외톨이의 유형, 특성, 요인 및 정책적 대안

37

5. 은둔형 외톨이의 유형

유형	특성	요인			대안
		대인관계	가족	사회	
무망감형	무기력	자기효능감 낮음, 무망감	가족의 비난과 욕설, 부모 간 갈등	경제사회 부적응	자기주장 훈련, 자존감 향상 훈련 (직업교육)
비난형	네 탓	부정적 사고, 언어 활발, 행동 없음	부모 방치, 모자 일체화	기대 수준이 높은 사회	인지행동 접근 (공동체 생활)
대인기피형 (사회기술 낮음)	대인공포 및 활동 거부	내향형, 대인관계 능력 낮음	가족 공동체 해체, 부모 활동 낮음	의식주 해결, 대인관계 단절	사회기술과 대인관계 기술 훈련 (가족상담, 공동체 생활)
회피형	회피 과잉 공급	상황 회피, 행동–인지 왜곡	가족 정서 단절, 수동 공격, 신뢰 없음	사적 공간에서 의식주 해결	과잉공급, 가족과 분리독립
수동공격형	가족과 정서적 단절	부정적인 시각	건강하지 않은 양육 및 훈육, 가족의 폭력	전문적인 사회 요구	가족상담(치유), 가족과 분리 독립

3) 협의 vs. 광의의 은둔형 외톨이

은둔형 외톨이의 활동범위에 초점을 두는 구분도 가능하다. 이에 따라 생활반경이 상대적으로 넓은 '광의의 은둔형 외톨이'에서부터 매우 제한적인 '협의의 은둔형 외톨이'로 구분할 수 있다. 이 구분은 방에서 거의 나오지 않을 뿐 아니라 집 밖으로 나가도 편의점 외출만 하는 경우는 협의의 은둔형 외톨이로 본다. 반면, 이에 더해 취미 관련 외출을 하는 경우는 준은둔형 외톨이로 구분한다. 또한 협의의 은둔형 외톨이와 준은둔형 외톨이를 합한 모든 대상을 광의의 은둔형 외톨이로 본다는 점에서 흥미롭다.

최근 이뤄지는 연구와 현장 경험(예: 파이교육그룹, 2020)을 토대로 볼 때 협의의 은둔형 외톨이 구분은 실제 대상자들이 보이는 활동을 꽤 현실성 있게 담고 있는 것으로 보인다. 은둔형 외톨이 중 거의 대부분의 시간을 자신의 방에서 나오지 않거나

상태	특징	상태
광의의 은둔형 외톨이	취미와 관련된 일을 볼 때만 외출한다.	준 은둔형 외톨이
	집 근처 편의점 정도만 외출한다.	협의의 은둔형 외톨이
	자기 방에서는 나오지만 집 밖으로는 나가지 않는다.	
	방에서 거의 나오지 않는다.	

[그림 1-1] 협의 vs. 광의의 은둔형 외톨이

출처: 일본 나가노현 정신보건복지센터 홈페이지(https://www.pref.nagano.lg.jp/seishin/heisetsu/hikikomori/withdraw_config.html#mylinks)

가족과 관계를 하지 않는 경우에도, 가족이 없을 때나 야간에는 가까운 외출을 하는 경우가 꽤 목격된다. 이러한 외출에 대해 가족들은 신발에 흙이 묻어 있거나 자전거가 놓여 있는 위치 등을 통해 추측하는 경우도 많다. 외출은 많은 경우 자신이 원하는 것을 구입하거나 필수적인 접촉이 필요한 경우가 대부분이다. 모으는 피규어나 게임 캐릭터를 구입하는 것 등이 그 예이다. 이렇게 은둔과 활동이 공존하는 경우 '활동성 은둔형 외톨이'와 같은 개념으로 불릴 수도 있을 것이다.

6. 다양한 명칭 및 개념

1) 고립청년, 사회적 고립자

은둔형 외톨이에 대한 명확한 개념이 정립되지 않는 상태에서 현재까지 다양한 용어나 개념이 혼용되어 왔다. 은둔형 외톨이를 지칭하며 가장 많이 사용된 것은 '고립청년' 혹은 '사회적 고립자'이다. 최근까지도 활동기관과 관련법규에서 은둔 대신 이 단어의 사용을 주장했는데, 이는 은둔이나 외톨이가 부정적 이미지를 갖는다는 이유에서이다. 앞서 밝혔듯 파이교육그룹(2020) 연구에서도 '은둔형 외톨이라는 부정적 단어 대신 고립청년이라는 말로 대체 사용'하였다. 보다 구체적으로 윤철경과 서보람(2020)은 '외톨이'라는 용어가 개인적 책임을 강조하는 어감이 강하기 때문에 외부로부터의 단절이라는 의미를 잘 담기 위해 '사회적 고립인'을 사용하였다.

유사하게 박대령(2020)은 은둔형 외톨이보다 사회적 고립자 혹은 사회적 외톨이가 적합하다고 제시한다. 이들 용어가 사회 시스템의 문제에 더 주목하게 되고 제도나 정책 변화를 촉구하는 데 적합하다는 이유에서이다. 또한 은둔형 외톨이라는 말을 사용하면 정책 수혜 대상이 줄어든다는 점을 지적했다. 지원대상으로 집에서만 있지는 않으나 사회생활을 거의 하지 않는 이들도 포함시킬 필요가 있는데, 그러려면 사회적이라는 말이 수혜범위를 넓힐 수 있다고 보았다.

하지만 고립청년 혹은 사회적 고립자의 사용에 몇 가지 문제점이 생긴다. 고립 혹은 사회적 고립은 사회복지계에서 주로 사용해 온 용어인데, 이에는 다양한 고립계층이 포함된다. 따라서 사회적 고립인을 은둔형 외톨이를 특정하는 용어로 사용하는 경우, 독거노인, 사회관계가 없는 1인 가구 등 다양한 대상을 포함하게 된다. 한준(2019)에 따르면 사회적 고립은 '가족 및 가족 외 사람과 접촉과 교류가 없는 사람' '어려울 때 도움을 받을 사람이 없는 사람'이고, 그 결과 '고립감'이나 '심리적 웰빙' 등 심리적 영향이 나타나는 것으로 정의했다. 이렇게 볼 때 이 책에 구체적으로 소개하고 있는 은둔형 외톨이의 특징들과는 잘 맞지 않는다(자세한 내용은 은둔형 외톨이의 특징에 관한 4~6장 참조). 또한 한국생명의전화(2019)에서는 고립청년을 훨씬 넓은 의미로 보면서, '관계부적응 청년'뿐 아니라 '진로정보부족 청년' '생계노동 청년', '건강상의 문제를 가진 청년' 등 고립감 등 에너지 수준에 따라 분류하며 유형화하였다. 이 기준에 따르면 은둔형 외톨이는 고립청년의 일부가 되는 것이다.

2) 니트(NEET)

은둔형 외톨이와 함께 자주 언급되는 또 다른 용어는 니트이다. '니트(NEET)'는 1999년 영국에서 처음 시작된 용어(고스게 유코, 2012)로 'Not in Education, Employment or Training'의 약어이다. 즉, 학교에도 가지 않고 일도 하지 않으며 직업 훈련도 받고 있지 않은 10대 청소년을 이르는 말로 사용되고 있다. 구체적으로 영국에서는 니트를 '생활보호자, 질병, 등교거부, 실업 등을 포함하여 교육, 취업, 직업 훈련도 받지 않은 상황에 처해 있는 16~18세의 청년'을 의미한다. 이는 1999년 내각부의 사회적 배제 대책 위원회(Social Excision Unit)가 발간한 조사보고서의 표제에서 처음으로 사용되었다(玄田有史, 曲沼美惠; 2004, 고스게 유코, 2012에서 재인용).

일본에서도 니트(ニート)라는 용어를 사용하고 이들을 '청년무업자'라고 부른다. 2004년부터는 15~34세 연령층을 대상으로 공식적인 통계를 제시하고 있다(玄田有史, 曲沼美惠, 2004, 고스게 유코, 2012에서 재인용). 우리나라에서는 2000년대 초반 일본을 통해서 이 용어가 들어왔고, 무업청소년 혹은 무업청년으로 번역되고 있다. 2016년 기준 우리나라 15~29세 청년 중 NEET 비율은 18.9%로 OECD 평균(13.9%)보다 훨씬 높게 나타났다(파이교육그룹, 2020).

니트는 이제 일반인들에게도 꽤 알려졌고 은둔형 외톨이를 지칭할 때 동일한 개념으로 사용되는 경우도 많다. 하지만 두 용어 간에는 비교적 뚜렷한 차이가 있다. 우선, 니트청년은 교육, 취업, 직업 활동을 하지 않지만 모두가 사회적 관계를 끊는 은둔형 외톨이가 되는 것은 아니다. 니트청년은 어느 정도 집 밖 활동을 하거나 가족 및 사회적 관계가 유지되는 경우가 많다는 점에서 은둔형 외톨이와 큰 차이가 있다. 또한 니트에는 다양한 집단이 포함된다(윤철경, 서보람, 2020). 먼저, '구직 니트(능동적 NEET)'는 일할 의욕이 있는 집단으로 장기, 단기 실업자를 의미한다. 반면, '비구직 니트'는 좀 더 복잡하다. 첫째, 가족부양의 책임이나 질병 또는 장애로 인해 노동시장이나 교육환경에 참여할 여력이 없는 청소년이나 청년, 둘째, 적절한 취업이나 훈련 기회를 찾으며 기다리고 있는 청소년이나 청년, 셋째, 예술, 음악, 자기주도학습 등 다른 활동에 매진하는 '자발적 무업 청소년이나 청년', 마지막으로 현실에 낙담하여 위험하고 비사회적 라이프 스타일을 추구하는 '이탈자' 등이 모두 포함될 수 있다. 여기서 은둔형 외톨이는 이 중 마지막 범주에 속한다고 볼 수 있다.

3) 사회적 외톨이

'사회적 외톨이'라는 용어도 사용된 바 있다. 윤일규 의원은 「은둔형 외톨이에 관한 제도 개선방안 연구」(2019)에서 은둔형 외톨이는 법률적 용어로 사용하기에 혼란이 있을 수 있다고 주장했다. 윤일규 의원에 따르면 은둔은 자발적 은둔과 비자발적 은둔으로 나눌 수 있고, 외부 요인에 의한 경우 종교적 은둔, 정치적 은둔, 사회적 은둔 등으로 나눌 수 있다. 한편, 최근 청소년과 청년에게 많이 나타나는 은둔은 그 원인이 주로 교육 부적응, 대인관계 취약, 취업 곤란 등 사회적 요인에 의해 일어난다는 점에서 '사회적 은둔'에 초점을 두어야 한다고 보았다. 따라서 은둔형 외톨이 대신 사회적 외톨이라는 용어를 제안하였다.

4) 무중력 청년, 저활력자

은둔형 외톨이를 지칭하며 몇 개의 흥미로운 용어가 제시된 바 있다. 그중 하나가 이충한(박대령, 2020)이 제기한 '무중력 청년'이다. 전 사회적 기업 유자살롱의 공동 대표였던 이충한은 은둔형 외톨이라는 부정적 어감을 피할 수 있고 대상자들의 상태를 잘 표현한다는 점에서 이 용어를 제기했다. 또한 그들이 경험하는 한 곳에 정착하거나 소속되지 못하고 떠다니는 상태를 자연스럽고 건강한 것으로 설명한다. 그에 따르면, "무기력은 내 안에서 시작되는 것이지만 무중력은 내 바깥에 있는 힘이 낮아졌을 때 둥둥 떠다니게 된다. 무중력 상태가 자연스러운 상태이다. 창의적인 사람들은 어떤 무중력 상태를 경험하는 것 같다."

한편, 공감인 대표 하효열(박대령, 2020에서 재인용)은 고립자와 외톨이의 부정적인 느낌을 배제하고 '저활력자'라는 용어를 사용할 것을 제안했다. 그에 따르면 고립이라는 말은 무인도에 고립된 것과 같은 느낌을 주고 청년들이 활동하는 곳은 무인도가 아닌 세상이기 때문에 용어가 적절치 않다고 지적한다. 또한 저활력이라는 말이 무중력이라는 말과 비슷하며, 대상자들이 다시 기회를 만나면 활력을 찾을 수 있다는 점을 강조했다.

두 용어는 부정적 이미지를 불식시키려는 의도가 돋보이고 창의적이라는 점에서 의미가 있다. 하지만 은둔형 외톨이 대상자들의 전체 상태를 표현하는 데는 부족해 보인다. 대상자들이 보이는 상태의 일부나 그들의 주요 특징 중 일부만을 묘사하는 용어로 보인다. 특히 저활력자는 그들의 현상 전체를 지칭하기보다는 '활력이 적다'는 특징만을 강조함으로써 우울이나 절망감을 느끼는 사람이 보이는 특징과 구분하기 어렵다.

무중력 청년 또한 대상자의 상황을 적절하게 묘사한다고 보기 어렵다. 오오쿠사 미노루(2020)가 제시하듯이 '사회가 그들을 당기는 소속감, 관계와 같은 적절한 중력이 없어서 이들이 둥둥 떠다니게 되는 것'이라는 의미로 무중력 개념이 도입된 것은 매우 흥미롭다. 하지만 오오쿠사 미노루의 언급처럼 은둔형 외톨이는 사회적 중력이 부족하다기보다는 그 반대인 경우가 많아 보인다. 오히려 이들은 '부모를 포함해서 많은 주변 사람으로부터 받는 중력이 너무 무거워서 자신의 몸조차 버티지 못하거나 자신을 잡아당기는 큰 중력에 사방팔방으로 당겨져 비명을 지르는 것처럼 여겨진다.' 이에 대해 오오쿠사 미노루는 은둔하는 청년들이 '과중력'과 '다중력'으로 인해 사회에 대한 적절한 중력 감각을 잃은 무중력 상태에 있다고 명쾌하게 정리한다.

5) 은빛톨이

매우 시적인 용어와 개념이 제기되기도 한다. 이우영(박대령, 2020에서 재인용)은 은둔 청소년 혹은 청년을 지칭하며 '은빛톨이'라는 용어를 사용했다. 이는 은빛과 외톨이의 합성어이다. 우리 사회는 흔히 금빛만을 최고로 치고 그러한 최고의 성취에 주목한다. 반면, 은빛은 사회가 원하는 금빛은 아니지만 은은하게 빛나고 그 자체로 충분히 아름다운 빛이다. 따라서 은빛은 백금빛처럼 고유의 가치를 갖는 것이지, 금빛과 비교해 더 열등한 빛이 아니라는 주장이다.

6) 학교 밖 청소년, 등교거부자

초기에 은둔형 외톨이에게 관심이 모아질 때 이들과 등교거부자는 거의 동일한 의미처럼 여겨졌다. 등교거부자(school refusal)에 대해 일본 문부과학성은 "어떠한 심리적 · 정서적 · 신체적 또한 사회적 요인 배경 때문에 등교하지 않거나, 또는 등교하고 싶어도 할 수 없는 상황으로 인하여 연간 30일 이상 결석한 사람 중 병이나 경제적인 이유를 배제한 사람"이라고 정의하고 있다(고스게 유코, 2012). 우리나라에서는 이보다 기간을 훨씬 길게 3개월 이상 결석하는 경우 학교 밖 청소년이 되지만, 등교거부의 의미는 거의 동일하게 사용되고 있다.

하지만 등교거부 및 학교 밖 청소년과 은둔형 외톨이는 동일한 대상이 아니다. 대부분의 은둔형 외톨이는 어떤 형태의 공적인 기관에도 속하거나 관계를 맺지 않는데, 초기에 결석이 잦아지며 결국 학교를 중퇴하게 된다. 하지만 등교거부자 혹은 학교 밖 청소년이 모두 은둔생활을 하는 것은 아니다. 물론 학교 중퇴 청소년이 불안정하고 고립된 생활을 할 확률은 일반 청소년보다 훨씬 높지만 이들은 개인마다 매우 다양한 생활을 하고 있으며 그중 일부가 은둔형 외톨이가 되는 것이다. 드물더라도 일부는 학교중퇴 후 더욱 주체적이고 생산적인 삶을 계획하고 도전하며 살아가기도 한다. 이렇게 볼 때 등교거부나 학교중퇴는 은둔으로 가는 중요한 시발점이 되기도 하지만, 역으로 은둔 경향성이 높은 청소년이 자연스럽게 등교거부를 하며 은둔으로 빠진다고 보는 것이 타당하다.

7) 학교 밖 · 사회 밖 청년

김혜원(2018, 2020)은 우리 사회 청년 중 상당수가 안정된 사회 구조 속에 포함되지 못한다는 점에 초점을 두며 '학교 밖 · 사회 밖 청년'이라는 용어를 사용하였다. 우리나라는 대학진학률이 2000년대 들어 80%까지 상승하다 최근 하락세가 이어져 70% 내외를 보이고 있다. 대학생들의 휴학과 졸업유예도 증가하여 2019년 통계청 자료에 의하면 휴학 경험자 비율이 54%로, 2015년 40.3%에 비해 4년 사이 14% 이상 증가했다(CIVIC뉴스, 2020. 5. 19.). 휴학 이유로는 학자금 마련(43.6%)이 가장 많았고 취업을 위한 사회경험(26.7%)이 두 번째로 많았다. 대학 자퇴 또한 적지 않아 100명 중 7명(7.4%)이 자퇴하고 있다(중앙일보, 2017. 6. 17.). 또한 앞서 보았듯 2016년 기준 15~29세 청년 니트 비율은 18.9%로 OECD 평균(13.9%)에 비해 높은 수준을 보인다(OECD, 2017).

이렇게 20대 혹은 30대 청년 중 대학이나 직장에 소속되어 있지 않은 채 심각한 취업난 속에서 일자리를 얻지 못하고 경제적 독립이 어려운 상태에 놓이는 경우가 많아지고 있다. 물론 이들이 모두 은둔형 외톨이가 되는 것은 결코 아니다. 하지만 김혜원(2018)은 '학교 밖 · 사회 밖 청년'이 크게 늘고 있고 이에 대한 우리 사회의 인식과 준비는 턱없이 부족함을 지적한다. 덧붙여 이들이 건강한 사회구성원으로 행복한 성인기를 준비할 수 있는 다양한 교육과 활동 기회가 우리 사회에 있어야 함을 강조한다.

7. 명칭, 개념보다 중요한 인정과 시선

이 장에서는 우리 사회에 존재하는 은둔형 외톨이를 뭐라고 부르는 것이 가장 적절한지, 그들을 어떻게 일목요연하게 설명할 수 있을지, 유사한 사람들과 구분하기 위해서는 어떤 기준을 가져야 하는지의 문제를 다뤘다. 이런 다소 복잡한 논의가 필요한 이유는 현재 우리 사회에서 은둔형 외톨이가 비교적 새롭게 출현하는 개념이기 때문이다. 아니, 엄밀히 말하면 기존에도 존재했지만 사회적 관심이 새롭게 부각되고 있다는 말이 맞을 것이다. 새롭게 인식하고 새로운 대응 노력을 고민하는 시점에서 대상자를 명료하게 보는 것은 필수적이다. 하지만 용어나 개념 혹은 대상범위에 대한 구체화도 중요하지만 이보다 더 중요한 것이 몇 가지 있다.

첫째, 현재 대한민국에 은둔형 외톨이가 존재하고 그 수도 생각보다 상당히 많다는 사실을 아는 것이다. 여전히 사회구성원 다수는 우리 사회에 은둔 상태의 청소년과 청년이 존재한다는 사실과 그 수가 얼마만큼인지, 그리고 그들과 가족들이 어떤 힘겨운 싸움을 하고 있는지에 대해 모르는 경우가 많다. 단지 은둔형 외톨이를 일본이나 다른 나라만의 문제로 생각하는 경우가 많다. 따라서 은둔형 외톨이가 우리 사회에 '존재함을 인식'하고 '인정'하는 것이 용어와 개념 정립의 과정에서 강조될 필요가 있다. 우리 사회의 은둔형 외톨이가 '꽃'이라고 불리기 전 '다만 하나의 몸짓'으로 여겨지고 있는 것은 아닌지에 대한 점검이 필요하다.

둘째, 앞서 말했듯 은둔형 외톨이에 대한 용어가 정립된다는 것은 우리가 이들에 대해 어떤 시각을 갖는가의 의미도 내포하며, 나아가 이들을 우리 사회가 도와야 하는 대상으로 보는가와도 맞닿는다. 이 책에서 제시하는 은둔형 외톨이의 개념, 특징, 원인 및 대응방안을 살펴보면 우리 사회가 왜 이들을 도와야 하는지에 대해 보다 명료해지리라 생각한다. 즉, 개인이나 개별 가정의 문제로 보기에는 우리 사회의 병리적 측면을 고스란히 담은 현상인 경우가 많기 때문이다. 은둔형 외톨이에 대한 사회구성원의 공동 책무에 대한 인식과 이들이 주변 도움이 없으면 늪 같은 현 상태에서 나오기 어렵다는 사실을 인식하는 것이 어떤 용어로 그들을 부르는가보다 훨씬 중요할 것이다.

제2장

은둔형 외톨이의 현황

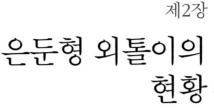

이 장에서는 우리나라와 해외의 은둔형 외톨이에 관련된 다양한 현황을 살펴볼 것이다. 우리나라의 은둔형 외톨이 규모와 특성을 시작으로 해외의 은둔형 외톨이 관련 현황까지 살펴볼 것이다. 이를 통해 은둔형 외톨이의 현실적인 모습을 파악할 수 있을 것이며, 때로는 새로운 모습을 발견하게 될 것이다. 나아가 은둔형 외톨이에 관련된 현황을 살펴보는 경험을 통해 은둔형 외톨이에 대한 폭넓은 이해와 시각을 가질 수 있을 것이다.

1. 국내 은둔형 외톨이 관련 현황

1) 은둔형 외톨이의 규모

2002년대 초 '우리나라에도 은둔형 외톨이가 있다'는 것이 알려진 이후 현재까지 은둔형 외톨이는 사회문제로 조금씩 관심을 받아 왔다. 그러나 현재 우리나라는 이에 대한 정확한 실태 파악이나 통계조사 등을 통한 종합적이고 구체적인 자료가 없는 상황이다(박애선, 2018). 우리나라에서 은둔형 외톨이에 대한 연구나 조사가 처음 이뤄진 것은 2003년경이다(허경운, 2005). 국내 은둔형 외톨이 관련 연구가 나오기 전까지 일본의 은둔형 외톨이 규모 산출법을 이용해 우리나라의 은둔형 외톨이 인구를 약 10만 명으로 계산하기도 했다(여인중, 2005).

이런 상황 가운데 최근 발표된 은둔형 외톨이 관련 연구와 조사결과를 바탕으로 우리나라의 은둔형 외톨이 규모를 살펴보자.

(1) 학교에 다니는 청소년 은둔형 외톨이의 규모

우리는 흔히 학교에 다니는 청소년 중에는 은둔형 외톨이가 없거나, 때로는 학교만 잘 다니면 은둔형 외톨이 관련 문제가 해결될 것이라고 생각하기 쉽다. 그러나 2005년 발표된 연구에 따르면 은둔형 외톨이와 관련된 문제가 학교를 다니고 있는 청소년들에게도 존재함을 확인할 수 있다. 연구에서는 전국 일반 인문계 고등학생 1, 2학년 1,461명을 대상으로 은둔형 부적응 청소년[1]의 실태와 현황을 조사하였고, 결과는 〈표 2-1〉과 같이 나타났다(황순길 외, 2005).

표 2-1 은둔형 부적응 청소년의 실태와 현황

구분	응답 내용	특징
고위험군 (0.3%)	1. 등교나 사회적 관계를 거부하고 집에 머물러 있는 경험이 있음 2. 친구가 없거나 한 명밖에 없음 3. 학교나 일을 그만둔 적이 있음	• 은둔형 외톨이 진단기준에 근접
위험군 (2.3%)	1. 등교나 사회적 관계를 거부하고 집에 머물러 있는 경험이 있음 2. 친구가 없거나 한 명밖에 없음	• 은둔형 부적응 청소년으로 발전될 가능성이 높음 • 즉각적인 개입이 필요한 대상
잠재군 (7.1%)	1. 등교나 사회적 관계를 거부하고 집에 머물러 있는 경험이 있음	• 은둔형 부적응 청소년이 될 가능성을 가진 집단 • 개입과 예방의 차원에서 주목할 필요 있음

---

1) 사회적 회피 현상을 나타냈거나 나타낼 가능성이 있는 부적응 청소년

연구결과에서 약 10%의 응답자가 은둔형 외톨이 관련 문제를 경험하거나 추후 경험할 가능성이 높은 것으로 나타났다. 이는 현재 학교에 다니는 청소년 중에서도 은둔형 외톨이 관련 문제에 대한 개입이 필요한 청소년이 존재한다는 것을 보여 준다. 또한 예방을 위한 노력을 기울인다면 은둔형 외톨이로의 발전을 막을 수 있는 기회가 있음을 의미하기도 한다.

(2) 19~39세 은둔형 외톨이의 규모

우리나라에서 은둔형 외톨이의 규모를 파악하기 위해 일본의 은둔형 외톨이 조사와 유사하게 통계 자료를 활용하여 규모를 계산한 바 있다. 윤철경과 서보람(2020b)은 2017년 한국청소년정책연구원의 '청년 사회·경제 실태조사'의 데이터를 활용해 19~39세 대상 은둔형 외톨이 발생률과 추정인구를 발표하였다. 이들이 추정한 은둔형 외톨이의 정의는 '외출을 하지 않는 상태가 6개월 이상이며 장애나 임신·출산이 고립의 원인이 아닌 사람'이다. 그 결과는 〈표 2-2〉와 같았다.

표 2-2 2017년 은둔형 외톨이 추정인구

구분		인구(명)	은둔형 외톨이 발생률(%)	추정 인구(명)
전체		14,903,919	0.91	135,625
성별	남	7,731,262	0.75	57,984
	여	7,172,657	1.08	77,464
연령	만 19~29세	7,438,631	0.96	71,410
	만 30~39세	7,465,288	0.88	65,694

결과를 살펴보면 만 19세에서 39세 사이의 인구 중 은둔형 외톨이는 약 13만 5,000명이고 발생률은 0.91%로 추정된다(윤철경, 서보람, 2020b). 이는 지방 소도시 한 곳의 인구 정도에 해당되는 많은 청소년과 청년이 현재 은둔형 외톨이로 생활하고 있음을 보여 준다. 만약 은둔 기간이 6개월 미만인 사람과, 15세 미만의 인구와 39세 이상의 인구를 조사에 포함시킨다면 훨씬 더 많은 인구가 은둔형 외톨이일 것으로 예상할 수 있다.

(3) 20~40대 은둔형 외톨이의 규모

최근 흥행한 넷플릭스 웹드라마인 〈스위트홈〉의 남자 주인공처럼 은둔형 외톨이는 흔히 청소년 혹은 젊은 청년들만의 문제로 생각되는 경향이 있다. 정말 은둔형 외톨이는 청소년과 젊은 청년들만의 문제일까?

2018년 건강보험 가입자 정보를 활용하여 20~49세의 은둔형 외톨이 규모를 21만 2,000여 명으로 추정하였다(윤일규, 2019). 은둔형 외톨이는 청소년 혹은 젊은 청년들만의 문제가 아니고 중년의 은둔형 외톨이도 상당수 존재함을 확인할 수 있다. 또한 은둔형 외톨이 현상은 우리의 생각보다 오래전부터 있었으며, 젊은 세대의 은둔형 외톨이를 사회로 이끌어 내지 못한다면 앞으로 중년의 은둔형 외톨이가 많아질 가능성이 있음을 의미하기도 한다. 중년 은둔형 외톨이는 젊은 청년 은둔형 외톨이에 비해 경제활동에 여러 제약이 있어 더 많은 어려움을 경험할 수 있으며 특성이나 성향도 다를 수 있어 또 다른 사회문제로 나타날 가능성이 있다.

최근 보도 자료에 의하면 일본의 경우 2018년 40~64세의 '중년 히키코모리'를 61만 명으로 추정하고 있다(한겨레21, 2019. 5. 20.). 일반적으로 우리나라의 사회적 네트워크가 중년으로 갈수록 좁아지는 것을 고려하면, 우리나라의 중년 은둔형 외톨이 상황이 일본보다 낫다고 보기 힘들다.

2) 은둔형 외톨이의 개인적 특성

은둔형 외톨이를 떠올리면 어떤 특성들이 상상되는가? 여성인가 또는 남성인가? 나이는 몇 살 정도이며, 최종학력은 어떻게 예상되는가? 앞서 보았듯 우리나라에서는 은둔형 외톨이에 대한 체계적인 실태조사가 이루어지지 않아 앞선 질문들에 대한 정확한 사항을 파악하기 어렵다. 하지만 기존 연구와 조사들을 통해 이에 대한 답을 확인할 수 있다.

(1) 성별

정신과 의사인 여인중(2005)이 자신이 근무하는 병원에 방문한 은둔형 외톨이 107명을 분석한 결과, 이 중 남성이 73명, 여성이 34명이었다. 남성 은둔형 외톨이가 여성 은둔형 외톨이보다 2배 많은 것이다. 은둔형 외톨이와 관련된 대부분의 연구에서도 여성에 비해 남성의 비율이 높게 나타난다. 파이교육그룹(2020)이 발표한 실태 조사에도 총 47명의 은둔형 외톨이 중 66%가 남성이었다. 또한 가장 최근 이뤄진 광주광역시(2021)의 은둔형 외톨이 실태조사에서도 총 237명의 은둔형 외톨이 중 남성의 비율이 61.6%로 나타났다.

은둔형 외톨이 중 남성의 비율이 높은 현상은 여성에 비해 남성의 사회참여가 많 고 전통적인 남존여비 등의 동양적인 사고로 인해 나타나는 현상이라고 설명된다 (여인중, 2005). 남존여비 등의 동양적인 사고는 남성들에게 과도한 사회적인 역할 을 요구하고 이를 견디지 못할 경우 은둔형 외톨이가 될 수 있는 것이다(대한소아청 소년의학회, 2012). 현실적으로 남성의 사회참여 기회가 많은 것과 동양적 사고가 만 연한 사회적인 분위기와 더불어 심리적으로도 남성이 여성보다 사회적인 성공 욕 구가 강하기 때문이라고 설명하기도 한다(여인중, 2005). 그러나 최근 여성의 사회 진출이 급속히 증가하고 있어 은둔형 외톨이 중 남성의 비율이 높은 현상에 대해 그 원인이 불분명하다고 평가하는 관점도 있다(斎藤環, 2002: 대한소아청소년의학회, 2012에서 재인용; 小田晋, 作田明, 2005: 대한소아청소년의학회, 2012에서 재인용).

(2) 연령

광주광역시(2021)의 은둔형 외톨이 실태조사에서 은둔형 외톨이의 연령은 〈표 2-3〉과 같이 나타났다.

결과를 살펴보면 20대가 가장 많고 30대가 다음이어서, 20대와 30대가 은둔형 외톨 이의 절반 이상을 차지하는 것을 알 수 있다. 마지막으로, 40~60대 이상의 중장년 은 둔형 외톨이의 비율이 약 20%임을 알 수 있다. 이는 은둔형 외톨이 5명 중 1명이 중

표 2-3 은둔형 외톨이의 연령	(조사인원: 237명)
연령	비율(%)
10대	4.2
20대	48.9
30대	26.6
40대	11.0
50대	4.6
60대 이상	4.6

장년 은둔형 외톨이임을 의미한다. 은둔형 외톨이 중 20대가 가장 많은 비중을 차지한다는 조사결과는 2002년부터 2010년까지 정신건강의학과를 방문한 은둔형 외톨이들의 평균 나이가 22세였다는 경험적 보고와도 일치한다(대한소아청소년의학회, 2012). 한편, 우리보다 먼저 은둔형 외톨이 문제를 경험한 일본의 경우 히키코모리의 평균연령은 29세로 나타났다(境泉洋, 中垣内正和, 蔵本信比古, 佐藤二, 2007: 대한소아청소년의학회, 2012에서 재인용).

(3) 형제 수와 출생순위

은둔형 외톨이를 대상으로 한 심층면담(파이교육그룹, 2020)에서 형제 수와 출생순위를 조사한 결과는 〈표 2-4〉와 같다. 결과를 보면 형제 수는 1명(48.9%)이 가장 많고 2명과 외동인 경우가 비슷한 정도로 뒤를 이었다. 출생순위는 맏이가 절반 이상(59.6%)으로 다른 출생순위보다 압도적으로 많았다. 같은 조사에서 부모를 대상으로 확인한 결과, 자녀 수는 2명(67.7%)이 가장 많았다. 또한 당사자 조사에서와 마찬가지로 은둔형 외톨이 자녀의 출생순위는 첫째(73.5%)가 가장 많아 전체의 3/4 정도의 은둔형 외톨이가 첫째 자녀인 것을 알 수 있었다.

표 2-4 은둔형 외톨이의 형제 수와 출생순위 (조사인원: 47명)

구분		비율(%)
형제 수	0명	21.3
	1명	48.9
	2명	23.4
	3명	6.4
출생순위	맏이	59.6
	중간	10.6
	막내	17.0
	외동	12.8

(4) 학력

파이교육그룹(2020)의 실태조사에 나타난 은둔형 외톨이들의 학력은 〈표 2-5〉와 같다.

| 표 2-5 | 은둔형 외톨이의 학력 | (조사인원: 47명) |

구분	비율(%)
중학교 중퇴	2.1
고등학교 중퇴	6.4
고등학교 졸업	27.7
대학 중퇴	44.7
대학졸업 이상	19.1

결과를 보면 은둔형 외톨이 중 대학 중퇴가 가장 많은 것을 알 수 있다. 다음은 고등학교 졸업이 27.7%로 나타났다. 은둔형 외톨이 중 고등학교 졸업 이상의 학력이 91.5%로 거의 대부분에 해당함을 보여 준다. 이는 은둔형 외톨이 중 90% 이상이 고등학교 졸업 이상으로 나타난 광주광역시(2021)의 조사결과와 유사하다.

3) 은둔 계기

(1) 학업 부적응

은둔생활을 시작하게 된 계기로 먼저 학업 부적응을 꼽을 수 있다. 고등학교 재학생 중 은둔형 부적응 청소년 위험군[2]을 대상으로 고립을 선택한 계기를 조사한 바 있다(황순길 외, 2005). 그 결과, 이들은 학교생활에 대한 회의와 부적응이 고립이나 사회적 회피의 중요한 계기였다고 응답하였다(〈표 2-6〉 참조).

또 다른 연구에서 은둔생활과 학업 부적응의 관련성을 파악할 수 있다. 청소년 상담 관련기관에서 상담을 받은 청소년 은둔형 외톨이 68명의 고립 계기를 조사한 결과(황순길 외, 2005), 이들 중 31.9%가 '학교생활의 부담과 무가치감' 때문이라고 조

---

2) 청소년 중 '등교나 사회적 관계를 거부하고 집에 머물렀던 경험이 있음'과 '친구가 없거나 한 명밖에 없음'에 해당하는 청소년. 이들은 은둔형 외톨이로 발전할 가능성이 매우 높은 대상이다.

표 2-6 등교나 외출을 하지 않고 집에서만 지내려고 했던 이유(중복응답) – 학업 부적응

(조사인원: 34명 추정)[3]

항목	비율(%)
학교생활이 부담스럽고 무가치하다고 느껴져서	28.1
선생님이 무섭거나 싫어서	15.6
학업능력이나 성적에 대한 열등감 때문에	12.5

사되었다. 이들 중 11.6%는 '학업능력이나 성적에 대한 열등감', 2.9%는 '선생님이 무섭거나 싫어서'라고 조사되었다. 광주광역시(2021)의 은둔형 외톨이 실태조사에서도 참여자 중 13.5%가 은둔을 하게 된 주된 계기로 '학업중단이나 진학 실패'를 꼽았다.

이러한 결과들을 통해 볼 때 청소년 은둔형 외톨이 중 매우 높은 비율이 학업 부적응과 관련된 계기로 고립을 선택함을 알 수 있다.

(2) 대인관계 어려움

고등학교 재학생 중 은둔형 외톨이 성향이 있는 대상자를 조사한 결과(황순길 외, 2005), 대인관계 또한 은둔의 중요한 계기인 것으로 나타났다. 〈표 2-7〉에서 볼 수 있듯이 그들은 대인관계에 대한 불안을 가지고 있고 사회적 기술이 부족하고 내향적인 성향을 가지고 있었다.

표 2-7 등교나 외출을 하지 않고 집에서만 지내려고 했던 이유(중복응답) – 대인관계

(조사인원: 34명 추정)

항목	비율(%)
교우관계를 맺거나 유지하기 어려워서	18.8
많은 사람과 접촉하는 것이 부담스러워서	18.8
원래 비사교적이고 내향적이어서	18.8
급우들로부터 따돌림 당하는 것이 싫어서	6.3
급우들의 괴롭힘이나 폭력이 싫어서	9.4

---

3) 2005년에 발표한 '은둔형 외톨이 등 사회부적응 청소년 지원방안' 연구에서는 정확한 인원수를 제시하지 않고 비율만 발표하였다. 연구에서 제시한 유효한 사례 1,461명 중 2.3%(은둔형 부적응 청소년 위험군 비율)를 계산하여 추정하였다.

또한 뚜렷한 이유 없이 3개월 이상 사회적 접촉을 끊고 고립생활을 하고 있는 25세 이하 청소년 및 청년 41명을 대상으로 조사한 결과에서도, 54.3%가 학교에서 따돌림 혹은 괴롭힘을 당한 경험이 있다고 응답하였다(이재영, 2014). 이들 중 17.1%는 따돌림 혹은 괴롭힘의 경험이 은둔의 직접적인 계기가 되었다고 생각하고 있었다. 유사하게, 은둔형 외톨이 심층면담 연구에서는 고립의 계기 중 대인관계 형성과 유지의 어려움으로 인한 경우가 많았다(파이교육그룹, 2020). 이는 학교 부적응, 대처기술 부족과 높은 관련이 있는 것으로 나타나, 은둔형 외톨이들은 지속적으로 관계적 어려움을 경험하며 우울감, 불안감을 호소함을 알 수 있었다.

광주광역시(2021)의 실태조사에서도 은둔형 외톨이 중 17.3%가 은둔을 하게 된 가장 주된 계기로 '대인관계가 잘되지 않아서'라고 응답하였다. 은둔 기간이 3년 이상인 은둔형 외톨이의 경우 다양한 은둔 계기 중 '대인관계가 잘되지 않아서'라고 응답한 비율이 25.9%로 높게 나타났다. 이 조사에서 심층면담에 참여한 은둔형 외톨이 대부분도 대인관계와 관련된 트라우마를 경험한 것으로 나타났다.

(3) 취업

청년실업이 증가하면서 청소년뿐 아니라 청년층의 은둔형 외톨이가 증가하는 추세이다(대한소아청소년정신의학회, 2012). 광주광역시(2021)의 조사에 의하면 은둔형 외톨이 중 27.8%는 은둔을 하게 된 주된 계기가 '취업에 실패해서'라고 응답하였다. 결과를 조금 더 자세히 살펴보면 여성에 비해 남성이, 은둔 기간이 짧을수록 은둔의 계기가 취업 실패라고 응답한 비율이 높았다. 만 25~39세의 성인기 은둔형 외톨이의 경우 취업 실패로 인해 은둔생활을 시작하게 된 인원의 비율이 가장 높았다.

(4) 가정 문제

가정 내 다양하고 어려운 문제들이 은둔생활의 주요 계기가 되기도 한다. 고등학교 재학생을 대상으로 조사한 결과(황순길 외, 2005) 9.4%가 가정 문제(부모 이혼이나 불화, 질병)로 인하여 등교나 외출을 하지 않고 집에서만 지내려고 했다고 응답했다. 상담센터를 내방한 청소년 중 은둔형 외톨이 68명을 조사한 결과(황순길 외, 2005)에서는 이보다 높은 비율인 참여자 중 17.4%가 가정 문제(부모의 이혼이나 불화, 질병)로 인해 사회적 접촉을 피하고 집에서만 지내려고 했던 것으로 나타났다. 이 결과는 재학생이며 은둔형 외톨이 성향이 있는 청소년과 다르게, 상담을 받는 은둔형 외톨이에게 가정 문제가 더욱 큰 은둔 계기임을 보여 준다.

한편, 은둔형 외톨이의 부모를 대상으로 자녀의 은둔 계기에 대해 조사한 결과(파이교육그룹, 2020)에서도 부모의 이혼, 가정불화 등과 같은 가정 문제를 원인으로 꼽는 경우가 많았다. 또한 이들은 자녀의 어린 시절부터 이어진 가정 내 문제나 부모의 불화, 경제적 어려움 등을 가정 문제의 구체적인 내용으로 보고했다.

(5) 정신적 어려움

광주광역시(2021)의 조사에 의하면 은둔형 외톨이 중 26.6%가 은둔을 하게 된 주된 계기가 우울증 등 정신적 어려움 때문이라고 응답하였다. 특히 과거 은둔생활 경험이 있는 조사 참여자 중에서 이러한 비율은 더욱 높았다. 성별로는 여성이 남성에 비해 은둔의 계기로 우울증 등 정신적 어려움을 꼽은 비율이 높았다. 또한 은둔 기간이 3년 이상일 때 은둔을 계기로 우울증 등 정신적인 어려움을 꼽은 비율이 높았다.

4) 은둔 기간

은둔 기간의 정도는 매우 중요한 문제이다. 짧은 기간 동안 일시적으로 은둔한다면 이를 심각한 개인적 · 사회적 문제로 볼 필요가 없을 것이다. 하지만 은둔형 외톨이의 심각성은, 이들이 한번 은둔을 시작하면 은둔 기간이 매우 길어지거나 혹은 간헐적으로 세상에 나온다 해도 다시 은둔을 반복하며 장기화된다는 점에 있다.

은둔형 외톨이의 자립을 지원하는 K2인터내셔널코리아의 조사 결과를 보면 이러한 심각성을 잘 알 수 있다. K2인터내셔널코리아에서 상담을 받은 은둔형 외톨이 116명을 대상으로 은둔 기간을 조사한 결과, 은둔 기간이 10년 이상인 사람의 비율이 약 30%로 나타났다. 즉, 관련기관에서 상담을 받은 은둔형 외톨이 3명 중 1명이 은둔 기간이 10년 이상인 것이다. 이에 대해 코보리 모토무(小掘求) K2인터내셔널코리아 대표는 한국의 경우 성공의 길이라고 불리는 '명문대 진학 후 대기업 취업'이라는 트랙이 있으며, 이 트랙에서 벗어나면 다시 기회가 주어지지 않는 구조가 은둔생활을 하게 되는 주요 원인이라고 설명했다. 이로 인해 은둔형 외톨이들의 은둔생활도 길어지고 한번 좌절한 사람들이 갈 곳이 없게 되는 것이다(중앙일보, 2020. 2. 7.).

파이교육그룹(2020)의 조사결과에서는 은둔 기간이 1년 이상 2년 미만인 경우가 가장 많았다. 은둔 기간 5년 이상인 중장기 은둔형 외톨이의 경우 깊은 절망감과 무기력함으로 인해 자립 및 도전의식의 변화가 가속화되는 것으로 나타났다. 이에 은둔 기간과 정도에 따라 차별화된 접근이 필요함을 알 수 있다.

광주광역시(2021)의 조사에서는 은둔 기간이 6개월~1년 미만인 경우가 가장 많았다(〈표 2-8〉 참조). 그러나 은둔 기간이 5년 이상인 은둔형 외톨이의 비율이 약 10%로 나타나 은둔 기간이 단기간 혹은 장기간으로 양극화되는 경향이 있음을 보여 주었다. 구체적으로 보면, 남성이 여성에 비해 은둔 기간이 3년 이상인 비율이 높았다. 또한 연령대가 낮을수록 6개월 미만의 은둔 기간이 많은 반면, 만 25~39세의 경우 은둔 기간이 3년 이상인 비율이 높았다. 심층면담에서도 은둔 기간은 1년 미만에서 20년 이상까지 개인별로 편차가 컸고, 당사자의 연령에 따라서도 차이가 컸다.

표 2-8 은둔형 외톨이들의 은둔 생활 기간	(조사인원: 237명)
항목	비율(%)
3~6개월 미만	21.1
6개월~1년 미만	31.2
1~3년 미만	24.9
3~5년 미만	13.1
5~10년 미만	7.2
10년 이상	2.5

5) 은둔형 외톨이의 대인관계

(1) 의사소통 대상

여인중(2005)의 연구에서 은둔형 외톨이에게 '대화를 나누는 사람이 있는가?'라는 질문을 한 결과, 거의 대부분(86%)이 속마음을 이야기할 상대가 없거나 1명이라고 대답했다. 파이교육그룹(2020)의 조사에서도 깊은 대화를 나누는 사람이 있는지에 대해 질문한 결과, '없다' 또는 '1~2명'의 제한된 인간관계를 유지하는 경우가 가장 많았다. 구체적으로, 대화를 하는 사람은 주로 본인과 같은 은둔형 외톨이거나 은둔형 외톨이에 대한 인식이 있어 자신을 이해해 줄 수 있는 사람들로 한정되어 있었다.

광주광역시(2021)의 조사에서도 깊은 대화를 나누는 사람이 없다고 응답한 비율이 매우 높았다(〈표 2-9〉 참조). 또한 남성이 여성에 비해 대화를 나눌 사람이 없다고 응답한 비율이 높았다. 연령별로는 만 25~39세가 대화를 나눌 사람이 없다고 응답한 비율이 가장 높았다.

표 2-9 깊은 대화를 나눌 수 있는 사람의 수 (조사인원: 237명)

항목	비율(%)
전혀 없다	60.8
1명	20.7
2~3명	18.6

(2) 친구

은둔형 외톨이는 매우 적은 수의 친구를 갖는다. 이재영(2014)의 연구에서 은둔형 외톨이는 과거의 친구 수나 자신이 원하는 친구 수에 비해 현재 친구 수가 매우 적은 것으로 나타났다. 하지만 이들 중 81.3%는 2명 이상의 친구가 있기를 원했다. 이 연구를 통해 운둔형 외톨이들도 대인관계를 맺고 싶은 욕구가 있고 현재와는 다르게 조금 더 다양한 대인관계를 맺고 싶어 하는 것을 알 수 있다(자세한 내용은 3장의 '은둔형 외톨이는 사람을 싫어한다?' 참조).

광주광역시(2021)의 조사에서도 은둔형 외톨이의 친구 사귀기에 대한 어려움이 나타났다. 조사참여자 중 친구 사귀는 것이 어렵다는 응답이 82.7%, 어렵지 않다는 응답이 18.7%였다. 즉, 은둔형 외톨이 10명 중 8명 이상이 친구 사귀는 것에 대해 어려움을 경험하고 있음을 알 수 있다. 특히 은둔 기간이 3년 이상인 은둔형 외톨이의 경우 1년 미만인 경우에 비해 친구를 사귀는 것에 더 큰 어려움을 경험하고 있는 것으로 나타났다.

(3) 대인관계

은둔형 외톨이는 원만한 대인관계 유지를 위한 다양한 기술이 부족한 상태로 살아온 경우가 많다. 이재영(2014)의 연구에 따르면 은둔형 외톨이가 다른 사람들과의 관계에서 어울리고 싶지 않다고 처음 생각이 든 시기는 평균적으로 중학교 1학년 무렵이었다.

보다 구체적으로 은둔형 외톨이의 심리사회적 특성에 관한 연구에 따르면, 은둔형 외톨이는 공감성과 주장성이 낮고 사회적 불안감과 편집성이 높았다(이규미, 구자경, 김은정, 이시형, 2001). 이는 은둔형 외톨이들이 타인의 상황을 공감하고 도와주거나 친구의 장점을 칭찬하고 먼저 인사하는 등의 공감능력이 친구들에 비해 낮으며, 친구관계에서 먼저 친근감을 표현하는 등의 관계를 시작하거나 주도하는 모습이 부족함을 보여 준다. 또한 은둔형 외톨이들은 대인관계에서 경험하는 주관적인 불편감이나 불안감이 크며 타인을 많이 의식함을 나타낸다. 대인관계에서 갈등이 생겼을 때 자신의 감정을 억압하는 것과 같은 경직된 방식의 자기조절을 통해 갈등상황에 적절히 대응하지 못하는 경향이 있음을 확인할 수 있다.

광주광역시(2021)의 조사에서도 은둔형 외톨이의 대인관계는 비슷한 양상을 보였다(〈표 2-10〉 참조).

결과를 보면 '처음 만난 사람과 금방 말할 자신이 없다'고 응답한 은둔형 외톨이는 89.5%였다. 또한 '사람을 사귀는 것을 잘 못하는 것을 아닐까 고민한다'고 응답한 은둔형 외톨이도 87.8%였다. 또한 이러한 어려움은 만 24세 이하 은둔형 외톨이가 만 40세 이상에 비해 더 많이 경험하는 것으로 나타났다. 감정 표현에 대한 어려움도 보고하여, '감정을 겉으로 드러내는 것이 서투르다'고 응답한 은둔형 외톨이는 93.2%였고, '주변 사람과 다툼이 발생했을 때 해결방법을 모르겠다'고 응답한 은둔형 외톨이는 89%였다. 특히 이러한 어려움은 은둔 기간이 3년 이상인 은둔형 외톨이의 경우, 은둔 기간 1년 미만에 비해 더 많이 경험하는 것으로 나타났다. 결과를 종합해 보면, 은둔형 외톨이는 대인관계에서 사람을 사귀고, 감정을 표현하고, 갈등을 해소하는 방법에서 큰 부적절감을 느끼고 어려움을 겪는 것을 알 수 있다.

표 2-10 사회적 관계에 관련된 설문결과   (조사인원: 237명)

항목	전혀 그렇지 않다 (%)	가끔 그렇다 (%)	자주 그렇다 (%)	항상 그렇다 (%)
처음 만난 사람과 금방 말을 할 자신이 없음	10.5	21.9	36.7	30.8
사람 사귀는 것을 잘 못하는 것을 고민함	12.2	16.9	37.6	33.3
감정을 드러내는 것이 서투름	6.8	16.9	48.1	28.3
주변 사람과 다툼이 발생했을 때 해결방법을 모름	11.0	23.2	41.4	24.5

6) 은둔형 외톨이의 정신건강

우울증과 같은 정신적인 어려움이 오랜 시간 은둔하게 되는 계기가 될 수도 있지만, 오랜 시간 은둔함으로써 점차 정신건강의 어려움을 경험하기도 한다. 일본에서 오랫동안 은둔형 외톨이를 치료해 온 사이토 다마키(2012)는 은둔형 외톨이는 질환이 아니지만 은둔이 장기화되어 좋지 않은 방향으로 흐를 때 여러 정신질환 증상을 보이기도 한다고 보고한다.

(1) 우울 · 두려움 · 불안 · 무기력

청소년 상담 관련기관에서 상담을 받은 은둔형 외톨이의 정신의학적 진단과 과거 병력을 조사한 결과, 은둔형 외톨이 3명 중 1명 이상이 정신의학적 진단을 받았거나 과거 병력이 있는 것으로 나타났다(황순길 외, 2005). 그들의 정신의학적 세부적인 진단명과 과거 병력은 [그림 2-1]과 같다. 결과를 보면 우울증이 다른 진단에 비해 압도적으로 높아 은둔형 외톨이 2명 중 1명이 우울증으로 진단받았거나 과거 우울증을 경험했던 것을 알 수 있다.

파이교육그룹(2020)의 조사에서 간이정신진단검사(SCL-90)를 통해 살펴본 결과에서도 유사한 양상이 나타났다. 삶에 대한 동기나 관심의 감소, 활력의 상실, 기분이나 감정의 저조 등을 의미하는 '우울증'의 점수가 9개의 증상 차원 중 가장 높았다. 즉, 은둔형 외톨이가 겪고 있는 가장 주요한 정서적 고통이 우울임을 알 수 있다.

은둔형 외톨이의 정신 건강 문제는 심층면담 연구에서도 구체적으로 확인할 수 있다. 은둔형 외톨이에게 현재 자신을 가장 힘들고 불편하게 하는 것에 대해 물어본

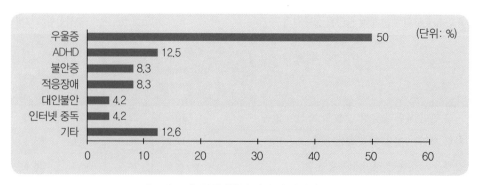

[그림 2-1] 정신의학적 진단 및 과거 병력

결과, 우울감과 불안감 등 정신적 어려움에 대한 보고가 심각한 수준인 것으로 나타났다 (파이교육그룹, 2020). 은둔형 외톨이 중 대부분이 상담센터나 정신과를 이용한 경험이 있었고, 주로 우울증 및 불안장애와 관련하여 약물치료를 받은 경험이 있었다. 은둔형 외톨이들은 지속적으로 관계적 어려움을 경험하게 되면서 우울감과 사회적 응에 대한 불안감을 호소하고 일부 정신질환으로 심화되는 경향이 있음을 확인할 수 있었다.

광주광역시(2021)의 조사에서도 이와 유사한 양상이 나타났다. 조사 대상자의 우울 · 불안 · 무기력 관련 설문결과는 〈표 2-11〉과 같다.

표 2-11 우울 · 불안 · 무기력 관련 설문결과 (조사인원: 237명)

항목	전혀 그렇지 않다(%)	가끔 그렇다(%)	자주 그렇다(%)	항상 그렇다(%)
사람 만나는 것의 두려움	14.3	20.7	41.4	23.6
아는 사람을 만날 것을 생각하면 불안함	14.3	26.6	31.6	27.4
다른 사람이 나를 어떻게 생각할까 걱정됨	9.3	13.5	34.2	43.0
매사에 흥미가 없음	7.6	18.6	41.4	32.5
미래에 대한 희망이 없음	4.2	8.4	40.5	46.8
절망적인 기분이 들 때가 있음	5.9	10.1	40.1	43.9

결과를 보면 거의 대다수(60~90% 정도)의 은둔형 외톨이가 대인관계와 관련된 두려움, 불안, 걱정 및 일상에 대한 흥미 없음, 희망 없음, 절망을 느끼는 것을 알 수 있다. 또한 은둔 기간이 짧은 경우보다는 긴 경우, 은둔이 성인기에 시작된 경우보다는 일찍 시작된 경우, 성인 은둔형 외톨이보다는 청년 은둔형 외톨이가 이러한 심리적 어려움이 더욱 큰 것으로 조사되었다.

(2) 충동성 · 분노조절

대부분의 경우 은둔형 외톨이는 대인관계에서 매우 조용하고 소극적이지만 간혹 분노를 폭발적으로 표현하거나 타인에게 언어적 · 신체적인 공격을 하는 경우도 있다. 이러한 행동은 가까운 사람 혹은 대부분 가족에게 행해진다. 청소년 상담 관련기관에서 상담받은 은둔형 외톨이를 대상으로 조사한 결과 이러한 공격행동이 파악되었다. 구체적으로, 응답자는 가족에 대한 공격적 언어(15.9%), 부모에 대한 폭력(4.3%), 가정 내 기물파손(물건 던지기, 벽치기)(4.3%), 형제자매에 대한 폭력(2.9%) 등 다양한 형태의 충동적이고 공격적인 행동을 한 경험이 있었다. 즉, 은둔형 외톨이 중 약 25%가 충동성 및 분노조절 관련 행동을 경험한 것을 알 수 있다(황순길 외, 2005).

이는 심층면담 연구에서도 확인되었다(파이교육그룹, 2020). 은둔형 외톨이는 부모 및 가족에게 언어적 폭력을 행사한 경우가 많았다. 이는 은둔형 외톨이의 심리적 고통이 심화됨으로써 자신 또는 가족이나 가까운 사람에게 분노가 표출되는 것을 보여 준다.

광주광역시(2021)의 조사 결과도 유사한 양상을 보였다(〈표 2-12〉 참조).

표 2-12 충동 · 분노조절 관련 설문결과　　　　　　　　　　　(조사인원: 237명)

항목	전혀 그렇지 않다(%)	가끔 그렇다(%)	자주 그렇다(%)	항상 그렇다(%)
가족에게 화를 내거나 폭력을 휘두름	38.8	30.0	25.3	5.9
무엇을 때려 부수고 싶은 충동이 생김	31.6	32.1	22.4	13.9
큰 소리로 격분하는 경우가 있음	31.2	31.2	23.6	13.9

조사 결과, 가끔 혹은 자주나 항상 '가족에게 화를 내거나 폭력을 휘두른다'고 응답한 은둔형 외톨이는 61.5%였다. '무엇을 때려 부수고 싶은 충동이 생긴다'는 경우는 68.4%, '큰 소리로 격분한다'는 경우는 68.8%였다. 전체적으로 볼 때 70%가량의 은둔형 외톨이가 분노를 느끼고 폭발적으로 자신이나 가족에게 이를 표현하는 것을 알 수 있다. 이러한 충동성과 분노 폭발은 은둔 기간이 3년 이상인 경우가 미만인 경우에 비해 더 많았다.

(3) 강박

강박은 자신의 의지와 상관없이 어떤 충동이나 생각이 자꾸 떠올라 그것에 집착하며, 관련된 행동을 반복하게 되는 부적응 문제를 뜻한다(권석만, 2013). 청소년 상담 관련기관에서 상담을 받은 은둔형 외톨이를 조사한 결과, 강박행동을 하는 경우가 2.5%로 나타났다(황순길 외, 2005).

파이교육그룹(2020)의 조사에서 간이정신진단검사(SCL-90)를 통해 살펴본 결과에서는 많은 은둔형 외톨이가 강박문제를 경험하는 것으로 나타났다. 자신이 원하지 않음에도 어쩔 수 없이 되풀이하게 되는 사고, 충동 및 행동을 의미하는 '강박증' 영역의 점수가 9개 증상 차원 중 두 번째로 높았다.

광주광역시(2021)의 조사에서 '사소한 것을 반복해서 확인하는지'에 대해 질문한 결과 사소한 것을 반복해서 확인한다고 응답한 은둔형 외톨이는 87.8%였다. 또한 만 24세 이하에 은둔형 외톨이가 된 경우 성인기에 은둔을 시작한 경우에 비해 사소한 것을 반복하는 행위를 더 많이 경험하는 것으로 나타났다(광주광역시, 2021).

(4) 자살 시도 · 자해

정신과 의사 여인중(2005)은 진료실에서 만난 은둔형 외톨이는 고독감, 공허감, 우울감, 자기혐오와 모멸감 등 부정적인 감정을 많이 갖고 있고, 가벼운 우울증부터 심각한 경우 자살까지 시도하는 경우도 있다고 보고하였다. 청소년 상담 관련기관에서 상담을 받은 은둔형 외톨이 중에서는 자살 시도와 자해 시도가 약 2% 내외로 조사되었다(황순길 외, 2005).

이는 심층면담 연구를 통해서도 확인되었다. 파이교육그룹(2020)의 조사에서 은둔형 외톨이 대부분은 자살 경험이 없었지만 자해에 대한 보고는 많았다. 또한 자살 시도 경험이 있는 은둔형 외톨이의 경우 이를 반복적으로 행하고 있어 위험성을 보여 주었다. 이는 은둔형 외톨이를 위한 자살예방 및 개입 시스템 구축이 절실함을 보여 준다.

광주광역시(2021)의 조사에서는 자살 시도나 자해 경험에 대한 비율이 매우 높게 나타났다. 자살 시도나 자해 경험이 있다고 응답한 은둔형 외톨이는 절반을 넘는 54.4%였다. 또한 정신 건강과 관련된 적절한 개입이 없는 경우, 심한 우울감과 좌절감, 무망감 등이 생기고 자살 생각으로 연결되어 자살 시도를 반복하는 것으로 나타났다.

(5) 중독

은둔형 외톨이가 평상시 많이 하는 활동은 스마트폰 사용, PC 사용, 인터넷 게임으로 나타났다(광주광역시, 2021). 은둔형 외톨이의 대부분은 스마트폰이나 PC를 중독

표 2-13 중독관련 설문결과				(조사인원: 237명)
항목	전혀 그렇지 않다(%)	가끔 그렇다 (%)	자주 그렇다 (%)	항상 그렇다 (%)
PC나 휴대전화가 없으면 진정이 안 됨	21.5	33.3	28.7	16.5
술을 마시지 않고 버틸 수 없음	64.6	16.9	13.1	5.5
인터넷 게임을 하지 않으면 초조·불안함	51.5	27.0	14.8	6.8

적으로 사용한다. 하지만 이러한 현상은 반드시 온라인 매체뿐 아니라 술, 담배 등 자신의 괴로움을 잊는 데 도움을 준다고 생각하는 것에 대한 다양한 중독 현상으로 나타난다. 광주광역시(2021)의 조사 중 중독관련 결과는 이를 보여 준다(〈표 2-13〉 참조).

결과에 따르면 'PC나 휴대전화가 없으면 진정이 되지 않는다'고 응답한 은둔형 외톨이는 78.5%였다. '술을 마시지 않고 버틸 수 없다'고 응답한 은둔형 외톨이도 36.4%였다. 특히 타 연령대 은둔형 외톨이에 비해 40세 이상의 장년 은둔형 외톨이들이 술을 마시지 않고 버틸 수 없다고 응답하는 비율이 높았다. 구체적 사용 내용을 보여 주는 '인터넷 게임을 하지 않으면 초조·불안하다'고 응답한 은둔형 외톨이는 48.5%였다. 또한 남성이 여성에 비해 초조함이나 불안함을 느끼는 비율이 높았다.

2. 국외 은둔형 외톨이 관련 현황

1) 일본

우리보다 은둔형 외톨이 문제를 먼저 경험한 일본은 2003년 일본의 국가기관인 후생성에서 히키코모리의 개념을 범주화하였다(이재영, 2014). 일본 후생성의 은둔형 외톨이 정의는 '6개월 이상 일체의 사회적인 관계를 거부하고, 가족 이외의 사람들과 의사소통을 하지 않으면서 집 안이나 자신의 방에서 나오지 않는 사람들'이다(자세한 내용은 1장의 '은둔형 외톨이 정의와 개념' 참조).

일본의 히키코모리 현황은 약 1.2%로, 일본 인구 중 약 120만 명이 은둔형 외톨이로 생활을 하고 있을 것으로 추정하고 있다(斎藤環, 2012). 은둔형 외톨이 중 경제활동의 주체인 30대의 비율이 30%에 달하고 대부분 남성으로 나타나 심각한 사회문제로 대두되었다. 일본의 경우 1990년대부터 악화된 고용환경으로 인해 젊은 층 50명 중 1명이 일에 대한 의욕 없이 지내고 있다고 한다. 이들 중 상당수가 고학력자이고 주로 부모에게 기생해 생활하며 돈이 필요한 경우 단기간 아르바이트를 하기도 한다. 이들 중 취업에 대한 의욕을 상실하여 취업 도전이나 아르바이트도 포기하고 바깥 출입도 하지 않는 은둔형 외톨이가 적지 않은 것으로 발표되었다(여인중, 2005).

초기에는 히키코모리가 발생하는 원인과 관련하여 일본의 사회문화적 현상으로 설명하려는 연구들이 주를 이뤘다. 정신과 의사인 사이토 다마키는 은둔형 외톨이 중 86%가 3개월 이상의 등교거부 경험이 있어 등교거부가 은둔형 외톨이와 관련이 깊다고 보았다. 또한 등교거부 인원의 20%가 장기화된 고립생활을 하거나 은둔형 외톨이가 될 가능성이 있다고 보았다(斎藤環, 2012). 이후 정신의학적 측면이 부각되기도 했고, 여전히 히키코모리에 대한 보다 정확한 개념과 정의, 원인 규명에 대한 논란이 지속되고 있다(이재영, 2014).

일본에서는 2010년부터 히키코모리에 대한 본격적인 실태조사를 실시하였다. 2015년 전국의 만 15~39세 대상으로 진행된 실태조사를 바탕으로 은둔형 외톨이의 수를 추산한 결과 약 54만 1,000명으로 나타났다. 2015년 진행된 실태조사에 따르면, 이들이 은둔형 외톨이가 된 이유 중 가장 큰 비중을 차지한 요인은 등교거부, 직장 부적응이었다. 대부분 24세 이하에서 은둔형 외톨이 생활을 시작했다고 보고하였다. 은둔형 외톨이로 지낸 기간에 대해서는 3명 중 1명이 7년 이상으로 대답하였다(한겨레21, 2019. 5. 20.).

히키코모리 현상이 단지 청년들만의 문제가 아니라는 인식이 커지면서, 중·장년의 은둔형 외톨이 실태 파악이 대두되었다. 이에 2018년 만 40~64세 대상으로 조사를 실시한 결과, 중·장년 은둔형 외톨이는 약 61만 3,000명으로 추정되었다. 이들의 외출 실태를 살펴보면 '집 근처 편의점에 갈 때만 외출한다'와 '취미 관련 일을 볼 때만 외출한다'는 응답 비율이 가장 높았다. 은둔형 외톨이가 된 계기로는 '퇴직'과 '인간관계가 잘 안돼서'라는 응답이 대부분이었다. 은둔형 외톨이로 지낸 기간은 '1~5년'이 가장 많았지만 '20년 이상'이라고 응답한 인원도 약 20% 정도였다(오오쿠사 미노루, 2020a).

2015년도와 2018년도 은둔형 외톨이 실태조사 결과를 합치면 일본에는 약 115만

4,000명의 은둔형 외톨이가 있는 것으로 추산할 수 있다. 이는 일본 전체인구 중 약 1%에 근접하는 수치이다. 또한 2018년 실태조사 결과와 같이 최근 일본에서는 중년 은둔형 외톨이가 증가하면서 '8050 문제'가 사회문제로 떠오르고 있다. 이전에는 '7040 리스크'라고 불러 왔는데, 은둔형 외톨이들과 부모들이 나이가 들어 가면서 '8050 문제'로 불리는 것이다. 이는 80대 부모와 50대 은둔형 외톨이 자녀라는 의미로, 중년이 되도록 은둔 문제가 해결되지 않아 노부모의 생활에도 부정적인 영향을 미치고 있는 것을 의미한다(국민일보, 2020. 12. 7.).

2) 중국

최근 중국 내에서 은둔형 외톨이나 사회적 철수행동을 보이는 청소년들에 대한 우려가 높아지고 있다. 하지만 이들에 대한 연구는 많지 않고(Liu, 2007; Yang, 2012에서 재인용) 사회적 철수행동을 보이는 청소년에 대한 사례 연구만 몇몇 사회복지사를 통해 보고되고 있다(Yang, 2012).

최근 중국의 대도시인 베이징, 상하이, 심천 대상 웹 설문조사에서 연구 참여자 137명 중 21.2%가 사회적 철수 상태(은둔 상태)에 있는 것으로 나타났다(Liu, Li, Teo, Kato, & Wong, 2018). 이 연구에서는 은둔형 외톨이를 '3개월 이상 사회적 접촉을 피하고 주로 집에만 머무른 사람'으로 정의하여 조사를 진행하였다. 은둔형 외톨이로 선별된 사람 중 남성의 비율이 여성에 비해 높았고, 연령은 18~24세 미만이 절반 이상이었다. 또한 이들 중 22%가 정신건강의학과나 상담시설을 방문한 경험이 있었다. 흥미롭게도, 이 연구에서는 일반 사람과 은둔형 외톨이의 온라인 친구 수 및 온라인 친구들과의 연락 빈도를 비교 조사하였다. 은둔형 외톨이의 경우 SNS상의 친구 수는 적으나, 온라인 친구에게 연락하는 빈도는 일반 사람들에 비해 더 높았다. 이를 통해 은둔형 외톨이도 온라인상에서 사회적 관계를 발전시키고 유지해 나가며 사회적인 상호작용을 하고 있음을 확인할 수 있었다(Liu et al., 2018).

홍콩에서도 12~29세의 1,010명을 대상으로 은둔형 외톨이와 관련된 조사를 실시하였다(Wong et al., 2015). 이 연구에서는 은둔형 외톨이를 '외출을 하지 않으며 지속적으로 등교거부를 하거나 무직 상태이며 가족이나 친구를 만나지 않는 사람'으로 정의하였다. 조사 결과, 은둔형 외톨이 기간이 6개월 이상 지속된 고위험군은

1.9%, 6개월 미만은 2.5%였다. 은둔형 외톨이로 선별된 인원 중 역시 남성의 비율이 여성보다 높았다. 또한 은둔형 외톨이들은 대부분 미혼으로 가족과 함께 생활하고 있었으며, 무직(학생 포함)이 가장 많았다. 연구자들은 연구결과를 바탕으로 홍콩의 은둔형 외톨이 고위험군의 수를 약 1만 6,900명에서 4만 1,000명으로 추정하였다(Wong et al., 2015).

3) 프랑스

2017년 발표된 연구에서 프랑스에도 은둔형 외톨이 관련 문제가 있음을 보고했다(Chauliac, Couillet, Faivre, Brochard, & Terra, 2017). 연구는 사회적 철수행위를 보이는 청소년의 실태를 파악하기 위해 진행되었다. 연구에서 정의한 사회적 철수는 '사회와의 교류를 끊거나 은둔하는 행위'이고, 이는 정신과적 문제가 있다는 것을 알아차릴 수 있는 행동 중 하나라고 보았다. 따라서 전문가의 도움이 필요함에도 불구하고 도움을 받지 않고 있는 사람들이 얼마나 되는지, 그들의 특성은 어떤지 파악하기 위한 연구였다(Chauliac et al., 2017).

2012년 4월부터 2015년 12월까지의 기간 동안 프랑스의 방문형 정신건강 전문팀의 관리를 받고 있는 대상자 18~34세 중 은둔행동을 보이는 66명을 대상으로 연구를 진행하였다. 연구 참여자는 대부분 남성이었고, 평균 나이는 23.2세였으며, 참여자 중 32%가 대학 수준까지 공부한 것으로 나타났다. 이들의 은둔 시작의 평균 연령은 20.4세, 평균 은둔 기간은 2년이었다. 현재 유지되고 있는 관계의 유형으로 가족이 가장 많아 절반 이상이었고, 없다고 응답한 사람도 약 20% 정도였다. 이들의 은둔 계기는 연인과의 이별이 14%, 학업 실패 9%, 부모의 이혼 8%, 대인관계 단절 6% 등의 순서로 나타나(Chauliac et al., 2017), 대인관계의 어려움이나 학업 및 진로 실패가 은둔의 주요 계기가 된 우리나라와 차이를 보였다. 또한 이들 대부분은 수면장애를 겪고 있었고 정신과적 진단을 받지 않은 인원은 단지 13%뿐이었다(Chauliac et al., 2017).

4) 스페인

2015년 발표한 연구를 통해 스페인 내의 은둔형 외톨이 관련 현황을 확인할 수 있었다. 스페인 수도 바르셀로나에서 지역사회 정신건강 서비스의 일환인 위기 가정 개입 및 치료(Crisis Resolution Home Treatment)를 제공하기 시작하면서 이제까지 드러나지 않았던 은둔형 외톨이 문제가 두드러지게 되었다. 이에 은둔형 외톨이 현황을 파악하기 위한 연구가 진행되었고 은둔형 외톨이가 존재함을 확인할 수 있었다(Malagón-Amor, Córcoles-Martínez, Martín-López, & Pérez-Solà, 2015).

2008년에서 2013년의 기간 동안 위기 가정 및 치료 서비스 대상자 중 은둔 기간이 최소 6개월 이상인 은둔형 외톨이 164명을 대상으로 조사를 실시하였다. 조사 결과, 다른 국가에서와 마찬가지로 남성이 여성보다 많았고 평균 연령은 40세였다. 이들의 은둔형 외톨이 현상이 시작된 시점은 평균 36.6세였고 은둔 기간은 3년 이상이었다. 대상자들은 대부분 가족과 함께 생활하고 있었고 고용 형태는 현재 무직이라고 답한 사람이 가장 많았다(60.2%). 또한 그들의 은둔생활의 심각성을 가장 먼저 감지한 사람은 대부분 가족이었다(Malagón-Amor et al., 2015). 연구에 참여한 은둔형 외톨이들 중 정신과적 치료를 받은 사람은 전체의 74.5%였다. 이들의 진단명으로는 정신병적 장애가 가장 많았고, 다음은 불안장애, 정동장애, 성격장애, 약물사용장애의 순이었다. 또한 이들의 사회적 기능을 평가했을 때 심각한 증상이나 손상이 있는 사람이 대부분이었다(Malagón-Amor et al., 2015).

5) 그 밖의 해외 현황

앞에서 살펴본 나라 외의 다른 나라에도 은둔형 외톨이가 존재할까? 각 국가를 대상으로 은둔형 외톨이 조사를 실시하거나 다국적 비교를 한 연구가 거의 없기 때문에 정확한 현황은 파악할 수 없다. 다만 일부 연구를 통해 제한된 국제적 통계를 확인할 수 있다. 2015년 발표된 연구(Teo et al., 2015)에서는 인도, 일본, 한국, 미국의 웹사이트를 통해 정신과적 진단을 받은 사람을 제외한 18~39세 사이의 은둔형 외톨이 참가자를 모았고 총 36명이 참여하였다. 참가자 대부분은 남성이었고, 일정한 교육을 받았으며, 가족과 함께 거주하고 있었다. 은둔 기간은 평균 2.1년이었다.

참가한 은둔형 외톨이의 외로움 점수는 정상인의 평균보다 훨씬 높았고, 사회망이나 사회적 지지 정도는 일반인의 평균보다 훨씬 낮았다. 사회활동과 관련해서 어느 정도의 기능이 손상되었는지 확인한 결과, 정신질환을 가진 환자와 비슷한 정도로 손상된 경우도 있었다. 참가자 중 78%는 은둔형 외톨이에서 벗어나기 위해 치료를 받고 싶다고 응답하였으며, 원하는 치료로는 정신건강 전문가에게 개별 심리치료를 받고 싶다는 응답이 가장 많았다. 또한 전화나 온라인 등의 비대면 치료보다 사람을 직접 만나는 대면치료를 더 선호하는 것으로 나타났다(Teo et al., 2015). 특히 주목할 만한 점은 참가자 중 한국인의 외로움 점수가 가장 높았고 사회활동 관련 기능 손상도 가장 높았다. 이를 통해 우리나라의 은둔형 외톨이 문제가 타국에 비해 심각한 수준이고 당사자들은 더 많은 고통을 경험하고 있음을 엿볼 수 있다.

이상의 국외 연구들을 통해 은둔형 외톨이는 우리나라와 일본만의 문제가 아니라 세계 여러 나라에 존재하는 문제임을 확인할 수 있다. 각국에서 내리는 정의는 다양하지만 이들의 사회망과 사회적 지지체계가 매우 빈약하다는 공통점은 분명히 확인할 수 있다. 또한 이들이 공통적으로 사람을 대면하는 것을 어려워하지만 대인관계에 대한 욕구가 있다는 점도 알 수 있다. 이러한 자료를 통해 은둔형 외톨이라는 상태가 한 개인과 그 가족에게 주는 고통은 국적과 무관한 것임을 알 수 있다.

3. 그들은 어디에나 있고 언제나 존재한다

이 장에서는 우리나라에 존재하는 은둔형 외톨이의 규모를 확인하고, 그들이 왜 은둔을 하게 되었는지, 얼마나 은둔을 해 왔는지, 대인관계는 어떤지에 대해 살펴보았다. 덧붙여 해외에도 이와 같은 현상이 있는지 간략하게 살펴보았다. 이렇게 은둔형 외톨이와 관련된 세부사항들을 파악하는 이유는 그들의 삶과 모습을 조금 더 잘 이해하기 위함이다. 물론 연구결과가 그들의 삶을 모두 보여 주지는 못하지만, 이러한 간접적 확인을 통해 그들을 이해하고 다가갈 수 있는 효과적 방법을 고민할 수 있다.

우리나라는 어느 순간부터 초고령화, 저출산, N포 세대, 니트족(NEET족) 등의 단어가 너무나 자연스럽게 사용되는 상황이 되었다. 이는 국가의 지속적 발전과 성장을 위해 생산인구 1명이 매우 귀하고 소중함을 말해 주는 것이기도 하다. 그 어느 때보다 은둔형 외톨이를 위한 국가의 관심과 정확한 현황조사 및 관련정책 수립이 필요한 이유이다.

이 장에서 살펴본 내용들을 통해, 은둔형 외톨이는 우리 주변 어디에나 있고 언제나 존재한다는 것을 잘 알 수 있다. 우리 사회는 그들이 눈에 띄지 않는다고 존재 자체를 부정하거나, 그들의 진정한 모습과 다르게 과장하기도 한다. '있는 그대로의 그들을 보기'가 은둔형 외톨이 문제를 해결하고 그들을 돕는 가장 중요한 첫걸음일 수 있다.

참고자료

은둔형 외톨이 생활양식을 가진 청년들의 건강상태는 어떨까?

2016년부터 2017년까지 홍콩에 살고 있는 은둔형 외톨이 104명의 신체건강 상태를 파악한 결과 상당수는 혈압과 체중 증가 등 신체적으로 불건강한 것으로 나타났다. 은둔 기간이 늘어날수록 신체적 건강상태는 더 나빴다. 이 연구는 기저질환이 없는 만 13~34세를 대상으로 했음에도, 참여자 중 15.4%가 고혈압, 31.7%가 고혈압 전 단계로 높게 나타났다. 은둔형 외톨이로 지낸 기간이 6개월 이상인 경우는 6개월 미만인 경우보다 고혈압이 3배, 고혈압 전 단계가 1.5배 높게 나타났다. 체중과 관련해서는 저체중이 37.5%, 과체중이 33.7%로 참여자 중 70%가 체중 이상 상태를 보였다. 또한 은둔경험이 6개월 이상의 참여자는 6개월 미만 참여자들보다 비만이 많았다. 이는 은둔생활의 라이프 스타일로 알려진 좌식행동, 잘못된 식습관, 기형적인 수면패턴과 연관이 높을 것으로 분석되었다. 이 연구는 은둔형 외톨이의 생활양식은 체중이상과 심장질환의 위험도를 높일 수 있으며, 다양한 만성적인 질환을 촉진시킬 수 있어 젊은 층의 신체적인 건강을 해치는 위험한 행동임을 보여 준다.

출처: Yuen et al. (2018).

참고자료

코로나 19가 은둔형 외톨이 현상에 어떤 영향을 미칠까?

홍콩대학교의 Wong 교수는 COVID-19의 대유행이 은둔형 외톨이와 사회적 고립 현상에 미칠 수 있는 영향 4가지를 예상하였다. 첫째, 사회적 거리두기와 격리는 공포, 좌절, 또는 지루함 등을 일으키고 이로 인한 외상후 스트레스 증상, 혼란, 분노 등으로 이어질 수 있다고 보았다. 또한 수개월의 휴교는 학생들의 심리적 건강에 부정적인 영향을 미칠 수 있으며, 이후 무단결근이나 자퇴율이 증가할 것으로 보았다. 둘째, 실업률과 사회적 고립이 세계적으로 증가할 것으로 예상하였다. 이미 취업관련 분야에서 취약했던 청년들과 학교를 졸업하는 청년들이 취업에 더 많은 어려움을 경험할 것으로 보았다. 이로 인한 고립과 사회적 이탈 또한 더욱 많이 발생하게 될 것으로 예측하였다. 셋째, COVID-19로 인한 실업률 증가는 젊은이들뿐만 아니라 다른 가족 구성들에게도 영향을 미칠 것으로 보았다. 실업자 부모가 발생하게 될 것이며, 이로 인해 가족 내 분명한 변화가 있을 것으로 예상하였다. 마지막으로, COVID-19가 은둔형 외톨이와 사회적 고립현상에 대한 일반인들의 인식향상과 제도의 발전에 긍정적인 영향을 미칠 수도 있다고 보았다. 많은 사람이 몇 달 동안 사회적 거리두기와 고립을 경험했기 때문에 은둔형 외톨이 현상이나 사회적 고립에 대한 이해가 높아지게 될 것이며, 사회적으로 고립된 젊은 층의 아픔과 어려움을 공감하고 이해하게 될 수 있을 것으로 보았다. 이를 통해 향후 지역사회 내 은둔형 외톨이와 사회적 고립 관련 시스템이나 관련분야의 발전에 도움이 될 수 있을 것으로 보았다.

출처: Wong (2020).

제3장

은둔형 외톨이의
오해와 진실

이 장에서는 은둔형 외톨이에 관한 오해와 진실들에 관해 살펴보고자 한다. 은둔형 외톨이는 비로소 연구가 진행되고 있고 일반인에게 서서히 개념이 알려지고 있기 때문에, 그들의 단편적인 모습만 보고 많은 오해가 생겨난다. '장님 코끼리 만지듯' 부분적으로만 코끼리를 인식한 데서 비롯되는 오해들이다. 여기에서는 은둔형 외톨이와 관련된 대표적인 오해가 무엇인지 살펴보고, 다양한 근거를 토대로 이러한 오해에 대한 보다 정확한 내용에 대해 살펴보도록 하겠다.

1. 은둔형 외톨이는 정신질환이다?

1) 오해

은둔형 외톨이의 부모님과 상담을 할 때면 어머님들은 자녀가 아픈 상태이고 나아야 한다는 표현을 종종 사용한다. 이처럼 은둔형 외톨이의 부모들 또한 은둔형 외톨이를 나아야 할 병을 가진 사람으로 오해하는 경우가 많다.

2) 은둔형 외톨이가 병명이 될 수 없다

1장에서 은둔형 외톨이를 구분할 때 지적장애와 정신질환인 경우는 제외하며 규정하였다. 이 오해에 단도직입적으로 접근을 한다면 정신의학 연구자들은 '은둔형 외톨이라는 진단명이 없다'고 말한다. 의학적 관점에서 설명하자면 청소년들이 은둔하는 현상은 사회적인 현상이고, 의학적으로 정의된 병리 현상으로 보기에는 아직 진단적 타당도가 불완전하기 때문이다(이재영, 2014). 즉, 사회적으로 청소년과 청년들이 은둔하고 있는 현상을 정신과적 병리 현상으로 연결 짓기에는 판단 근거가 부족하고 모호하다. 또한 성격장애 측면에서도 은둔형 외톨이의 진단을 내리지 못하고 있다.

참고자료

성격장애란

정신장애는 비교적 무난한 현실적 적응을 하던 사람에게 어떤 부정적 사건이 계기가 되어 발생하는 경우가 대부분이다. 그러나 이와 달리 개인의 성격특성 자체가 특이하여 부적응적인 삶이 지속되는 경우가 있다. 이처럼 어린 시절부터 서서히 발전하여 성인기에 개인의 성격으로 굳어진 심리적 특성이 부적응적 양상을 나타내는 경우를 성격장애(Personality Disorders)라고 한다.

출처: 권석만(2017).

또한 정신분열성 성격장애, 회피성 성격장애 등과 같은 성격장애 양상과 우울증 등과 같은 병리적 현상들과 달리 은둔형 외톨이는 유사한 양상이 있으면서도 서로 다른 특성을 갖고 있다. 다음의 참고자료를 보면 구체적인 내용을 알 수 있다.

참고자료

성격장애(인격장애)와 은둔형 외톨이의 차이점?

정신분열성 성격장애는 대인관계를 맺고 싶은 욕구나 사회적으로 인정받고자 하는 욕구가 적어 친구가 많지 않고, 자신이 사회생활을 폭넓게 하지 않는 것에 대해 불안이나 우울 등 심리적인 고통을 느끼지 않는다. 그러나 은둔형 외톨이는 사회생활 및 대인관계를 회피하고 두려워하는 점은 비슷하나, 이러한 자신의 상태에 대해 불안해하고 고통을 느끼기도 한다. 또한 회피성 성격장애는 거절에 대한 두려움 때문에 타인과 관계가 잘 이루어지지 않는 경우가 많지만 친한 사람들이나 가족들과는 친밀한 모습을 보이는 경우가 많다. 반면, 은둔형 외톨이는 가족들과도 친밀하고 편안하지 않고 스스로 은둔하려는 행동을 보인다는 점에서 차이가 있다. 또한 은둔형 외톨이는 우울증과도 유사한 모습을 많이 보이지만, 이들은 세상에 대한 관심을 그대로 유지하고 우울증에서 나타나는 신체증상들은 잘 보이지 않는다는 점에서 우울증과 다르다.

출처: 백형태(2009).

한편, 일본의 히키코모리(은둔형 외톨이) 가이드라인[1]에서는 히키코모리를 정신병과 선을 그어 '비정신병성 현상'이라고 언급하였다. 하지만 은둔형 외톨이도 실제로 진단을 확정하기 전의 조현병 증세가 포함될 가능성이 있다고 제시한다. 따라서 당사자의 내원과 진단이 가능한 빨리 이루어져 정확한 정신장애의 유무를 판단하고 전문적 개입이 필요하다고 강조한다. 은둔형 외톨이가 처음부터 정신질환은 아니지만 조현병 및 다른 정신장애로 발전할 수 있는 가능성에 유의하는 것이다.

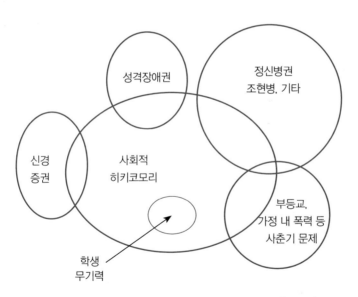

[그림 3-1] 사회적 히키코모리와 기타 정신질환의 관계(개념도)

---

1) https://www.mhlw.go.jp/file/06-Seisakujouhou-12000000-Shakaiengokyoku-Shakai/0000147789.pdf (일본의 히키코모리 가이드라인) (www.mhlw.go.jp에서 무료로 다운로드 받을 수 있다.)

이와 같이 은둔형 외톨이와 다른 정신병적 증상들은 복잡하게 얽히기 쉬우며 관련성이 있는 듯 없는 듯 여겨진다. 예를 들어, 성격장애(인격장애), 정신질환, 등교거부, 신경증, 학생 무기력(student apathy) 등의 증상을 은둔형 외톨이와 동일 선상에 놓을 수는 없지만, 서로 조금씩 중첩된 증상들을 보일 수 있다. 이에 대해 박현숙(2004)은 개념도를 통해 설명하고 있다([그림 3-1] 참조).

종합하면, 가족구성원이 은둔 현상을 보일 때 분명 나아져야 하지만 자칫 병으로 오해하고 있는 것은 아닌지 돌아볼 필요가 있다. 이와 함께 병으로 진전되고 있고 혹은 이미 발병한 병으로 인해 은둔하고 있는 것은 아닌지 시기를 놓치지 않기 위해 유의하는 것도 필요하다.

2. 은둔형 외톨이는 묻지마 범죄를 저지르기 쉽다?

1) 오해

'묻지마 범죄' 관련 기사들을 떠올려 봤을 때 범죄자가 은둔형 외톨이로 지냈다는 표현이 어색하지 않을 것이다. 이렇게 자연스럽게 우리 뇌리에 떠오르기 때문에, 묻지마 범죄와 은둔형 외톨이를 마치 인과관계처럼 오해하기 쉽다. 은둔형 외톨이들은 묻지마 범죄에 연루될 정도로 공격적이고 폭력적인 존재일까?

2) 범죄와 무관하게 다양한 공격성으로 나타난다

은둔형 외톨이는 대부분 사회 속에 드러나지 않는다. 아직 은둔형 외톨이로 진행이 되지 않은 사회적 위축 문제를 보이는 청소년 또한 에너지 수준이 낮고 사회적 관계를 잘 맺지 않기 때문에 겉으로 쉽게 드러나지 않는다(이윤지, 서민재, 최태영, 2015). 다음 사례를 보면 은둔형 외톨이가 되기 전부터 상당한 무기력을 느끼고 친구들이 따돌리는 상황에서도 공격하지 못하는 것을 잘 볼 수 있다.

사례 "아주 어릴 적 엄마와 아빠가 싸울 때가 기억납니다. 그때 나는 엄청나게 슬펐습니다. 아무것도 할 수 없는 나 자신이 너무 미웠고 내가 태어난 탓에 그들이 저렇게 싸우고 있는 것인가 하는 생각에 몹시 괴로웠습니다. 지금 생각해 보면 그때 내가 느꼈던 감정은 다름 아닌 무기력이었습니다.

이 무기력은 살면서 수차례 내 인생을 덮치곤 했습니다. 이를테면 전학 후 따돌림을 당했을 때입니다. 엄마와 아빠가 이혼을 하고 집안사정도 어려워져 서울에서 부천으로 이사를 왔는데 새로운 학교에 적응하지 못해 따돌림을 당하기 시작했습니다. 그때 나는 아이들이 아무리 욕하고 때려도 전혀 방어할 수가 없었습니다. 방어해야겠다는 생각조차 들지 않았습니다. 나는 당연히 욕을 먹는 사람이구나 싶어 아무것도 하고 싶지 않았습니다. 심지어 도망치고 싶다는 생각조차 들지 않았습니다. 너무나도 괴로웠으나 대체 뭐가 괴로운지를 몰랐습니다. 이런 기분은 성인이 된 이후로도 지속되었습니다. 대학에 가지 못한 내가 뭘 해야 좋을지 몰라 10여 년간 아무것도 할 수 없었습니다. 왜 사는지, 앞으로 뭘 해야 될지 혼란스럽고 무기력할 뿐이었습니다. 나는 그때 처음으로 은둔생활을 하게 되었습니다." (이하 생략)(K2인터내셔널코리아, 2020)

일본의 은둔형 외톨이 전문가인 정신과 의사 사이토 다마키(2020)는 '은둔형 외톨이와 범죄는 무관계'임을 단언한다. 하지만 '별도의 위험성으로 가정 내 폭력'을 언급한다. 사이토 다마키의 조사결과에 의하면 만성적인 가정폭력 발생률은 전체 은둔형 외톨이의 10%에 지나지 않으며 그중 약 50% 정도가 1회성 폭력이다(斎藤環, 2020). 그렇다면 은둔형 외톨이는 묻지마 범죄를 저지르기 쉽다는 오해는 '일부 은둔형 외톨이가 가정 내 폭력을 행한다'라고 수정하는 것이 진실에 가까울 것이다.

은둔형 외톨이의 가정 내 공격성에 대해 연구자들은 개인의 공격 성향으로 인한 결과로만 보지 않는다. '은둔형 외톨이=공격적'이라고 단순한 관점을 가질 수 없다는 것이다. 자신을 향한 공격, 부모와의 애착 형성 과정 중의 분노, 강박성이나 퇴행으로 인한 공격성 등 복합적인 이유로 공격성이 나타나기 때문이다. 은둔형 외톨이의 공격성과 폭력성이 묻지마 범죄로 직결된다는 오해를 하기에는 각 은둔형 외톨이들의 사연이 다양하고 복잡함을 인정할 필요가 있다.

3. 은둔형 외톨이는 모두 인터넷 과의존 또는 게임 중독자이다?

1) 오해

은둔형 외톨이가 방에서 나오지 않고 하루 종일 인터넷 게임을 하는 경우, 이들이 게임 중독에 걸렸다고 오해할 수 있다. 핸드폰을 놓지 않고 어두운 방 안에서 반딧불처럼 켜져 있는 화면을 볼 때면 가족 입장에서는 충분히 인터넷 과의존이라고 걱정하고 오해할 수 있다.

2) 인터넷 과의존, 게임 중독은 누구에게나 해당된다

은둔형 외톨이들은 일반 청소년에 비해 컴퓨터 사용시간이 2배 정도 길어(이재영, 2014) 오해의 근거가 있음을 보여 준다. 하지만 실제로 인터넷 과다 사용과 핸드폰 중독은 은둔형 외톨이만의 문제가 아닌 현대사회에 사는 우리 모두의 문제이다. 또한 은둔형 외톨이는 주로 게임을 하는 데 컴퓨터를 이용하고 FPS와 RPG 게임[2]을 선호하는데(이재영, 2014), 이러한 현상은 한국에만 국한될 수 있다. 한국의 소위 '게임 폐인'은 일본의 은둔형 외톨이들 중에서는 매우 드물기 때문이다(斎藤環, 2020). 일본의 히키코모리들이 가장 많이 이용하는 인터넷 내용은 게임보다 유튜브와 같은 동영상 사이트와 게시판이고, 한국 은둔형 외톨이들이 인터넷 게임에 의존하는 것과는 다르게 플레이스테이션이나 DS, Wii와 같은 게임기를 선호하는 것에 따른 결과로 보인다(斎藤環, 2020).

한편, 여자 은둔형 외톨이는 남자 은둔형 외톨이와 또 다른 양상을 보인다. 영화 〈김씨 표류기〉의 여자 주인공은 인터넷 공간에서 자신을 전능한 대상으로 만든다(김나미, 2017). 인터넷상에서 떠도는 사진 중 미인 얼굴을 미니홈피에 올려놓고 새로 나온 신상품들을 캡처해서 올려놓으며, 꾸며진 상황을 통해 가상친구들에게 칭

---

2) FPS 게임은 First-Person Shoote의 약자로 1인칭 슈팅게임이고, RPG 게임은 Role-Playing Game의 약자로 할당된 캐릭터를 조작하여 일반적으로 서로 협력하여 가상의 상황에서 주어지는 시련을 극복하고 목표 달성을 목표로 하는 게임의 일종이다(위키백과).

찬받고 추앙받는다. 이러한 김씨의 감각추구 행동은 단순히 게임과 몰입해서 중독 상태가 되는 것과는 차이가 있다. 장기적인 은둔을 하며 잃어버린 현실적 기회 대신 감각추구 행동을 통해 자신에게는 무엇이든지 가능하다는 자기만족의 세계에 빠져드는 것이다(김나미, 2017).

무엇보다 청소년들은 스마트 기기를 사용하기 위해 은둔을 시작하는 것은 아니다(이지민, 2019). 따라서 인터넷 과의존, 게임 중독 상태가 은둔형 외톨이 상태와 동일하다고 말할 수 없다. 은둔형 외톨이 상태가 아니어도 인터넷 과의존, 게임 중독 상태가 되는 청소년이 다수이기 때문이다. 또한 은둔형 외톨이는 세상으로 나오기 위한 연습으로 인터넷을 활용할 수도 있는데, 이렇게 하루 종일 인터넷을 붙잡고 씨름하는 것은 과의존, 게임 중독이라는 오해를 낳기에 충분하다. 하지만 만일 인터넷 과의존, 게임 중독이라는 편견 없이 은둔형 외톨이들의 시각으로 그 공간을 들여다본다면, 게임조차 할 수 없다면 온종일 더욱 무기력하고 힘든 상황이 될 것임을 이해하게 된다.

4. 은둔형 외톨이는 시간이 지나면 저절로 좋아진다?

1) 오해

은둔형 외톨이가 질병이 아니라고 하니 은둔하고 싶은 만큼 은둔하도록 충분히 기다린다면 때가 됐을 때 저절로 방문을 열고 나올 것이라는 오해를 한다.

2) 자연치유가 아닌 적극적인 도움을 주는 방향성이 낫다

상담실에서 은둔형 외톨이 부모님으로부터 전해 들은 바로는 자녀의 은둔은 갑자기 상태가 심각해지는 것이 아니라 한두 번씩 결석을 하며 시작하는 경우가 많다. 어쩌다 한 번 결석해 본 것이 조금씩 늘어 자퇴가 될 수 있고, 자퇴를 하니 할 것과 갈 곳이 없어 점차 은둔이 심해지는 경우가 많다. 다음 사례가 이를 잘 보여 준다.

사례 "솔직히 내가 고립이라는 걸 처음 겪은 시기를 딱 정하기는 무척 어려워. 언제부터 시작했는지, 지금은 끝난 것인지조차도 확실치 않아. 누가 '어느 정도 고립을 겪었냐'고 내게 물어 보면 표면적으로는 '6개월 정도입니다.'라고 말씀드려. 하지만 사실은 어렸을 때부터 나도 우리 가족도, 주변인들도 모르게 진행되었다고 생각해⋯⋯." (이하 생략)(K2인터내셔널코리아, 2020)

은둔의 시작이 자연스럽게 이뤄진 것처럼 만성적인 은둔이 자연스럽게 나아질 것이라는 오해는 이해될 만하다. 하지만 이러한 오해로 인해 상태는 심각해지고 해결과는 멀어지기 쉽다. 오히려 은둔형 부적응이 진단명이 아니고 '상태'이며 처음에는 친구가 없고 가끔 학교에 가지 않는 행동에서 시작해서 결국 집 안에 틀어박히는 만성적 은둔 상태로 발전해 가는 것이기 때문에, 문제의 조기 발견과 조기 개입이 매우 중요하다(양미진, 지승희, 김태성, 이자영, 홍지연, 2007). 또한 은둔이 시작되기 전 조기에 발견하고 예방하기 위해서는 은둔형 부적응 청소년을 단순히 사회 부적응 청소년으로 여기고 섣불리 대응하지 말아야 한다(양미진, 김태성, 이자영, 2009). 은둔형 외톨이는 사회 부적응 청소년, 비행 청소년, 불량 청소년이 아니라는 관점을 갖고, 사회성이 부족하고 도움을 요청하고 있다는 점을 이해해야 적절한 도움과 개입을 할 수 있다.

사례 "2평 남짓한 내 방에서 수많은 생각과 함께 다양한 '날'을 겪었어. ⋯⋯ 이렇듯 감정적으로 불안정한 채 나는 이 기약 없는 생활을 이어 나가고 있었어. '난 끝났어.'라고 생각할 때쯤, 큰누나가 나에게 다가왔어. 타지에 살지만 나의 처지를 진작부터 예상했다고 말씀하시더라고. 항상 전화기 너머로 오열하는 나에게 조언도 해 주고 지지해 주고 믿어 준다는 말씀을 해 줬어. 기쁘고, 당황스럽고, 미안하고, 분노가 차오르기도 하고⋯⋯. 누나랑 통화하는 날마다 온갖 감정이 교차하곤 했어. 그러던 어느 날 누나가 'K2인터내셔널'에 대하여 알려 줬어. 자세히는 몰랐지만 나처럼 집에서 고통받는 아이들의 '안식처'가 되어 주는 곳이라고 하더라. 난 집만 아니면 어디든 좋다는 심정으로 서울까지 달려가 청년재단에 상담을 받았어⋯⋯." (이하 생략)(K2인터내셔널코리아, 2020)

이 사례에서는 방 안에서 은둔하고 있는 동생에게 큰누나가 개입해 탈출할 기회를 주었다. 이렇듯 누군가의 적극적인 개입이 없다면 은둔형 외톨이는 저절로 좋아지지 않는다. 나이가 들수록 사회적 관계에 대한 불안과 두려움이 더욱 증가하며, 이에 따라 사회적 철회가 이루어지기 때문이다. 은둔형 부적응의 경우에도 주변의 적극적인 도움 없이는 문제의 자연치유와 호전이 어렵다(양미진 외, 2009). 방이라는 공간은 개인이 심리적 불안정을 조금이나마 안정시킬 수 있는 최소의 공간이다(김나미, 2017). 이런 공간 속에서 은둔을 통해 심리적인 안정을 찾은 후, 은둔하기 이전의 학교생활, 사회생활로 돌아가기 위해서는 늦기 전에 발견하고, 만성화되기 전에 개입하는 것이 필요하다. 이러한 적극적 도움이 마냥 자연치유를 기다리는 방향보다 훨씬 효과적임을 많은 사례와 현장 경험이 보여 주고 있다.

5. 은둔형 외톨이가 방 밖으로 나오면 문제는 해결된 것이다?

1) 오해

은둔형 외톨이의 가족은 하루라도 빨리 가족구성원의 은둔이 끝나기를 바란다. 그리고 은둔에서 벗어나 방 밖으로 나오면 문제는 해결되었다고 여기고 한숨을 돌리기 쉽다. 그러나 세상에 적응할 줄 알았던 은둔형 외톨이가 오래지 않아 다시 은둔하는 상황이 오면, 방 밖으로 나오면 문제가 다 해결된 거라고 여겼던 것이 오해였음을 알아차리게 된다.

2) 방 밖으로 나오면 마주하는 과제가 많다

은둔생활을 정리하고 방 밖으로 나왔다가 다시 은둔 상황으로 돌아가는 경우는 상당히 많다. 가족 입장에서는 이런 경우 매우 당황스럽고 절망적이기도 하다. 방에서 나오는 시기는 학교나 학년이 바뀌는 때인 경우가 많다. 고스게 유코(2012)의 사례 연구에서 히키코모리 J의 경우는 중학교 1학년 때 은둔이 시작되었다가 고등학교 1학년에 입학하며 방 밖으로 나왔다. 하지만 곧 다시 은둔생활로 돌아갔고, 이렇게 은둔형 외톨이 상태와 사회와의 재회를 반복하는 악순환을 보였다. J와 같이 많은 은둔형 외톨이는 어떤 목표나 계기가 생기면 그에 따라 사회에 나가지만, 시간이 지나면서 사회생활에 적응하지 못하고 다시 은둔형 외톨이 상태로 되돌아가는 경우가 빈번하다(고스게 유코, 2012).

왜 이러한 악순환이 되풀이될까? 은둔형 외톨이들은 오랜 기간 은둔하며 심리 상태가 매우 취약해지기 쉽다. 이러한 취약해진 상태에서 마주하는 사회에는 상당히 많은 해결과제가 이들을 기다린다. 긴 기간의 은둔생활을 끝내고 밖으로 나와 크게 바뀐 세상을 마주하게 된다. 이에 대해 10여 년간 은둔 경험을 한 김재주 작가는 다음과 같이 고백한다.

> **사례** "세상으로 나가고 싶은데 발걸음이 안 떨어졌다. ……(중략)…… 세상으로 나가는 것이 얼마나 힘들고 결단이 필요한 일인지. 지금 누리는 편안한 것들을 포기해야 할지도 모르고, 현실을 살고 있는 사람들로부터 상처를 받을지도 모른다고 생각하니 겁이 났다."(김재주, 2018)

거듭 강조하지만 은둔형 외톨이가 방 밖으로 나오면 문제가 해결되는 것이 아니다. 나왔으니 스스로의 힘으로 이전처럼 쉽게 지낼 수도 없다. 은둔을 경험하지 않은 사람에게도 세상은 빠르게 바뀐다. 은둔이라는 단절된 기간을 보내고 나왔을 때 적응하는 것은 너무나 어렵다. 방에서 나오기로 결단은 했지만 잔뜩 긴장하며 세상과 마주하는 것이기 때문에 이를 문제가 해결된 것으로 보는 것은 큰 오해이다.

큰 결심을 하고 방 밖으로 나온 김재주 작가는 예상치 못하게 편의점에서 커피 사는 법을 몰라 난관에 봉착한다. "죄송합니다. 커피를 사 본 적이 없어요. 사는 법을 모르겠습니다."라고 대부분의 사람이 고민해 본 적도 없는 문제로 도움을 요청한다. 이때 당황하는 자신을 누군가 따뜻하게 도와줌으로써 어려움에서 벗어날 수 있었다(김재주, 2018).

은둔형 외톨이가 방에서 나왔으니 해결된 것이라고 오해하지 말자. 은둔형 외톨이들이 다시 숨어 들어가지 않도록 예상치 못한 순간에 만나는 다양한 생활상의 문제를, 보다 익숙한 우리가 친절히 도와줘야 한다. 무엇보다 그들의 눈으로 세상을 보며 얼마나 공포스럽고 얼마나 낯선지를 이해하는 것이 필요하다.

6. 은둔형 외톨이는 절대 밖으로 나오지 않는다?

1) 오해

은둔형 외톨이가 방에 들어가서 오랫동안 나오지 않는 경우 가족 입장에서는 앞으로 절대로 나오지 않을 것처럼 여겨진다. 무슨 일이 일어나고 있는지 모를 정도로 나오지 않거나 나온 것 같더라도 절대 마주치지 않기 때문에, 은둔형 외톨이는 절대 나올 생각이 없다고 단정하며 오해할 수 있다.

2) 은둔형 외톨이의 사례마다 다르다

방에서 꼼짝도 안 하고 은둔하는 경우에도 은둔형 외톨이는 절대 나가지 않겠다고 생각하는 것은 아니다. 이것이 사실과 매우 다르다는 것을 이 책에 소개된 여러 목소리를 통해 확인할 수 있을 것이다. 다음 사례는 이를 다시 보여 준다.

> **사례** "세상으로부터 숨는 동안에도 세상으로 돌아가야 함을 인지하고 있었다. 시간이 지나자 숨어 있는 것이 불편해지기 시작하였으며 아무것도 하지 않고 무의미하게 흘러가는 시간 속에서 삶의 의미가 사라질 정도로 허무하게 느껴졌다. 그 후 누가 뭐라 하지 않았지만, 문득 '이렇게 있어도 되나? 이렇게 살아도 되나?' 하는 생각을 스스로 가지며 나가 보고 싶은 마음이 생겼다."(이지민, 2019)

절대 나올 생각이 없을 것이라는 주변 사람들의 오해와 당사자의 생각이 다름을 확인할 수 있다. 하지만 나가야 한다고 생각하고 나가고 싶은 마음을 갖지만, 이를 실천하지 못하며 안타까워하고 초조해하며 실천하지 못하는 자신을 자책하는 경우가 대부분이다.

한 가지 더 주목할 점은 은둔형 외톨이들은 유형이 다양하다는 점이다(구체적인 내용은 1장의 '은둔형 외톨이 유형' 참조). 즉, 몇 년 동안 자신의 방에서 전혀 나오지 않는 경우도 있지만, 간간이 외출을 하거나 집 앞 편의점은 왕래하는 경우도 있다.

김재주 작가(2018)는 은둔 기간 동안에도 꼭 필요한 경우 모임에 가거나 잠깐 외출하곤 했던 자신의 경험을 다음과 같이 설명한다.

> **사례** "백화점에 간 적이 있다. 제법 큰 결심을 하고 갔다. 여기서 큰 결심을 했다는 건 비싼 옷을 사러 갔다는 뜻이 아니라 외출 그 자체가 큰 이벤트라는 말이다."
>
> "1년에 두 번 반드시 가야 하는 날이 있다. 바로 명절 전이다. 구정과 추석 전에 친척 어른들에게 방구석 폐인인 것을 들키지 않기 위해 정말로 세련되게 꾸며야 한다. 잠깐 동안 페이크를 쓰는 것이다."(김재주, 2018)

은둔형 외톨이가 방 밖으로 절대로 나오지 않는다는 것은 우리의 오해이다. 억지로든 자발적이든 몰래이든 은둔과 최소한의 외출을 반복하는 은둔형 외톨이가 존재한다는 것이 진실이다.

7. 은둔형 외톨이가 되는 것은 모두 부모가 응석을 받아 준 결과이다?

1) 오해

부모는 자녀를 사랑하기 때문에 잘해 준 것밖에 없는데 자녀가 은둔형 외톨이가 되면, 나 때문이고 부모가 잘못 키워서 생긴 결과라고 오해한다. 이러한 오해로 자책하고 가족끼리 서로를 비난하게 된다.

2) 응석을 받아 준 것 말고도 은둔하는 이유는 너무나 많다

부모의 잘못된 양육방식만으로 은둔형 외톨이가 되는 것이라면 보다 좋은 양육방식으로 이 문제를 해결할 수 있을 것이다. 하지만 은둔형 외톨이는 그렇게 단순한 이유로 되는 것이 아니기 때문에 문제의 해결이 어렵다.

이경선(2015)은 은둔형 외톨이가 핵가족화된 가정에서 응석받이로 자라 난 후 세계화와 맞물린 채 빠르게 변화되어 가는 자본주의 사회에 적응하지 못해 생겨나는 경우가 많다고 설명한다. 즉, 뜻대로 되지 않는 현실을 가상공간이라는 '자신만의 이상세계'에 투영해서 만족감을 얻고자 한다는 것이다. 하지만 여기서 연구자는 단순히 부모가 응석받이로 키운 점을 강조하고 있지 않다. 대신, 주변이 핵가족화되고, 세계화되고, 자본주의사회까지 더해져 부모가 응석받아 주는 것 말고도 수많은 사회적인 변수들이 있음을 강조한다. 또한 이경선(2015)은 가정에서 응석받이로 자라난 것을 짚으면서도 가장 큰 원인으로 학교교육에 무게를 둔다. 지나친 경쟁구도의 학교교육이 문제라는 것이다. 핵가족화로 자기애적인 인간으로 자란 아이들에게 학교는 입시라는 가혹한 경쟁원리로 다가와 이들을 고통스럽게 한다(이경선, 2015).

은둔형 외톨이의 응석을 받아 준 것이 일부 원인이 될 수 있지만 결정적인 것은 아니며, 또한 모든 은둔형 외톨이의 원인이 될 수도 없다. 어떤 것이 원인이 되는지는 학자들마다 보는 관점이 다르고, 각각의 은둔형 외톨이들의 상황마다 다르다. 부모가 응석을 받아 준 결과로 은둔하게 되었다는 생각은 근거를 찾기 힘든 오해이기도 하며, 부모에게 불필요한 죄책감을 줌으로써 도울 수 있는 힘을 잃게 만든다. 부모들이 자신을 자책하는 것은 앞으로의 부모와 자녀 간의 따뜻하고 긴밀한 관계에 방해물이 될 수 있다.

8. 은둔형 외톨이는 모두 가정 학대를 받아서 발생한다?

1) 오해

자녀에게 너무 잘해 준 것, 응석을 받아 준 것과 반대로 이번에는 모든 은둔형 외톨이가 가정에서 학대를 받아 생겼다고 생각할 수 있다. 우리 집은 아니더라도 다른 집의 경우는 부모의 학대로 자녀가 은둔하는 것이라는 오해는 매우 그럴듯하게 여겨진다.

2) 가정 학대보다 가정 내 폭력을 살펴봐야 한다

일본의 세계정신보험일본조사[世界精神保險日本調査, World Mental Health Japan Survey(WMHJ), 2002~2005]에 의하면 은둔형 외톨이는 부모가 없는 가정보다는 있는 가정에서 많이 발생하는데, 특히 저학력의 부모 가정에서 많이 발생한다(고스게 유코, 2012에서 재인용). 하지만 이 조사에 의하면 부모의 과보호나 방임 등의 양육 태도와 유아 및 아동 시기의 학대 경험은 은둔형 외톨이와 관련이 없다.

부모의 학대로 인해 은둔하게 된다는 것은 오해이지만, 은둔형 외톨이와 가정 내 폭력은 비교적 관련성이 높다. 가정 내 폭력은 부모로부터의 폭력일 수도 있고, 은둔형 외톨이의 반항적 폭력, 혹은 부모와 자녀 상호 간 폭력일 수도 있다. 따라서 은둔형 외톨이가 부모의 일방적인 학대에 의해 생긴다고 보기보다는, 보다 넓은 시각에서 부모와 자녀 양쪽에서 발생하는 폭력과 관련지어 보는 것이 필요하다.

김재주(2018) 작가는 자신도 부모에게 욱하기 일쑤였다고 고백한다. 하지만 부모는 자신을 믿어 주고 사랑으로 대해 주었고, 이러한 태도가 자신을 은둔에서 벗어나도록 도왔다고 말한다.

> 사례 "'난 우리 아들 믿는다.' 분에 넘치는 사랑을 받아서였는지 못나게 굴어 미안해서였는지 그냥 지금 처한 상황이 마음에 안 들어서였는지 모르겠다. 나는 괜히 엄마에게 욱하기 일쑤였다."(김재주, 2018)

9. 은둔형 외톨이는 유전이다. 가족, 친척 중 은둔형 외톨이가 있다?

1) 오해

갑작스럽게 자녀가 은둔을 시작하면 당황스럽다. 이유도 영문도 모르는 상황에서 고민하다가 누구를 닮아서 그런 건 아닌지 돌아보게 된다. 내 탓, 남 탓, 아니면 조상 탓, DNA 탓까지 하며 은둔을 유전이라고 오해할 수 있다.

2) 오히려 가족이 은둔형 외톨이에게 영향을 받을 수도 있다

누군가를 닮아서 은둔하게 된다고 '유전적 힘'을 믿는다면 원인을 한 곳으로 돌릴 수 있어 편해질지 모른다. 하지만 은둔형 외톨이가 유전된다는 증거는 현재로서는 찾기 힘들다. 다만 조심스럽게 살펴볼 수 있는 것은 은둔과 가족구성원의 정신적인 어려움 간의 관련성이다.

고스게 유코(2012)가 조사한 히키코모리 J의 예를 보면, J의 병리성은 가족구성원 모두에게서 나타나고 있다. 아버지는 알코올 문제로 주변에서 병원 입원을 권유할 정도로 심각한 상태였고, 어머니는 우울증을 앓고 있었다. 언니는 비행, 자해, 자살 시도 등으로 인하여 정신과적 치료를 받은 것으로 나타났다. J의 가족, 특히 아버지와 어머니가 가지고 있던 병리적 특성은 부모 역할을 수행하는 데 상당한 영향을 주었을 것이고, 이러한 영향이 2차적으로 자녀 전체에게 부정적 영향을 미쳤을 수 있다. 이에 따라 언니와 남동생 그리고 J의 내면세계에 부정적 영향을 주고 J가 은둔형 외톨이가 되었을 것으로 보인다(고스게 유코, 2012). 이렇게 은둔 경향성 자체가 유전되기보다는 가족 내 병리적 특성이 당사자에게 어려움을 주고 은둔생활을 하도록 만들 수 있는 것이다.

또한 가족 중 은둔형 외톨이가 생기면 오히려 이로 인해 가족구성원이 큰 어려움을 경험하게 된다. 오랫동안 은둔하는 자녀로 인해 부모는 지나치게 민감해지고, 자녀의 조그마한 변화에 따라 기분이 좌우된다. 이러한 생활은 부모를 우울하고 지치게 만든다. 또한 가정의 문제에 대해 친척이나 이웃사람에게 드러내거나 상담받는 것을 수치스럽게 여겨, 결국 부모도 점차 주위에서 고립되어 버리는 경우가 많다(김신아, 2019). 따라서 은둔형 외톨이가 유전으로 인해 발생하기보다는 은둔형 외톨이로 인해 가족이 정서적으로 영향을 받고 고립될 수 있다는 점에 주목할 필요가 있다.

10. 은둔형 외톨이는 사람을 싫어한다?

1) 오해

보통 우리는 좋아하는 것을 가까이하고 싫어하는 것을 멀리한다. 은둔형 외톨이들이 가족과 사람들을 멀리하고 혼자 은둔하며 지내기 때문에 그들이 사람이 싫어 은둔하는 것이라고 오해하기 쉽다.

2) 은둔형 외톨이는 다른 사람과의 관계를 원한다

은둔형 외톨이들이 방에서 지내는 모습만 봐서는 예상하기 어렵지만, 그들의 온라인 활동 내용을 조사했을 때 의외의 결과가 나오곤 한다. 한 연구에서는 은둔형 외톨이들이 모이는 인터넷 카페의 게시판 내용을 분석했다(임용선 외, 2011). 그 결과, 은둔하는 생활 상태와 온라인 활동 모습에서 적지 않은 차이가 나타났다. 현재 사람들과 거의 교류하지 않은 상태와 다르게 속으로는 친구 등의 인간관계를 맺고 싶어 하는 경우가 많았다. 하지만 실제로 자신의 속마음을 털어놓고 대화할 수 있는 사람은 한 명도 없는 경우가 대부분이었다(이재영, 2014; 자세한 사항은 현황에 관한 2장 참조).

은둔형 외톨이들과의 심층면담을 실시한 연구(파이교육그룹, 2020)에서도 은둔형 외톨이가 사람을 싫어하는 것이 아니라 사람과의 관계를 바라고 있음이 구체적으로 드러났다.

> **사례** 은둔형 외톨이의 '현재 가장 바라는 것'에 대한 응답 내용(파이교육그룹, 2020)
> – 갖고 싶은 것: 대화를 나눌 친구나 사람
> – 가고 싶은 곳: 해외
> – 하고 싶은 활동: 대화를 나눌 사람과 같이 한강 소풍 가는 것
> – 듣고 싶은 말: 친구가 '뭐하냐' 물어봐 주는 것
> – 듣고 싶지 않은 말: 앞으로 어떻게 살 건지

이러한 결과들은 은둔형 외톨이가 사람이 싫어서 은둔해 버리는 것이 아님을 보여 준다. 대신, 마음속 두려움, 어떻게 사람을 대해야 할지 모르는 마음, 회피하는 마음이 복잡하게 얽혀 있을 것이다. 사람이 싫은 마음도 없지 않아 있겠지만 사람을 어떻게 대해야 하는지 모르겠다는 마음에 가깝다. 우리는 은둔형 외톨이들이 사람을 싫어한다는 오해 없이 바라볼 필요가 있다. 이들이 사람을 만나고 싶다는 욕구를 가지지만, 낯선 사람에 대한 두려움이 많고 어떻게 행동해야 하는지에 미숙하기 때문에 회피하고 있다는 진실을 기억해 두자.

11. 은둔형 외톨이는 방 안에서 편안함을 느낀다?

1) 오해

자연 속에서 홀로 지내는 자연인들이 나오는 TV 프로그램이 있다. 자연인들의 산 속 은둔생활은 평안하고 행복해 보이기까지 한다. 지금 방 안에서 은둔하고 있는 은둔형 외톨이들을 자연인들과 마찬가지로 편안한 나날들을 보낼 것이라고 오해하고 있지 않은가?

2) 마냥 편안할 수 없다

은둔이 주는 편안함과 안정감에 대해 많은 사람이 공감할 수 있다. 많은 사람이 오랜 기간은 아니라도 관계에서 훌쩍 떠나 잠적하고 싶은 마음을 갖는다. 은둔형 외톨이도 이와 마찬가지로 간섭할 사람이 없는 자신만의 공간에서 편안함을 느끼며 안정감을 찾기도 한다(이지민, 2019). 하지만 은둔 경험 초반에 느끼는 편안함과 안정감을 산에 들어가고 싶어서 은둔하는 자연인이나 복잡한 인간관계를 정리하고 싶어 잠적하는 사람들의 마음과 동일하게 보는 것은 오해이다.

연구나 조사에 참여한 은둔형 외톨이들은 은둔생활이 결코 편안하고 행복하지 않았다고 입을 모은다. 그들은 세상에 있는 것이 힘들어서 숨는 것을 선택한 것일 뿐, 은둔생활 자체가 편하고 좋은 것은 아니다. 특히 시간이 지날수록 행복은 세상에 있음을 깨닫게 되고, 결국 자신이 세상으로 나가야 함을 알아 가면서 불편함이 커지게 된다(이지민, 2019). 앞서 보았듯 은둔형 외톨이 대부분은 친구를 사귀고 싶어 하고 세상으로 나가고 싶어 하기 때문에 그러지 못하는 자신의 현 상황에서 불안감이 높고, 우울하고, 저하된 자존감을 경험하는 경우가 대부분이다(이재영, 2014).

그렇다면 은둔형 외톨이가 사람을 싫어한다는 생각도 오해이고 은둔하며 편할 거라는 생각도 오해라면, 도대체 은둔형 외톨이들의 마음은 무엇일까? 이들을 이해하기 위해서는 은둔형 외톨이의 양가적인 마음을 이해하는 것이 필요하다. 은둔형 외톨이는 두 가지 욕구를 갖고 있는데, 하나는 사람과 교류하고 싶은 결합의 욕구이고 다른 하나는 혼자 있고 싶은 분리의 욕구이다(박현숙, 2004).

12. 은둔형 외톨이는 성격이 둔감하다?

1) 오해

은둔형 외톨이의 긴 은둔과 그들과의 갈등에 지친 가족들은 은둔형 외톨이의 성격이 둔감하다고 오해할 수 있다. 은둔하기 전에는 둔감한 성격이 아니었어도 이제는 가족을 신경 쓰지 않고 자기 인생도 내팽개치고 있다면서 둔감하다고 여겨 함부로 접근하는 실수를 하기도 한다.

2) 둔감한 듯 보이는 것이 최후의 보루이며 보호막이다

파이교육그룹(2020)의 조사에서 많은 은둔형 외톨이 부모는 자녀가 태어나서부터 예민하고 잘 먹거나 자지 않았다고 보고하였다. 또한 어린 시절부터 내성적이었고 타인을 많이 배려하는 아이였다고 보고하는 경우도 많았다. 고스게 유코(2012) 역시 은둔형 외톨이에 대한 개별적인 관찰조사를 토대로, 이들의 성격은 둔감함과는 거리가 멀다고 보고하였다. 이 연구에서 관찰 대상자인 세 명의 은둔형 외톨이는 공통적으로 성실하고 상냥하고 사람에게 많은 신경을 쓰는 성격이었다(고스게 유코, 2012).

이렇게 은둔 상태와 상관없이 은둔형 외톨이의 성격과 기질은 개인마다 다양하지만, 오랜 은둔으로 인해 둔감해지는 위험성도 배제할 수 없다. 하지만 이 경우에도 이들의 성격과 기질 자체가 변하는 것은 아니다. 은둔형 외톨이가 바깥세상 활동에 둔감해지고 시간의 흐름에 둔감해질 수는 있겠지만, 은둔형 외톨이 자신이 갖고 있는 고유의 성격이 둔감해진다고 여기는 것은 오해에 불과하다.

또한 방에 틀어박혀 둔감한 듯 보이는 것이 바로 은둔형 외톨이들의 예민한 내면과 신체를 보호하기 위한 최후의 보루이며 보호막일 수 있다. 그들은 실제로 둔감하다기보다 대인관계 예민성이 높고 이를 견디기 어려워 둔감하려 노력 중일 수 있다. 자신의 예민한 신체와 내면을 보호하기 위해 일단 은둔을 선택하며 둔감함의 방어막을 사용하는 것일 수 있다.

13. 은둔형 외톨이는 삶의 의지와 의욕이 없다?

1) 오해

아무것도 하지 않고 손 놓고 있는 모습은 무기력함을 의미한다. 은둔형 외톨이가 길고 긴 무기력한 나날을 보낼 때 가족도 무기력해진다. 그리고 가족은 은둔형 외톨이가 더 이상 나아질 의지와 의욕을 가지고 있지 않다고 생각해 버린다.

2) 은둔은 삶의 목적과 의지에 영향을 받는다

은둔형 외톨이들의 은둔이 길어진다고 해도 삶의 의지와 의욕도 없는 상태라고 오해하면 이들을 도울 수 있는 기회 또한 차단된다. 이전과 다른 모습으로 다른 출발을 하고자 하는 삶의 의욕은 은둔 상황이라 하더라도 줄어들지 않을 수 있다. 파이교육그룹(2020)의 연구에서 응답자들은 자신의 미래에 대해 절망하고 삶의 의지가 없는 것이 아니라 그 반대의 내용을 많이 보고한다.

사례 '내가 보는 나의 미래'에 대한 응답 내용(파이교육그룹, 2020)

- 창창함

- 긍정적 기대: 내 미래는 밝다. 내가 더 성장할 것이다.

- 예상하는 어려움: 또 회피할까 봐. 숨거나 다치진 않을까?

고스게 유코의 연구대상이었던 J는 목표가 있으면 열심히 노력하는 꼼꼼한 성격을 갖고 있었다. 학교에 제대로 못 다니면서도 국립대학교에 입학할 정도의 능력과 노력의 힘을 갖고 있다. 그러한 능력과 잠재력이 있음에도 불구하고 목적에 대한 의지가 강하냐 약하냐에 따라 J의 은둔 상태는 큰 영향을 받았다(고스게 유코, 2012).

다른 사람들 못지않은 충분한 능력과 힘을 가진 채 은둔하고 있는 은둔형 외톨이들이 삶의 의지와 의욕이 있을 리 없다고 보는 오해는, 그들의 진정한 자발성을 불러일으키는 데 걸림돌이 될 수 있다(류승현, 2009). 은둔형 외톨이들에게 삶의 의지와 의욕을 불러일으키는 것은 매우 어려운 일이지만, 그들이 삶의 의지와 의욕이 없을 거라 여기는 오해는 자제할 필요가 있다.

14. 수많은 오해, 밝혀져야 할 진실

이제까지 은둔형 외톨이에 관한 오해와 진실을 살펴보았다. 이 장에서 꼽아 본 것들보다 더 많은 오해가 있겠지만 생활 속에서 우리가 별 생각 없이 은둔형 외톨이를 오해해 버리는 것들을 돌아보았다. 살펴본 오해들이 모두 거짓이고 설명한 진실들이 전부 다 참이라고 할 수는 없다. 하지만 이러한 오해의 시선을 가진 채 시간이 흐른다면 은둔형 외톨이의 회복에 방해가 되는 것은 명백하다.

이 장에서 살펴본 오해들을 살펴보면 극단적인 면이 많다. 절망적인 정신질환으로 본다거나, 반대로 저절로 나을 거라고 보기도 한다. 또한 은둔 현상을 지나치게 위험하게 보기도 한다. 범죄 성향이 있다거나, 게임에 중독되어 있다거나, 절대로 방에서 나오지 않을 거라는 시선을 갖기도 한다. 이러한 극단적이거나 심각하게 여기는 오해의 틀에서 벗어나는 것이 필요하다. 모호하고 답답하겠지만 긴 호흡으로 신중하게 진실을 보려는 노력은 분명 방문을 넘어 은둔형 외톨이가 있는 방 안으로 전달될 것이기 때문이다.

제2부 _____

은둔형 외톨이
특징

/ 제4장 / 은둔형 외톨이의 인지적 특징

/ 제5장 / 은둔형 외톨이의 정서적 특징

/ 제6장 / 은둔형 외톨이의 행동적 특징

듣기 싫은 것도 있지만 결국 코르크를 벗겨 내려 한다.

제4장

은둔형 외톨이의
인지적 특징

이 장에서는 은둔형 외톨이의 인지적 특징, 즉 그들의 생각에 대해 알아보려 한다. 먼저 은둔형 외톨이가 갖고 있는 인지적 특징이 어떤 의미에서 중요한지 살펴보고, 이후 이들이 공통적으로 많이 하는 생각이 무엇인지 구체적으로 살펴보고자 한다. 한 개인의 감정과 행동은 인지영역인 생각하는 바에 큰 영향을 받는다. 따라서 은둔형 외톨이의 인지적 특징을 아는 것은 그들을 이해하고 돕는 데 도움이 될 수 있을 것이다.

1. 은둔생활과 인지

1) 인지의 중요성과 영향력

인간을 이루는 핵심 영역은 크게 세 가지로 분류된다. 인지(생각), 정서(감정), 행동이다. 우리는 이 세 영역이 서로 상호작용하는 가운데 생활하고 성장한다. 세 영역은 서로 영향을 미치고 유기적으로 연결되면서 각각의 중요성을 갖는다. 우리가 어떤 생각을 주로 하고 살며, 경험한 바를 어떻게 해석하느냐는 삶의 질에 큰 영향을 미친다. '세상만사 다 생각하기 나름'이라는 문구는, 우리가 경험하는 상당 부분이 해석 여하에 따라 불행이 될 수도 있고 다행이 될 수도 있음을 말해 준다. 같은 맥락에서 '인생은 해석이다'라는 말이 사람들에게 공감을 사는 이유이기도 하다.

은둔형 외톨이는 일반인들과 다소 다른 인지적 특징을 갖는 것으로 보인다. 이 장에서는 먼저 우리 삶에서 인지가 갖는 중요성 및 영향력에 대해 알아보고, 이어 은둔형 외톨이가 독특하게 갖고 있는 인지적 특징에 대해 살펴보고자 한다.

(1) 인지의 중요성 REBT의 ABC 이론

우리 삶에 인지가 미치는 영향력과 중요성을 강조한 대표적인 이론으로 앨버트 엘리스(Albert Ellis)의 합리적 정서행동치료(Rational Emotive Behavior Therapy, 이하 REBT) 이론을 꼽을 수 있다. 이 이론에서는 인간의 심리적 영역을 이루는 세 영역 중 인지가 핵심이 되어 정서와 행동에 영향을 준다고 강조한다(박경애 외, 2019).

엘리스는 우리의 정서(즉, 느끼는 감정들)는 우리가 가진 신념이나 어떤 사건 및 상황에 대한 해석과 평가에 따라 달라진다고 보았다. 즉, 사건이나 상황 그 자체에 의해서가 아니라 그것을 바라보는 시각에 의해 긍정적이거나 부정적인 감정을 경험하게 된다는 것이다. 이를 알기 쉽게 정리한 것이 ABC 이론이다.

[그림 4-1]에서 A는 선행사건(Activating event)을 의미한다. 시험을 망친 것, 친구와 싸운 것, 부모에게 혼난 것 등 우리가 일상에서 경험하는 다양한 사건이다. 흔히 우리는 이 사건 자체가 감정과 행동을 가져온다고 생각하지만, 그보다는 그것을 어떻게 생각하고 해석하느냐가 결정적 요소가 된다는 것이 이 이론의 골자이다. 엘리스의 말처럼 우리는 보통 'A'에서 헤어나오지 못함으로써 정서적 문제를 갖게 된다.

예를 들어, 만나기로 한 약속시간이 되었는데 나타나지 않는 친구가 있다고 가정하자. 그 친구는 아무 연락이 없고 계속 기다려야 하는 상황이다. 이때 우리는 나의 신념체계(Belief system: B)를 바탕으로 상황을 판단할 것이다. 만일 나의 신념체계

A(실제의 사건이나 상황) → B(신념, 해석) → C(정서적·행동적 결과)

[그림 4-1] 합리적 정서행동치료의 ABC 이론

가 '친구와의 약속에 절대로 늦으면 안 돼'라는 것이었다면, 단지 1~2분이 지났을 때라도 나는 초조하고 화가 나기 시작할 것이다. 5분, 10분, 20분을 기다려도 친구가 나타나지 않는다면 나의 신념체계 'B'는 이 상황을 심각하게 부정적으로 해석하고 그로 인해 매우 부정적인 감정을 느낄 것이다. 자신이 무시당했다고 여길 수 있고, 불성실하고 무책임한 사람과는 친구가 될 수 없다는 생각을 하게 될 것이다. 이런 생각들은 감정과 행동으로 이어져, 친구를 비난하고 화내거나 나아가 관계를 끊을 수도 있다. 이것이 바로 정서적 · 행동적 결과(Consequence: C)가 되는 것이다. 반면, 내가 갖고 있는 신념체계가 '사람은 모두 사정이 생길 수 있다. 그건 서로 이해해 줘야 한다'는 것이라면 친구를 기다리며 느긋할 수 있을 것이다. 무시당했다고 여기거나 불쾌한 기분을 느끼지 않으므로 친구에게 화를 내거나 관계를 단절하는 등의 정서적 · 행동적 결과는 경험하지 않을 것이다.

이렇듯 우리의 인지적 신념이 어떠한가에 따라 정서와 행동이 영향을 받을 수 있다. 여기서 중요한 것은 우리가 갖고 있는 신념이 얼마나 객관적이고 건강하고 합리적인가이다. 정서 혹은 행동 문제를 가진 사람은 그렇지 않은 사람에 비해 비합리적인 신념을 갖고 비이성적인 사고를 하는 경향이 높다.

(2) 대표적 비합리적 신념

우리의 정서나 행동에 문제를 일으킬 수 있는 대표적인 비합리적 신념으로 엘리스는 다음과 같은 열한 가지를 꼽는다(천성문 외, 2017). 괄호 안에 대비되는 비교적 합리적인 사고의 예를 제시했으니 차이를 확인해 볼 수 있다.

① 나는 주위의 모든 사람에게 항상 사랑과 인정을 받아야 한다. (많은 사람에게 사랑과 인정을 받으면 좋지만, 모두에게서 그럴 수는 없다. 또한 내가 그들에게 노력하다 보면 인정과 사랑은 따라올 수 있다.)

② 내가 가치 있는 사람이 되려면 완벽하게 유능하고 적절하며 성취적이어야 한다. (유능하고 좋은 성취를 하면 좋지만, 나는 인간적인 제한점이 있고 실수를 범하기도 하는 불완전한 존재이다.)

③ 어떤 사람들은 나쁘고 사악하며 악랄하다. 그러므로 그런 사람들은 반드시 비난과 처벌을 받아야 한다. (타인에게 해를 끼치는 행위는 나쁘지만, 사람들이 비윤

리적으로 행동하는 경우는 흔하고 모든 사람에게는 악한 면이 있기도 하다.)

④ 일이 내가 바라는 대로 되지 않는 것은 곧 무시무시한 파멸이다. (일이 내 뜻대로 된다면 좋겠지만 그렇지 않다 하더라도 파국은 아니다. 가능한 상황을 개선하려 노력하겠지만 불가능할 경우에는 그대로 받아들이는 것도 필요하다.)

⑤ 사람의 불행은 외부 환경 때문이어서 사람의 힘으로는 통제할 수 없다. (내가 겪는 괴로움이 모두 외부 탓만은 아니다. 내가 그 일들을 해석하고 평가하는 방식을 변화시키면 어느 정도 조절할 수 있다.)

⑥ 위험하거나 두려운 일은 항상 일어날 가능성이 있어 언제나 그에 대비해야 한다. (잠재하는 위험을 모두 대비할 수는 없다. 또한 다가올 위험은 생각하는 것만큼 파국적이지 않거나 내가 위험을 해결할 수 있을지도 모른다.)

⑦ 인생에서 어떤 어려움이나 책임을 직면하는 것보다는 그것을 피하는 것이 더 쉬운 일이다. (어려움은 궁극적으로 피할 수 없고, 피하는 것은 문제를 더 어렵게 만드는 방법일 수 있다.)

⑧ 사람은 타인에게 의존해야만 하고 자신이 의존할 만한 더 강한 누군가가 있어야 한다. (내 문제를 다 해결해 줄 사람은 없다. 내 스스로 독립적으로 책임지려 노력하다가 도움이 필요할 때 도움을 받을 수 있다.)

⑨ 과거의 경험이나 사태는 현재의 행동을 결정하기 때문에 사람은 과거의 영향에서 벗어날 수 없다. (과거에 경험한 것들이 나를 힘들게 하고 내게 영향을 미치기는 하지만, 나는 이를 극복하며 새로운 현재와 미래를 살 수 있다.)

⑩ 주위 사람이 어려움을 겪을 때 나는 반드시 내 일처럼 아파해야 한다. (주변 사람들의 어려움에 대해 도울 수 있는 일이라면 돕겠지만, 지나치게 개입하고 몰입하는 것이 좋은 결과를 가져오는 것만은 아니다.)

⑪ 모든 문제에는 가장 적절하고 완벽한 해결책이 있고 만약 그것을 찾지 못하면 결과는 파멸이다. (우리 삶에 완벽한 해결책이란 없다. 가능한 해결책을 찾으려 노력하고 최선의 해결책을 받아들이는 것이 필요하다.)

(3) 비합리적 신념의 특징

이상에서 보았듯이 비합리적 신념은 매우 극단적이고, 비현실적이고, 주관적이며, 자기패배적이다. 이와 비교해 합리적 신념은 유연하고, 객관적이고, 중립적이며, 현실적이다. 구체적으로 엘리스는 비합리적 신념이 다음 네 가지의 특징을 갖는다고 설명한다(천성문 외, 2017).

① 당위적 사고: 영어에서 '~해야 한다'의 뜻을 담는 must, should, have to의 단어를 많이 사용하고, 한국어로는 '반드시 ~해야 한다'는 표현을 많이 쓴다. 이러한 표현은 강한 요구가 포함되어 있고 경직된 사고를 하고 있음을 보여 준다.

② 지나친 과장: 주로 재앙화를 의미한다. '~하면 끔찍하다' '~하면 파국/파멸이다' 등으로 표현되는 생각이나 진술을 많이 한다. 이는 자신의 계획이나 욕구와 다른 결과는 모두 최악의 상황이라고 인식하고 있음을 보여 준다.

③ 자기 및 타인 비하: 자신, 타인 또는 상황을 극도로 비하하는 사고이다. '~하면 나는 무가치한 사람이다' 등이 이에 해당된다. 이는 한 가지의 부정적 면을 기초로 전체를 부정적인 것으로 생각해 버리는 경향을 보여 준다.

④ 좌절에 대한 인내심 부족: 좌절이 많은 상황을 견디지 못함을 의미한다. 부적응적인 사람은 자신이 원하거나 요구하는 것이 주어지지 않을 때 상황을 견디지 못하고 어떤 행복감도 느끼지 못하는 경향이 있다. 따라서 그 상황을 지나치게 부정적으로 보거나 세상을 비관적으로 살아간다.

2) 은둔생활과 인지의 관련성

이러한 비합리적 생각을 많이 하는 경우 어떤 결과가 생겨날까? 어떤 것을 바라는 것조차 두려워질 것이다. 왜냐하면 바라는 결과 그대로 되지 않는 것은 실패를 의미하기 때문이다. 혹시 바라는 바를 얻기 위해 노력하는 경우라 해도, 파국적 결과를 맞으면 안 된다는 생각에 극도로 긴장하며 불안할 수밖에 없다. 또한 주변 사람들의 인정이나 시선에 대해서도 이러한 당위적 사고를 하는 경우, 그들로부터 작은 지적도 받으면 안 된다는 생각에 시달리게 된다. 따라서 자신의 조그마한 실수나 허점도 노출시키지 않으려 엄청난 노력을 하게 될 것이다.

다음에서 살펴볼 은둔형 외톨이들의 인지적 특징들은 종합적으로 볼 때 이런 경직되고 당위적인 사고들과 많은 유사점을 갖는다. 예컨대, 자신과 타인의 허점에 대해 비판적이고, 이상적이거나 비현실적인 상황을 기대하고, 높은 기준과 현실과의 괴리에서 유연성을 갖지 못하는 등의 특징이 많다. 아마도 이러한 인지적 특징이 이들을 방 안으로 들어가게 한 중요한 요인으로 작용했을 수 있다. 앞으로의 연구에서 관련 성이 보다 구체적으로 밝혀진다면, 인지적 측면을 다루는 노력을 통해 은둔형 외톨이의 회복에 도움을 줄 수 있을 것이다.

2. 은둔형 외톨이의 주요 인지적 특징

1) 나와 관련된 생각

(1) 자신의 상태에 대한 문제의식

가족이나 주변 사람들은 간혹 은둔형 외톨이가 아무 생각이 없거나 자신의 은둔에 대해 문제의식을 갖지 않는다고 여긴다. 심지어는 자신만의 공간에서 편하게 지내는 것 같다고 호소하는 경우가 많다. 연구와 경험을 통해 밝혀진 바에 의하면 그러한 시각은 대부분의 경우 맞지 않는다. 은둔형 외톨이는 자신의 은둔생활에 대해 문제의식을 갖는 경우가 많다. 자신을 구체적으로 '은둔형 외톨이' 혹은 '사회적 고립자'라고 명명하지는 않더라도 자신이 심각하게 고립되어 있다는 사실을 알고 있다. 자신이 사회로부터 물러나 고립되어 있고, 은둔생활이 길어지면서 의도치 않은 나쁜 결과가 생기고 있고, 사회 경쟁력에서 점점 뒤처지고 있다는 생각을 한다(광주광역시, 2021; 斎藤環, 2012; 파이교육그룹, 2020). 또한 현재 상태로 있으면 안 된다고 자각하거나(斎藤環, 2012), 자신이 은둔형 외톨이라는 사실에 대해 부끄럽게 여기는(광주광역시, 2021) 경우가 많다.

하지만 대부분의 은둔형 외톨이는 이러한 자각을 부모나 가족과 공유하고 싶어 하지 않는다(광주광역시, 2021; 斎藤環, 2012). 주변 사람, 특히 가족에게는 자신의 문제의식을 부인하는 경우가 많다. 만일 가족이 은둔생활을 지적하고 문제의식을 가지라고 요구하는 경우 강하게 저항하기도 한다. 예를 들어, "젊은 애가 이렇게 사는 게 너는 괜찮니?" "도대체 너는 네 상태가 문제라고 생각하기는 하니?" 등의 지적에 순순히 "나도 그렇게 생각해요."라고 대답하는 경우는 드물다. 대신, 내가 알아서 할 거라거나, 나는 이대로 괜찮으니 내버려 두라거나, 심한 경우 이렇게 살다 죽을 거라는 등의 격한 반응을 보인다.

왜 그럴까? 대부분의 경우 자신도 문제라고 생각하는 부분이 건드려지니 아프기 때문일 것이다. 이들이 진심으로 자신의 상태가 괜찮다고 생각한다면 격하게 반응할 이유가 없다. 따라서 이들의 반응을 액면 그대로 받아들이지 않는 것이 좋다(斎藤環, 2012). 또한 당사자를 가르치거나 설득하거나 논쟁하는 것은 역효과가 나기 쉽다. 마찬가지로, 문제의식을 갖게 하기 위해 객관적 사실을 담은 관련 기사나 책을 읽게 하는 것은 크게 반발심을 살 수 있다(斎藤環, 2012).

> **사례** (전략)······ "하루하루가 활기차고 싶지만 기운이 없다. 당당하고 싶은데 또 소심하다.
> 매일 놀라운 일과 고막이 찢어질 듯한 정신없음을 바라지만 오늘도 평범함과 고요함 속에 날이
> 저무는구나. 그래, 난 부지런함도 없고 여유로움도 느끼지 못하는, 평온함 속에서도 혼자 조급
> 하고 게으른 은둔형 외톨이니까······."(김재주, 2018)

(2) 자신에게 일어났던 사건들에 대한 반복적인 반추

은둔형 외톨이는 하루 아침에 생기는 상태가 아니다. 은둔 상태가 될 때까지 많은 부정적 경험을 했을 것이고, 그 경험들마다에서 적절한 도움이나 해결방법을 접하지 못했을 것이다. 또한 일반 사람들은 이전의 부정적 경험을 다른 긍정적 경험으로 상쇄하거나 긍정적 인식 변화를 통해 벗어나는 데 비해, 은둔형 외톨이들은 이러한 자정능력이 부족한 편이다. 대신, 자신에게 일어났던 경험들을 최악으로 해석하고 이를 계속해서 반추하는 경우가 많다. 또한 자신은 특이하게도 그런 부정적 경험을 유난히 많이 한 매우 운이 나쁜 사람이라는 신념을 갖기도 한다.

이러한 반추는 의식적으로 일부러 한다기보다는 자동적이고 침습적이다.[1] 따라서 그 생각으로부터 벗어나고 싶지만 그럴 수 없다고 고통을 호소한다. 또한 그 생각을 잊기 위해 게임에 몰입하거나, 큰 소리를 지르거나, 혼잣말을 하는 등 나름의 방법으로 노력하기도 한다. 영상을 보며 자신에게 피해를 줬던 가해자를 응징하는 대리만족을 느낄 수 있기 때문에 잔인한 영상에 몰입하기도 한다. 이와 같이 그들도 그 생각으로부터 벗어나기 위해 나름의 노력을 한다. 따라서 '그런 쓸데없는 생각은 하

---

1) 침습적(浸濕的) 사고는 내가 의도하지 않는데도 내 머릿속에 반복적으로 떠오르는 생각을 말한다.

지 마라'와 같은 단순한 대응은 전혀 도움이 되지 않는다. 그들의 생각이 객관적이든 주관적이든 혹은 사실 그대로이든 과장되어 있든, 생각 이면에 담겨 있는 감정을 살펴 주는 것이 필요하다. 그들은 자신이 받은 피해가 억울하고, 가해자들에게 정확하게 대응하지 못했던 것이 한스럽고, 그 피해로 인해 여전히 고통받고 있는 자신의 상황이 답답한 것이다.

> **사례** 30세 남. 대학 중퇴. 무직-상담사례
>
> 초등학교 고학년부터 최근까지 받아 온 피해와 이로 인한 트라우마 기억들로 괴로워함. 원하지 않아도 온종일 이런 생각들이 나고 가해자들을 공격하고 되갚아 주고 싶은 생각들로 가득 차서 다른 활동에 집중하기 어려움. 이제까지 받았던 피해의 내용들을 시기별로 기록하고 이를 분석해 보기도 함. 나에게만 그런 이상한 일들이 많이 생겨 자신이 저주받은 사람 같다는 생각이 듦. 이를 잊기 위해 게임이나 잔인한 영상에 몰두하기도 하고, 너무 힘든 경우 화장실에 들어가 소리를 지르며 저주의 말을 퍼부음. 그러나 순간적으로만 시원할 뿐 생각이 사라지지 않고 미워하는 마음을 갖고 산다는 것이 나쁜 일이라고 여겨져 괴롭기도 함.

(3) 자신에 대한 비난과 자책

은둔 상태가 된 것에 대해 타인을 원망하고 피해의식을 갖는 것뿐 아니라, 많은 경우 은둔형 외톨이는 상황을 이렇게 만든 자신의 잘못에 대해 자책한다. 자기주장을 하지 못했고, 거절이나 요구를 하지 않았고, 주변에 도움을 요청하지 못하는 등 제대로 대응하지 못한 것에 대해 후회한다. 또한 동일한 경험을 했다 하더라도 현재까지 그것을 마음에 품고 계속 괴로워하는 자신이 잘못이고 부적응적이라는 인식을 갖는 경우가 많다. 마찬가지로, 또래들이 학업, 취업 등 사회 조직에 속하려 노력하는 것과 달리 자신은 그러한 노력을 하지 않거나 하더라도 오래 버티지 못하는 것에는 자신의 잘못도 크다는 생각을 많이 한다.

전반적으로 이들은 자신이 사회에 매우 적응하기 어려운 특성을 갖고 있어 문제라는 생각을 많이 한다. 이러한 자책이 반복되면서 자신감은 더욱 떨어지고 사회에 적응할 수 없을 것 같다는 두려움이 커지게 된다.

> **사례** "스스로 은둔을 남들에게 보일 수 없는 치부로 여기고, 스스로가 나약해서, 게을러서,

끈기가 없어서 등 나 자신을 폄하하기에 이릅니다."(유승규, 2020)

사례 "나는 늘 내가 시스템에 적응 못하는 불량품이라는 생각을 했다."(파이교육그룹, 2020)

(4) 자신의 능력이 부족하거나 특성이 적절치 않다는 생각

은둔형 외톨이가 자신의 능력 부족에 대해 문제의식을 갖는 경우는 매우 흔하다. 특히 이들은 자신의 대인관계 능력의 부적절감을 호소하는 경우가 많다. 이들은 자신이 말주변이 없고, 눈치가 부족하고, 유머 감각이 없어 사람들 사이에 끼기 어렵다고 생각한다. 때로는 자신의 시선이 너무 강하거나 눈빛이 좋지 않아서 사람들을 불편하게 만든다고 생각하기도 한다. 심해지면 이에 대한 망상이나 대인기피로 이어지기도 한다.

사례 "나의 외모나 나의 행동이라든지 하는 것이 사회에서 받아들여지지 않는다는 느낌이 들었다. 사람들하고 늘 겉도는 느낌이 들었다. 사람들과 화제를 공유하지 못하고 대화의 기술도 없고, 다른 사람들이 나를 좋아하지 않을 것 같았다. 다른 사람들과 같은 대화를 하고 싶은데 나는 그런 대화를 할 수 없는 사람이라고 느껴졌다. 난 저렇게 밝고 평범한 대화를 할 수 없는 사람이다."(파이교육그룹, 2020)

사례 "난 애들처럼 밝지 않고, 애들처럼 재밌지도 않고, 애들처럼 자기 얘기를 잘 하지도 못하고, 애들처럼 확신을 갖지 못하고. 늘 얼어붙어 있었고, 난 늘 내가 이상하고 부족했다."(파이교육그룹, 2020)

(5) 자신의 외모가 추하다는 생각

은둔형 외톨이 중 자신의 외모가 마음에 들지 않고 너무 추해서 사람들과 만날 수가 없다고 호소하는 경우가 많다. 때로는 추한 외모 때문에 은둔을 선택할 수밖에 없다고 생각하기도 한다.

이들이 추하다고 생각하는 외모는 매우 다양하다. 쌍꺼풀이 있다/없다, 눈이 작다/크다, 눈매가 사납다/흐릿하다/이상하다, 코가 크다/작다/삐뚤어졌다, 턱이 길다/짧다, 입/입술이 크다/작다, 키다 크다/작다, 어깨가 좁다/기울었다, 피부가 검다/여드름이 많다, 머리카락이 곱슬이다/거칠다, 손/발이 크다/작다, 살이 너무 쪘다/말랐다 등 자신의 신체 중 일부 혹은 여러 부분에 대해 심한 불만족을 느끼고 이로 인해 밖에 나갈 수 없다고 호소한다. 이들은 사람들이 자신의 추한 외모를 힐끗힐끗 쳐다보거나 수군거리거나 한심하게 본다고 생각하기도 한다.

자신의 외모에 대한 비하와 왜곡된 평가는 은둔형 외톨이가 아닌 일반인들에게도 나타난다. 특히 자존감이 낮고 실패감이 큰 경우 외모에 대한 왜곡된 생각을 하는 경우가 많아, 은둔형 외톨이에게서 심할 수밖에 없다. 심해지면 객관적으로는 그렇지 않은데 자신의 얼굴이 보기 흉하다고 믿어 버리는 추형공포[2] 현상이 나타나거나(박현숙, 2004), 신체이형장애로 진단되기도 한다([참고자료] 참조).

하지만 많은 경우 은둔형 외톨이 자신이 생각하는 만큼 객관적으로 외모가 추하거나 기형적이지 않다. 따라서 이런 생각을 바꿔 주려는 가족과 갈등을 일으키는 경우가 많다. 당사자의 호소에 대해 가족이 '우리가 볼 때 그렇지 않다'고 정정해 주려 해도 쉽게 받아들이지 않는다. 이러한 고통을 호소하는 사람은 성형수술을 받기를 원하거나 주변에서 해결책으로 수술을 권하게 된다. 하지만 금액도 많이 들고 신체적 불편도 감수해야 하며, 무엇보다 대개의 경우 수술결과를 마음에 들어 하지 않고 지속적인 불만을 표현하는 경우가 많다.

이에 대해 사이토 다마키(2012)는 설득이나 논쟁은 소용없는 경우가 대부분이라고 말한다. 대신, '내가 볼 때는 그렇지 않다' 정도의 대응이 적절하다고 조언한다. 이들이 신체에 집착하는 것은 아마도 세상에 나가는 것이 두렵고 힘들다는 마음의 표현일 것이고, 따라서 사실적 대응보다 그 마음을 알아주려는 노력이 중요할 것이다.

> **사례** 28세 여. 고졸. 무직-상담사례
>
> 어릴 적부터 지속적으로 코가 못생겼고 눈빛이 이상해서 사람들이 싫어한다고 호소함. 고등학교 자퇴 후 은둔생활 중 성형수술을 받음. 하지만 수술이 잘못됐고 자신의 코를 망쳐 놨다고 크게 한탄하고 예전으로 돌아가고 싶다고 종일 엄마에게 괴로움을 호소함. 자신을 수술한 의사와 병원을 잘 알아보지 않고 수술시킨 엄마를 끊임없이 원망함. 또한 엄마는 매끈한 피부와 예쁜 오똑한 코를 가졌는데 자신은 그렇지 않다며, 왜 이렇게 낳았냐고 원망함. 밖에 나가면 사람들

---

2) 자신의 외모에 심각한 결점이 있다고 여기는 생각에 사로잡히며 공포를 느낌.

이 모두 자신의 코를 보고 수군거리고, 추하다고 손가락질할 것이기 때문에 나갈 수 없다고 생각함. 특히 은둔생활 후 살이 찌고 여드름이 많아진 자신의 신체를 스스로도 보는 게 역겨워 씻을 수 없다며, 최대 몇 달까지 씻지 않고 지냄.

신체이형장애

신체이형장애(body dysmorphic disorder) 또는 신체추형장애는 실제로는 외모에 결점이 없거나 그리 크지 않은 사소한 것임에도, 자신의 외모에 심각한 결점이 있다고 여기는 생각에 사로잡히게 되는 질병이다. 많은 경우 신체이형장애 환자들은 자신의 외모를 고치기 위하여 성형수술이나 피부과 시술에 중독되기 쉽지만 이러한 시술을 통해 궁극적 만족감을 얻지 못한다. 우울증과 사회적 고립, 학업적 기능의 이상이 보통 동반되며 극단적으로는 자살 시도를 하기도 한다.

진단기준

• 타인이 알아볼 수 없거나 혹은 미미한 정도인 하나 혹은 그 이상의 신체적 외모의 결함을 의식하고 이에 대해 지나친 몰두와 집착을 보인다.

• 외모에 대한 걱정 때문에 질환 경과 중 어느 시점에 반복적 행동(예: 거울 보기, 과도한 치장, 피부 뜯기, 안심하려고 하는 행동)이나 심리 내적인 행위(예: 자신의 외모를 다른 이와 비교하는 것)를 보인다.

• 이런 집착은 사회적 · 직업적 또는 다른 중요한 영역에서 임상적으로 현저한 고통이나 손상을 초래한다.

• 외모에 대한 집착이 섭식장애의 진단을 만족하는 증상을 보이는 사람의 신체 지방이나 몸무게에 대한 염려로 더 잘 설명되지 않는다.

다음의 경우 명시할 것: 근육이형증 동반—자신의 체격이 너무 왜소하거나 근육질이 부족하다는 믿음에 사로잡혀 있다. 흔히 있는 경우지만 다른 신체부위에 사로잡혀 있을 때도 역시 추가 서술될 수 있다.

출처: APA (2015).

(6) 현 상태에서 벗어나지 못할 거라는 신념, 인생이 끝났다는 생각

은둔형 외톨이들은 자신의 인생이 끝났고 다른 사람들에 비해 모든 것이 너무 늦어 희망이 없다고 생각하는 경우가 많다(광주광역시, 2021). 이러한 극단적인 생각이 이들을 사회로 나가는 것을 거의 불가능한 도전과제로 여기게 한다. 작은 계획을 세우는 경우에도 이들은 자신에게 준비되어 있지 않은 부분을 극도로 큰 문제로 여긴다. 즉, 학교중퇴, 경력단절, 대인관계 기술 미흡, 지인이나 네트워크 부족 등으로 인해 자신은 현 상태에서 벗어나지 못할 거라고 생각하곤 한다.

특히 은둔형 외톨이 생활에서 조금 벗어나 사회로 복귀하려는 의지를 갖는 경우, 복귀가 어렵다는 생각에 시달리는 경향은 더욱 높아진다. 치워 두었던 현실을 마주하고 자신의 뒤처진 부분들을 바라보게 되기 때문이다. 이러한 생각들로 인해 심한 불안, 초조의 감정에 시달리기도 한다. 또한 이때 긴 은둔생활로 인한 경력단절과 경험 부족을 가능한 한 빨리 되돌리기 위해 무리한 선택과 행동을 하기도 한다. 밤샘을 통해서만 가능한 많은 성취 계획을 세우거나 짧은 기간 동안 급격하게 살을 빼는 무리한 다이어트에 도전하기도 한다.

> **사례** "나의 믿음을 뒤집기가 힘들다. 나는 안 된다. 나는 안 된다는 부정적인 믿음. 내가 그렇게 생각할 때 주변 사람들도 나의 불안함을 느낄 것이다. 그리고 재는 저렇게 생각하면 못해라고 사람들이 느낄 것이라는 것도 난 느끼는 것 같다."(파이교육그룹, 2020)

> **사례** "법대 졸업, 법과대학원(로스쿨로 추정)을 준비하던 고학력, 고기능의 내담자였다. 그렇지만 어린 시절부터 부모님의 과도한 기대와 왕따 경험들로 인하여 자신의 선택에는 아무런 확신 없이 늘 실패할지 모른다는 생각과 사회적으로 난 탈락자라는 도식을 가지고 살게 된 내담자이다."(파이교육그룹, 2020, 실태조사에 참여한 상담자 보고)

> **사례** "내 상태가 은둔이라고 한들 당사자인 나조차 도움을 요청해야겠다는 인식을 할 수 없다는 게 가장 큰 어려움입니다. ……(중략)…… 제 상태에서 도움을 요청한다는 것은 제 머릿속 생각 옵션에 아예 존재하지 않았습니다. 그냥 계속 저 혼자 해결해야 한다고 생각했습니다." (유승규, 2020)

(7) 자신의 독립성과 자율성 중시

은둔형 외톨이 부모들 중 자녀가 어릴 때부터 조용하고 순종적이었다고 보고하는 경우가 많다. 하지만 이와 함께 은근히 고집이 세고 자신만의 방식을 고수하는 편이라서 생각이나 태도를 바꾸는 게 어려웠다고 말하기도 한다.

이를 뒷받침하듯 은둔형 외톨이들은 자신의 인생에 대해 괴로워하거나 갈등하기는 하지만, 생각없이 타인에게 의존하지는 않는 편이다(斎藤環, 2012). 이들은 자신의 문제를 스스로 생각하려는 경우가 많다. 이와 연결되는 양상으로 은둔형 외톨이 중 어떤 유행을 따르거나 열광하는 집단을 추종하는 경향은 거의 찾아보기 어렵다. 이들이 컬트(cult)[3]가 되는 경우는 매우 드물고 오히려 광신적인 것을 철저히 혐오하는 경향이 강하다(斎藤環, 2012). 이에 대해 사이토 다마키는 "어찌 보면 이들은 싫든 좋든 '내가 제일'이라고 생각하는 듯하다. ……(중략)…… 이는 자신이라는 존재의 독립성이나 자율성을 타인에게 절대 양도하지 않으려는 건전한 의사표명일 수 있다."(p. 25)라고 설명한다.

어쩌면 은둔형 외톨이의 이러한 독립적 사고는 득이면서 동시에 독으로 작용했을 수 있다. 주변의 유행이나 흐름을 쉽게 따르지 않음으로써 자신의 생각과 개성을 보존할 수 있지만, 이와 동시에 주변과 세상에 자신을 맞추고 조절하는 유연성에서는 문제가 됐을 수 있다. 이들이 '내가 제일'이라는 사고를 갖는지는 명료하지 않으나, 이러한 동화와 조절이 부족한 경우 주변 사람들에게 자신만의 방식을 고수하는 고집 센 사람으로 인식될 수 있을 것이다.

(8) 자살사고

은둔하는 사람은 자신의 삶이 가치 없다는 생각에 차라리 죽는 편이 좋겠다는 생각을 하기 쉽다. 그러나 다행히도 은둔형 외톨이 중 실제로 자살하려는 사람은 매우 드물다(斎藤環, 2012). 이에 대해 사이토 다마키는 은둔형 외톨이들이 어떤 의미에서는 건강한 정신건강을 가졌고 자기애가 있는 사람이라고 해석한다. 또한 은둔하는 사람이 자살을 언급하는 것은 강한 자기애의 표현일 수도 있다고 보았다. 즉, 자신이 원하는 이상적인 상황이 아니라고 여기거나 자존심이 상하고 무시당하며 살고 있

---

3) 열광자들의 집단 또는 광신자들의 종교단체

다고 여길 때, 그런 상황에서 살아갈 수 없다고 생각하는 것이다. 그런데 안타깝게도 이러한 이유로 죽고 싶으면서도, 동시에 자기애로 인해 실제로 죽음을 선택하는 행위까지는 가지 못하는 딜레마 상황에서 괴로워하는 경우가 많다(斎藤環, 2012). 하지만 이들의 자살 위험성이 낮다고 경시하거나 방치하는 경우 충동적으로 자살 위험성이 높아지기 때문에, 이들의 죽고 싶을 만큼 괴로운 감정을 이해해 주기 위해 노력하는 것이 중요할 것이다.

2) 가족 및 가정과 관련된 생각

(1) 방, 자신만의 공간에 대한 생각

은둔형 외톨이는 세상으로부터 자신을 보호하기 위해 최소한의 공간에 머무르는 상태라 할 수 있다. 이들은 자신의 방을 가장 안전한 공간이라고 생각한다. 자신이 세상에서 얼마나 견뎌 내기 힘들고 적응할 능력이 부족한지를 잘 아는 당사자들은, 그러한 자극이 없고 도전이 필요하지 않은 공간에 머무르는 선택을 한다.

그들은 이런저런 개인적 욕구를 채울 수 있는 활동들을 제한된 공간 안에서 해결한다(자세한 내용은 행동적 특징에 관한 6장 참조). 컴퓨터에 매달리고, SNS에 접속하고, 게임에 몰입하고, 영화나 영상 혹은 웹툰에 빠지거나, 신문, 잡지, 캐릭터 혹은 빈 용기나 쓰레기 등을 모아 두는 등의 행동을 한다(영화 〈김씨 표류기〉에 이러한 행동들이 잘 묘사됨). 자신만의 공간에서 자신만의 정해진 규칙에 따라 원하는 대로 생활할 수 있어 안전하다고 여기고 있음을 보여 준다. 이러한 행동은 활동반경이 작고 놀랍도록 단순한 경우가 많다. 때로는 이러한 활동을 엄격하게 정해진 자신만의 방법에 의해 반복하는 강박적인 성향을 보이기도 한다. 만일 이를 침범하는 가족의 개입이 있을 경우 격한 반응을 보이기도 한다. 비록 자신도 이러한 행동이 생산적이거나 적응적이라고 생각하지 않는 경우가 대부분이지만, 내 공간에 대한 침범은 자신의 안전에 대한 침범으로 해석된다.

사례 "필요하다. 내 인생에. ……(중략)…… 게임이라는 단맛, 야동이라는 자극적인 맛, 버라이어티쇼라는 새콤한 맛, 영화라는 시원한 맛, 애니메이션이라는 상큼한 맛. 계속해서 내 삶에 MSG를 때려 부었다. 나중에 알게 됐다. MSG를 빼면 맛은 없지만 건강해진다는 것을.

MSG를 줄이면 '시간 낭비'라는 이름의 비만에서 벗어나 살이 빠진다는 것을 말이다. ……(중략)…… 너무 잘 안다. 세상으로 나가는 것이 얼마나 힘들고 결단이 필요한 일인지. 지금 누리는 편안한 모든 것을 포기해야 할지도 모르고, 현실을 살고 있는 사람들로부터 상처를 받을지도 모른다고 생각하니 겁이 났다. 그래서 우선 방에서 MSG를 줄이는 노력부터 하게 됐다."(김재주, 2018)

사례 "그리고 알게 됐다. 집에 있을 때, 그것도 내 방에 있을 때만은 아무 일도 일어나지 않는다는 사실을 말이다. 찾은 것이다. 안전하다고 생각하는 곳을……. "(김재주, 2018).

사례 "나는 방 안이 마치 다시 아기가 되어 돌아간 어머니의 뱃속 같기도 하고, 성장과 방황으로 변태 중인 고치 안 같기도 했다."(김재주, 2018).

사례 "어릴 때는 활발했는데 점점 사춘기 지나면서 그냥 나는 불행하구나, 나만 불행하구나 그런 생각이 들고 그냥 집에 있을 때가 제일 편하니까."(파이교육그룹, 2020)

(2) 가족으로부터 피해를 받았다는 생각

은둔형 외톨이는 주변 사람들, 특히 가족이 자신을 한심하거나 무능력하다고 비난해 왔다는 생각을 많이 한다. 비난은 실제로 일어난 것이든 그렇지 않든 본인이 그렇게 인식함으로써 원망과 피해의식으로 이어진다. 만일 그들의 주장이 과장되거나 왜곡된 경우, 가족은 그런 적 없다는 반박을 하게 되고 인식의 차이로 인해 갈등으로 번지기도 한다. 특히 은둔형 외톨이가 말하는 피해 당시 당사자는 주변 사람들이나 가족에게 아무런 불만을 표현하지 않았던 경우가 대부분이다. 따라서 뒤늦게 과거의 피해 사실을 가족에게 주장하고 때로는 보상을 요구하는 경우도 많아 가족을 당황하게 만든다.

이때 은둔형 외톨이 가족은 그들이 말하는 내용의 진위 여부에 초점을 두기보다, 그들의 마음을 이해하는 것이 필요하다. 은둔형 외톨이가 갖는 사회로부터의 괴리감, 이질감, 고독감, 친구들보다 뒤처졌다는 생각, 장래에 대한 불안감 등을 알아주려는 노력이 필요하다. 이들은 과거 가족들로부터 받은 피해 자체에 대해 말하고 있기보다는, 지금의 자신의 상태에 대해 아무도 탓할 수 없음으로 인해 화가 치밀어

오른 것일 수 있다. 어쩌면 가장 원망하고 싶은 대상은 자신일 것이고, 다음으로 유일하게 접하고 있는 가족에게 그 원망을 쏟아 내는 것일 수 있다.

> **사례** "대학 진학 (좌절), 대인관계 지속 어려움, 부모와의 갈등 등으로 1년 정도 아무것도 하지 않고 집에만 있었습니다. ……(중략)…… 그래도 나름 아르바이트라도 열심히 하자의 마음으로 살며 지냈지만 부모, 주변 친구들도 어느 샌가 '그까짓 것 해서 뭐하나?' '알바 따위 죽을 때까지 하려고?' 등의 비웃음만 보냈습니다. 무언가 주변의 소중한 관계의 사람들마저 저런 말을 하니까 사는 게 많이 비참하다고 느껴졌습니다."(윤철경, 서보람, 2020)

> **사례** "세상의 모든 사람, 심지어 가족조차도 나를 한심하다고 느끼는 게 눈빛과 말과 행동으로 전달되었습니다. 가족에게서조차 고립감을 느끼니 세상에서는 더 고립감을 느꼈습니다. 단지 1~2년이 아닌 학창시절부터 10년 이상 이렇게 느꼈습니다."(윤철경, 서보람, 2020)

> **사례** "정신병, 우울증 등과 관련된 편협된 시선이 가족 등 주변 인간관계에도 만연히 퍼져 있습니다……."(유승규, 2020)

> **사례** "어릴 때 어머니가 간섭이 너무 심했다. 기대감이 너무 컸고, 곱게 자랐다. 누나는 엄마의 기대대로 엄청 잘하는 엘리트이다. 누나는 늘 잘했으니까 그렇게 하진 않았는데 나한테는 답답해서 마구 닦달하였다."(파이교육그룹, 2020)

> **사례** "부모님이 내가 도움이 필요하다는 것을 일찍 알았더라면. 그리고 그것을 일찍 인정했더라면 좋았겠다."(파이교육그룹, 2020)

(3) 자신에 대한 가족의 기대가 과하다는 생각

은둔형 외톨이는 가족이 자신의 실제 모습과 다른 것을 바라는 것이 부담스럽고 힘겨웠다고 보고하는 경우가 많다. 오랫동안 가족이 자신의 원함과 다른 삶을 살기를 바랐고 너무나 높은 성취를 요구했다고 회고한다. 앞서 살펴본 가족으로 받았다는 피해가 사실일 수도 있고 과장될 수도 있는 것과 마찬가지로, 이러한 기대 또한 객관적일 수도 있고 주관적일 수도 있다. 따라서 부모가 아무리 '나는 그렇지 않다, 나는 네가 그저 행복하기만을 바란다'고 말해도, 그들이 다양한 사인을 통해 과도하고 부당한 기대를 인식했다면 결과는 마찬가지이다.

사실 여부를 떠나 비교적 분명한 것은 이들이 기질이나 성향상 혹은 이제까지의 관계 패턴상 가족의 기대에 대해 분명하게 거부 의사를 밝히지 못했다는 점이다. 또한 때로는 가족의 요구와 기대가 일리 있고 자신을 거기에 맞춰야 한다고 강박적으로 자신을 몰아붙였을 수도 있다. 어떤 경우든 이들은 은둔생활을 하며 자신의 과거와 현재를 반추하면서 깊이 눌러 놓았던 진짜 자신의 원함을 뒤늦게 확인하는 듯하다. 따라서 자신이 원했던 선택을 하지 못한 원인이 가족의 과하고 맞지 않는 기대 때문이라는 생각으로 이어지는 듯하다.

> **사례** "난 사교육의 정점을 찍은 사람이다. 난 초등학교 때 수학의 정석을 풀었고, 대치동으로 왔다 갔다 했다. ……(중략)…… 부모님은 나에게 관심을 갖지 않았다. 나보다 잘하는 애들이 너무 많고 난 눈에 띄지 않았으니까. ……(중략)…… 성악을 하면 좀 잘하는 것 같아서 칭찬받으려고 했던 것 같다. 그렇지만 결국 성악을 했지만 내 재능을 확신할 수 없었고, 난 늘 존재를 인정받지 못했으니까, 결국 성악으로도 제대로 뭘 하지 못하게 되었고, 난 가족을 위해서 일한 것밖에 없는데……."(파이교육그룹, 2020)

> **사례** "난 부모님이 원하는 대학에 가거나 난 부모님이 원하는 성격을 갖기가 버겁겠다. (또) 부모님이 원하는 직업. (항의해 보지 않았나?) 그러나 부모님은 교묘하게 포기를 시켰다. 그 직업은 먹고 살 수가 없고, 널 다 무시할 것이고. 네가 안전해지려면 너는 이게 맞다. 너는 이게 맞다고 생각하지만 이게 너의 길이 아니다. (실제로는 그렇지 않다는 걸 알지만 내가 발버둥쳐 봤자 소용없다는 마음?) 점점 나도 아빠한테 동화되는 것 같았다. 아빠는 원래 독재적인 사람이기 때문에 내가 동화되어야 살 것 같았다. 나를 따르지 않을 거면 나가라라는 말을 많이 했다."(파이교육그룹, 2020; 괄호 안은 상담자 질문)

(4) 가족에 대해 자신이 잘못했다는 생각

은둔형 외톨이가 가족에게 피해의식과 원망만을 갖는 것은 결코 아니다. 이들 중 다수는 자신이 가족에게 많은 어려움과 고통을 주고 있다는 사실을 잘 안다. 하지만 이러한 생각을 가족에게 그대로 전하는 은둔형 외톨이는 거의 없다. 대화가 단절된 상태에서 가족이 이러한 생각을 읽어 내기는 매우 어렵다. 어쩌면 가족에 대한 과도한 분노 표현 중 일부는 죄책감을 느끼는 자신의 마음을 역으로 표현하는 것일 수 있다.

> **사례** "누나가 나 때문에 결혼을 실패한 적이 있다. 그때 내가 누나에게 방해가 되어선 안 될 것 같았다. ……(중략)…… 너 때문이다라는 말은 너무 힘든 말이다."(파이교육그룹, 2020)

> **사례** "부모님이 어려우시니 용돈을 받는 것도 미안하고 죄책감이 든다."(파이교육그룹, 2020)

> **사례** "그런데 내가 살고 싶었다. 죽는 게 두려웠다. 엄마가 내가 아무것도 안 해도 좋으니 제발 살아만 있어 달라고 했다. 엄마를 생각하면 죽을 수가 없었다."(파이교육그룹, 2020)

> **사례** "난 그래도 날 이렇게 만든 부모님이 또 나쁜 말을 듣고 싶게 하고 싶지는 않더라. ……(중략)…… 나랑 아빠가 자신의 인생의 걸림돌이라고 말하던 엄마인데, 너 사랑받고 싶으면 엄마한테 사랑 달라고 하지 말고 공부 잘해서 네 선생님한테 가서 사랑받으라고 하고, 물세, 전기세 값어치를 하라고 하고 날 늘 한심해하던 사람인데도, 그런데도 안 미워한다. 나쁜 면만 얘기한 거니까. ……(중략)…… 솔직히 엄마한테 죄책감도 들었다."(파이교육그룹, 2020)

(5) 가족으로부터 관심과 애정을 받고 싶다는 생각

은둔형 외톨이는 '나를 내버려 두라'는 표현을 자주 하며 가족을 피하기만 하는 것처럼 보인다. 하지만 이들은 가족의 동정을 세세하게 살피고 신경 쓰는 경우가 많다. 이에 대해 사이토 다마키는 "은둔 상태에서 진정으로 안주할 수 있을 정도로 강한 사람은 없다."라고 말한다. 누구나 어느 정도의 불안과 복잡한 생각 속에서 자신의 마음과 달리 은둔하기 때문이다. 따라서 누군가 특히 가장 가까운 사람인 가족이 자신의 이러한 생각을 알아주기를 바라는 경우가 많다. 또한 앞서 언급한 대로 가족에 대한 원망과 미안함이 공존하는 복잡한 상태에서 생활하기 때문에, 겉으로는 무심한 척 행동하지만 가족이 자신을 어떻게 생각하는지에 대해 민감한 경우가 많다. 가족이 자신을 한심하게 보지 않을까 신경 쓰고, 각 가족구성원마다의 생각이 어떤지 걱정하는 경우가 많다. 광주광역시의 조사결과에서도 은둔형 외톨이 중 부모나 보호자에게 의존적으로 변했다는 경우가 보고되었다. 이는 자신이 의지할 대상을 한

정하고 그 대상에 대한 과도한 애착을 가져 그 관계를 지속적으로 확인하려는 모습으로 보인다(광주광역시, 2021).

(6) 가족이 자신을 버릴 수 있다는 생각

은둔형 외톨이에게서 나타나는 독특한 현상 중 하나는 **주변 사람, 특히 가족이 자신을 사랑하는지에 대해 자주 확인한다**는 점이다. 가족의 관심과 애정을 끊임없이 확인하고 때로는 자주 묻기도 한다. 은둔형 외톨이 중 가족 누구와도 접촉하지 않는 경우도 있지만, 반대로 가족 중 한 명, 특히 어머니에게 자신의 모든 것을 만족시켜 달라 요청하고, 마음을 받아 주길 요구하는 경우도 많다. 이러한 행동은 일종의 퇴행[4] 현상으로, 일본 연구들에서 히키코모리를 수반하는 등교거부 아이들의 90% 이상이 유사한 현상을 보이는 것으로 조사되었다(박현숙, 2004). 이들은 밤중에 어머니를 깨워 어린 시절 얘기를 들려 달라고 하거나, 끊임없이 자신을 사랑하는지 묻거나, 안아 달라고 요청하는 등의 행동을 하곤 한다.

은둔형 외톨이의 이러한 행동은 가족이 자신을 사랑하는지, 자신을 귀찮아하거나 무가치하게 여기지 않는지를 확인하려는 생각에서 비롯된다. 더 나아가 일부는 가족이 자신을 버릴지도 모른다는 생각을 하기도 한다. '내가 쓸모없고 챙기기 힘드니 가족이 나만 두고 어디로 갈지도 모른다'는 생각을 하고 이를 말로 표현하기도 한다. 이 경우 가족의 반응이 형식적이라고 느끼면 난폭하고 공격적인 반응을 보이기도 한다.

3) 사회 및 세상과 관련된 생각

(1) 타인과 사회로부터 피해를 받았다는 생각

은둔형 외톨이는 자신이 사회로부터 피해를 받았다고 생각하는 경우가 많다. 물론 자신에게도 원인이 있었다는 생각을 동시에 하지만, 주변 사람들과 사회가 자신에게 준 피해를 잊지 못하고 곱씹으며 괴로워하는 경우가 많다. 이러한 피해의식은 특히

---

4) 어떤 이유로 인해 충동을 충족시킬 수가 없어 자아(自我)가 위기에 처하게 될 때, 심리적으로 이전 성장단계로 되돌아가면 정신적 평안을 얻을 수 있는 상태를 말한다. 동생을 본 어린아이가 엄마의 애정을 되찾으려고 자리에 오줌을 싸거나, 걷는 대신 기어 다니는 것이 그 예이다.

가족에게 집중되는 경우가 많지만, 학교 친구, 선생님, 이웃, 교회나 동아리 구성원, 참가했던 특별 프로그램의 멤버, 목사님, 친척 등 다양하다. 때로는 자신이 받았던 피해의 세부사항들을 구체적으로 기억하거나, 자신을 돕지 않은 주변 사람들도 피해를 부추긴 가해자와 마찬가지라고 생각하기도 한다.

> **사례** "세상의 잣대가 변해야 할 것 같아요. 타인에 대한 배려 없음의 피해가 큰 거 같아요. 그때 좀 괜찮은 사람들과 일을 시작했으면 지금과는 다르지 않았을까 싶긴 해요."(파이교육그룹, 2020)

> **사례** "잘할 때도 못할 때도 있는 것을 문제시하지 않고, 조건을 걸어서 성적을 올리게 하는 것은 내가 원하는 것이 아니었다. 이럴 때도 저럴 때도 있다고 생각하며 기다려 주면 좋겠다." (파이교육그룹, 2020)

> **사례** "학교 과정이 좀 타이트하지 않았다면 난 좀 달랐을까. 난 늘 새장 속에 갇힌 새 같은 느낌이었다. 그걸 잘 이겨 내는 사람들도 있지만, 나처럼 그런 것이 너무 힘들고……. 그런데도 또 그러지 못하면 인생을 살 수 없을 것 같았다."(파이교육그룹, 2020)

> **사례** "대학은 무조건 취업시키는 데만 신경 쓰고 그 이후에 어찌될지는 신경 쓰지 않는다. 그 분위기에 휩쓸려 퇴사할 회사를 얼결에 입사한 것이다. 대학에서 실무경험을 할 수 없고 주입식으로 교육하였다. 문제해결능력을 키워 주지 않는 것이 문제가 되었다."(파이교육그룹, 2020)

> **사례** "'엄마가 일찍 깨워 줬더라면 시험공부를 더 할 수 있었는데.' '아빠가 좀 더 부자였더라면 내 인생은 달라졌을 거야.' '헤어진 그녀만 아니었다면 내가 지금까지 상처를 받고 있진 않을텐데.' '부장님이 회식 자리에 안 불렀다면 다이어트에 실패하지 않았을 거야.' 왜 이런 탓을 할 수밖에 없을까? 그렇지 않으면 자기 자신을 탓할 수밖에 없기 때문이다."(김재주, 2018)

> **사례** "상담센터, 정신과, 전문가…… 몇몇 곳을 어렵게 찾아가 만났다. 한 번도 그들이 내 고통을 공감한다고 느끼지 못했다. 아무도 내 얘기에 진심으로 귀 기울여 주지 않았다."(은둔

(2) 세상이 위험하고 자신에게 적대적이라는 생각

은둔형 외톨이는 주변 사람들이 자신을 싫어하고 적대적이라 생각하는 경우가 많다. 이제까지와 마찬가지로 앞으로도 세상에 나가면 사람들이 자신을 부정적으로 대할 거라는 믿음을 많이 갖는다. 이들은 자신이 사람들과의 관계에서 피해를 받을 것이고 그 피해를 방어하지 못할 것이라고 믿는다. 일반적으로 대인기피는 안전한 관계 속에서 성공 경험을 함으로써 치유되는 경우가 많기 때문에 결국 대인관계 안에서 개선될 여지가 크다. 그러나 대인관계를 맺으면 자신이 반드시 상처를 받고 피해자가 될 거라고 생각하는 경우 점점 더 고립된 생활을 하게 된다. 이 점이 은둔형 외톨이의 방 탈출을 어렵게 만드는 요소이다.

이러한 생각이 바탕에 깔리면서 은둔형 외톨이들은 사람들의 시선과 평가에 대해 예민하게 신경 쓰는 경우가 많다. 또한 작은 사인에도 자신을 부정적으로 본다고 해석하거나, 주변 사람들에게 자신을 맞추려는 노력을 한다. 하지만 이러한 예민한 대응이 관계를 부자연스럽게 만들거나, 스스로가 모임에서 만족감을 느끼지 못하고 지치는 경우가 많아 관계 자체를 꺼리게 되는 결과를 낳기도 한다.

이에 대해 사이토 다마키(2012)는 가족이나 가까운 주변 사람의 역할이 큼을 강조한다. 가족은 '돌아올 항구'로서 기능해야 하며, 은둔형 외톨이가 상처를 받고 돌아올 경우 따뜻하고 전면적으로 맞아 주며 상처가 회복될 수 있는 공간이 되어야 한다고 말한다. 즉, 상처받지 않는 것보다는 '상처를 받아도 치유할 장소가 확보'되는 것이 중요함을 강조한다.

> **사례** "은둔하고 싶어서 은둔하는 사람은 드물 것입니다. 어쩔 수 없는 선택인 경우가 많은데, 겪어 보지 않은 사람들에겐 은둔을 택하는 사람들이 나약한 사람 혹은 패배자라고 인식되는 모양입니다. 그러한 시선은 이미 벼랑 끝에 있는 사람의 등을 떠미는 꼴과 같다고 생각합니다."(윤철경, 서보람, 2020)

> **사례** "특히 취업과정에서 사회에서 받는 폭력들이 무섭습니다. 집 밖에 나와 무엇을 할 수 있을지도 모르겠습니다. 자소서를 쓸 때 쓸 수 있는 말이 없고 면접과정에서도 낙인, 차별, 혐

오를 받은 적이 있습니다. 이미 다 너무 늦어 버린 것 같습니다."(윤철경, 서보람, 2020)

사례 "나는 눈치 백 단이다. 어떤 모임에 나가든 나보다 더 눈치를 잘 보는 사람은 없었다. ……(중략)…… 실제로 모임에 나가면 뭐가 그리 맘에 걸리는지 계속 눈치를 봤다. 다들 즐거워해야 비로소 나도 즐거웠다. 반드시 모두가 즐거워야 다음을 기약할 수 있을 것 같았다. 집에 오면 너무 힘들었다. 눈치 보느라, 분위기 띄우느라 심하게 감정 노동을 한 것이다. '사람을 만나는 것은 지치는 일이구나.' 그때는 그렇게 생각한 것 같다."(김재주, 2018).

사례

– "한심하다고 볼 것 같은데 이해하기 어려울 것 같아요."

– "한심한 놈. 쓰레기이다."

– "보통은 불쌍한 눈으로 거지 같다는 듯이 쳐다보았다."

– "부적응적이라고 볼 듯하다. 실패자."

– "패배자. 뒤처진 사람."

– "돈을 벌어라, 일단 나와라, 이렇게 살면 안 된다. 패륜아라고 이야기를 하며 집 근처 어른들이 이상하게 대한다."

(파이교육그룹, 2020, "주로 혼자 지내는 것에 대해 다른 사람들이 나를 어떻게 생각하는 것 같나요?"라는 질문에 대한 당사자들의 응답)

(3) 사회와 사람들에 대한 실망과 회피

은둔형 외톨이 중 일부는 자신이 사회로부터 고립되고 은둔하는 데 이유가 있다고 생각한다. 자신을 실망시키는 사람이 많기 때문이다. 이들에게 세상은 부조리하고 불합리하며 남에게 피해를 주는 사람들이 당당하게 살아가는 곳으로 인식되는 듯하다.

이러한 생각 속에서 은둔형 외톨이는 자신과 같이 피해당하기 쉽고 대인관계 기술이 부족한 사람에게는 세상으로부터 물러나 고립되는 것이 더 적절한 선택이라고 믿기도 한다.

사례 "왜 저런 사람들과 친하게 지내야 하나, 그럴 바에야 혼자 지내는 것이 낫겠다 싶었고, 그러니까 더 완벽하게 열심히 살아야겠다고 생각했는데 잘 안되었다."(파이교육그룹, 2020)

사례 "항상 다른 사람들에게 실망하는 일이 생겼던 것 같다. 난 다른 사람들에게 실수를 안 하려고 혈안이 되어 살아가는데 난 그럴 수가 없는 사람이라 자꾸 실수가 생긴다. 그런 것을 사람들에게 이해시키기 힘들다."(파이교육그룹, 2020)

(4) 자신이 타인들에게 피해를 줄 수 있다는 생각

은둔형 외톨이는 사회에 대한 피해의식과 적대감을 느끼는 것도 사실이지만 **자신이 타인들에게 피해를 줄까 봐 전전긍긍하는 경우가 많다.** 이들은 자신이 말주변이 없고 재미없는 사람이라 사람들과 어울리면 피해를 준다고 생각하는 경우가 많다. 다른 사람들 사이에서 분위기를 망쳐 버리거나 눈치가 없어 상대를 힘들게 할까 걱정한다. 또한 자신이 부적절한 말을 해서 사람들의 기분을 나쁘게 할까 봐 걱정하기도 한다. 간혹 모임에 참석하는 경우에는 모임이 끝나고 집에 돌아가 자신이 잘못한 것이 없는지 꼼꼼히 점검하고, 그런 사항을 발견하면 몹시 괴로워하며 상대에게 사과하려 애쓰기도 한다.

사례 "다른 사람들에게 마음을 열기 힘들다. 겉으로만 친한 사이 같고, 속으로는 친밀한지 잘 모르겠다. 잘 있는 것 같은데 그래도 같이 있으면 불편하다. 내가 조용해서 다른 사람들을 불편하게 하는 것은 아닐지."(파이교육그룹, 2020)

(5) 사회에 대한 관심과 창조적 결과를 내고 싶다는 생각

은둔형 외톨이를 볼 때 우리는 대부분 이들이 사회에 대한 관심이 전무하거나 매우 낮아 은둔 상태에 있다고 생각하기 쉽다. 하지만 **의외로 이들은 사회에 대한 관심이 높기도 하다**(斎藤環, 2012). 사이토 다마키에 따르면 은둔형 외톨이는 일반 평범한 청년들보다 사회에 대한 관심이 훨씬 높다. 실제로 이들의 투표율은 일반 청년들보다 높고, 이들은 활자 매체와도 친한 편이다. 실제로 은둔형 외톨이와 대화를 나눠 본 사람들 중 다수는 그들의 의사소통 능력과 그들이 사회에 대한 관심 및 사회복귀의 욕구가 큰 것(광주광역시, 2021; 파이교육그룹, 2020)에 놀라곤 한다.

나아가 사이토 다마키(2012)는 '은둔 능력'이라는 용어를 사용하며, 은둔 경험이 창조적인 결과에 도움을 주기도 한다는 점에 주목한다. 그는 창조행위나 심신 단련을 위해서는 오히려 일시적이라도 은둔이 필수일 수 있다고도 언급한다. 은둔을 통해 홀

룡한 업적을 남긴 학자나 예술가는 얼마든지 있기 때문이다. 중요한 것은 은둔형 외톨이가 자신의 능력을 적절하게 사용하는 방법을 배우는 것이고, 우리 사회가 이들에게 은둔을 벗어날 수 있는 '비상구의 확보'를 해 주는 것이라고 강조한다.

(6) 은둔에서 벗어나고, 소통을 하고 도움을 받고 싶다는 생각

이러한 사회적 관심과 연결되는 점으로 은둔형 외톨이는 세상과 단절하는 것 같지만 실제로는 외로워하며 누군가와 소통하기를 원하는 경우가 많다. 세상에 나가고자 하는 생각은 있으나 방법을 몰라 답답해하는 것이다. 이들 대부분은 단지 집에 틀어박혀 있는 것만이 아니라 밖에 나가고 싶다는 생각을 한다. 자신과 같은 문제를 가지고 있는 다른 사람들을 만나고 싶다거나, 다른 은둔형 외톨이들의 고민이나 사회생활을 하는 모습 등에 대해 알고 싶어 한다. 또한 서로 도움을 주고받고 싶어 한다 (고스게 유코, 2012).

최근 은둔형 외톨이 청년을 대상으로 한 조사에서도 이들의 생각을 분명히 읽을 수 있었다(윤철경, 서보람, 2020). 응답자들에게 '가장 필요한 것이 무엇인가?'를 질문한 결과, 응답자들은 가장 원하는 것으로 '현 상태에 대한 진단과 치료(67%)' '경제적 지원(61%)'에 이어 '은둔 극복을 위한 지식과 정보(56%)' '비슷한 어려움을 겪는 이들과의 교류(43%)'를 꼽았다. 38%는 시설에 입소해서라도 상태가 회복되기를 희망한다고 응답했다. 이는 방에서 벗어나 사람들과 만나길 바라는 은둔 청년의 수가 많다는 것을 보여 준다.

> **사례** "우리 자신이 가장 잘 안다. 단지 현실을 잠시 잊고 싶을 뿐이라는 것을. 웃고는 있지만 속으로는 어떻게 살아가야 할지를 고민하고, 괴로워하고 있다. 이렇게 방황한다는 것은 살아 있다는 증거이자 살아가고 싶다는 의지라고 생각한다. 이 모든 것은 자신을 치유하는 과정이자, 변화하기 위해 틀을 깨는 과정이다."(김재주, 2018)

> **사례** "무엇보다 우리가 사회에 적응할 수 있게 친구를 만들 수 있는 프로그램과 일자리를 만드는 방안을 고민해 주세요."(윤철경, 서보람, 2020)

> **사례** 김정인 씨(가명, 28세, 여)는 아버지의 사업 실패 후 폭력으로 방 안으로 숨어들어 가

면서 10년간 '은둔형 외톨이'로 지내고 있다. 무단결석을 반복하다 끝내 학교도 관뒀고, 오랜 은둔생활로 건강도 잃어, 특히 근육 손실이 심해져 한동안 계단을 오르는 것조차 버거웠다. 몸은 방 안에 갇혔지만 김 씨는 '10년 내내 나가고 싶다는 바람을 버리진 않았다.'고 고백한다 (dongA.com. 2020. 9. 3.).

사례 "난 답답하다. 집에 있으면 더욱 답답하다. 나가고 싶다는 생각이 더 든다. 외롭다. 나만 할 일이 없으니까. 나만 사회구성원으로서 아무 역할이 없다."(파이교육그룹, 2020)

사례

- "지금 내가 즐길 수 있는…… 미래지향이 아닌 목적지향이 아닌…… 지금 그냥…… 자립을 위해 강요하기 보다…… 혼자 하라고 하면 혼자 할 수 없어서 못 나가는 건데 함께 하는 것이 필요하다. 같이 즐기고 같이 끝내고 경험 그 자체가 목적이면 좋겠다."
- "내 삶에 새로운 경험을 할 수 있었으면 좋겠다. 그 경험을 통해 자신감을 좀 얻었으면 좋겠다."
- "기회를 주고 싶은 회사도 있지 않을까. 그런 회사가 경력을 묻지 않고 청년들에게 좀 기회를 주면 좋겠다. 경력이 이미 없거나 단절된 사람들은 시작을 못한다. 우리 같은 사람들이 안전하다고 느낄 수 있도록 해 주어야 한다."

(파이교육그룹, 2020, '혼자 지내는 것에서 벗어나기 위해 가장 필요한 도움은 무엇인가요?' 라는 질문에 대한 당사자들의 응답)

3. 은둔형 외톨이의 생각 내놓기

은둔형 외톨이의 독특한 생각 구조가 이들의 은둔 상태를 강화하고 세상으로 나가는 행동을 차단했을 수 있다. 상황에 대한 해석과 극단적 평가가 쌓이면서 이들이 은둔을 시작했을지 모른다.

한 개인이 갖는 생각이 매우 당위적이고 비합리적이라 해도 이를 강하게 지적하거나 논박하는 것만으로는 그 사람의 생각을 바꾸기 어렵다. 오히려 그 사람은 상황을 피하거나 때로는 더 강하게 반박할 것이다. 오랜 동안 자신이 믿어 온 생각을 바꾸는 것은 쉬운 일이 아니다. 그 생각은 자신이 모아 온 삶의 증거들로 만들어진 믿음일 수 있다.

따라서 우선적으로 그들이 어떤 생각을 하는지 구체적으로 알아내는 것이 중요하다. 막지 않고 평가하지 않을 때, 자신이 믿고 있는 세상에 대한 신념과 그 신념을 뒷받침하는 증거들을 하나씩 꺼내 보이기가 쉬워진다. 이 장에서 살펴보았듯이 은둔형 외톨이들은 자신의 생각이 비합리적이고 당위적임을 인식하는 경우가 의외로 많다. 또한 세상이 자신의 생각에 대해 손가락질하고 받아들여 주지 않는다는 것을 경험적으로 잘 알고 있다. 이런 상황에서 은둔형 외톨이의 생각을 보다 유연하고 객관적으로 전환시키기 위해서는 우선적으로 평가가 개입되지 않는 안전한 상황이 만들어져야 한다. 신뢰 있는 관계 속에서 자신의 생각을 꺼내 보이고 스스로 바라볼 기회를 쌓으면서 생각의 유연성과 객관성을 조금씩 만들어 가도록 해야 한다. 은둔형 외톨이가 자신의 생각을 있는 그대로 세상에 내놓을 수 있을 때 그 자체가 이미 세상으로 나오는 시작일 것이다.

제5장
은둔형 외톨이의
정서적 특징

이 장에서는 정서의 개념에 대해 알아보고 은둔형 외톨이가 나타내는 정서적 특징에는 어떤 것들이 있는지 살펴볼 것이다. 은둔형 외톨이의 정서에 대해 구체적으로 알아보고, 그 특징을 살펴보는 것은 은둔형 외톨이를 이해하고 공감하는 데 매우 중요하다.

1. 은둔생활과 정서

1) 정서의 중요성과 영향력

정서란 무엇인가? 많은 학자가 정서의 개념을 정의했지만 합의된 명확한 정의는 없으며 각기 다른 정의를 내리고 있다. 정서의 'emotion'은 무엇을 움직이게 한다는 의미의 라틴어에서 유래했다고 알려져 있다. 전통적 관점의 정서는 인간의 생리적 흥분을 초래하며 인지활동을 방해하고 이성적 판단을 막는 장애물이라는 부정적 인식이 있었다. 반면, 다른 관점에서 정서는 행동하게 하고 지속시키며 조정하는 과정을 촉진하는 중요한 활동으로 보았다(최지현, 2008). 정서는 우리가 흔히 생각하는 느낌, 감정, 예를 들면 행복, 슬픔, 짜증, 사랑, 분노, 두려움과 같은 특정 사건에 대한 단순한 반응이기보다 문제해결과 삶의 목적 달성을 위한 절제된 반응이라고 할 수 있다. 이렇듯 정서는 감정 상태를 포함하는 광의의 개념으로 개인을 보호하고 적응할 수 있는 사회적 기능, 심리적 건강과 대인관계에서 중요한 역할을 담당하고 있다(임전옥, 2003).

현대의 정서 이론들은 정서의 적응성에 주목하며 정서를 어떻게 조절하는지가 매우 중요함을 강조한다. 정서조절에 관한 연구에 의하면 효율적인 정서조절을 하는 사람일수록 사회성이 높고 타인과의 상호작용을 잘하지만, 정서조절의 어려움을 겪는 사람들은 대인관계에서 융통성이 부족하고 고립적인 행동을 한다(Gottman & Mettetal, 1986: 이지영, 2013에서 재인용). 또한 정서조절은 긍정적 감정을 불러오기 위한 즐거운 동기적 행동과도 관련된다. 정서를 잘 조절할 수 있다면 타인과의 적절한 상호작용을 이룰 수 있으며, 내면의 힘든 감정에서 벗어나 유쾌한 정서로 회복될 수 있는 것이다(박경옥, 2006).

이상과 같이 정서는 단순한 내적인 생각과 느낌에 대한 반응뿐만 아니라, 삶에서 수반되는 문제의 해결과 건강한 대인관계를 위해 중요한 영향을 미친다.

2) 정서의 종류와 특징

기쁨, 행복, 희망 등의 긍정적인 정서와 슬픔, 분노, 절망 등의 부정적인 정서는 우리 생활에 많은 영향을 미친다. 개인의 다양한 어려움 중 많은 부분은 개인의 주관적인 경험에 영향을 미치며, 또한 주관적 경험은 정서적인 부분에 영향을 미치게 된다. 따라서 개인의 심리적 안녕감이나 만족감 등을 증가시키기 위해서는 정서를 잘 다루고 조절하는 것이 중요하다. 대인관계에서의 어려움, 변화와 적응에 대한 어려움을 느낄 때는 대체로 자신이 경험하는 정서에 대한 인식이 부족하여 부정적 정서를 무조건 피하거나 느끼려 하지 않는 반응을 보이는 경우가 많다. 이런 행동은 결과적으로 문제해결에 도움이 되지 않기 때문에 부적응적인 행동을 초래하게 된다.

이렇듯 우리 삶과 밀접한 관련을 갖는 정서에 대해 구체적으로 알아보는 것은 은둔형 외톨이를 이해하기 위한 첫걸음이다. 우리가 언제나 마주할 수밖에 없는 정서를 통해 왜 한 개인이 은둔하게 되었는지, 정서를 어떻게 조절함으로써 은둔 정도를 줄일 수 있는지를 이해할 수 있을 것이다. 이를 위해 우선 긍정적 정서와 부정적 정서의 의미와 대표적인 특징에 대해 살펴보겠다.

(1) 긍정적 정서

긍정적 정서란 '기분이 좋은 것'뿐만 아니라, 사람에게 건강과 심리적 안녕감을 유지하며 증진할 수 있도록 도와줌으로써 삶의 질을 풍부하게 하는 감정을 의미한다(김경희, 이희경, 2011). **긍정적 정서는 긍정적 의미를 발견함으로써 경험할 수 있다**(Fredrickson, 2000). 긍정적 의미의 발견은 긍정적 정서의 경험으로 이어지고, 이는 다시 긍정적 반응을 가져다주며 삶의 전체적인 질을 향상시킨다. 긍정적 정서는 열정, 원기, 정신적 기민성 및 결단력을 보이고 자신에 대해 호감을 지니며 활기차고 적극적 삶을 영위하는 특징을 갖는다. 또한 대인관계에 능하고 의사소통을 보다 효과적으로 행하며, 자신에 대해 긍정적인 창조를 하도록 한다. 뿐만 아니라 긍정성이 높은 사람은 끈기가 있으며, 즐거운 정서를 경험하면 순간적으로 부정적인 정서가 줄어들게 되고, 유연한 생각으로 다양한 대안을 가질 수 있다. 즉, 신체적으로는 건강이 증진되고 정신적으로는 심리·사회적 자원이 향상될 수 있다. 뿐만 아니라 긍정적인 정서를 가진 사람은 타인에게서 긍정적인 반응을 끌어내는 특성이 있으며 사회활동을 많이 한다. 또한 사람들이 경험하는 즐거운 일을 여러 사람과 함께 나누는 행동을 통해 주변에 긍정적 영향을 더욱 증가시킨다(Gable, Reis, Impett, & Asher, 2004).

그러나 이러한 중요성을 갖는 긍정적 정서는 환경이나 상황에 따라서만 결정되는 것이 아니다. **개인이 느끼는 행복은 객관적인 기준보다는 자신이 어떻게 삶을 자각하는지에 영향을 받는 경우가 많다. 주관적 행복감은 환경적 요인보다 긍정적인 정서를 경험할수록 많이 느끼게 된다**(권석만, 2008). 이러한 긍정적 정서가 어떠한 이유로든 소실되면서 관계에 대한 균열이 생기고 사회적 고립과 은둔이 발생하는 것으로 보인다(자세한 내용은 다음 절 참조).

(2) 부정적 정서

긍정적 정서와 반대로 부정적 정서는 싫어하는 것, 회피하고 싶고 유해하다고 생각되는 자극에 직면했을 때 경험한다. 일반적으로 부정적 정서가 높을수록 주관적 혼란과 혐오적 감정 상태를 동시에 많이 느끼게 된다(유상애, 2008). 또한 부정적 정서는 개인의 목표와 일어나는 사건이 일치하지 않을 때 발생하기도 한다. **자신의 목표와 사건이 불일치하고 좌절할 때 슬픔, 분노, 두려움, 혐오와 같은 부정적 정서를 경험하게 되는 것이다.**

대표적인 부정적 정서를 몇 가지로 나누어 살펴보면, 첫째는 슬픔으로 절망, 낙심, 동정, 연민 등과 관련된 정서이며, 목표를 상실했거나 도달하지 못할 때 경험하는 감정이다. 이는 목표 상실 자체보다는 회복 불가능한 상황에 대한 무기력감이 발현된 것이라고 볼 수 있다. 둘째는 분노로 화, 성가심, 좌절, 경멸, 걱정 등과 관련된 정서이며, 주로 자신이 원하는 행동과 목표 성취에 방해받는다는 느낌이 들 경우, 자존심이 손상되고 위협받는다고 느낄 때 경험하는 정서이다(이훈구, 이수정, 이은정, 박수애, 2003). 마지막으로 두려움은 공포, 전율, 불안, 초조, 염려 등과 관련된 정서로서 위험하고 위협적인 자극이 주어지거나 예상될 때 나타난다(곽승주, 2008).

이처럼 다양한 부정적 정서는 출생과 함께 발달하고, 신체 및 인지 발달과 함께 더욱 분화되고 복잡해진다. 즉, 개인은 원하는 목표가 성취될 수 없거나 좌절되는 상황에서 부정적 정서를 극복하고 상황에 대처하며, 그에 맞는 환경에 적응해 나가게 된다. 또한 부정적 정서는 여러 가지 신체 · 생리적 반응과 증상을 표출하며, 위험 요소를 제거하거나 회피하기 위한 방어적인 행동을 하게 만든다(권석만, 1996). 부정적 정서가 높은 사람들은 생리적으로 부정적 감정을 쉽게 느껴서 근심과 불안이 많고, 화를 쉽게 내며, 자신과 타인의 행동 및 태도에 대해 스트레스를 과하게 인식하며 자아에 대해 부정적인 성향을 나타낸다. 반대로 부정적 정서가 낮은 사람들은 차분하고, 편안하고, 이완된 평화로움과 같은 감정을 느끼게 된다(Watson & Tellegen, 1984: Dong, 2015에서 재인용).

부정적 정서는 이를 알아차리고 표현하는 것이 중요한데, 가족 내에서 적절한 수준으로 부정적 정서 표현을 경험하는 것이 자녀가 건강한 정서 발달을 이루는 데 도움이 된다. 우리의 일반적인 가족 역동에서는 부정적 정서 표현을 제한하는 경우가 많고, 표현을 꺼리는 것이 일상화되어 있다. 하지만 부모가 부정적 정서 표현을 적절히 하는 것이 부정적 정서를 전혀 표현하지 않는 가정의 자녀보다 감정조절을 배우는 데 있어 훨씬 유리하다(Greenberg, 1999: 성고은, 2013에서 재인용).

이처럼 기질적 측면과 환경 속에서 발달하는 부정적인 정서는 은둔형 외톨이가 갖는 정서적 특징과 상당 부분 연결되어 있다. 자신이 어떤 정서, 특히 어떤 부정적 정서를 경험했고 이를 적절하게 표현할 수 있었는가의 정도가 이들의 정서조절 실패 및 은둔생활과 관련되어 있기 쉽다(자세한 내용은 다음 절 참조).

3) 은둔과 정서조절

사회불안 증상(사회불안장애)은 자신의 정서에 대해 충분하게 이해하지 못했거나 부정적 정서를 적절히 조절하지 못하는 것과 관련이 있다. 연구결과에 따르면 정서가 증가하는 강도는 사회불안장애와 유의한 관계가 있고, 사회불안 증상을 가진 사람들은 정서를 표현하는 것을 어려워하고 정서 개념에 대한 이해가 부족하다(Mennin & Farach, 2007; Turk, Heimberg, Luterek, Mennin, & Fresco, 2005).

정서조절이란 정서에 대한 이해, 정서의 수용, 부정적인 정서를 경험할 때 충동적인 행동을 조절하고 개인이 희망하는 목표와 상황적인 요구를 충족시키기 위해 정서 반응을 조절하는 것을 말한다. 또한 상황에 적절한 정서조절 전략을 유연하게 사용하는 능력이라고 할 수 있다(Gratz & Roemer, 2004). 사회불안장애를 정서조절의 관점에서 본 연구들에 따르면, 사회불안장애가 있는 사람은 그렇지 않은 사람들에 비해 긍정 정서를 덜 표현하고 자신의 정서를 기술하는 데 더 큰 어려움을 겪는다(Turk et al., 2005).

이상의 내용을 살펴봤을 때 은둔형 외톨이들은 정서적인 이해 및 정서조절에 어려움을 느낄 것으로 예상된다. 가정에서 만들어진 정서적 환경의 영향과 사회 및 학교에서의 부정적 경험들로 인한 좌절과 고통을 타인에게 적절하게 표현하지 못하는 것은 물론 자신을 보호할 수도 없었을 것으로 보인다. 친구들로부터 지속적인 신체적·언어적 폭력을 당하거나 따돌림을 당하며 얻게 된 대인관계 외상 경험이 심리적인 고통과 함께 대인관계와 생활의 부적응을 가져왔을 수 있다. 특히 정서적 부분에서의 학대는 피해자의 정서적 조절과 자기통제 기술의 저하를 가져오게 되므로 은둔생활과 밀접한 관계가 있음을 알 수 있다(Linehan, 1993: 김우근, 2020에서 재인용).

사회불안 증상(사회불안장애, social anxiety disorder)

다른 사람과 상호작용하는 사회적 상황을 두려워하여 회피하는 장애로, 사회공포증(social phobia)으로 불리기도 한다. 사회불안장애를 지닌 사람은 자신의 행동을 통해 사람들로부터 부정적인 평가를 받는 행동을 두려워하며 이런 상황에 노출되면 심한 불안을 경험하여 상황을 회피하려고 한다. 사회적 상황의 실제적인 위험과 사회문화적 분위기를 고려할 때, 과도한 사회적 불안과 회피행동이 6개월 이상 지속되어 고통을 경험하거나 활동에 현저한 방해가 초래될 때 진단이 내려진다. 사회공포증을 앓는 사람은 자율신경계 활동이 불안정하여 다양한 자극에 쉽게 흥분하는 경향이 있다는 주장이 있다. 이들은 수줍음, 사회적 불편감, 사회적 위축과 회피, 낯선 사람에 대한 두려움 같은 기질적인 특성 또한 있다(권석만, 2013).

2. 은둔형 외톨이의 주요 정서적 특징

1) 나와 관련된 정서

(1) 홀로 있음, 고독의 선택

고독은 타인과의 교류나 사회적 상호작용이 없을 때 경험하는 경우가 많다. 고독은 중립적인 개념으로 그 결과가 긍정적일 수도 있고 부정적일 수도 있다. 홀로 있는 시간에 대해 개인이 어떤 경험을 하는지, 어떤 정서를 동반해서 경험하는지에 따라 외로움이 발생하기도 하고, 창의적이고 생산적인 시간으로 보낼 수도 있다(김연옥, 김영희, 2020). 또한 고독을 통해 자기성찰이나 영성 등의 발달을 경험하기도 한다. 이러한 경험은 주로 성인기에 들어 활발해지는데, 고독의 순기능적 혜택이 커짐에 따라 자기 스스로 고독을 선택할 수도 있다. 현대사회에서 우리가 고독한 시간을 가지면서 내면의 소리에 귀 기울이지 않으면 급변하는 사회에 대처하는 능력을 발현하기 어렵기도 하다. 이처럼 적절한 시기의 고독 경험은 개인의 발달과제 수행과 사회적 적응에 필요한 요소라 할 수 있다.

하지만 고독은 분명한 역기능적 측면도 갖는다. 혼자 있음으로 인한 외로움과 긍정적 사회관계 단절로 인한 고통을 경험할 수 있다. 고독의 시간을 오래 보내게 되면 우울이나 사회불안의 정서가 발생하여 사회적 관계가 철수되는 상태에 이르게 된다. 특히 오랜 기간 고독의 상태에 머무르는 경우, 자신에 대한 낮은 자존감과 무가치하다는 생각으로 움츠러들고 다른 사람들과 친밀한 관계를 만들 능력이 없어 실망이나 자기연민에 빠지기 쉽다. 더불어 자신과 타인에 대한 불신감과 적대감으로 더욱 심한 고독감에 빠진다. 고독한 사람은 고독하지 않은 사람에 비해 사회적 관계에 대한 실패의 원인을 자신의 성격이나 낮은 능력으로 돌리는 경향이 높다(문희운, 2018).

고독감은 강한 자기몰두, 내향성, 수줍음과 같은 성격 특성과도 깊은 관계가 있다. 한편, 고독한 사람들은 이성관계와 친한 친구가 부족한 경우가 많다. 이로 인해 자기 자신과 타인에 대한 부정적인 태도를 가질 뿐 아니라 다른 사람들도 자기를 부정적으로 평가한다고 예상했다(Jones, Freemon, & Goswick, 1981).

이와 같이 중립적인 특성의 고독은 개인이 어떤 정서로 경험하느냐에 따라 순기능적 정서와 역기능적 정서로 다르게 발현될 수 있다. 즉, 고독의 적응적 특성을 결정하는 요소는 고독을 긍정적으로 경험하는지 혹은 부정적으로 경험하는지이며, 개인적인 '자기결정적 고독동기'가 매우 중요하다(임아영, 이준득, 이훈진, 2012; [참고자료] 참조). 은둔형 외톨이에게 있어 고독감은 스스로 결정한 사회적 철수로부터 발생하는 감정이다. 하지만 앞서 보았듯 고독감은 순기능적 측면도 갖기 때문에 이를 어떻게 활용하느냐에 따라 결과가 달라질 수 있다. 우리의 역사적 인물들 중에도 은둔을 통해 창조행위나 훌륭한 업적을 남긴 학자와 예술가들이 많기 때문이다. 따라서 은둔형 외톨이가 외적인 회피의 동기로 은둔생활을 하더라도 그 과정에서 얻는 긍정적인 이득을 지각하게 된다면 내면의 힘, 즉 '은둔형 외톨이 능력'이 발현될 수 있을 것이다(斎藤環, 2012).

참고자료

자기결정적 고독동기

자기결정적 고독동기란 홀로 있는 시간을 통해 얻을 수 있는 이득을 지각하고, 이를 얻기 위해 자발적으로 고독을 추구하는 것을 의미한다(Reis, Sheldon, Gable, Roscoe, & Ryan, 2000). 자기결정적이라는 것은 외부의 압력이나 타인의 통제로부터 벗어나 스스로 자신의 생각과 선택을 결정하고자 하는 욕구의 발현이다(Ryan & Deci, 2000). 자기결정적 수준이 높을수록 내적 만족을 추구하며, 자신의 기본적 욕구를 충족할 가능성이 높아지며 사회적 기능이 우수하다(Breitborde, Kleinlein, & Srihari, 2012). 반면, 비자기결정적 고독동기는 사회적 관계에서 불편감을 느끼며 이를 회피하기 위해 홀로 있는 시간을 갖고자 하는 동기를 말한다(임아영, 2010).

자기결정적 수준이 낮을수록 외부 동기에 의해 행동할 뿐 아니라 자율성 욕구도 충족시키기 어렵다(임아영 외, 2012). 또한 자기결정적 고독동기가 높은 집단은 삶의 만족도, 낙관성, 개방성, 정서적 안녕감, 창의성, 주관적 행복감이 높으며, 비자기결정적 동기가 높은 집단은 사회 회피 및 불편감이 높다(문희운, 양난미, 2019; 임아영 외, 2012). 이처럼 자기결정적 고독동기는 혼자 있는 시간을 보내는 데 있어서 중요한 요소이다. 또한 자기결정적 고독동기가 높은 사람들이 비자기결정적 고독동기가 높은 사람들에 비해 심리적으로 적응적임을 알 수 있다.

사례 "단기 알바 시 소통이 불편하다. 말할 일이 적지만 그마저도 말하기가 망설여진다. 아버지나 동생과는 전혀 말하지 않고 지낸 지 오래되어 불편하지 않다. 소통욕구가 있기는 하나 벽이 느껴진다. 서로 이해가 불가능함을 어려서부터 깨달았다. 연결된단 느낌을 받은 적이 없다."(파이교육그룹, 2020)

사례 "말하기가 어려운 게, 혼자 지내는 게 어떤지 말하려면 남들과 같이 지내는 것을 상상해야 하는데 그런 걸 상상해 본 적이 없다. 남들이랑 같이 안 하는 것 자체가 좋다. 남들에게 관심을 주지 않아도 되고 내가 좋으면 좋은 거니까 좋다."(파이교육그룹, 2020)

사례 "인천의 메카, 구월동 만남의 광장은 한창 혈기 왕성했던 20대 시절, 내 주 무대였다. 어느새 흘러가 버린 시간을 거부하지 못하고, 친구들과의 약속 장소는 더 이상 그곳이 아니게 되었다. '그래. 그거야 좋다, 이 말이야.' 각각 가정을 꾸리고, 가장으로 분투하는 친구 놈들. 각각 가정을 꾸리고, 연례행사처럼 이따금 보게 되면 각자의 가정 이야기로 이야기꽃을 피운다. 결혼을 안 한 내가 오랜만에 그들을 만나 할 수 있는 일이라곤 간간이 웃으면서 이야기를 들어주는 일뿐. '그래. 그렇게 너흰 아버지가 되었구나.' 재미도 없고, 의미도 없는 공간. 그렇다고 뜬금없이 내 이야기를 할 수도 없는 분위기. 친구 하나가 관심을 가져 준다. '재주야, 넌 요즘 뭐 하냐?' '젠장, 관심을 가져 준 건 좋은데 질문이 짜증난다. 여태껏 뭐 하는지 관심도 없었으면서 지금 굳이 물어보다니, 차라리 평소에 전화로 물어보든가.' 나는 적당히 얼버무리며 대답했다. '어, 그냥 쉬고 있어.' 친구들을 만나도 더 이상 즐겁지가 않다. 괜찮다. 어차피 인생은 혼자 사는 거니깐. ……(중략)…… 집으로 향하던 무겁고 쓸쓸한 몸이 무의식적으로 만남의 광장 정중앙을 향한다. 영화 〈쇼생크 탈출〉의 주인공이라도 된 것처럼 하늘을 올려다보며 자유를 느껴 본다. 기다려 줄 사람도 기다릴 사람도 없지만, 서서 주위를 둘러보며 젊음의 활기를 느껴 보려 한다. 주위에 흩어져 있는 전단지 쓰레기, 담배꽁초, 소음, 바삐 움직이는 사람들, 왁자지껄한 웃음, 연인으로 보이는 사람들의 애정 행각, 자기들의 우정이 최고라는 듯 마냥 친근함의 욕설을 내뱉는 젊은이들. 10분 남짓 흘렀을까? 나만 세상에 멈춰 있는 듯한 느낌을 받았다. 나만 만날 사람이 없고, 나만 이야기할 사람이 없고, 나만 전혀 바쁘지 않고, 나만 정지된 채 서 있었다." (이하 생략)(김재주, 2018)

(2) 미해결과제와 이로 인한 불안

불안에 대해 많은 심리학자가 그 원인과 과정을 설명한다. 정신분석학자인 지그문트 프로이트(Sigmund Freud)[1]는 "불안은 뭔가 나쁜 일이 일어날 것 같은 기대이며 특별히 불쾌한 상태"라고 정의했다. 4장에서 살펴본 합리적 정서행동치료(REBT)의 앨버트 엘리스(Albert Ellis)는 불안을 합리성과 정서성의 상호작용에 따른 결과라고 보았다. 즉, 비합리적 생각이 부적절한 정서로 이어지고, 부적절한 정서는 부적절한 행동으로 이어지므로 합리적 생각이 적절한 정서와 행동으로 이어지게 하는 것이 핵심 원인인 것이다. 구체적으로, 많은 정서장애의 핵심 원인은 '비난'인데, 불안이라는 정서 또한 자신을 비난하는 문장을 마음속에 반복함으로써 생긴다고 보았다. 게슈탈트의 이론에 의하면, 불안은 현재 여기에서 무슨 일이 진행되고 있는지 감정에 대한 자각이 이루어지지 않으면 그것이 미해결과제(unfinished business)로 남고 그로 인해 발생하는 감정이다.

은둔형 외톨이는 성격적 특성 및 환경적인 영향, 정서에 대한 부족한 교류로 인해 스스로 해결하지 못한 인생과제, 즉 미해결과제가 많다고 여길 수 있다. 미해결과제에 대해 명료하게 인식할 수도 있고 때로는 그것으로 인해 어느 정도의 중압감을 느끼는지 인식하지 못할 수도 있다. 하지만 어떤 경우에도 내부의 미해결과제는 해결에 대한 초조함과 해결되기 어려울 수도 있다는 불안을 야기한다. 또한 정신분석학에서 설명하듯이 자신에게 나쁜 일이 일어나고 나쁜 결과가 생길 수 있다는 기대를 함으로써 불안이 발생할 수 있다. 또한 이들이 비합리적이고 당위적인 생각을 함으로써(인지적 특징에 관한 4장 참조) 불안을 경험할 수 있다.

다음 사례는 은둔형 외톨이가 느끼는 불안감을 보여 준다.

---

1) 지그문트 프로이트(Sigmund Freud, 1856~1939)는 오스트리아의 정신과 의사이자 정신분석학파의 창시자이다.

사례 "어디 사람들 많은 데 가면 숨막힐 것 같고, 찬바람에 살을 에는 것 같아서 나갈 수 없는 것 같은 느낌. 그런 것들에 대한 불안함이 있었다. 그게 밖을 나가는 것에 대한 두려움이니까, 안전한 곳이 필요하다라는 느낌."(파이교육그룹, 2020)

사례 "이유를 말하지 않고 방으로 들어갔고, 현재까지 말하지 않고 있다. 내향적인 것 같은 것이 알고 보면 불안해서 그런 것 같다. 불안해서 가면을 쓰고 있는 것 같은 느낌이 든다."(파이교육그룹, 2020)

(3) 희망 없음, 무기력

무기력이란 어떠한 일을 감당할 수 있는 기운과 힘이 없음을 뜻한다(국립국어원 표준국어대사전). 은둔형 외톨이의 경우 무력감을 경험하는 경우가 많은데, 의욕 저하와 무력감의 상태에서 방 안에서 지내는 경우가 많다. 무기력은 부정적인 자아개념을 발생시키고 어떤 일에 대한 주도성이 부족하여 불가능의 신념을 갖게 한다. 이러한 영향으로 수동성이 증가하고 미래에 대한 기대나 동기도 저하되어 수행 능력이 낮아지게 된다. 조직적 훈련을 받은 전쟁 포로들도 상당한 무기력감을 보인다. 이런 무기력은 영유아에서도 볼 수 있는데, 어머니를 대신할 성인이 없을 경우 그런 사람을 찾을 때까지 식욕 저하, 수면장애 등을 보이면서 무기력한 상태에 있기도 한다(김유숙, 박진희, 최지원, 2012).

무기력 혹은 무력감에 대한 흥미로운 이론으로 학습된 무기력 이론(learned helplessness theory)을 꼽을 수 있다(Seligman, 1975). 개를 대상으로 조건형성[2] 실험을 하는 과정에서 우연히 발견되어 이후에 더욱 발전하게 된 이론이다. 실험에서 개는 피할 수 없는 상황에서 오랜 시간 전기 충격을 받는다. 개는 다음 날 옆방으로 도망갈 수 있는 상태가 되어도 마치 포기한 듯 움직이지 않은 채 전기 충격을 그대로 받았다. 즉, 새로운 상황에서도 고통을 피하지 않고 무기력하게 행동하며 전기 충격을 받는다는 것이 학습된 무기력 이론의 핵심이다. 인간의 경우에도 좌절 경험을 많이 한 사람은 자신의 어떤 행동에도 좌절스러운 결과가 나올 것이라는 결과, 즉 무

---

2) 생리학에서 바람직한 반응에 대해 자연스러운 자극이나 보상을 주게 된 결과, 주어진 환경 안에서 일어나는 반응이 더 잦아지거나 반응의 예측 가능성이 더 높아지는 행동 과정(다음백과)

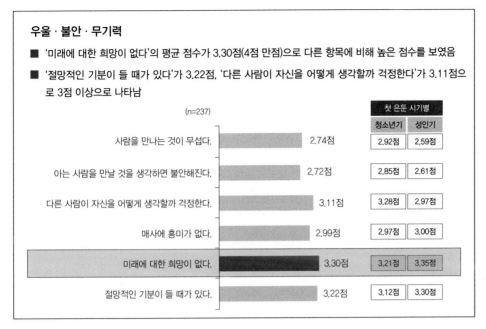

우울 · 불안 · 무기력

- ■ '미래에 대한 희망이 없다'의 평균 점수가 3.30점(4점 만점)으로 다른 항목에 비해 높은 점수를 보였음
- ■ '절망적인 기분이 들 때가 있다'가 3.22점, '다른 사람이 자신을 어떻게 생각할까 걱정한다'가 3.11점으로 3점 이상으로 나타남

(n=237)

		첫 은둔 시기별	
		청소년기	성인기
사람을 만나는 것이 무섭다.	2.74점	2.92점	2.59점
아는 사람을 만날 것을 생각하면 불안해진다.	2.72점	2.85점	2.61점
다른 사람이 자신을 어떻게 생각할까 걱정한다.	3.11점	3.28점	2.97점
매사에 흥미가 없다.	2.99점	2.97점	3.00점
미래에 대한 희망이 없다.	3.30점	3.21점	3.35점
절망적인 기분이 들 때가 있다.	3.22점	3.12점	3.30점

[그림 5-1] 은둔형 외톨이의 미래에 대한 생각

출처: 광주광역시(2021).

기력이 학습되어 상황을 변화시키기 위해 아무런 노력을 하지 않게 된다는 것이다(권석만, 2015). 이러한 무기력은 학습되고 이어 우울로 옮겨 가는 순서를 밟게 된다. 이처럼 학습된 무기력은 학생들의 학업성취와 사회적응을 막는 중요한 요인이 될 수 있다(임경희, 2004).

은둔형 외톨이 역시 자신의 삶에서 통제 불가능한 부정적 사건을 반복해서 경험한 사람들일 수 있다. 최소한 그렇게 믿는 사람들일 수 있다. 이에 따라 무기력감을 넘어 앞으로도 개선될 가능성이 없다는 학습된 무기력 상태에서 우울을 경험하는 듯하다. 이를 보여 주듯, 광주광역시(2021)의 은둔형 외톨이 실태조사에서 은둔형 외톨이는 절망, 미래에 대한 걱정에 이어 아무 희망이 없다는 무기력을 가장 많이 응답했다([그림 5-1] 참조). 다음의 사례들도 은둔형 외톨이들의 무기력감을 잘 보여 준다.

> **사례** "정신적 어려움은 무기력, 아무것도 하기 싫다." (언제부터 심해졌나?) "없다. 그냥 어릴 때부터 무기력했다."(파이교육그룹, 2020)

한편, 이소베 우시오는 은둔형 외톨이의 무기력 가운데 조금은 다른 사례가 있음을 말한다. 은둔형 외톨이의 무기력은 스스로 아무것도 하고 싶어 하지 않는 자발성이 저하된 무기력과는 다르다는 것이다. A양의 사례를 보면 알 수 있다. 은둔한 지 1년 정도 된 A양은 긴장을 잘하는 성격이었고 대학 졸업 후 약품회사에서 근무를 하면서 상사에게 질책을 받고 심한 긴장감을 갖게 된다. 이후 긴장감이 심화되어 밤에 잠을 이룰 수 없어 병원에서 상담을 받게 되었다. 초기에는 외출도 불가능하여 퇴직하였고 병원 외에 외출은 할 수 없었다. 이렇게 은둔생활이 시작되었고 퇴직 후 긴장은 점차 가라앉았지만 왜 자신이 이런 은둔생활에서 헤어 나오지 못하는지 매우 곤혹스러워했다. A양은 자신은 무언가를 하고 싶다, 이전의 자신으로 간절히 돌아가고 싶어 했다. 이 상태는 자발성이 저하되었다고 볼 수 없다. A양은 상담에 지속적으로 참여했고, 가족과의 대화도 점점 늘었다. 이 사례를 볼 때 A양은 결코 무기력한 사람이 아니다. 장기간의 은둔생활로 인해 가족들도, 자신도 무기력한 것처럼 느끼고 있었던 것뿐이다. 은둔형 외톨이는 정말로 무기력한 것이 아니라 은둔생활에서 탈출하고 싶지만 그 방법을 모르고 불가능해 보여서 당황해하고 있는 것이라고 볼 수 있다. A양뿐만 아니라 다른 은둔형 외톨이도 장기간 은둔하다 보면 자신은 물론 주변에서 종종 무기력하다고 생각해 버릴 수 있다. 따라서 은둔형 외톨이는 자기를 부정하지 말고 자신을 잘 살피면서 정말 무기력한 것이 아닌지 스스로를 이해하는 것이 필요하다. 그렇게 되면 거기에서 무언가 새로운 가능성이 생길 수도 있다(磯部潮, 2009).

(4) 내면의 억제된 감정, 우울

청소년기는 자신의 특성을 파악하며 내가 누구인지를 포괄적으로 이해하고 내 것으로 받아들이는 자아정체감 형성의 중요한 시기이다. 하지만 이러한 과정이 순조롭지 못하고 내가 누구인지 모르는 혼란이 지속되는 경우 정체감을 형성하지 못하고 사회적으로 회피하기 쉽다. 이러한 회피는 우울로 이어지기도 한다. 은둔형 외톨이는 정서적으로 적절한 성취나 건강한 관계 형성을 통한 정체감 확립이 어려워지면서 우울을 경험하는 경우가 많다.

은둔형 외톨이 되기가 흔히 시작되는 청소년기에 우울은 타인을 덜 친숙하게 느끼고 혼자 있기를 좋아하며 다른 사람과 함께 시간을 갖기보다는 자신의 방에서 혼자 많은 시간을 보내는 등 사회적 고립의 모습으로부터 시작된다. 우울한 정도가 클수록 타인에 대한 의존성, 인정받고 싶은 욕구, 성취의식, 타인에 대한 과도한 염려 그리고 실패에 대한 두려움이 있을 수 있다. 우울이 심각한 경우에는 자포자기적인 태도와 자기 문제의 원인을 가족에게 투사함으로써 폭력적이고 공격적 언행을 하기도 한다(한국청소년상담원, 2007a).

우울 성향은 현실에서 그들이 성취할 수 없는 것인데도 염원을 포기하지 못하며 미련을 갖게 됨으로써 증상이 심화되기도 한다. 보통 우울은 부분적인 이별의 고통이나 상실의 경험 때문에 자신을 방어하지 못하거나, 부인,[3] 투사[4]와 같은 미숙한 방어를 많이 함으로써 성숙한 반응 능력이 억제된 사람들에게서 많이 생긴다. 어떤 것을 이루지 못하거나 잃었을 때 우리는 상실을 경험하고, 이는 자연스럽게 분노로 이어지기도 한다. 하지만 자신의 분노 감정을 용인하지 않고 억압하게 되면 자신 내부로 향하게 된다. 이렇듯 내부로 향한 억제된 감정을 우울이라 할 수 있다(Freud, 1957: 이명희, 2011에서 재인용).

우울을 흔히 감기에 비유하듯이 모든 사람이 우울을 느낄 수 있다. 하지만 정도가 심해지고 지속되는 경우 우울증이라 부를 수 있다. 우울증은 증상을 유발한 외부적 촉발 사건이 있는지의 여부에 따라 외인성 우울증과 내인성 우울증으로 나뉜다. 외인성 우울은 가족과의 사별, 실연, 실직, 중요한 시험의 실패, 가족의 불화나 질병 같은 분명한 환경적 스트레스로 인해 나타나며 반응성 우울증으로 불리기도 한다. 반면, 내인성 우울증은 이러한 환경적 사건이 확인되지 않으며 흔히 유전적 요인, 호르몬 분비나 생리적 리듬 등과 같은 내부적 요인에 의해서 나타난다(권석만, 2013).

은둔형 외톨이의 경우 우울은 초조감, 절망감, 죄책감 등 현재의 자신의 상황에 대한 갈등에서 비롯되는 경우가 많다. 자신에게 어떻게 해야 할지 모르고, 어떻게 해서 이렇게 되어 버렸는지 알 수 없는 곤혹감에서 오는 상태가 지속되는 경우에 우울 증상이 나타난다. 하지만 은둔형 외톨이 또한 어떻게든 자신의 상태를 변화시켜 사

---

3) 자신의 감각이나 사고 또는 감정을 심하게 왜곡하거나 인식하지 못함으로써 고통스러운 현실을 부정하는 것이다. 예를 들어, 사랑하는 사람을 갑자기 사고로 잃은 사람은 그의 죽음을 인정하지 않은 채 부정할 수 있다(권석만, 2013).

4) 용납할 수 없는 자신의 감정이나 욕구를 다른 사람의 것으로 돌리는 것을 뜻한다. 예를 들어, 직장상사에게 적개심을 가진 부하직원은 자신의 적개심을 상사에게 투사하여 그가 자신을 미워한다고 인식할 수 있다(권석만, 2013).

회참여를 하고 싶은 에너지를 갖고 있다. 그 에너지가 외부로 향하고 싶은데 결과적으로 내부로 파고들어 은둔하게 되는 것이다(磯部潮, 2009).

다음 사례들이 이를 잘 보여 준다.

사례 "가라앉고 우울하다. 다른 사람보다 떨어졌다고 생각하니까 좀 우울하다. 관계가 오래 지속되면 열등감이나 이런 것이 생겨서 처음처럼 받아들여지지가 않는다. 그런 마음이 공격적인 것이 되기보다는 나는 그냥 좀 가라앉는다."(파이교육그룹, 2020)

사례 "A군은 엄격한 가정에서 장남으로 자랐으며, 남동생 한 명을 두고 있다. 성장을 잘해서 일류 국립대학을 졸업했다. 졸업 후에는 출판사에서 근무했는데 근무를 시작한 지 약 반년 후부터 문제가 나타났다. 어느 날 출근을 하는데 갑자기 기분이 나빠져서 도무지 회사를 갈 수가 없었다. 그날은 회사를 쉬었다. 사실 그동안에도 매일 일이 힘들게 느껴져서 머리가 아팠고, 잠을 이루기 힘든 날이 많았다. 휴일에도 몸이 무거워 꼼짝을 못하도록 피곤했다. 그러나 회사를 다니는 사람들은 다 자신과 같은 처지겠거니 생각하면서 힘들어도 매일 출근했다. 하지만 회사를 쉰 다음날에도 몸은 천근만근 무거웠고 불안했다. 입맛도 없고 사람들도 만나기 싫어서 휴가를 받아 본가로 가서 가족에게 우울감, 자책감, 무기력, 권태감, 혼란스러운 생각 등으로 힘들어 죽겠다고 이야기했다. 결국 회사에 복귀하지 못하고 집에서 계속 요양을 하게 된다. 그러나 3개월을 쉬었는데도 증상이 호전되지 않아 병원을 방문하게 됐고, 일과 대인관계의 스트레스로 마음이 우울해져 몸을 움직일 수 없게 되었고, 그 이유로 집 밖으로 나가지 않고 은둔하고 있다는 것을 알게 되었다."(磯部潮, 2009)

(5) 어린 정서, 숨으려는 미숙함

프로이트는 마음이 성장함에 따라 인간이 애정을 쏟는 대상이 3단계로 발달한다고 보았다. 가장 미숙한 상태인 제1단계는 '자체애'라고 했는데, 이는 유아가 자신의 입이나 성기 등 몸의 일부를 사랑하는 것이다. 다음의 제2단계는 '자기애', 즉 나르시시즘 상태이다. 거울을 보고 자신의 아름다움에 도취된 나르시시스트는 타인에게 주의와 관심을 돌리지 못하고 자신의 세계에만 빠져 있게 되는 것이다. 여기서 제3단계인 '대상애'를 습득해서 타인을 사랑할 수 있게 되면, 비로소 성숙한 어른이 된다는 것이다(和田秀樹, 2008: 류승현, 2009에서 재인용). 프로이트의 이론을 그대로 은둔형 외톨이에게 적용하는 것은 무리일 수 있지만, 일부 연결되는 점이 보인다. 우선 은둔형 외톨이는 타인뿐 아니라 자신도 사랑하는 것이 어려울 만큼 미숙하기에 어머니의 자궁 밖으로 나올 수조차 없는 상태를 경험하는 것으로 보인다. 인간이 어떠한 상황에서 궁지에 몰릴 때 도망가는 곳을 '어머니 자궁 속'이라고 말하는 것처럼, 은둔형 외톨이가 방 안에서 밖으로 나오지 않는 것은 어머니 자궁 속으로 도망치는 모습일 수 있다. 한편, 하인즈 코헛(Heinz Kohut)[5]은 자기심리학을 대입해 은둔형 외톨이의 상태를 분석했다. 코헛의 이론으로 살펴보면, 은둔형 외톨이는 마음의 균형을 잃어버린 상태, 즉 '이상화 자기대상[6]'이 없어져 버렸기 때문에 자신의 감정과 타인의 감정을 읽지 못한 채 어머니의 자궁 속에서 웅크린 채 마음의 병을 키우는 것으로 볼 수 있다. 은둔형 외톨이와 반드시 연결되는 것은 아니지만, 자신의 정서나 기분을 느끼지 못하는 정도가 병적인 수준이 되어 버린 상태를 정신의학계에서는 '감정표현 불능증[7]'이라 부른다. 이런 상태가 되면 신체적으로 위궤양을 일으키기도 하고, 몸과 마음에 병을 생기게 하는 원인이 되기도 한다. 감정표현 불능증은 감정이 없어지는 것이 아니고 감정은 있지만 본인이 그것이 무엇인지를 모르는 상태이다(和田秀樹, 2008: 류승현, 2009에서 재인용). 자신의 감정을 억압하는 것이 오랫동안 패턴화되어 감정에 대한 민감성이 낮아지는 것이다. 따라서 타인에게 희로애락을 표현할 수도 없게 된다.

이처럼 은둔형 외톨이는 자신의 감정 표현이나 대인관계 경험이 부족하여 정서가 무뎌졌거나 잘 인식하지 못하는 상태로 머무르는 경우가 많다(오상빈, 2019a).

---

5) 하인즈 코헛(Heinz Kohut, 1923~1981)은 자아심리학, 대상관계 이론, 인간주의 심리학의 영향을 받아 그의 자기심리학(self psychology)을 개발했다.

6) 실패하여 낙담했을 때 용기를 북돋아 주는 존재로, 아버지의 역할이 되는 경우가 많다. 예를 들어, 아이가 학교에서 괴롭힘이나 따돌림을 당하고 돌아왔을 때, "너는 아빠 자식이니까 원래 강하잖아."라고 말하며 꼭 끌어안아 주면 상처받은 아이의 자기애가 회복될 것이다. 또 '나한테는 아빠가 있으니까, 괜찮아.' '언젠가는 나도 아빠처럼 강한 사람이 될 수 있어.'라고 생각하는 것만으로도 자신감을 가질 수 있는 것을 말한다(和田秀樹, 2008: 류승현, 2009에서 재인용).

7) 감정표현 불능증이란 정서를 인지하는 능력과 정서를 표현하는 능력의 결합으로, 자신의 감정 상태와 신체 감각을 잘 구별하지 못해 감정을 효과적으로 처리하고 표현하는 데 어려움이 있는 것을 말한다. 감정표현 불능증이 심한 사람은 자신이 가진 감정을 정확하게 명명하지 못하고, 타인에게 자신의 심리적 어려움을 적절히 표현하여 해소하지 못할 뿐만 아니라 그것을 자신만의 방법으로 대치하여 풀어내는 데 어려움이 있다. 감정표현 불능증이 있는 사람은 과다 통제적이고 불안정하며, 다양한 상황적 요구에 마주치게 되면 경직되고 융통성 없는 모습을 보인다(윤진희, 김영희, 2019).

(6) 상황에 대한 회피

은둔형 외톨이는 문제해결 방법으로 문제 상황을 피해 버리는 회피 성향을 보인다. 이는 사회적 기술의 경험이 부족함을 나타내며, 점차 개인의 사회적 철회로 이어지고 정서적 단절과 고립된 안정성을 유지하게 된다(이재영, 2014).

청소년기는 부모와 함께 또래관계가 사회적 관계의 중요한 기준이 된다. 청소년은 또래관계를 통해 사회적 관계를 형성, 유지 및 발전시켜 나가는 데 필요한 의사소통 기술과 갈등의 해결 방법 등을 배운다. 그러나 은둔형 외톨이는 문제 상황을 피해 버리는 회피 성향을 보이는 경우가 많다. 이로 인해 대인관계 접촉의 기회를 상실하게 하며, 사회적 관계로부터 적극적인 문제해결 방법인 사회적 기술을 습득하지 못하게 된다. 친구들과 어울리지 못하고, 친구가 없는 청소년은 자신이 무능하다고 여기게 되며, 사회적 성공에 대한 기대를 낮추게 만든다(오상빈, 2019a).

(7) 좌절감

현대 사회는 핵가족화로 대부분 자녀를 적게 낳아 기르고 어쩔 수 없이 자녀들이 온실에서 자라는 경우가 많다. 온실 속에서는 거의 모든 욕구가 충족된다. 이러한 욕구 충족은 생후 12개월 이전에 충분히 이루어져야 하지만, 그때도 모든 욕구가 충족되는 것은 바람직하지 않다. 12개월 이후에는 적절한 제한과 함께 좌절이 필요하다. 비닐하우스가 걷히면서 대자연의 고통과 좌절을 마주치지만, 대신 더 강한 태양빛을 받고 맑은 공기를 공급받게 된다.

이렇듯 고통과 좌절은 순기능적인 면이 많다. 또한 모든 사람은 좌절을 맛볼 수밖에 없기 때문이다. 삶의 방향과 상관없이 인생은 많은 고통을 맛보게끔 설계되어 있다. 우리는 하루에도 수십 번 이상 크고 작은 좌절을 느끼며 살아가고 있다. 하지만 이에 적절히 대처하지 못하거나 견디지 못할 때 사람들은 회피하거나 무너져 내린다. 그러므로 어릴 때부터 좌절을 극복해 나가는 방법을 배워야 한다. 바꾸어 말하면, 세상 사람들은 모두 크고 작은 스트레스로 고통받으면서 절망하거나 혹은 적당히 회피하며 살아간다. 아니면 그것을 극복하면서 나아간다. 중요한 것은 스트레스가 없는 상태를 찾는 것이 아니라 그러한 스트레스에 적절히 대처할 능력을 키우는 것이다.

안타깝게도, 은둔형 외톨이는 스트레스 상황을 회피하는 경향을 많이 보인다. 앞서 언급했듯 역사적 인물들을 살펴보면 고위 관직에서 물러나 유배생활과 은둔생활을 하면서 절망적인 현실 속에서도 훌륭한 활동과 업적을 이룬 것을 어렵지 않게 볼 수 있다. 이와 달리 은둔형 외톨이는 이런 창조적인 활동으로 스트레스를 극복하기 이전에 절망하고 위축되는 경우가 많다. 두려움과 불안함에 모든 것을 회피하고 자신을 외부세계로부터 차단시키는 것이다. 이는 기질적 특성이 원인일 수도 있고 혹은 온실에서 외부의 고통과 좌절을 이겨 낼 능력을 갖지 못했음을 보여 주는 것이기도 하다. 이러한 은둔형 외톨이의 경우 외부와의 차단은 자신을 지키기 위한 너무나 당연한 결과일 수도 있다(김종진, 2006).

> **사례** "20세에 대학에서 영상을 전공했는데 그때 제가 감독을 엄청 공을 들여서 영상을 만들었는데 그게 잘 안 되어 직업관에 좌절이 시작되면서였다. 한 번에 1~2년은 아니고 3~4개월 반복해서 했었고 도합 6~7년은 된다. 집에만 있다가 친구들이 여행 가자고 하면 나가고 집에 행사가 있으면 나가고 해서 사실 가족 외엔 내가 은둔했었는지 모른다."(파이교육그룹, 2020)

> **사례** "나는 일상을 영위하는 데 필요한 스킬이 없다는 생각을 많이 하게 된다. 요령 없고, 삶의 기술이 없다는 생각을 하게 되는데 그런 것을 못하는 것이 큰 좌절이었다. 그런데 그런 작은 삶의 기술을 실제로 해 보고 성공경험을 가지면서 나도 할 수 있다, 못한다는 것은 남들의 생각이라는 걸 알았다."(파이교육그룹, 2020)

(8) 자신을 지킴, 자기애

은둔형 외톨이는 '자기중심적'이라는 비판을 받기도 한다. 이는 자신의 힘든 감정이나 상처에만 초점을 두는 것에 대한 비판이기도 하다. 또한 스스로에게 그런 비판을 하기도 한다. 세상에는 자기애가 강하거나 자기애성 성격장애[8]로 분류되는 경우도 있다. 하지만 모든 사람에게 자기애는 존재한다.

정신분석의 관점에서 볼 때 자기애가 타인을 향하면 타인에 대한 배려나 관심 등

---

8) 자기애성 성격장애(narcissistic personality disorder)란 자신에 대한 과장된 평가로 인한 특권의식을 지니고 타인에게 착취적이거나 오만한 행동을 나타내어 사회적인 부적응을 보이는 성격을 말한다. 자기 사랑이 지나쳐서 자신을 비현실적으로 과대평가하고 타인을 무시하며, 자기중심적인 행동을 나타내어 대인관계의 부적응과 갈등이 나타난다(권석만, 2013).

성숙한 태도로 나타나기도 한다. 하지만 타인이라는 거울이 없으면 자기애는 안정 감을 상실하게 되는 것이다. 은둔형 외톨이에게는 자기애를 지지해 주는 타인과의 만남이 철저하게 결여되어 있다. 이런 상황이 오래되면 불안정하나 자기애를 갖게 되며 계속 살아가기 위해 자기애에 매달릴 수밖에 없다. 따라서 그들의 행동이 자기애로 보이는 것은 그 자기애를 뒷받침해 주는 타인이 부재한 결과라 할 수 있다. 과거에 은둔형 외톨이 상태에서 빠져나온 사람이 동료들 사이에서 자기중심적으로 행동하는 일은 거의 없다는 결과(斎藤環, 2012)가 그 증거이기도 하다. 아이로니컬하게도 그들이 가끔 죽고 싶다는 말을 하면서도 실제로 자실이 드문 이유는 바로 그들의 자기애가 건전하기 때문이다. 은둔형 외톨이의 건강한 자기애를 위해서 주변의 지원자나 가족은 그들의 자기애가 상처받지 않도록 충분히 배려해야 한다(斎藤環, 2012). 회피성 성격장애[9]의 성향인 은둔형 외톨이는 타인과 관계를 갖고 싶지 않은 것은 아니다. 관계를 맺었을 때 비판을 받거나 창피를 당하거나 미움을 받는 것이 두려워 그것을 '회피'하는 것이다. 바꾸어 말하면, 자기애에 상처를 받지 않기 위해 은둔형 외톨이가 되는 것이다(류승현, 2009).

> **사례** S군(21세, 남)의 부모님은 S군이 어렸을 때 이혼했다. 그 후 어머니와 단둘이 생활했다. 어머니가 미용실을 경영했기 때문에 그는 늘 혼자서 지냈고 고교시절에도 친구와 못 어울려서 고민을 많이 했고 여성스럽다는 놀림을 당하기도 했다. 그렇게 고등학교를 졸업하고 자신이 희망하는 애니메이션 성우가 되는 전문학교에 입학을 하게 된다. S군은 학교에 거의 출석을 하지 않고 졸업을 했고 졸업 후에는 집에서 은둔을 하게 됐다. 자신은 실력이 있으므로 언제든지 성우의 일을 할 수 있다고 자신 있게 말했으나 실제로 오디션을 받은 적은 한 번도 없었다. S군은 스스로에게 무한한 가능성이 있다고 생각하는 자기애성 경향이 있는 반면에 실패가 두려워 오디션을 받지 못한 것이다. 오디션을 받을 수 없는 것은 세상이 자신을 따라오지 못하기 때문이라고 설명한다(磯部潮, 2009).

---

9) 회피성 성격장애(avoidant personality disorder)란 다른 사람과의 만남에 대한 불안과 두려움 때문에 사회적 상황을 회피함으로써 적응에 어려움을 나타내는 경우이다. 타인으로부터 부정적 평가를 받는 것에 대해 과도하게 예민하며 사회적 상황에서 지나치게 감정을 억제하고 부적절감을 느껴 대인관계를 회피하는 특징을 보인다(권석만, 2013).

2) 가족과 관련된 정서

(1) 가족 구조의 변화와 은둔형 외톨이의 정서 변화

은둔형 외톨이의 증가는 사회 구조 변화와 함께한다. 산업화·도시화가 사회 구성의 근간인 가족 구성 체계를 바꿔 놓았다. 급속하게 진행된 도시화는 가부장제 중심의 대가족 체계를 허물었다. 핵가족화·소가족화되면서 외동이가 증가하고 소자녀의 경향을 보여 왔다.

외동자녀를 둔 비율도 2015년 15.6%(225만 명)에서 2017년 18.5%(293만 명)로 늘었다. 즉, 결혼한 여성 중 자녀가 없거나 자녀를 한 명만 둔 비율은 10년 전(22%)보다 더 늘어 4명 중 1명(25.1%)꼴이라는 말이다(조선일보, 2017. 6. 15.).

이러한 핵가족화 경향은 과잉보호, 과잉통제 등 부모의 자녀 양육 태도에 영향을 주고 있다. 그 결과, 성인이 된 후에도 경제적으로 자립하지 못하고 전적으로 부모에게 의존하는 '캥거루족'과 같은 의존적인 성향의 아이들이 생겨나게 되었다(이경선, 2015). 의존적인 아이들은 건강한 문제해결 능력을 기르지 못하고 문제에 직면했을 때 문제 상황에 적절히 대처할 수 없었던 자신의 좌절감을 문제의 근본 원인으로 투사하고, 부모의 부적절한 양육방식을 원인으로 귀결시키는 경향이 있다. 문제가 생기고 어려움에 빠질 때마다 부모 탓을 하게 되고 이러한 생각들이 실제 부모와의 갈등을 일으키는 주된 원인이 된다.

은둔형 외톨이의 가족을 살펴보면 가족 간 건강한 정서적 유대감 형성이나 의사소통에 어려움이 있어 문제가 만성화되고 악화되어 여러 가지 부적응의 형태로 드러날 때야 문제의 심각성을 깨닫는 경우가 많다. 이는 지지체계의 부재와 가족과의 갈등의 악순환으로 이어져 아이들이 자신을 점점 더 사회와 가족으로부터 고립시켜 나가는 요인이 된다(노여진, 2007). 결국 부모의 수용과 지지를 받지 못한 청소년은 부모와 점차 정서적인 단절이 진행되다가 정서적으로 고립되면서 은둔하게 된다(조영미, 2011). 부모와 자녀의 관계에 관련된 연구들을 보면 부모의 정서적 지원이 높을수록 동기 경향이 촉진되었고, 부모가 자녀에 대해 자율성을 최대한 보장해 주면서 거부적이지 않고 애정적인 양육 태도를 보이는 것이 효과적이었다(오상빈, 2019a).

(2) 가족에게 나타내는 분노

분노는 대개 약간의 화난 정도에서 격노, 격분까지 다양한 정도의 느낌이며, 자율신경계의 각성을 동반한 상태를 의미한다. 분노는 자신의 생존을 위한 자기방어적인 반응으로 개인의 생리·인지·행동·환경적 영역들과의 상호작용을 통해 발생하는 대인 간 정서이다(채유경, 2001). 분노는 출생 후 최초로 나타나는 몇 가지 안 되는 정서 작용의 하나로서, 그 자체는 좋은 것도 나쁜 것도 아닌 인간의 기본 정서이다(김용섭, 1984: 양혜진, 2005에서 재인용). 분노를 부정적으로 보는 것은 그 자체에 대해서보다 분노를 표현하는 양식에 대해 거부감을 갖는 경우가 많기 때문이다(채유경, 2001).

분노 억제는 분노를 경험하는 상황에서 감정, 생각, 기억을 억누르거나 삭이며 분노를 밖으로 표현하지 않는 것이다. 반면, 분노 폭발은 비난, 욕설, 언어적 폭력, 극단적 모욕 등 언어적·행동적 공격행동을 말한다. 억제나 폭발과 달리 분노조절 및 적절한 분노 표현은 자신의 분노 경험을 지배·조절하고 관리하여 타인에게 해를 주지 않도록 건전하게 표현하는 것을 말한다(Spielberger, Jacobs, Russell, & Crane, 1983). 분노 조절과 표현은 사람이 생활하는 데 있어 필수적인 행동이며 정신건강에 중요한 영향을 준다. 지나친 분노 폭발과 억제는 신체적·정신적 건강에 도움이 되지 않는다. 타인의 부정적인 행동에 대해 적절하게 분노를 표현하는 경우, 앞으로 있게 될 타인의 부정적 행동에 대한 피드백이 되어 발생 횟수를 줄이고 결과적으로 관계 개선에 순기능을 하게 된다(김용희, 2017). 이는 많은 경우 분노 표현이 역기능적 의사 표현으로 인식되지만 순기능으로 작용할 수도 있음을 보여 준다.

은둔형 외톨이는 특정한 상황에 맞는 자신의 분노 표현을 적절하게 조절하지 못하여 분노를 과격하게 표현하거나 억제하여 의기소침한 경우가 많다(김종진, 2006). 은둔형 외톨이 청소년의 분노 표현에 관한 한국청소년상담원(2006)의 조사에 의하면, 가정폭력 45%, 가족 외 폭력 21%, 기물파손 18% 정도로 이들이 과격한 분노 표현을 하는 것으로 나타났다. 또한 은둔형 외톨이 부모의 상당수가 자녀의 폭언과 폭력적 행동을 경험했음을 보고하고 있다(파이교육그룹, 2020).

일본의 은둔형 외톨이 전문가는 은둔형 외톨이들도 마음속으로는 누군가가 자신의 폭력을 멈추어 주었으면 하고 바라고 있다고 강조한다(磯部潮, 2009). 표면적으로 가족들에게는 자신의 분노를 공격적이고 폭력적으로 표출하지만, 이는 내면에 자리 잡은 슬픔, 관심받고자 하는 마음이 반영되어 나타나는 것일 수 있다(磯部潮, 2009).

> **사례** "집에만 있을 때 게임만 했는데 엄마가 밥 먹을 때 뭐라고 하면 무슨 말인지 알면서도 욱해서 욕하고 했던 거 같아요. 그래서 그때부터 밥도 같이 안 먹고 밤까지 굶었다가 배달의 민족에서 야식만 시켜 먹었어요. 그렇게 방 밖으로 안 나가서 방에 쓰레기가 산처럼 쌓였었어요."
> (파이교육그룹, 2020)

> **사례** "우울증 심할 때 모든 사람에게 분노를 느꼈다. 누가 지하철이나 이런 데서 조금만 시비를 걸어도 욕하고 막 받아치고, 미친 듯이 분노해서 말로 공격했다."(파이교육그룹, 2020)

(3) 가족과 단절된 외로움

외로움은 다른 사람으로부터 떨어져 있는 느낌으로, 실제로 사회적 관계가 결핍되었거나 스스로 결핍되었다고 지각하여 나타나는 반응으로 볼 수 있다. 또한 타인과의 관계에 있어 바라는 것과 실제 간의 불일치로 인한 반응이다(김옥수, 1997). 외로움은 우울이나 적개심, 사회적 위축, 소외감 등과 관련이 있으며, 외로움이 우울증, 경계선 성격장애, 조현병을 수반할 수도 있다(오상빈, 2019a). 외로운 학생들은 스스로 긴장되어 있고 초조하며 불안하다고 느끼며 행복감을 적게 느끼고 우울하고 비관적인 경향이 있다(이예은, 2013).

만성적인 외로움은 우울증, 알코올 중독 등에 영향을 미치므로 청소년과 성인에게 다양한 부적응적 결과를 가져올 수밖에 없다(Asher & Paquette, 2003). 또한 외로움은 청소년들에게 불안이나 우울을 일으킬 수 있는 위협 요인으로 작용한다(Ebesutani et al., 2015). 더불어 외로운 사람들은 자신을 부정적으로 보고 자기거부적인 태도를 보이며, 자신이 매력이 없고, 사회적으로 무능하다고 여긴다(안도연, 이훈진, 2011). 외로움이 심화되면 사회적으로 철수하고 나아가 우울증과 자살 등 심각한 문제로 이어질 수 있다(김지연, 신민섭, 이영호, 2011).

은둔형 외톨이들은 혼자일 때는 외롭고 함께일 때는 초조하고 불안하다. 그래서 결국 **차악인 외로움을 선택한다**(김재주, 2018). 사람들이나 가족과 어울릴 때 느끼는 불안과 긴장 그리고 자신의 부적절함을 견디는 것이 괴로워, 스스로를 외로운 상태에 두고 자극을 최대한 줄이는 것이다. 하지만 이들에게 있어 외로움이 즐거운 선택일 리 없다. 앞서 언급했듯 최악을 피하기 위해 선택한 차선일 뿐이다. 처음에는 고통을 피하기 위해 선택한 것이지만, 계속되는 단절과 도태되었다는 생각으로 인해 이들은 외로움에서 빠져나오기 힘든 상태에 이르게 된다.

> **사례** "난 어려서부터 혼자 있는 시간이 유독 많았어. 유아기 시절에는 맞벌이하시는 부모님을 기다리느라, 밤늦게까지 유치원 광장에 혼자 앉아 멍하니 TV를 보곤 했지. 학교에 입학한 후에도 별반 다르지 않았던 거 같아. 초등학교에서 난 설렘보디는 낯선 환경에 대한 두려움을 먼저 느꼈어. 늘 똑같은 장소에서 버스를 기다리고, 똑같은 시간에 밥을 먹고, 똑같은 시간에 어머니가 데리러 오는 익숙함에서 벗어낫다는 두려움 말이야. 그래도 초등학교 때는 이런 문제가 크게 드러나지 않았어. 주변인들에게는 '얘가 좀 낯을 가려서' '얘가 착하고 어려서' '얌전하고 조용한 아이라서'라는 식으로 포장되곤 했지. 그러다가 중학교 때부터 '왕따'를 겪게 되고 하루하루 지옥 같은 시간을 보냈지. 유달리 악질인 애들은 내 앞에서 대놓고 험담을 하고 나라는 존재를 '함부로 대해도 되는 친구'라는 이미지로 만들어 버렸지. 정상적인 학교생활을 할 수 없었던 것은 물론 뭘 잘해 보겠다는 의욕이 날 리도 없었어. 학교에 오면 그저 시간이 빨리 흘러 하교나 했음 좋겠다고만 생각하고 맨날 책상에 엎드려 있고 학교생활 대부분을 잠으로 보냈어."(앗! 나도 모르게 나와 버렸다, K2 코리아가 전하는 은둔 그리고 삶, 2021)

(4) 부모로부터 지지받지 못했다는 절망감

은둔형 외톨이는 문제에 직면했을 때 상황에 적절히 대처할 수 없어 좌절한다. 그들은 이러한 좌절감을 부모의 부적절한 양육방식으로 인해 생긴 것이라고 생각하는 경향이 있다. 어려움에 빠질 때마다 부모 탓을 하며 절망하는 것이다(김예슬, 2007)

은둔형 외톨이에 관한 사례 연구를 보면 그들은 가족이라는 체계 내에서 부모에게 정서적인 지지와 사랑을 받지 못하고 있다고 느끼고 좌절하면서 또래관계에도 적응하지 못하여 은둔 상태에 빠지는 경우가 많다(박현숙, 2004). 부모는 이런 은둔형 외톨이에게 의사소통으로 정서적인 지지를 해 주는 것이 아니라 부모 스스로 혼란스러워하면서 이들에게 등교나 외부 활동을 강요하면서 일관성 없는 행동을 하기 쉽다. 이러한 과정에서 은둔형 외톨이는 인간관계에 더 어려워하게 되고 더욱더 자기 세계 속으로 숨어 버리게 된다. 그리고 가족 발달과 개인 발달이 이루어지지 못하게 되면서 모든 가족구성원이 가족체계 내에서 정상적인 기능을 할 수 없게 되고 은둔형 외톨이는 자신의 현재뿐만 아니라 보이지 않는 미래에 대해서도 좌절하고 절망하게 된다(오상빈, 2019a).

(5) 부모로부터 배우는 정서 인식과 표현

부모가 여러 가지 어려움으로 인해 자녀와의 소통을 소홀히 하고 특히 정서를 묻고 표현하는 관계를 맺어 주지 않으면 자녀는 정서 인식과 표현을 배울 기회를 갖기 어렵다. 혹은 부모의 통제적인 양육태도는 자녀의 심리적 안녕감에 유의미한 부정적인 영향을 미치고 부정적 정서를 다룰 수 있는 학습 기회를 제공하지 못한다. 즉, 부모의 양육행동을 통제적이라고 지각할수록 자녀는 부정적 정서를 자주 경험하고 이러한 부정적 정서를 다룰 수 있다는 기대 수준이 낮아지게 된다(박미란, 이지연, 장진이, 2014). 이들은 자신감이 없고 때때로 아무것도 할 수 없을 것 같은 무력감에 휩싸이기도 한다. 또한 마음속에 무력한 자기 자신과 독립을 방해하는 부모에 대한 욕구 불만이 쌓인다.

> **사례** "원래 사람들 속에 들어가는 것이 몹시 싫어서 정말 부담이 되고 초등학교 때도 학교에 가고 싶지 않았는데 아마 부모가 이혼해서 (나를) 돌보고 있는 사람이 거의 없어졌기 때문에 학교를 쉴 수 있었다고 생각해. 그리고 더 이상 나갈 수 없게 되었어. 또 나가는 것이 무서워지고……."
>
> "노터치였다. 뭐지 그때가 중학생이니까, 중학교 1학년 때 부모님이 이혼을 하시고 아버지 쪽에 갔는데 형제 3명 모두 완전 노터치였기 때문에…… 어머니가 계실 때도 노터치였기 때문에…… 화를 낸 기억도 없다. 그것(히키코모리) 때문에."
>
> "처음은 죄책감이 들었지만 (등교거부에) 점점 없어지면서 그대로 이 상태로 있어도 좋을까라고는 생각까지는 하지 않았지만, 아마 나에게 뭐라고 하는 사람이 없었기 때문이라고 생각해. 아마."(고스게 유코, 2012)

은둔형 외톨이는 부모의 양육태도에 있어 자신을 수용하지 않아 고독감, 외로움, 슬픔, 무뎌진 감정을 갖고 있는 경우가 많다(박현숙, 2004). 또한 학대와 방치의 경험을 호소하는 경우도 많다(이재영, 2014). 다음 사례는 부모가 자신에게 표현하지 않았던 감정을 확인하며 괴로워하는 은둔형 외톨이의 정서를 잘 보여 준다.

> **사례** "경제생활을 못한 지 몇 년, 엄마는 놈팡이 아들을 보며 화 한 번 내신 적 없다. 오히려 아들 기죽을까 봐 용기를 북돋운다. '난 우리 아들을 믿는다.' 분에 넘치는 사랑을 받아서였는지, 못나게 굴어 미안해서였는지, 그냥 지금 처한 상황이 마음에 안 들어서였는지 모르겠다. 나는 괜히 엄마에게 욱하기 일쑤였다. '뭘 잘한 게 있다고 화내는 건지.' 엄마는 내가 화낼 수 있고, 내 화를 받아 주는 유일한 사람이다. 어떻게 나 같은 아들을 믿고 비위를 맞춰 주면서 살아오셨을까. 몇 년 전부터는 눈치가 보여 설거지도 자주 해 놓고, 빨래도 돌리는데 한 가지가 눈에 계속 밟혔다. 어머니의 속옷이 많이 해졌다. 아버지와 달리 어머니는 속옷도 별로 없다. 몇 장 없는 속옷을 오래 입었으니 당연한 것이겠지. 그 속옷을 몇 년간 건조대에 널다 보니 나의 무능력이 뼈저리다. 엄마도 엄마 이전에 여자인데, 어찌 다 해져 버린 속옷이 좋겠는가. 그런데도 엄마는 남편과 아들 옷 걱정만 하신다. 내가 밖에 나가지 않는 이유가 옷이 없어서라며, 오늘도 티셔츠 몇 장을 까만 봉지에 담아 오신 엄마."(김재주, 2018)

3) 사회 및 세상과 관련된 정서

(1) 대인관계 예민함과 정서 표현의 어려움

대부분의 은둔형 외톨이들은 대인관계에 아주 민감하다. 특히 자신에 대한 평가에 지나치리만큼 예민해서 타인을 무서워한다고 해도 과언이 아니다. 이런 과민성은 은둔 상태를 일으키는 요인일 뿐 아니라 만성화시키는 요인이다. 만성화된 과민성은 다른 사람의 시선에 많은 신경을 쓰게 해서 점점 더 세상 밖으로 나오기 힘들게 만든다.

또한 앞서 보았던 부모와 관련된 정서에서와 마찬가지로, 은둔형 외톨이는 대인관계에서 과민할 뿐 아니라 관계를 통해 경험하는 감정을 표현하는 데 매우 큰 어려움을 겪는다. 최근 이뤄진 광주광역시(2021)의 은둔형 외톨이 실태조사([그림 5-2] 참조)에서도 은둔형 외톨이는 '자신의 감정을 겉으로 드러내는 것이 서투르다'에 대해 그렇다고 응답한 비율이 가장 높았다. 은둔형 외톨이의 은둔이 시작되는 계기가 대인관계에서 오는 상처와 좌절이었던 것처럼, 이들은 자신의 감정을 타인에게 표현하는 것에 있어 어려움을 호소한다.

이에 대한 대응방법으로 짧은 시간 동안이라도 조금씩 대인 접촉을 시도하는 것

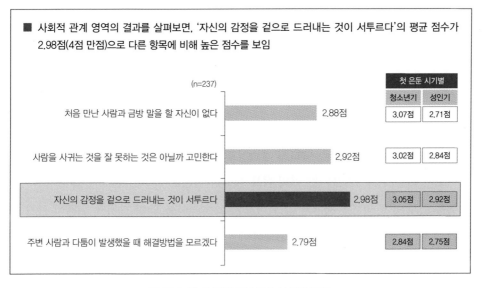

■ 사회적 관계 영역의 결과를 살펴보면, '자신의 감정을 겉으로 드러내는 것이 서투르다'의 평균 점수가 2.98점(4점 만점)으로 다른 항목에 비해 높은 점수를 보임

(n=237)	첫 은둔 시기별	
	청소년기	성인기
처음 만난 사람과 금방 말을 할 자신이 없다 2.88점	3.07점	2.71점
사람을 사귀는 것을 잘 못하는 것은 아닐까 고민한다 2.92점	3.02점	2.84점
자신의 감정을 겉으로 드러내는 것이 서투르다 2.98점	3.05점	2.92점
주변 사람과 다툼이 발생했을 때 해결방법을 모르겠다 2.79점	2.84점	2.75점

[그림 5-2] 은둔형 외톨이의 사회적 관계

출처: 광주광역시(2021).

이 중요하다. 매일 스타벅스에 나가서 차를 마시며 다른 사람들의 시선에 민감해지는 것을 줄여 나가는 것도 한 예이다(磯部潮, 2009). 그 경험을 바탕으로 점점 더 행동범위를 넓혀 성공 경험을 쌓아 가는 것이다. 은둔형 외톨이에게는 대인관계에서의 과민함을 해결하기 위해 사람들과의 교류를 조금씩 시도하는 것이 어렵지만 도전해야 할 과제가 된다. 다음 사례에서와 같이 주변에서 지지해 주는 단 한 명의 지인은 은둔형 외톨이에게 있어 매우 의미 있는 은인임이 분명하다.

> 사례 "나의 과거를 생각해 보면 내가 아무것도 할 수 없다고 생각했을 때 친구가 나는 너를 믿는다, 너는 할 수 있다라는 말을 해 주었는데, 그 말을 듣고 일단 밖으로 나와 봤던 거 같다. 그런 믿음을 가져 주는 것이 필요하다. 하고 싶은 일이 있는데 자신감이 없었다. 하고 싶은 일을 할 수 있도록 옆에서 도와주면 좋겠다. 1:1로 좀 커버하면서(멘토링 같은) 그런 일을 같이 해 주는 것이다."(파이교육그룹, 2020)

(2) 인생에 대한 무망감

무망감은 영어로 'hopelessness'라 하며, 우리나라 말로 '모든 것이 덧없다는 느낌' '희망이 없음' '가망이 없음' '일이 제대로 이루어질 것 같지 않음'이라는 뜻을 갖고 있다. 무망감이란 원하는 결과에 도달하기 어렵고, 그 원하는 결과를 개선할 수 있는 아무런 방법이 없다는 감정이다(오상빈, 2019a). 무망감은 바람직한 성과가 일어날 것 같지 않거나 혐오적인 성과가 일어날 것 같으며, 자신이 할 수 있는 어떠한 반응도 이러한 가능성을 변화시킬 수 없을 것이라는 감정을 뜻하기도 한다(Abramson, Metalsky, & Alloy, 1989).

은둔형 외톨이의 무망감은 다양한 요인으로 인해 생기지만, 가장 특징적인 요인으로 스스로가 어떻게 살아가겠다는 삶의 목표 상실과 자신은 아무런 능력이 없다고 느끼며 노력을 하지 않아 생기는 경우가 많다(이경선, 2015). 이를 달리 말하면 실존적 공허 상태라고 할 수 있다. 이들은 자신이 살아야 할 삶의 의미, 목적, 가치, 이유를 상실하여 무가치, 무의미, 허무, 공허, 불안 같은 허전하고 텅 빈 심리적 상태를 보인다(장효정, 2014).

은둔형 외톨이를 대상으로 한 조사에서 20명의 응답자 중 '내일이 기대된다'라는 문항에 '그렇다'라고 응답한 사람(7명, 35%)보다 '아니다'라고 응답한 사람(13명, 65%)의 비율이 압도적으로 높았다. 이 결과처럼 은둔형 외톨이들은 삶의 목표가 없는 무망감에 내일의 희망이 없는 삶을 살아가는 경우가 많다(허경운, 2005).

> **사례** "'난 죽어 가고 있다.' 그동안 애써 외면해 온 방심의 순간, 순간들, 모이고 쌓이고 겹쳐져 만들어진, 뭔지 모를 기분 나쁜 손아귀가 이제 내 힘으로는 어쩔 수 없을 만큼의 무게로 불어나 몸을 짓누르고 있었다. 숨도 못 쉴 만큼 강한 힘으로 턱 끝까지 옥죄여 온다. '이대로 있다간 평생 이대로 있게 된다.' ……(중략)…… '움직일 수가 없다.' 이 압도적인 강함에 내 마음은 이미 무너졌다. 길고 길었던 이 싸움은 내 패배로 끝나고 말 것이다. '난 무력하고 약하다. 지원군이 필요해. 누군가 도와줄 사람이 간절하다고.' 그래 봤자 내게는 아무도 없다. ……(중략)……'방 안에 갇힌 나는 문제가 있었다.'"(김재주, 2018)

> **사례** "전 진짜 이 생활을 벗어나고 싶었는데, 아무도 저를 이해 안 해 주기에 전 진짜 죽어 버릴 겁니다." "한때 꿈도 많고 이상도 높았는데 지금은 거의 아무 희망도 꿈도 없고 결혼해 볼 엄두도 안 나고요."라며 자신은 은둔형 외톨이에서 벗어나고 싶지만, 아무런 희망이 없어 극단적인 선택도 고려하고 있음을 보여 준다(허경운, 2005).

3. 은둔형 외톨이의 마음 보기

인간에게 정서는 공기처럼 늘 존재하지만 중요성을 간과하기 쉬워, 잘 알아차리고 조절하지 못할 경우 사람과 사람 사이에서 건강한 역할을 못하도록 만든다. 앞서 살펴보았듯이 은둔형 외톨이는 여러 환경적 영향으로 긍정적인 정서보다는 부정적인 정서를 더 많이 경험하게 되고 그 안에서 고통스럽게 고립되어 간다. 정서의 조절 및 표현을 적절하게 하고 싶지만 서투른 감정 표현과 낮은 자존감으로 인해 자신도 원치 않는 고통을 겪게 되는 것이다. 자신이 선택할 수 없었던 상황들로 인해 정서적으로 상처를 받거나 힘없고 무서워서 피할 수밖에 없는 것은 물론, 아무런 희망이 없는 무기력한 상태에서 헤어 나오려 할수록 더욱 힘들어지게 된다.

은둔형 외톨이 치유의 궁극적인 목적은 '자기답게 사는 것'이라고 할 수 있다. 이를 위해서 은둔형 외톨이가 느끼는 정서를 구체적으로 살펴보고 그 안에 있는 부정적인 정서에 대한 수용과 이해가 필수적이다. 스스로에 대한 부정적 감정으로 가득 찬 은둔형 외톨이들은 우선 자신을 관대하게 받아들이는 것이 결코 쉽지 않을 것이다. 하지만 평범한 젊은이보다 사회에 많은 관심을 가지고 있다는 점과 활자, 매체에 집중을 잘하는 것 등의 장점은 은둔형 외톨이들의 사회적응에 긍정적으로 작용할 수 있다.

은둔형 외톨이에게 편견 없는 관심과 지지를 보내는 단 한 명의 지지자가 있는 경우, 그들은 깊이 묻어 두었던 감정을 표현하기 시작할지 모른다. 또한 그들은 이렇게 자신의 감정을 물어봐 주길 기다리고 있는지 모른다.

> 눈을 뜨면 텅 빈 천장 고요한 적막 흐르고
>
> 도망갈 길을 찾았지만, 결국 미로를 만들었네.
>
> 멈춰 버린 내 마음 흔들어 준 사람들
>
> 이젠 내가 해 줄 수 있는 말
>
> 혹시 괜찮다면 물어봐도 될까요?
>
> 그대는 어떤 말이 제일 듣고 싶었나요?
>
> 그대는 그때 혼자 어떻게 버텼나요? 아무도 모르게 노력해 왔네요.

밖에 나와 보니 햇살이 너무 따뜻하더라고.

〈혹시 괜찮다면 물어봐도 될까요?〉, 작곡: 유승규 / 작사, 코러스: 은둔고수들

제6장

은둔형 외톨이의 행동적 특징

이 장에서는 은둔형 외톨이의 행동적 특징에 대해 알아보고자 한다. 행동은 외현적으로 드러나는 것이기 때문에 은둔형 외톨이의 특징을 가장 잘 보여 준다. 구체적으로 은둔형 외톨이의 행동은 어떤 특징을 가지며, 다른 대상들과 어떻게 구별되고, 이들의 행동적 특징은 어떤 영향과 의미를 주는지 알아보고자 한다. 이러한 확인을 통해 은둔형 외톨이를 구체적으로 이해하고 이들의 변화와 개선을 효과적으로 도울 수 있을 것이다.

1. 행동의 중요성과 영향력

인간의 성격은 개인적 · 행동적 · 환경적인 요소들 간의 지속적인 상호작용에 의해 발달한다. 또한 환경, 사람, 행동의 세 가지 요소는 서로 간에 영향을 주며 상호 의존적으로 조화를 이룬다. 인간의 행동은 환경적 자극에 의해 동기화되고 개인의 인지적 요인과 내적 사건들에 의해 중재되어 최종적으로 표현되는 행동이 결정된다(권석만, 2015). 특히 인간의 내면은 매우 복잡하고 미묘하여 객관적인 관찰이 불가능한 내면적 현상보다는 측정 가능한 외현적 행동에 초점을 맞추어 관찰하면 그 사람을 이해하는 데 도움이 된다.

인간 이해에서 행동의 중요성을 강조한 행동주의에서는 내면적 경험보다는 외현적 행동의 변화를 중시할 뿐 아니라 과거의 경험보다는 현재의 행동에 초점을 맞춘다. 행동주의 이론에서는 성격을 특정한 행동 패턴으로 간주한다. 또한 개인의 독특한 행동 패턴은 학습의 원리에 의해서 습득된다고 보았다. 즉, 외향적인 사람은 여러 사람과 함께 있는 상황을 좋아하고 그러한 상황에서 말을 많이 하며 주도적인 역할을 하는 행동 패턴을 지닌 사람이라고 할 수 있다. 이들이 외향적인 행동 패턴을 갖게 된 것은 과거에 사회적 상황과 활달한 행동을 통해서 많은 보상을 얻었기 때문이다. 반면에 내향적인 사람은 주로 조용한 상황에서 안락함을 얻는 대신에 많은 사람 사이에서는 불쾌감이나 불안을 경험한다(권석만, 2017a).

이렇게 볼 때 은둔형 외톨이의 행동적 특징들도 이전의 다양한 경험이 쌓여 만들어진 결과로 볼 수 있다. 단순히 자극이 있고 이에 따른 반응으로(즉, '자극-반응'이 연합되면서) 행동이 만들어지는 것은 아니라 하더라도, 은둔형 외톨이가 보이는 행동 특징 중 상당 부분은 이를 유발한 원인이 있을 것이다(구체적인 내용은 제3부 '원인' 참조). 다음에서는 은둔형 외톨이가 보이는 주요 행동적 특징에 대해 구체적으로 살펴보기로 하자.

2. 은둔형 외톨이의 주요 행동적 특징

1) 개인적 행동

(1) 머무름

에릭 에릭슨(Erik H. Erickson)[1]의 발달이론(김종진, 2006)을 보면 청소년기는 '자아확립'을 이루고 '역할모델'을 찾는 시기이다. 또한 초기 성인 21~30세가 되면 기존

---

1) 에릭 에릭슨(Erik H. Erickson, 1902~1994)은 발달심리학자이자 정신분석학자이다. 에릭슨은 인간이 평생을 통해서 발달해 가는 단계를 여덟 가지로 나누고 이들에 대하여 심리성적 발달과 심리사회적 발달이란 두 가지 측면에서 설명하였다(Erikson, 1963; Evans, 1967: 박아청, 2007에서 재인용).

의 건전한 사회성을 바탕으로 사람들과 교류하며 독립된 인격체를 형성한다고 한다. 하지만 은둔형 외톨이는 6~11세에 이루어지는 '근면성' 획득에 실패해 지나친 열등감에 빠져 있는 상태로 볼 수 있다. 정체성의 혼란으로 자신의 역할을 포기하게 되고, 결국 사회적 관계를 회피하는 고립에 들어가는 것이다.

무엇보다 은둔형 외톨이의 가장 뚜렷한 행동적 특징은 제한된 공간에 머무르고, 활동하지 않는다는 점이다. 이러한 머무름으로 인해 이들의 현황 파악이나 치료가 매우 어려워진다(정지현, 2011). 10년 동안 집 안에서 은둔했던 한 은둔형 외톨이는 방 안에 있는 동안의 자신을 죽어 가고 있다고 표현했으며, 안전하다는 생각을 하며 세상으로 나가고 싶지만 발걸음이 안 떨어졌다고 표현한다(김재주, 2018). 은둔형 외톨이는 학교 가기 싫고, 밖에 나가기 싫고, 혼자 있는 것을 좋아한다기보다는 학교 가고 싶고, 나가고 싶고, 혼자 있기 싫지만 관계 속에서의 고통이 집 안에서의 고통보다 크기 때문에 방 안의 도피처를 선택하는 경우라고 볼 수 있다(김신아, 2019).

(2) 반복적인 강박적 행동

강박적 행동은 본인의 의지와 무관하게 어떤 생각이나 장면이 떠올라 불안해지고 그 불안을 없애기 위해 어떤 행동을 반복하게 되는 것이다. 강박 증상은 강박적인 집착과 반복적인 행동을 특징적으로 보인다. 강박사고는 반복적으로 의식에 침투하는 고통스러운 생각, 충동 또는 심상이다. 본인도 스스로가 지나치게 불안한 상태에 놓여 있다는 것과 자신의 행동이나 생각이 부적절하다는 것을 인식하지만 잘 통제되지 않는다. 이러한 고통으로 이어지는 사고를 없애기 위해 여러 가지 노력을 하는데 그것이 강박행동으로 나타나게 된다. 계속적으로 떠오르는 강박사고로 인한 강박행동은 일상생활의 기능을 현저하게 저하시킨다(권석만, 2013).

은둔형 외톨이는 강박행동을 보이는 경향이 크다. 어떤 특정한 이미지나 말을 반복하여 생각하는 등 강박적인 생각에서 벗어나지 못하는 경우도 이에 속한다. 진단을 붙일 정도는 아니지만, 은둔형 외톨이의 과반수에서 강박 증상이 발견되고 있으며 이것이 흔하게 나타나는 행동적 특징이다(磯部潮, 2009).

광주광역시(2021)의 은둔형 외톨이 실태조사 결과를 보면 일상에서 '사소한 것을 반복해서 확인한다'의 강박 영역이 가장 높은 점수를 보여 이를 확인할 수 있다([그림 6-1] 참조).

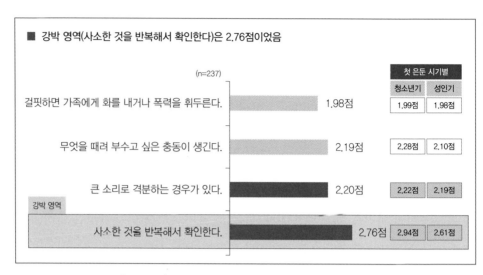

[그림 6-1] 은둔형 외톨이의 충동 분노조절 중 강박 영역

출처: 광주광역시(2021).

(3) 낮과 밤이 바뀌는 생활

뚜렷한 활동 없이 집에 있으면 쉽게 아침저녁이 바뀌는 생활이 되어 버린다. 은둔형 외톨이가 낮에 외출하지 않고 TV 시청이나 독서, 게임 등을 하면서 하루를 보내게 되면, 많은 사람이 경험하는 바와 같이 점차로 밤낮이 바뀌는 현상이 일어나게 된다. 대부분의 사람은 일시적으로 이런 현상이 일어나도 자신이 속한 학교나 회사로 다시 돌아가 낮에는 일하고 밤에는 잠자는 패턴을 회복하게 된다. 하지만 은둔형 외톨이는 소속된 곳이나 정해진 활동이 없기 때문에 이러한 패턴 회복이 매우 어려워지고 붕괴가 장기화되기 쉽다. 기존에 이뤄진 조사들(광주광역시, 2021; 주상희, 2020; 파이교육그룹, 2020) 모두에서 은둔형 외톨이의 가장 뚜렷한 행동 특징 중 하나는 낮과 밤이 바뀌는 생활을 한다는 점이었다(자세한 내용은 현황에 관한 2장 참조).

특히 은둔형 외톨이는 세상에서 배제되어 버렸다는 불안감에 기인하여 일반 사람이나 가족이 활동하는 낮시간을 불편해한다. 밤낮을 바꾸어 생활하는 것은 주로 비난을 받는 것을 피하기 위해 상처를 주는 가족과 사회로부터 도피해 안정을 취하기 위한 선택일 경우가 많다. 햇빛이 환한 대낮보다 밤에 활동을 함으로써 자신을 드러내지 않는 익명성으로 세상을 활보할 수 있는 기회를 갖는 것이다(김종진, 2006). 이렇게 낮에 적극적인 활동을 하지 않으며 세상과 현실을 바라보는 것은 이들에게 엄청난 고통이기 때문에, 낮과 밤이 바뀐 생활을 지속하는 것으로 보인다(磯部潮, 2009).

세상 돌아가는 것을 인식하지 못하고 살다 보면 낮과 밤은 뒤바뀐다. 다른 사람들이 학교에 가거나 출근하는 시간에 잠들어 해가 저물면 일어난다. 국민일보가 취재한 은둔 청년 18명 가운데 14명이 밤낮이 뒤바뀐 채 생활한 적이 있는 것으로 나타났다(국민일보, 2020. 12. 1). 이들은 가족의 눈치를 보는 것이 힘들어서 그렇게 하는 것이 편하다고 말한다. 4년 전부터 은둔하기 시작한 박 씨(28세)는 항상 새벽 늦게 잠들었다가 오후에 일어나곤 했다고 말한다. "방 밖이 조용해질 때까지 기다렸다가 일어났어요. 식사는 어머니가 일 나가기 전에 차려 준 반찬들을 혼자 꺼내 먹으며 해결했고요."

다음 사례들도 이러한 양상을 잘 보여 준다.

> **사례** "(새벽) 3, 4시에 잠들어서 기관의 공통 기상시간인 7:30에 일어났다가 다시 잠들어서 점심이 지나서 일어난다. 잠의 질은 좋다. 안 깨고 푹잔다."(파이교육그룹, 2020)

> **사례** "아무튼 저녁에 기상하면 하루가 빨리 간다. 가족이 모두 잠들어 조용해지고 나면 어머니가 준비해 둔 저녁을 먹고 게임을 하거나 텔레비전을 보고, 또는 아무것도 손에 안 잡혀서 빈둥거리다가 간신히 새벽녘에나 잠이 드는 것이다."(斎藤環, 2005)

(4) 식습관과 개인위생

다음에 제시하는 사례는 오랜 기간 은둔생활을 한 김재주 작가의 책 중 '1분이면 족해'의 내용이다. 은둔형 외톨이의 방 안이 그려진다. 먹는다는 것은 '생명 연장과 허기를 달래는 수단'이었다는 글에서 은둔형 외톨이의 식습관과 바람직하지 않은 건강 습관을 볼 수 있다. 이렇듯 은둔과 식습관은 밀접한 관련이 있어 보인다. 은둔생활을 하다 보면 패스트푸드 등 첨가물이 많이 들어간 음식 섭취로 영양에 불균형이 생겨 성인병의 원인이 되기도 한다. 또한 불규칙한 식사시간은 과민성 대장증후군, 악성 변비 등 만성적인 소화기 질환으로 이어질 수 있다(손은수, 2005).

또한 은둔형 외톨이들은 오랫동안 외부 활동이 없어 비대해지거나 낮은 식욕으로 매우 마른 체형으로 변하는 경우가 많다. 혹은 오랫동안 머리를 손질하지 않아 머리가 길거나 햇빛을 쐬지 못해 얼굴이 창백해지는 경우가 많다. 전체적으로 은둔형 외톨이의 신체 청결 상태는 아주 깔끔하거나 혹은 아주 지저분한 경우가 많다(오상빈,

2020). 더불어 인터넷을 주로 하며 장시간 동일한 자세를 갖다 보니 정맥에 피가 돌지 않아서 굳어 버리는 혈전증에 걸리거나, 이로 인한 호흡곤란 및 폐색전증의 위험한 상황이 생길 수 있다. 수면 부족이 누적되는 경우는 신진대사 기능이 떨어져 각종 질병에 대한 저항력이 약화되기도 한다(손은수, 2005).

가장 뚜렷하게 나타나는 변화 중 하나는 체중의 변화이다. 불규칙한 생활 패턴과 활동 부족으로 인해 체중이 고무줄처럼 늘거나 줄어드는 것을 반복한다. 한 예로, 선우 씨(가명)는 은둔할 때 30kg 이상 살이 쪘는데 그 이유를 다음과 같이 말한다(국민일보, 2020. 12. 1.). "라면처럼 자극적인 음식만 주로 먹다 보니 살이 급격하게 쪘어요. 엄마가 차려 놓은 음식이 있긴 한데 세 끼를 다 챙겨 먹기가 질렸어요." 이와 반대로 식욕을 잃은 채 최소한의 음식만 섭취하는 경우도 있다. 이성태 씨(가명)는 2년 전부터 반지하방에 혼자 지내면서 2~3일에 한 번씩 생라면을 먹었다. "가끔 입이 심심하면 유통기한이 임박한 과일이나 통조림을 주문해 먹었고요. 한 번은 새벽에 잠깐 바람 쐬러 나갔는데 체력이 안 좋아서인지 너무 피곤하더라구요." 이성태 씨는 은둔형 외톨이들을 돕는 공동생활에 입소하여 식사를 제대로 챙기게 되면서 예전 체형으로 돌아갔다(국민일보, 2020. 12. 1.).

<blockquote>
사례 "방에서만 지내면 제일 처음으로 망가지는 것이 바로 건강이다. 아침, 점심, 저녁의 개념이 불분명해지고, 그저 배가 고프면 주변에 보이는 음식물로 허기를 달래는 것이 일상이다. 그러다 보니 하루에 한 끼도 먹지 않을 때가 있고, 세 끼를 몰아서 한 번에 먹을 때도 있다. 그
</blockquote>

[그림 6-2] 은둔형 외톨이의 방

출처: KTV 라이브 S & News '은둔형 외톨이'(2019. 4. 19.).

런 식습관의 말로는 배가 불룩하게 나온 D자형 몸매이다. 밥은 항상 내 방에서만 먹었다. 다음 게임을 해야 하기에 밥 먹는 시간은 1분을 넘지 않는다. 심지어 1분도 아까워서 왼손에 스마트 폰을 들고 버라이어티 예능 영상을 보며 밥을 먹는다. 식탁은 키보드만 왼쪽으로 치우면 된다. 가끔 김치 국물이나 반찬 양념이 바로 옆 침대에 튀면 짜증을 내면서도 그 자리를 벗어나질 못 한다. 게임을 하면서도 먹고, 채팅을 하면서도 먹는다. 먹는다는 것은 그저 생명 연장과 허기를 달래는 수단이었다."(김재주, 2018)

사례 "지난 여름 김 모(61 · 여) 씨는 서울의 한 낡은 상가 3층에 있는 아들의 고시텔 방을 보 고 '아휴 세상에……' 하며 연신 탄식을 했다. 음식을 배달시켜 먹고 남은 플라스틱 박스와 일회 용 숟가락, 젓가락이 쌓여 있었다. 바닥은 발 디딜 틈이 없었다. 쓰레기 매립지 같은 방에서 아 들은 이불을 덮지 않고 자고 있었다. 수염을 깎지 않은 아들에게서 오랫동안 씻지 않은 냄새가 났다."(국민일보, 은둔 청년 보고서③ 방 안의 삶, 2020. 12. 1.)

(5) 온라인 활동

현재 우리의 사회는 인터넷이 보편적으로 사용되고 있고 아침부터 잠들기까지 생활의 전부를 차지한다고 해도 과언이 아니다. 특별히 최근 코로나로 인한 외부 출 입이 제한되고 있으며 거의 모든 일처리가 인터넷으로 가능해지고 있다. 단순한 업 무 처리나 일상의 편리함은 물론이고 틈틈이 생겨나는 시간 동안 우리는 항상 인터 넷을 사용한다. 사실 이로 인한 은둔생활이 더욱 늘어날 것은 너무나 당연한 예측이 기도 하며 은둔형 외톨이도 함께 양산될 것이 우려되는 부분이기도 하다.

쉽게 관찰할 수 있듯이 은둔형 외톨이가 가장 집착하는 행동은 온라인 활동에 몰입 하는 것이다. 조사결과들에서도 은둔형 외톨이가 가장 많이 하는 행동은 스마트폰 사용이 53.2%로 가장 높았고, PC 사용과 인터넷 게임(50.2%)이 뒤를 이었다([그림 6-3] 참조). 사례들을 통해서도 이들이 은둔생활 중 온라인 활동에 몰입하는 구체적 내용을 잘 알 수 있다.

은둔형 외톨이에게 온라인 활동은 어쩌면 필수 불가결한 생존수단일지 모른다. 인터넷 이라는 가상공간은 다양한 사람과 소통을 하고 세상을 바라보는 유일한 창이라는 의미를 갖는다. 그리고 이것은 이들에게 사회와의 접점을 찾아 줄 수 있는 유효한 도구가 될 수 있다. 은둔형 외톨이들의 사회활동은 물리적으로 차단되어 있지만 인터넷에서는 자신과 비슷한 상황에 놓인 사람들과 모여 소통하는 공간을 만들기도 한다. 또한 온라인 활동을 통해 자신 이외의 누군가와 연결되어 있다는 편안함을 느끼거나, 자신의 이야기를 쓰거나 동영상을 만드는 작업을 통해 자연스럽게 사회에 자신을 드러내기도 한다. 따라서 이런 기회가 많아질수록 은둔형 외톨이의 시야는 넓어지고 다수의 사람과 소통할 수 있게 된다.

　관련 기사에 따르면 은둔형 외톨이의 상당수가 비슷한 성향이나 문제를 지닌 사람들이 모이는 온라인 커뮤니티와 카페 등을 찾는다고 한다. 네이버 카페 '더 호퍼' '죽사하(죽고 싶은 사람들의 하소연)' 등이 대표적인 곳이다. 때로는 자신이 즐기는 게임 커뮤니티에 가입해서 활동하는 경우도 있다. 그곳에는 자신을 이해해 줄 수 있는 익명의 친구들이 있기 때문이다(국민일보, 2020. 12. 1.). 이와 관련해서 전문가들은 한국의 은둔형 외톨이가 일본의 히키코모리보다 은둔 기간이 짧고 은둔 성향이 낮게 나타나는 이유가 있다고 밝힌다. 즉, 한국의 은둔형 외톨이는 혼자만의 시간을 더 많이 보내는 일본의 히키코모리보다 인터넷을 통한 커뮤니티 활동을 지속적으로 하고 있기 때문이다(여인중, 2005).

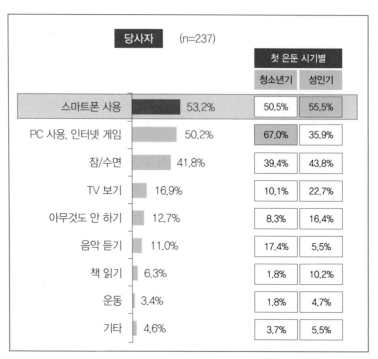

[그림 6-3] 은둔형 외톨이의 평소 많이 하는 행동 중 스마트폰 사용
출처: 광주광역시(2021).

하지만 이러한 순기능과 함께 현실을 벗어나 점점 더 가상세계에 몰입한다거나 낮과 밤이 바뀌는 생활로 이어지는 등 온라인 활동만을 하는 것의 역기능을 결코 무시할 수 없다. 은둔형 외톨이가 처음에는 순기능을 하는 정도의 온라인 활동을 시작하지만, 시간이 지나면서 오직 이 활동만이 삶의 전부가 되는 경우는 매우 자주 발생하기 때문이다.

> **사례** "주로 스마트폰으로 유튜브를 통해 영상을 보거나 음악을 들으며 지낸다."(파이교육
> 그룹, 2020)

> **사례** "주로 핸드폰으로 게임을 할 때도 있고, 쇼핑도 하고 사람들하고 SNS로 얘기하고, 그
> 래도 불편하긴 한데, 그래도 낫다. 블로그로 만났다가 그 친구 통해서 다른 사람들과 소통하고
> 그런다."(파이교육그룹, 2020)

> **사례** "그냥 누워서 핸드폰 하다가 담배 피우고 핸드폰으로는 주로 유튜브 본다. 칭찬맨 유
> 튜브나 웃긴 대화 커뮤니티 같은 거 한다. 재미로 본다. 게임은 PC방엔 거의 매일 간다. 가면
> 한두 시간 정도 한다. 그냥 시간을 때워야 하니까 간다."(파이교육그룹, 2020)

(6) 취미활동

은둔형 외톨이가 아무런 활동 없이 지내는 것만은 아니다. 그들은 나름 자신만의 규칙에 의해 자신이 원하는 활동을 꾸준히 하는 경우도 많다. 조사들(광주광역시, 2021; 윤철경, 서보람, 2020; 파이교육그룹, 2020)에서 은둔생활 중 가장 많이 하는 활동은 단연 게임이나 동영상 시청 등 컴퓨터와 모바일을 이용한 활동인 것으로 밝혀졌다(자세한 내용은 2장 참조). 하지만 은둔형 외톨이는 이 외에도 음악 듣기, 책 읽기, 캐릭터 모으기 등 자신만의 취미라 할 수 있는 활동을 하는 경우도 있다(파이교육그룹, 2020).

은둔 중 취미생활은 매우 유익하다. 대부분 몰두할 취미를 갖지 못하고 막연하게 핸드폰이나 TV를 보거나 게임을 하며 시간을 보내는데, 이는 심리적 여유가 없고 우울하기 때문에 집중력을 잃어서 그렇기도 하다. 은둔형 외톨이가 취미를 갖는 것은 일이나 아르바이트를 하는 것 이상으로 좋은 결과를 가져올 수 있다. 자신만의

공간에서 최대한 할 수 있는 몰입의 경험을 하는 것이기 때문이다. 은둔의 시간 동안 어떤 취미활동을 해도 도움이 될 수 있다. 또한 취미를 통해 가족과의 대화의 통로가 자연스럽게 열리기 쉬우며 이렇게 되면 상담하기에 바람직한 상태가 될 수도 있다(斎藤環, 2012).

> **사례** "은둔하며 얻은 것은 크게 없다. 하지만 혼자 있다 보니 책 같은 걸 읽게 되었는데 천천히 읽다 보니 더 깊게 이해하게 된 점이 있었던 것 같다." (어떤 책인지에 대한 물음에는 답하지 않음)(파이교육그룹, 2020)

> **사례** "필요한 정책이나 프로그램은 현실적으로 교류할 수 있는 프로그램이 필요하다. 공동으로 팀 작업을 경험해 볼 수 있는 프로그램이 좋겠다. 예를 들면, 소규모 팀 작업으로 공감받는 경험을 한다거나 진로나 취미에 관한 프로그램도 좋겠다."(파이교육그룹, 2020)

2) 가족 관련 행동

(1) 퇴행

은둔형 외톨이는 독특하게 어린아이 같은 행동을 하는 경우가 있다. 부모나 가족에게 자신을 사랑하는지 확인하고 안아 달라고 떼를 쓰는 등의 행동을 하기도 한다.

일본의 정신과 의사인 가사하라 요시미(笠原嘉, 1981; 斎藤環, 2012에서 재인용)는 은둔형 외톨이가 보이는 퇴행에 관해, 인간의 고통스러운 체험이 내면적인 갈등으로 이어지지 않고 외부로 행동화될 수 있는데 퇴행도 그중 하나의 형태라고 보았다. 또한 은둔형 외톨이의 퇴행을 회피가 아닌 자궁으로의 회귀라고 보는 견해도 있다(김나미, 2017). 즉, 무의식 중에 쉼을 위한 자궁으로의 회귀가 은둔생활이라고 본다. 현실의 두려움으로부터 어머니의 약속된 보호가 존재하는 자궁은 은둔형 외톨이가 생각하는 최소한의 안정된 장소라는 것이다. 은둔형 외톨이는 자신의 공간을 자궁과 같은 편안한 안식처로 인식하게 되고 장기적으로 머물게 된다. 하지만 그 안에서 자신을 재탄생시키기 위해 의미 있는 시간을 보낼 수도 있다. 이렇듯 은둔형 외톨이는 멈춰 있는 것이 아니라 퇴행을 통해서 보이지 않는 성장을 이룰 수 있다는 견해이다(김나미, 2017).

한편, 은둔형 외톨이의 퇴행 현상 중 가정폭력을 유발하는 '밀실화된 가족관계'에 주목할 필요가 있다. 이는 가족 외의 구성원은 가정폭력에 대해 간섭도 개입도 하기 어려운 환경을 말한다. 문을 닫고 스스로 밀실에 갇힌 은둔형 외톨이는 아이로 돌아가려는 현상을 더욱 가속화하여 말과 행동이 유치해지며 아기들이 쓰는 말을 사용하기도 한다. 퇴행은 정서의 의지, 감정의 분화, 감각의 확인 작업임과 동시에 불안을 제거해 주는 의미도 있다.

이렇듯 퇴행 현상을 보이는 은둔형 외톨이의 행동을 어디까지 허용할 것인지에 대해 고민이 필요하다. 자칫 지나치게 허용하면 더욱 심해지기도 하기 때문이다. 이에 대해 전문가들은 10대 이후에는 과도한 스킨십을 비롯한 응석에는 대응하지 않는 것이 좋다고 조언한다(斎藤環, 2012). 하지만 이들의 요구를 하루아침에 일절 거부하는 대응도 바람직하지는 않다. 되도록 함께 시간을 보내고 자녀의 이야기를 들어 주는 방식이 적절하다(斎藤環, 2012).

(2) 모자일체화

일본의 경우, 은둔형 외톨이가 되는 가장 중요한 원인 중 하나로 모자일체화(母子一體化)를 꼽는다(磯部潮, 2009). 어머니와 자녀가 한 몸처럼 밀접하게 심리적으로 결합되는 현상이다. 일밖에 모르는 아버지 밑에서 어머니의 관심은 자식들에게 집중되고 자식들은 시험 전쟁에서 살아남기 위해 모자일체화가 되어 열심히 공부하게 된다. 이것이 성공적으로 이루어지면 모자일체화는 더욱 강화되면서 서로가 없으면 살 수 없다는 환상에 빠지게 된다. 이러한 점이 은둔형 외톨이의 정신적 자립을 무의식적으로 구속하고 방해하게 되는 것이다.

모자일체화는 은둔형 외톨이 현상의 원인이 될 수도 있지만, 은둔생활이 이어지며 어머니와 은둔형 외톨이 자녀가 모자일체화가 되어 버리는 경우도 있다. 또한 많은 경우 모자가 이런 상황을 전혀 의식하지 못하기도 한다(磯部潮, 2009).

이러한 점은 한국의 경우도 마찬가지이다. 권위주의적이고 통제적인 아버지형이 많은 한국의 경우, 그러한 아버지에게 눌려 있고 분노하게 된 자녀들이 수동 공격적인 방법으로 집 안에 틀어박힐 가능성이 있다. 한편, 권위주의적인 아버지에 비해 수동적이고 자녀에게 지나치게 집중하는 어머니의 역할이 자녀로 하여금 어머니에게 심리적으로 의존하면서도 반대로 강하게 거부하는 양가감정의 형태로 나타날 수 있다. 결국 이러한 현상은 모자일체화와 비슷한 패턴으로 나타나고, 자신의 자립을 방해한 모에게 분노를 표출하게 될 수도 있다(정지현, 2011).

> **사례** J양(22세, 여)은 무남독녀로 회사원인 아버지를 둔 온순한 성격의 소유자이다. 어머니는 전업주부이고 활기찬 성격이다. 고등학교 때까지 평범한 보통 학생이었고 고교 졸업 후 슈퍼마켓에 취직하여 학창시절처럼 친구들과 즐겁게 하루하루를 보냈다. 그녀의 아버지는 운전사로 전국 갖지를 돌아다녔기에 그녀가 중학교에 입학한 후 약 10년 동안은 실제로 거의 아버지가 없는 듯한 가정 분위기 속에서 성장했다. 이런 이유에서인지는 몰라도 모녀의 일체성은 무척이나 강했다. 쇼핑을 할 때도 항상 같이 다녔기에 친구들로부터 일란성 쌍둥이라고 놀림을 받을 정도였다. 취직한 지 약 2년 후 20세가 되었을 때 그녀는 직장에서 불미스러운 일이 생기는 바람에 회사를 그만둘 수밖에 없게 되었다. 그 이후부터 그녀는 집에서 나오지 않았고, 대화 상대는 오로지 어머니뿐, 친구를 전혀 만나지도 않았고 전화 통화조차 하지 않았다. 어머니가 볼일 때문에 외출을 하려고 하면 울면서 나가지 못하게 했고, 어머니는 하루 24시간 내내 그녀와 붙어 지내게 되었다. 이런 생활이 반년 정도 지속되다 보니 어머니 또한 너무나 힘들었기에 상담을 하기 위해 병원을 찾게 되었다(磯部潮, 2009).

(3) 가족과의 교류 부재

쉽게 예상할 수 있듯이 은둔형 외톨이는 부모 및 가족들과 교류를 하지 않는 경우가 대부분이다. 물론 간혹 한 명의 가족구성원(예: 어머니 혹은 누나)과 과할 정도로 밀접하게 교류하고 끝없이 듣기 힘든 얘기를 쏟아 내는 경우도 있다. 하지만 일반적으로는 가족들과의 교류를 피하고 대화를 하지 않는 경우가 다수이다.

광주광역시(2021)에서 '가족들과 대화를 하는가, 한다면 어느 정도의 대화를 하고 있는가'를 조사한 결과, 응답자의 절반가량은 가족과 전혀 대화를 하지 않는다고 응답하였다([그림 6-4] 참조). 이는 현재 은둔생활을 하거나 과거 은둔생활을 했던 응답자 모두에게서 공통적이었다.

특히 은둔형 외톨이 청소년은 가족에게 자신의 생각을 주장하거나 지지를 요청하는 경우가 많지 않다. 이들은 얌전히 자라면서 부모님이 시키는 대로 따르며 성장하는 경우가 많고, 이러한 소극적인 성격과 가족 내 환경이 맞물려 은둔의 결과가 발생하

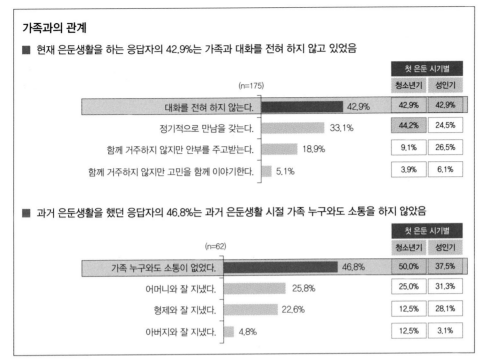

가족과의 관계

■ 현재 은둔생활을 하는 응답자의 42.9%는 가족과 대화를 전혀 하지 않고 있었음

(n=175)		첫 은둔 시기별	
		청소년기	성인기
대화를 전혀 하지 않는다.	42.9%	42.9%	42.9%
정기적으로 만남을 갖는다.	33.1%	44.2%	24.5%
함께 거주하지 않지만 안부를 주고받는다.	18.9%	9.1%	26.5%
함께 거주하지 않지만 고민을 함께 이야기한다.	5.1%	3.9%	6.1%

■ 과거 은둔생활을 했던 응답자의 46.8%는 과거 은둔생활 시절 가족 누구와도 소통을 하지 않았음

(n=62)		첫 은둔 시기별	
		청소년기	성인기
가족 누구와도 소통이 없었다.	46.8%	50.0%	37.5%
어머니와 잘 지냈다.	25.8%	25.0%	31.3%
형제와 잘 지냈다.	22.6%	12.5%	28.1%
아버지와 잘 지냈다.	4.8%	12.5%	3.1%

[그림 6-4] 은둔형 외톨이의 가족과의 관계

출처: 광주광역시(2021).

는 경우가 많다(손은수, 2005). 이런 상황에서 은둔형 외톨이 가족들은 장기적으로 은둔하고 있는 자녀에게 대화를 시도하거나 다양한 자극을 제시하는데, 이것이 당사자에게 스트레스가 되는 경우가 많다. 이런 자극이 제공될 때 당사자는 더욱 깊게 은둔하게 되고, 초조해진 가족들은 성과가 없음에도 반복적인 자극을 주는 경우가 많다. 하지만 이 경우 유의해야 할 것은 은둔형 외톨이들은 '고립하는 행동'으로 가족들에게 '자신이 힘들다'는 메시지를 끊임없이 전달한다는 점이다(손은수, 2005). 따라서 가족이 은둔형 외톨이가 보이는 행동 속에 숨어 있는 메시지를 보려고 노력하는 것이 악순환의 고리를 끊는 시작이 될 수 있다.

(4) 폭력적인 행동

모든 은둔형 외톨이가 그런 것은 아니지만, 은둔 기간 동안 이들은 가족에게 폭언과 폭행을 하거나 물건을 던지고 부수는 등 폭력적인 행동을 하는 경우가 있다. 폭력행동이 발생하는 조건을 좀 더 구체적으로 보면, 가족관계가 너무 폐쇄적이어서 가족 외의 구성원이 가족 상황에 합류하는 것이 인정되지 않거나 은둔형 외톨이들이 가정환경 내에서 퇴행이라는 유아적 행동을 보일 때 등이 그 예이다(斎藤環, 2012). 은둔형 외톨이들이 은둔 상태에 오래 있게 되면 불안감이나 초조감으로 인해 가족에게 욕을 하고, 물건을 부수거나, 심한 경우 가족을 구타하는 등 폭력을 행사한다(김유숙, 박진희, 최지원, 2012). 이들은 분노라는 정서를 마음 깊이 담아 두었다가 폭력이라는 행동으로 그것을 표출하는 것이다.

은둔형 외톨이와 가족들 64명 중 10년 이상 방 안에서만 지낸 은둔형 외톨이 7명에게 조사를 실시했다(손은수, 2005). 그중 응답자의 70%가 가족에게 욕설을 하거나 폭력을 행사한 경험이 있다고 응답하였다. 한 남성 은둔형 외톨이는 "아버지를 공격한 적이 있어요. 따귀를 때렸지요."라고 가족에게 폭력을 행사한 사실을 고백하기도 했다(손은수, 2005). 가정 내에서 폭력으로 분노 표출을 하는 은둔형 외톨이를 살펴보면, 부모에게서 심한 질책을 받은 것을 마음에 담아 두었거나 학교에서 또래로부터 따돌림, 폭력을 당한 것을 부모가 전혀 알아채지 못했거나 관심을 주지 않게 되면 부모에게 심한 분노 감정을 갖게 되고, 나중에 이를 핑계 삼아 부모에게 폭력을 행사하기도 한다(磯部潮, 2009).

한편, 이러한 가정폭력이 사회 속 범죄와의 관련이 깊을 것으로 생각하지만, 은둔형 외톨이의 경우는 그렇지 않다. 가해자는 집 밖에서는 절대 폭력을 행사하지 않는다. 단어 그대로 가정폭력이다. 은둔형 외톨이는 외부에서 보면 누가 봐도 온화하고 소극적인 청소년 혹은 청년이다. 이렇듯 은둔형 외톨이가 가족에게 보이는 폭력적 행동은 안과 밖의 이중성이 가장 큰 특징으로 범죄와는 직접적인 관련이 없다(斎藤環, 2012).

은둔형 외톨이 자녀가 가족에게 폭력을 행사하는 경우, 가족 또한 자책감이나 수치감에서 주위 사람들이나 전문가에게 사태를 털어놓지 않는 경우가 대부분이다. 하지만 이러한 대응은 폭력의 수위를 높이고 문제의 심각성을 더욱 크게 만들 가능성이 높다. 심각한 결과에 이르는 것을 막기 위해서는 가족이 폭력에 대해 안심하고 이야기할 수 있는 분위기 속에서 상황을 조기부터 공유하는 것이 중요하다.

3) 학교 및 사회 관련 행동

(1) 학교부적응 및 등교거부

청소년들의 학교부적응이나 등교거부는 은둔형 외톨이가 시작되는 중요한 계기가 된다. 학교부적응의 원인으로는 집단따돌림, 친구와의 갈등, 교사와의 갈등, 학교폭력, 학업 스트레스 등이 있다. 학력지상주의로 인한 과도한 경쟁이 친구와의 벽을 만들고, 삶을 이해하는 공부의 방식보다는 돈과 권력을 습득하기 위한 수단으로서의 교육을 받게 되면서 학교생활은 큰 스트레스가 되는 경우가 많다. 누군가를 밟고 올라서야만 하는 현실에서의 학업 및 학교생활은 청소년들에게 스트레스를 주고, 이러한 요인들은 학교부적응의 상태로 만들기 쉽다. 이러한 상태가 지속되면 등교거부가 시작된다.

현재 우리나라에는 매년 중 · 고등학교에서만 7만여 명의 중도탈락자가 발생한다. 학력지상주의와 입시교육 위주인 학교에 적응하지 못하거나 회의를 느껴 학교 밖을 선택하는 것이다(오윤선, 2010). 또한 대학입시에서 실패하거나 자본주의 경쟁 사회에서 도태되는 많은 청소년 및 청년도 언제 은둔을 선택하게 될지 알 수 없는 상황이다.

모든 등교거부가 은둔형 외톨이로 이어지는 것은 아니다. 일부는 아르바이트나 부업을 하는 학생들이 늘면서 등교거부가 시작되기도 한다. 하지만 최근의 등교거부 양상은 종전의 아르바이트나 부업을 하기 위한 것보다, 전면적인 사회적 철회를 하는 형태의 은둔형 외톨이 양상이 많다. 등교거부가 이어지는 경우, 스스로도 학교에 가야 한다는 생각은 하지만 가지 못하는 혼란스러운 마음이 커지고, 이로 인해 점점 더 자신의 세계로 들어가게 된다. 학교생활에서 자신이 크게 실패했다는 생각을 하며 사회적으로 철회를 하게 된다. 또한 일반적인 또래들과 다르게 살아가는 자신에 대한 주변의 관심과 걱정이 부담되고 힘들어도 해명할 힘도 없어, 관계 단절을 택해 들어가 버리는 것이다. '내일은 반드시 학교에 가야지.'라고 다짐하지만 막상 아침이 되면 결국 두통이나 복통 등 신체 증상을 호소하며 부모에게 학교에 가지 않아도 된다는 허락을 받게 된다. 이 경우는 실제로 신체질환이나 정신질환이 있는 사람과는 다른 이유이고, 이런 상황이 오래 반복되면서 자신도 모르는 사이에 은둔 상태로 접어들게 된다(김유숙 외, 2012). 앞으로 이와 같은 추세가 계속된다면 은둔형 외톨이와 등교거부를 구별할 필요조차 없을 것이라고 예상되기도 한다(斎藤環, 2012).

사례 "무엇보다 입시 위주의 정책을 바꾸어야 한다. 입시에서 실패하면 그냥 인생이 실패할 것 같은 현실, 입시가 취업과 연결되어 있고 그것이 인생과 연결되어 있다는 생각을 바꾸어 줘야 한다. 난 결국 지방대를 갔는데 인생이 망한 줄 알았는데 실제로 그때 잘 지냈다. 여자 친구도 사귀고 즐거웠다. 인생이 망한 것이 아닌데…… 실패가 아니다라는 것, 실제로 실패했더라도 그걸 극복할 수 있다는 것을 입시 위주의 현실에서는 배울 경험이 없다."(파이교육그룹, 2020)

사례 28세인 H씨는 중·고등학교 내내 심한 학교폭력에 시달렸다. 중학교 때 일진 무리들로부터 매주 돈과 담배를 상납해야 했다. 부족한 상납금을 채우지 못한 날은 뺨을 맞았다. 중3 때는 조별 과제를 하기 위해 친구 집에 갔다가 조원 4명 중 2명이 그의 옷을 벗기고 신체 주요 부위를 동영상으로 찍었다. 저항했지만 힘으로 이길 수가 없었다. 다음날 그 영상은 학교에서 돌려 보게 되었다. 늘 불안감을 갖고 학교에 다녔지만 부모나 교사에게 알리지 못했다. 7세 때 이혼한 어머니는 생계 유지로 늘 바빴다. 집도 편히 쉴 곳이 못 됐지만 학교가 너무 싫어서 수업에 빠지는 날이 많았다. 이후로 대학을 갔고 알바도 했지만 밖에 나가는 일이 너무 힘들었고 학교 강의실에 들어가면 온몸이 땀으로 젖고 집중이 되지 않았다.
(국민일보, 방에 나를 가뒀다, 은둔청년보고서③, 2020. 12. 1.)

사례 일본 도쿄의 남성 A씨(26세)는 7년간 자기 방에서 나온 일이 없다. 중학생 때 친구들에게 이지메(집단 괴롭힘)를 당한 후 등교하기를 거부한 것이 은둔생활의 발단이었다. A씨는 당시 2년간 방에 틀어박힌 채 나오지 않았다. 그나마 혼자서라도 공부는 했기에 고등학교에 합격했지만 6개월 다니고는 다시 그만두었다. 적응이 안 된다는 것이 이유였다(손은수, 2005).

사례 초3 때 전학을 간 경남의 한 학교에서 학교폭력을 당한 선우 씨(가명)는 그 후로도 학교에 적응하기가 힘들었다. 학교는 끔찍하고 힘든 곳이었고, 친구들 사이에서 불편하고 불안했다. 결국 고1 때 자퇴를 했다. "모든 걸 내려놓고 싶고 포기하고 싶었어요. 학교에 다니지 않으면 내 인생이 괜찮아질 거야 하는 생각도 들었어요."(국민일보, 방에 나를 가뒀다, 운둔청년보고서②, 2020. 11. 30.)

(2) 대인 기피 행동

쉽게 예상할 수 있듯이 은둔형 외톨이는 타인과의 교류를 기피한다. 은둔형 외톨이 대부분이 사람 앞에서 쉽게 긴장하고 사람을 사귀는 것이 서툴며 높은 대인 긴장 성향을 보인다. 그러나 은둔형 외톨이 중 일부는 이전에는 그렇지 않았지만 은둔생활을 시작하고 나서 대인공포를 보이기도 한다. 원래는 사교적이었던 사람이 은둔형 외톨이가 되고 난 후에 대인공포가 생기는 경우이다. 이들은 대인관계에서 경험한 좌절, 배신, 상처 등으로 인해 은둔을 시작하게 되는 경우가 대부분이다. 이로 인해 모든 대인관계에서 철수하고 외부 세계에 대한 공포감을 갖게 된다. 이들은 점점 사람 만나는 것을 두려워하게 되며 가족 이외의 사람과 대화를 하지 못하게 된다.

대인관계를 기피하는 경우, 외부 세계에 매우 과민해져서 '주위 사람들이 자신을 망치고 있다'는 피해의식을 갖기도 한다(磯部潮, 2009). 자신이 경험한 피해를 전체 세상에 확대하여 공포를 갖는 것이다. 반면, '내가 남에게 피해를 준다'는 생각을 하는 경우도 많다. 이들은 내 얼굴이나 시선이 타인에게 피해를 준다거나 내 몸에서 나는 냄새가 피해를 준다는 생각에 빠지기도 한다(류승현, 2009). 이렇게 타인 혹은 자신이 서로에게 적대적이고 피해를 줄 수 있다는 생각으로 인해 대인관계에 대한 불편함이 커지고 기피하는 행동은 더욱 심화될 수 있다(관련 내용은 인지적 특징에 관한 4장 참조).

> **사례** "20세 때부터 6개월 정도 집에 있다가 잠시 나가서 학교를 다니기도 하고, 인간관계에서 내가 뭔가 사람들에게 좋은 반응을 못 받는 것 같다는 생각이 들면 다시 은둔을 하다가 알바를 하기도 했는데, 알바를 할 때 실수를 하거나 누군가에게 혼나거나 또는 대인관계에서 상처를 받거나 하는 경우가 생기면 또 나가지 않고 집에만 있고 하는 생활이 계속되었다. 남들보다 그런 것에 더 민감한 것 같고, 점점 지치는 것 같았다. 더 이상은 해 나갈 수 없을 것 같았다."
> (파이교육그룹, 2020)

> **사례** 지방의 소도시에서 자란 김도연 씨. "부끄러웠어요. 옛 동창들이 학교도 안 가고 집에만 있는 저를 길에서 알아볼까 부끄러웠어요. 자동차 앞을 지나가면 안에 탄 사람이 아무 생각 없이 바깥을 쳐다보잖아요. 밖에서 걸을 때 누군가 저를 그렇게 보고 있다는 생각이 들어 너무 싫었어요. 누군가가 내 존재를 알고 있다는 것이……."(국민일보, 방에 나를 가뒀다, 은둔 청년

보고서③, 2020. 12. 1.)

사례 중학생 때 시험에 대한 불안감으로 은둔을 시작한 문세윤 씨(가명. 20세). "사람 만나는 게 무섭고 자신이 없었어요. 가끔 외출이라도 할 때면 눈을 피하고 말도 제대로 못 했죠. 소셜미디어를 보면 다들 잘 사는데 저만 정체된 느낌이라 비교가 되고 힘들었어요."(국민일보, 방에 나를 가뒀다, 은둔 청년 보고서 ③, 2020. 12. 1.)

사례 은둔한 지 1년 반 만에 처음으로 나온 이성태 씨. "버스에 탔을 때 모든 사람이 저를 보는 것 같았어요. 머리는 기름지고 꾸미지 않으니까 '쟤가 뭐 하는 놈일까' 괜히 쳐다보는 것 같더라고요." 버스에 탄 1시간 반 동안 눈을 꼭 감고 있었다(국민일보, 방에 나를 가뒀다, 은둔 청년 보고서 ③, 2020. 12. 1.).

(3) 외출

많은 은둔형 외톨이가 자신의 방 혹은 집 안에서만 생활하지만, 집 앞이나 가까운 곳으로 외출하는 경우도 있다(자세한 내용은 2장 참조). 광주광역시(2021)의 조사결과에 의하면 은둔형 외톨이의 절반 이상인 50.6%는 주로 집 안에서 생활하지만 가끔 편의점 등으로 외출을 한다([그림 6-5] 참조). 또는 일부는 취미활동을 위해 외출을 하는

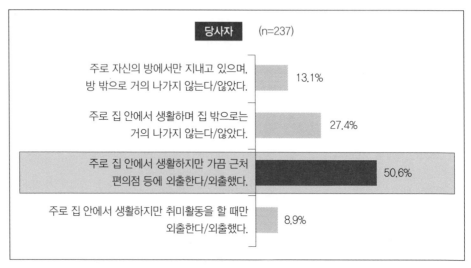

[그림 6-5] 은둔형 외톨이의 평소 외출 정도

출처: 광주광역시(2021).

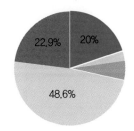

은둔생활 여부

1. 당신은 과거 또는 현재에 6개월 이상 다음과 같은 경험을 한 적이 있으십니까?

22.9% 20%

48.6%

- ① 주로 집 안에서 지내지만 취미활동 등을 할 때만 외출한다(한 적이 있다).
- ② 근처 편의점 등에는 외출한다(한 적이 있다).
- ③ 방에서는 나가지만, 집 밖으로는 나가지 않는다(않은 적이 있다).
- ④ 방에서 거의 나가지 않는다(않은 적이 있다).
- ⑤ 위 4개에 해당하지 않는다(6개월 이상 외부 사람들과 교류하지 않았던……).

[그림 6-6] 은둔형 외톨이의 평소 외출 경험

출처: 윤철경, 서보람(2020).

경우도 있다. 윤철경과 서보람(2020)의 조사에서도 은둔형 외톨이의 절반가량은 취미활동 등을 위해 가끔씩 외출한다고 보고하였다([그림 6-6] 참조).

여인중(2005: 손은수, 2005에서 재인용)은 은둔형 외톨이 107명을 상담 및 치료하며 그들의 유형을 나누었다. 이는 거의 외출하지 않는 '완전 칩거형'(41명), 밤에 잠깐 담배나 음료수를 사러 외출하는 '제한 활동형'(66명)'으로 구분된다.

(4) 경제활동

극히 일부에 해당되지만 은둔형 외톨이 중에는 은둔생활 중 인터넷으로 주식 투자를 해서 용돈 정도를 벌어 수익 중 일부를 가족에게 주는 경우도 있다(斎藤環, 2012). 그러나 은둔형 외톨이는 경제적 활동을 하지 않는 경우가 대부분이다. 하지만 이들이 그에 대한 욕구가 없는 것은 결코 아니다(5장 참조).

조사결과에 따르면 '은둔생활을 벗어나기 위해 가장 필요한 도움은 무엇인가?'에 대해 경제적인 부분, 즉 '돈을 벌어야 한다'는 답변이 가장 많았고, 자신과 같은 사람들에게 맞는 일자리를 창출해 달라는 요구가 많았다(파이교육그룹, 2020). 또한 이들은 '수입이 없는 것' '독립을 위한 생계자금이 필요하다.' '수입이 없어 수치심이 생긴다.' '사기당한 여파로 카드대금을 갚고 있다.' '수입이 아예 없으니 너무 힘들다.' 등 경제적 어려움을 호소하는 경우가 많았다(파이교육그룹, 2020). 광주광역시(2021)의 조사에서도 은둔형 외톨이가 가장 크게 겪는 어려움이 무엇인가라는 질문에 이들은 취·창업활동 기회를 마련하는 것이라고 응답했다([그림 6-7] 참조). 이러한 결과

[그림 6-7] 은둔형 외톨이를 위한 정책 중 경제활동

출처: 광주광역시(2021).

들은 그들이 방 안에서 은둔하고 있지만 세상을 살아가는 데 필수적인 돈과 경제활동의 필요성을 분명히 느끼고 있음을 보여 준다.

이들은 돈을 버는 행동뿐 아니라 돈을 쓰는 행동도 거의 하지 않는다. 어쩌면 수입이 없어 생기는 당연한 결과일 수도 있다. 파이교육그룹(2020)의 조사에서 은둔형 외톨이들에게 한 달에 필요한 액수를 질문한 결과, 0원부터 400만 원까지의 다양한 답변이 나왔다. 400만 원 정도의 큰 액수는 자신이 현재 쓰는 금액이라기보다는 희망하는 액수일 것으로 보인다. 월 30~50만 원 정도의 돈이 필요하다는 응답이 가장 많았고(46명 중 18명), 다음으로는 월 1만 원에서 10만 원 정도라는 응답이 많았다(46명 중 10명). 돈을 조달받는 방법은 가족 및 부모에게 받는 경우가 대다수였다. 종합할 때, 은둔형 외톨이는 가정에서 대부분의 의식주를 해결하고 외출이 없기 때문에, 극히 적은 돈을 쓰고 있고 쓰고 싶은 욕구 또한 극도로 제한함을 알 수 있다.

다음 사례들은 은둔형 외톨이가 은둔생활 동안 경험하는 경제활동을 잘 보여 준다.

사례 "난 돈을 안 쓰는 데 이골이 난 사람이다. 최대한 안 쓸 수 있다. 하루 한두 끼 먹으니 식사비도 많이 안 들고, 연락도 거의 안 하니 핸드폰 요금도 별로 없고, 작년까지 알바를 두 탕 뛰어서 딱히 불편하지 않다. (알바는 어떻게 하게 되었나?) 돈이 없어서 생계의 위협을 느낄 정도라 죽을힘을 다해서 벌었었다. 과거에 집에만 있을 때는 부모님의 도움을 받았다."(파이교육그룹, 2020)

사례 "지원해 주는 곳의 담당자는 이미 지쳐 있더라. 좋아하는 일을 찾아 줬지만 아무도 안 기뻐한다고 한다. 그다음에 뭘 해야 하는지 모른다고 한다. 돈도 많이 들고 정보도 가짜가 많고, 뭘 해도 그다음 단계로 나가지를 못한다. 기회를 주고 싶은 회사도 있지 않을까. 그런 회사가 경력을 묻지 않고 청년들에게 좀 기회를 주면 좋겠다. 경력이 이미 없거나 단절된 사람들은 시작을 못한다. 우리 같은 사람들이 안전하다고 느낄 수 있도록 해 주어야 한다. 공감인과 같은 프로그램을 단발성이 아니라 꾸준히 해서 서로 친구가 될 수 있도록 하고, 그래서 건강한 생각을 할 수 있도록 했으면 좋겠다."(파이교육그룹, 2020)

사례 "내일배움카드 인원제한 없애기(사람이 안 모이면 하염없이 기다리며 허송세월하게 됨). 아니면 기다리는 동안 비용 지불 요망, 기다리다가 알바도 못하고 6개월을 지내게 되었었음. 청년창업지원금의 기준이 너무 높다. 도전할 때 실패 리스크를 디디고 일어설 수 있는 만큼으로 낮기를 바란다."(파이교육그룹, 2020).

사례 고시텔에서 혼자 은둔생활을 하는 A씨. 어머니가 월 43만 원의 고시텔비를 내주고 있다. 이 돈도 겨우 마련하는 형편이라 생활비는 못 부치고 있다. A씨는 어머니에게 아르바이트를 한다고 했다고 한다. 이 말을 들은 A씨의 어머니는 A씨가 아르바이트를 할 수 있는 상황이 아니라고 했다. "만날 방에만 있는데 무슨 아르바이트예요. 죽지 않으면 다행이지, 허 참." A씨가 방 안에서 무엇을 하는지, 무슨 돈으로 음식을 배달시키는지는 어머니도, A씨도 몰랐다. (국민일보, 은둔 청년 보고서 ③, 방에 나를 가뒀다, 2020. 12. 1.)

사례 "예전에 일했을 때 모아 놓았던 것도 있고, 부족해 보이면 부모님이 그때그때 용돈을 주신다. (부족하지 않나?) 돈이 있어도 잘 못 쓴다. 불안해서. 미안해서."(파이교육그룹, 2020)

(5) 상담 및 지원체계 참여

은둔 상태는 방치하면 벗어날 수 없는 경우가 대부분이지만 은둔형 외톨이의 경우 본인 스스로 상담실을 방문하는 일은 거의 없다. 따라서 개입 및 치료는 가족 등 주위 사람들의 상담에서 시작되는 경우가 많다(한국청소년상담원, 2007a). 그러나 많은 은둔형 외톨이 가족도 가족구성원의 은둔문제를 숨기고 감추는 경우가 많다. 동네 창피해서, 어디다 말해야 할지 몰라서 등의 이유로 속으로 가슴앓이만 하는 가족이 대부분이다. 이러다 보니 은둔형 외톨이가 상담 및 지원체계에 참여하는 경우는 매우 제한적이다.

광주광역시(2021)의 조사결과에 의하면 전체 은둔형 외톨이의 68.8%가 상황 변화를 위한 상담을 경험한 적이 없었다([그림 6-8] 참조). 하지만 이들은 희망하는 도움방식으로 '가기 편한 곳에 있는 상담시설 방문'을 가장 많이 꼽아 상담에 대한 욕구가 적지 않음을 보여 주었다. 이와 함께 온라인 일대일 멘토 연계도 다음으로 많이 원해([그림 6-9] 참조), 오프라인을 넘어 온라인 속에서의 지원도 많이 개발될 필요성을 보여 주었다. 이러한 결과는 윤철경과 서보람(2020)의 조사에서도 비슷해서, 응답자들은 필요로 하는 도움을 받는 방법으로 '집에서 1시간 거리 이내, 교통 좋은 곳에서 상담 등 서비스 제공'을 가장 많이 꼽았다([그림 6-10] 참조).

> 사례 "심리치료를 좀 해 주면 좋겠다. 집단 같은 것이 좋은 게 나에게 집중받는 것도 아니고 같이 영화 보고 그냥 따라만 오라고 해서 그냥 같이 하다 보니 마음이 열리고 이런 심리치료 프로그램이 필요하다."(파이교육그룹, 2020)

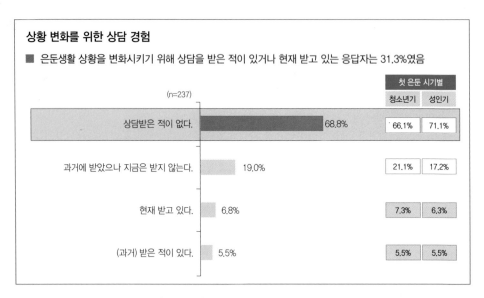

[그림 6-8] 은둔형 외톨이의 상담 경험

출처: 광주광역시(2021).

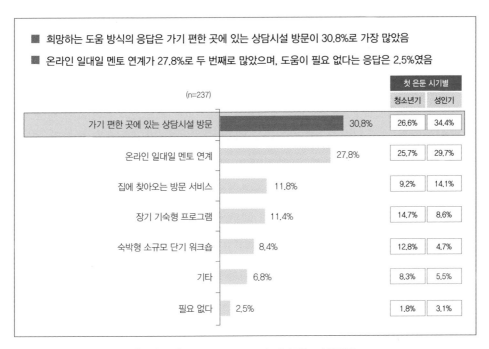

[그림 6-9] 은둔형 외톨이들이 희망하는 지원방법

출처: 광주광역시(2021).

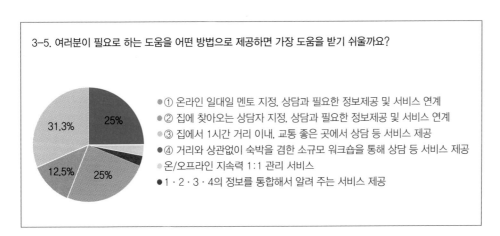

[그림 6-10] 은둔형 외톨이들이 희망하는 도움 방법

출처: 윤철경, 서보람(2020).

사례 "집단상담, 무료 상담기관을 지정해서 장기적으로 상담을 받을 수 있으면 좋겠다."(파이교육그룹, 2020)

3. 은둔형 외톨이와 함께하기

많은 은둔형 외톨이 부모는 은둔생활을 하는 자녀에 대한 답답함을 호소하며 "도대체 아무것도 하지 않아요. 제발 뭐라도 하면 좋겠어요."라고 토로하곤 한다. 이러한 고통은 충분히 이해될 만하다. 하지만 이 장에서 살펴보았듯이 그들이 '아무것도 하지 않는 것'은 아니다. 그들은 아주 소극적이고 미세하게 어떠한 행동들을 한다. 이러한 행동들은 대부분 비생산적이기 때문에 무시당하고 비난받는다. 자신 스스로도 '나는 은둔 동안 아무것도 하지 않았다'고 회상할 정도이다.

조사결과나 실제 경험을 통해 은둔형 외톨이를 만나 보면 이들이 가족이나 주변 사람들로부터 받고 싶은 도움의 내용을 말한다. 도움이나 해결책보다는 '좀 토닥여 주면 좋겠다' 혹은 '믿고 기다려 주면 좋겠다'는 내용이 주를 이룬다. 비록 비생산적인 활동의 연속이라 해도 은둔형 외톨이가 자신의 공간에서 하는 행동 중 일부는 세상으로 나가려는 애씀일지 모른다. 이러한 미세한 애씀과 노력을 알아주는 것, 그것이 토닥여 주고 믿고 기다리는 것의 시작일 수 있을 것이다.

제3부 _____

은둔형 외톨이
원인

/ 제7장 / 개인적 요인과 은둔형 외톨이

/ 제8장 / 가족 관련 요인과 은둔형 외톨이

/ 제9장 / 학교 및 진로 관련 요인과 은둔형 외톨이

/ 제10장 / 사회문화적 요인과 은둔형 외톨이

우리는 발명가의 우울한 과거를 듣고 노래한다.

제7장
개인적 요인과 은둔형 외톨이

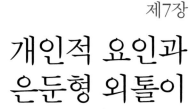

은둔형 외톨이는 많은 요인이 복합적으로 영향을 미쳐 생겨나는 현상으로, 이 장에서는 은둔형 외톨이 현상에 영향을 미칠 수 있는 개인적 요인에 대해 알아보고자 한다. 구체적으로, 많은 개인적 요인 중 출생순위, 성별, 기질 및 성격에 초점을 두고 이러한 요인들이 은둔형 외톨이 현상과 갖는 관련성에 대해 살펴보고자 한다.

1. 개인적 요인의 의미와 중요성

1) 개인적 요인의 의미

'나'는 왜 나인가? 개인차가 발생하는 데는 여러 가지 요인이 영향을 미치고 그러한 영향이 그 사람만의 고유한 패턴을 만들어 낸다. 우리는 이를 개성 또는 독특함이라고 하는데, 개성은 그 사람만의 방식으로 생각하고 표현하며 행동하게 한다. 이러한 특성은 짧은 기간 동안 형성되는 것은 아니며, 타고난 고유함과 함께 그 사람의 외적 환경과 후천적 경험을 통해 변화할 수 있다. 즉, 한 개인의 특성은 유전과 환경의 끊임없는 상호작용을 통해 형성된다. 이 중 출생순위와 성별 그리고 유전적 요인인 기질과 성격은 개인적 요인을 대표하는 것들이다. 이 요인들은 개인이 사회에 적응하며 살아가는 데 중요한 역할을 한다.

우리는 사회에 적응적인 사람이 되기 위해 '나'를 사회 · 문화적 관습에 맞추려는 경향성을 가지고 있다. 특히 집단주의가 강한 사회일수록 개인이 갖는 개인차를 인정하고 수용하기보다는, 집단에 맞추는 것을 선호하며 집단을 위해 개인이 희생하는 것을 당연시한다. 이런 사회에서는 내 기질이나 성격보다는 사회가 요구하는 바람직성에 초점을 맞추고, '나'를 변화시키기 위해 노력한다. 하지만 이러한 변화는 결코 쉽지 않다. 오히려 그러한 노력이 진정한 나로부터 멀어지게 함으로써 진정한 자아를 잃기 십상이며 부적응을 경험할 가능성이 커진다.

다른 개인적 요인들과 마찬가지로 기질이나 성격은 '좋다, 나쁘다'의 의미를 부여할 수 없다. 우리는 '남자는 좋고 여자는 나쁘다'거나 '첫째는 나쁘고 막내는 좋다'와 같은 가치평가를 할 수 없다. 이러한 요인들은 단지 개인을 구별하게 한다는 점에서 의미가 있다. 따라서 은둔형 외톨이가 어떤 특별히 나쁜 개인적 요인을 갖고 있어 은둔 상태가 되었는지를 확인하기보다는, 어떤 개인적 요인들과 은둔형 외톨이가 관련성이 높은지를 객관적이고 무비판적인 시각에서 보려는 태도가 중요하다.

2) 개인적 요인의 중요성

(1) 출생순위

아들러(Adler)는 가족 내의 형제서열에 따라 아동의 경험이 달라지기 때문에 출생순서가 개인의 행동 패턴에 중요한 영향을 미친다고 보았다. 일반적으로 맏이는 부모의 높은 기대로 인해 더 성취 지향적이고 유능하며 성취도가 높다(Hartup, 1983: 권석만, 2017a에서 재인용). 맏이는 가정에서 동생을 돌보는 역할로 인해 사회적 책임감이 강하고 자기통제력이 높고 다른 형제자매들에 비해 더 지배적이며 경쟁적이다. 하지만 맏이는 질투심이 많고 감정적이어서 분노를 쉽게 나타내며 자기존중감이 낮다. 또한 사회적 의존성이 높고 적응력이 약하여 또래집단으로부터 호감을 얻지 못한다는 연구결과도 있다(Baskett, 1985: 권석만, 2017a에서 재인용).

반면, 둘째는 맏이라는 큰 산을 넘기 위해 나름대로 다양한 시도를 하며 소위 '눈치'라는 것을 발달시킨다. 둘째는 뚜렷한 반항의 성향을 드러내기도 하지만 사교성이 좋고 다정하며 협력을 통해 주변의 칭찬과 인정을 이끌어 내려고 노력한다(Sulloway, 1996: Harris, 2007에서 재인용). 한마디로 **맏이들은 경쟁을 위해 심술을 부리고, 둘째는 경쟁을 위해 사근사근하게 군다**(Harris, 2007). 어쩌면 이러한 경향성이 같은 부모, 같은 환경임에도 성격이 달라지는 이유가 될 수 있다.

막내는 부모의 관심과 애정을 많이 받는 점에서는 첫째 아이와 같지만, 첫째 아이와 반대로 책임감이 낮고 독립성의 발달이 늦으며 열등감이 높다. 최근 한 연구에서 두 명의 어린 자녀를 둔 미국인 부모들에게 둘 중 누구에게 더 많은 애정을 느끼는지 물었다. 이들 중 대부분의 부모(엄마 87%, 아빠 85%)가 어린 자녀를 더 편애한다고 대답했다(Ridley, 1996: Harris, 2007에서 재인용). 이러한 결과는 부모가 자녀들을 똑같이 대하려고 노력하지만 본능적으로 작고 어린 아이에게 마음을 빼앗긴다는 것을 보여 준다.

한편, 일반적으로 외동아이는 자기중심적이고 자기통제력이 약하며 의존적이고 정서적 문제가 많은 것으로 알려져 있다. 그러나 최근 연구에 따르면 외동아이는 부모의 높은 기대와 관심으로 인해 성취 수준이 높다(Falbo & Polit, 1986: 권석만, 2017a에서 재인용). 또한 형제간 경쟁으로 인한 갈등을 겪지 않기 때문에 불안 수준이 낮으며 안정되고 성숙한 자기통제력을 갖는다(Hetherington & Parke, 1993: 권석만, 2017a에서 재인용).

이렇게 출생순위는 개인차를 보여 주는 중요한 요인이 될 수 있다. 특히 부모가 자녀의 출생순위에 따라 상이한 양육태도를 갖는 경우 출생순위에 따른 영향력이 분명해진다. 예를 들어, 부모가 '나는 아이들을 고르게 대했고 전혀 편애하지 않았다.'라고 생각할지라도, 출생순위별로 각 자녀가 느끼는 경험은 다를 수 있다. 이러한 차별적 태도를 의도적으로 취했든 그렇지 않았든 간에, **출생순위에 따른 사회·문화적 역할에 대한 부모의 당위적 생각들은 자녀에게 전달될 수 있다.** 예를 들어, 전통적으로 한국사회에서 맏이, 특히 장손은 집안의 제사와 가계 및 사회적 지위를 상속하고 친족집단을 통합하는 구심점 역할을 맡아 왔다. 부모가 이러한 역할을 당연하다고 여기는 경우 부모의 가치관은 부지불식간에 맏이인 자녀를 대하는 양육태도에 나타나게 된다. 그 가운데 맏이는 부모나 친족으로부터 심리적 부담감을 느낄 수밖에 없는 것이다.

(2) 성별

성별이 갖는 생물학적 차이보다는 사회·문화적 차이에서 오는 남성과 여성의 역할은 각 나라와 문화마다 차이가 있다. 문화의 영향에 따라 여성의 역할과 남성의 역할은 달라지는데, 특히 집단주의와 유교적 문화에 영향을 많이 받는 나라일수록 여성보다는 남성의 사회적 역할을 중요하게 생각한다. 그러한 사회·문화적 요인은 가정 내 남성과 여성의 역할을 제한하고, 부모 또한 아이들을 양육하는 과정에서 그러한 관습적인 신념을 은근히 주입하게 된다. 그로 인해 유교문화권 남성들은 남자다움과 함께 감정을 표현하지 않으며 과묵하고, 가장으로서 책임감이 강한 남성상을 요구받는다. 연구에서도 **남자아이들이 여자아이들에 비해 가정 내 자극과 가정의 정서적 분위기에 더 많은 영향을 받는 것으로 나타났다**(김화정, 2010). 이러한 사회·문화적 요구는 내가 원하지 않아도 주어지는 것이어서 인간의 독립성과 자율성을 제한하여 인간으로서 충분히 기능하는 것을 방해한다.

여성들도 과거에는 사회가 요구하는 여성다운 삶을 강요받고, 여자는 조용하고 자기주장이 강하면 안 된다는 차별로 인해 인간으로서 충분히 기능하기 힘든 시절이 있었다. 하지만 여성들의 교육 수준이 높아지고 직업 가치관이 남성들과 비슷해지면서 노골적인 성차별을 경험하는 경우는 적어졌다. 그러나 미묘한 성차별[1]로 인해 20, 30대가 겪는 사회적 불편감은 여전하다(손지빈, 2019). 이러한 미묘한 성차별은 사회 전반에 존재하며 여성이 꿈꾸는 사회적 진출에 한계를 만들기도 한다. 그러다 보니 여성 중 고학력과 다양한 스펙을 가지고도 경력단절로 이어지는 경우가 많으며, 가정의 살림과 육아를 여성들이 도맡아 하는 것을 아직도 당연하게 여기는 사회에서 여성들이 무기력해지기도 한다.

(3) 기질 및 성격

배우자를 선택할 때 가장 중요하게 생각하는 것은 무엇일까? 외모, 성격, 경제적

---

1) 일상 속에서 종종 일어나는 무의식적이고 교묘한 차별로, 의도하지 않았지만 무심결에 나오는 언어적·행동적 차별을 의미한다(손지빈, 2017a).

능력, 학벌 등 수많은 것이 배우자를 선택하는 데 있어 중요한 요인이 될 것이다. 그 중에서도 많은 사람은 따뜻함, 자상함, 다정함 등의 다양한 성격적 측면을 이야기한다. 그와 반대로 이혼을 결심하게 되는 이유 중 하나도 바로 이 '성격 차이'이다.

그렇다면 이러한 성격은 어떻게 형성되는 것일까? 성격은 타고난 기질과 더불어 다양한 환경적 요인에 영향을 받는다. 이러한 성격은 개인의 교우관계, 부부관계, 연인관계, 진로, 종교, 건강 등 다양한 영역에 영향을 미치며 개인이 적응적인 삶을 살아가는 데 중요한 요인으로 작용한다.

이제 막 태어난 아기들을 보면 어떤 아기는 잘 먹고 잘 자고 정말 순한가 하면, 또 어떤 아이는 심하게 보채기도 하고 잠투정도 심해 부모들을 쩔쩔매게 한다.

> "우리 아이는 아기 때부터 매우 까다로워서 키우기가 많이 힘들었어요."
> "우리 아이가 아기 때는 순했는데 커 가면서 성격이 예민해지더라고요."
> "첫째는 안 그랬는데 둘째는 왜 저러는지 정말 그 이유를 모르겠어요."

자녀를 둔 어머니들이라면 '우리 아이는 왜 다른 아이들과 다른가?' 하는 생각을 한 번쯤은 해 봤을 것이다. 신비롭게도 우리 모두를 포함하여 각 개인마다 고유의 기질이 존재한다. 한 연구에서 생후 3일 동안 신생아를 관찰한 결과, 시선 집중, 반응의 민감성 정도, 신체의 움직임 정도에서 개인차가 존재함을 인식하였고, 어머니들은 출산 직후에는 몰랐지만 48시간이 지나면서부터는 자신의 아기가 다른 아기와 다른 특성을 갖고 있음을 인식할 수 있었다(Mears, Penman, Milgrom-Friedman, & Baker, 1982: 홍지은, 2007에서 재인용). 연구자들은 아이들이 출생 직후에도 행동상의 개인차가 뚜렷하다는 점, 부모의 양육태도가 아동의 심리 발달에 큰 영향을 준다는 증거가 부족하다는 점 등에 주목하면서, 개인마다 출생 때부터 갖는 특성이 있음을 확인하였다(홍성도, 1997). 이러한 특성을 기질이라 부른다.

또한 성격은 한 사람의 특성을 이해하기 위한 것으로 개인마다 갖는 고유한 패턴이다. 내향적인 사람은 넓은 대인관계보다는 소소하고 깊은 인간관계를 추구할 가능성이 많고, 외향적인 사람은 넓은 대인관계를 갖는 대신 피상적인 인간관계를 갖기 십상이다. 또 어떤 사람은 차분하고 꼼꼼하여 지나치게 일에 매달리는 경향을 보이고, 또 어떤 사람은 조심성이 부족하여 잦은 실수를 저지르기도 한다. 이처럼 성격은 개인이 나타내는 행동의 독특성, 다양한 행동의 일관성, 지속적으로 나타나는 개인 행동의 안정성으로 개인의 동기, 인지, 정서, 행동에 영향을 미친다(권석만, 2017a). 즉, 우리가 삶을 살아가는 동안 성격은 우리가 무엇을 할 것인지, 어떻게 생각할 것인지, 그리고 어떻게 행동할 것인지, 그래서 우리는 어떻게 느끼고 표현할 것인지의 모든 것에 지속적인 영향을 미친다.

2. 개인적 요인과 은둔형 외톨이

1) 출생순위와 은둔형 외톨이

은둔형 외톨이의 출생순위가 맏이가 많다는 연구결과는 매우 흥미롭다(자세한 내용은 현황에 관한 2장 참조). 맏이는 부모의 집중적인 관심과 애정의 대상이었을 가능성이 크다. 하지만 첫째 아이를 키우는 부모는 미숙하여 아이의 특성보다는 지나친 간섭과 더 높은 기대를 하고 남들의 교육 신념을 좇아 무조건 아이에게 좋다는 것을 시키게 마련이다. 그러다 보면 첫째 아이에게 쏟아지는 관심과 애정은 어느덧 아이에게는 심리적 부담으로 작용하기 마련이다. 그러다 어느 날 동생이 태어나고 자신이 한 몸에 받았던 부모의 관심이 분산되기 시작하면 첫째는 부모의 관심을 되돌리기 위해 더 많은 노력을 하게 된다.

그중 가장 빠른 방법이 부모의 특별한 기대를 잃지 않기 위해 부모의 기대에 순응하는 것이다. 부모가 가치 있게 생각하는 것을 자신의 것으로 받아들이고 부모의 기대를 만족시키기 위해 나름 많은 노력을 기울인다(Altus, 1966: 김효진, 1999에서 재인용). 다행히 아이의 능력이 탁월해서 부모의 기대를 어느 정도 맞춰 줄 수 있다면 부모도 아이도 만족할지 모른다. 하지만 아이가 아무리 노력해도 부모의 기대를 만족시킬 수 없다면 아이는 자신의 능력을 의심하게 되고 타인의 시선에 늘 긴장되고 위축되며 민감하게 반응할 수밖에 없다.

은둔형 외톨이를 연구한 학자들은 이들이 자신의 나이에 맞는 적절한 과업을 성취하는 데 다소 어려움을 보인다고 한다(황순길, 여인중 외, 2005). 특히 첫째인 은둔형 외톨이들은 성장하면서 스스로 자신에게 갖는 기대보다는 부모의 기대와 소망을 내면화하고 그것을 이루는 것을 가장 중요한 과업으로 여겼을 가능성이 크다. 에릭슨(Erickson)은 청년기 발달의 핵심은 자아정체성의 형성이고 이 시기의 청년들은 자신의 존재에 대해 혼란을 경험하고 정체성 위기를 겪게 된다고 보았다. 이러한 정체성 위기를 통해 청년들은 부모로부터 독립하고자 하는 욕구와 타인들로부터 인정과 지지를 얻기 위해 그들에게 동조해야 한다는 압력을 경험한다. 즉, 독립과 동조라는 요구를 적절히 통합하여 자신의 독특성을 탐색함으로써 정체성을 확립하게 되는 것이다. 하지만 이 시기 독특성 확립에 실패하면 또래집단과 지나치게 동일시하거나 사회적 고정관념에 맹종하는 부적응적인 정체성을 초래하게 되는 것이다(권석만, 2017a).

특히 유교문화권에서 장남은 부모의 신뢰와 기대를 깨뜨리지 않기 위해 무엇이든 잘해야 한다는 중압감, 성공에 대한 부담감, 실패에 대한 두려움, 가족에 대한 책임감 등으로 심리적 압박감을 더 많이 경험할 수 있다. 실제 출생순위에 따라 부모의 간섭으로 인한 스트레스는 첫째인 아동이 가장 높으며, 남학생이 여학생보다 스트레스를 더 많이 받는다고 한다. 그렇기 때문에 부모의 기대가 큰 만큼 장남의 스트레스가 다른 형제들에 비해 많고 정신과 질환 비율도 맏이가 많은 것으로 나타났다(김용태, 2008).

이처럼 은둔형 외톨이들 중 첫째가 많은 것은 한국사회라는 독특한 문화적 특성과 함께 장남으로서 지녀야 하는 무게감으로 자신이 추구하는 꿈을 이루기보다는 부모들의 기대와 꿈을 이루는 것이 이들에게는 마치 소명처럼 느껴졌을 가능성이 크다. 특히 자기주장성이 약한 아이가 자기주장성이 강한 부모를 만났을 경우 그럴 가능성은 더욱 커지는 것이다. 그러다 보니 자신이 생각하는 '나'와 부모의 기대에 맞추어야 하는 '나'의 괴리감은 더 커지고 그로 인한 불안과 좌절을 경험하면서 온전히 기능하는 것이 힘들었을 것으로 예측된다.

2) 성별과 은둔형 외톨이

여자아이들에 비해 남자아이들이 은둔을 선택하는 현상이 두드러진다는 연구(박현숙, 2004; 斎藤環, 2012; 파이교육그룹, 2020)는 우리가 2장을 통해 살펴보았다(자세한 내용은 2장 참조). 하지만 어떠한 이유로 여자아이들에 비해 남자아이들의 비율이 높은지에 대한 근거가 부족한 것은 사실이다. 다만, 사회·문화적 배경이 여성과 남성의 은둔생활에 영향을 미치고 있지 않을까라는 것을 조심스럽게 예측해 볼 수는 있다. 일반적으로 남성중심의 사회에서는 여성보다는 남성의 사회적 역할을 강조한다. 남성이 사회적 역할을 갖는 것은 당연하지만 여성은 결혼을 통해 가정주부로서의 역할을 갖게 되면서 집에서 양육을 하며 머무르는 것이 이상하게 보이지 않는다. 그렇기 때문에 남성에 비해 여성은 사회적으로 드러나지 않을 수 있으며 큰 문제로 취급되지 않는다. 그리고 여성은 남성보다 은둔생활이 장기화되지 않는 경향성을 가지고 있다(박현숙, 2004).

또한 여성은 남성에 비해 관계중심에 초점을 맞추고 관계를 유지하기 위한 사회화 전략으로 자신의 감정과 생각을 숨기고 순응하는 방식으로 행동한다. 이것을 자기침묵(self-silencing)[2]이라고 하는데 이러한 자기침묵은 우울에 취약하다(손지빈, 2019). 여성이 남성에 비해 우울장애가 발생할 가능성은 두 배나 높다(Bland, 1997: 권석만, 2017b에서 재인용). 우울장애는 어떤 일을 시작하는 것이 어렵고 해야 할 일을 미루며 활력과 생기가 저하되어 있다. 그리고 자주 피곤함을 느끼며, 사회적 활동을 회피하고 사회적 상황에서 위축되는 경향이 있다(권석만, 2017b).

또한 표면적으로는 여성이 사회적 활동을 회피하는 것은 우울감 때문이라고 생각하기 때문에 이러한 형태를 은둔형 외톨이라고 지각하지 못할 가능성도 있다. 물론 우울하기 때문에 은둔생활을 선택한 것인지, 아니면 은둔생활을 하다 보니 우울감을 호소하는 것인지의 인과관계가 분명하지 않다. 하지만 여성에 비해 남성의 은둔생활이 가족에게 더욱 부각되었을 수 있다. 남성이 사회생활을 하지 않고 집 안에 머물며 게임을 하거나 시간을 허비하는 것은 가부장적 사회에서는 용납될 수 없는 일이며 이는 집안의 문제로 여겨질 가능성이 여성에 비해 높은 것이다.

3) 기질 및 성격과 은둔형 외톨이

은둔형 외톨이를 대상으로 한 연구들을 보면 은둔형 외톨이들은 스스로 자신의 성격이 내성적이고, 비사교적이며, 혼자 있는 것이 편하다고 보고한다. 또한 은둔형 외톨이의 부모 면담에서도 자녀들은 내성적이고 순하며 말썽 한번 부리지 않았다

---

2) 대인관계 속에서 친밀감을 유지하기 위해 자신의 생각이나 감정을 숨기고 표현하지 않는 것을 의미한다(손지빈, 2019).

고 보고된다. 이와 유사하게 이들은 대체로 내성적이며 수줍음이 많고, 소심하며 자기주장을 거의 하지 않는다고 보고된다(박현숙, 2004; 오상빈, 2019a; 이재영, 2014; 파이교육그룹, 2020; 황순길 외, 2005). 이렇게 은둔형 외톨이들의 당사자와 부모는 그들이 내향적이며 소심하고 자기주장성이 약하다고 공통적으로 보고한다. 다음 사례들은 이러한 보고를 뒷받침한다.

> **사례** "엄청 착하고 순한 아이였다. 엄마가 맞벌이한다고 힘들게 하거나 그런 기억은 거의 없고, 생활은 잘 해 왔다. 유치원 다니면서도 원활하게 잘 다녔고, 6학년 때 무릎이 아프다 보니 친구들하고 놀기보다는 게임에 빠졌다. 중학교 가서는 게임 때문에 아프다고 핑계를 대고 학교를 몇 번 안 나간 적이 있었다. 고등학교 1학년까지는 성실히 잘 다녔는데 2학년 때 갑자기 그만두겠다고 했다. 친구들과 잘 어울리지 못하는구나 하는 생각을 했다."(파이교육그룹, 2020)

> **사례** "어린 시절 온순하고 착하고, 참하고, 공부도 잘하는 모범생 그 자체였다."(파이교육그룹, 2020)

> **사례** "나한테는 착하고 순한, 부모 얘기를 거역한 적 없는 그런 아이였다. 초등학교 때 학교에서 설사를 한 적이 있었는데 그걸 친구들이 막 놀리고 그랬다면서 그 이후에 학교 가기를 싫어했다."(파이교육그룹, 2020)

그렇다면 문제가 없어야 할 순한 아이들이 어쩌다 은둔형 외톨이가 되는 것일까? 여기서 생각해 볼 수 있는 것은 순한 아이들은 까다로운 아이들과 달리 자신의 생각과 감정을 잘 표현하지 않을 가능성이 크다는 점이다. 특히 부모가 권위적이거나 강압적이며 비일관적인 양육태도를 가지고 있을 경우 혹은 부모가 자녀를 방임하거나 과잉보호하는 경우, 아이는 자신의 생각과 감정을 숨기거나 별로 대수롭지 않은 것으로 여길 가능성이 크다.

특히 이들이 사춘기라는 특성과 더불어 청년기에 이루어야 하는 발달적 특성, 자아정체감 형성, 미래에 대한 불안함, 대인관계에서 오는 스트레스 등 생활 전반의 불안과 긴장 그리고 우울 등이 겹쳐지면서 무기력감에 빠져들 때 이러한 이유로 은둔을 선택할 가능성은 커진다(박현숙, 2004). 성격을 연구한 학자들은 성격 형성에 있어 유전적 영향이 40%라고 한다(Dunn & Plomin, 1990: 권석만, 2017a에서 재인용). 그렇다면 더 큰 영향력이 환경으로부터 온다는 것이다. 이러한 유전적 영향과 환경의 상호작용 그리고 사춘기라는 특성과 성인기 초기라는 점이 맞물리면서, 은둔을 선택하는 것으로 예측할 수 있다.

다음에서는 구체적인 기질 및 성격 특성과 은둔형 외톨이의 관련성에 대해 살펴보겠다.

(1) 내향성 –'혼자 있는 것이 편해요.'

우리는 흔히 사람의 성격을 이야기할 때 내향적이냐 또는 외향적이냐를 궁금해한다. 학교에서 아이들이 친구들과 지내는 모습을 보면 내향적 성향을 가진 아이들은 대체로 조용하고 말이 없다. 친구들과 밖에 나가서 뛰어놀기보다는 자기 자리에서 그림을 그리거나 공기놀이, 보드게임 놀이를 하는 것이 대부분이며 목소리나 행동도 크게 두드러지지 않는다. 내향적 성향의 아이들은 또래관계도 폭이 좁고 소수의 아이와 관계를 형성하며, 자신에게 익숙한 친구나 놀이를 선호하고 그러한 일을 즐기며 거기에서 안정감을 갖는다.

이러한 내향적 성향은 대인관계의 어려움으로 소극적인 대인관계를 추구할 가능

성이 크다. 이들은 면대면 상황에서 다른 사람들에게 자신의 의사를 표현하는 데 어려움을 느끼기 때문에 혼자 있는 시간을 즐기며 대인관계를 회피하는 경향을 가질 수 있다. 반면, 인터넷 매체를 통한 소통 상황에서는 이러한 상대방의 존재와 반응을 의식할 필요가 없어, 심리적 부담이 적기 때문에 좀 더 의사 표현에 적극적이고 안정감과 편안함을 느낀다(김유정, 1998; Mckenna & Bargh, 2000: 장혜진, 2015에서 재인용).

물론 내향적 성향을 가지고 있다고 해서 다 은둔형 외톨이가 되는 것은 아니다. 내향적 성향을 가진 사람들은 사색을 즐기고, 자신의 존재와 내면세계에 관심을 지니며, 자신의 감정을 드러내기보다는 신중하고 조용하다(Eysenck & Eysenck, 1975: 권석만, 2017a에서 재인용). 이렇게 내향적 성향이 강점이 될 수 있음에도 불구하고, 우리는 내향적 성향을 가지고 있는 사람들을 답답해하는 경향이 있다. 아마도 내향적 성격보다는 외향적 성격이 사회에 잘 적응하며 대인관계가 좋을 것이라는 선입견이 있기 때문일 것이다. 그렇기 때문에 부모들은 학교와 사회에 잘 적응하기 위해서는 내향적인 성격보다는 외향적인 성격을 선호하며, 부모들이 아이를 양육하는 과정에서도 아이들에게 외향적인 면을 강요하는 측면들이 있다. 부모가 외향적 기질이 강해 아이를 기다려 주지 못하거나 혹은 부모가 내향적이다 보니 자신이 갖고 있는 어려움을 아이에게는 주고 싶지 않아 외향성을 강요하기도 한다.

은둔형 외톨이들은 어려서부터 내향적 성향이 강하고 사람들과 어울리기보다는 혼자 있는 것을 좋아했다고 보고한다. 그러다 보니 자기 감정이나 생각 또는 주장을 명확하게 표현하는 것이 서툴렀을 가능성이 있다. 부모가 시키면 시키는 대로 따라가는 순한 기질을 가지고 있었다면 더욱 그러할 것이다. 부모 입장에서는 부모의 말을 잘 듣는 착한 아이라고 생각했을 뿐, 이것이 문제가 되리라고는 생각해 보지 못했을 것이다. 그러다가 아이가 학교에 들어가고 또래관계를 형성하면서 자기 생각을 분명하게 드러내지 못하고 친구들에게 끌려다니는 것을 보면서 그때에서야 "싫다고 분명하게 말해도 괜찮아."라고 얘기해 주지만 이제까지 자기 생각을 제대로 표현해 본 경험이 없는 아이에게는 그렇게 하는 것이 너무나 어려운 일이다. 이들은 학교생활에서도 친구나 선생님에게 불만을 표현해 본 경험이 없으며, 거절을 하고 싶어도 거절을 하지 못하고 따르는 경우가 많았을 것이다. 실제로 은둔형 외톨이들은 학교를 다닐 때 친구나 선생님 때문에 참는 경우가 많았다고 한다(광주광역시, 2021). 이러한 과정 속에서 아이는 부모나 타인과의 관계에서 주도성과 자율성을 상실하고 타인에게 맞춰 주는 패턴이 반복됨으로써 타인과의 관계가 불편하고 힘들었을 것이 분명하다.

> **사례** "원래 내향적이었지만 과거에는 그렇게 어렵지 않았다. 그런데 중 1학년 때 기숙사에서 지냈는데 같은 방 쓰는 친구와 트러블이 있었다. 내가 나대는 행동을 많이 해서 그때부터 친구들이 나를 좋아하지 않는다고 느꼈다."(파이교육그룹, 2020)

> **사례** "원래 내향적이어서 혼자 있는 게 좋아요. 저는 그러고 싶지 않은데 처음 보는 사람을 대할 땐 이상해요."(파이교육그룹, 2020)

(2) 수줍음과 두려움 -'낯선 사람, 낯선 환경'

3~4세 정도의 아이들이 낯선 사람 앞에서 수줍어하는 것을 보면 너무나도 사랑스럽다. 부모도 아이가 수줍음을 많이 타는 것을 보면 발달단계에서 충분히 있을 수 있는 문제이기 때문에 별로 대수롭지 않게 여긴다. 수줍음은 생후 초기 유전적 성향으로 낯선 사람을 보고 우는 것이 보편적인 반응이다. 이러한 수줍음은 아기가 성장하면서 서서히 사라진다(Buss, 1986: 김수경, 2007에서 재인용). 하지만 아이가 유치원과 학교에 들어가서도 또래들과 어울리지 못하고 계속 수줍어 어쩔 줄 몰라하면 은근히 걱정이 되기 시작한다. 어떤 아이들은 수줍음이 많아서 발표도 못하고, 친구들에게 먼저 말을 거는 것도 힘들어한다. 때로는 친구들과 눈을 마주치는 것조차 힘들어서 학교에 안 가겠다고 우기는 아이들도 있다. 그렇게 실랑이를 하다가 어느 날 뜻밖에 좋은 친구를 만나기라도 하면 아이들은 언제 그랬나 싶게 학교생활에 적응해 간다. 그러한 경험들이 쌓이면서 아이는 조금씩 그 수줍음에서 벗어나는 것이다.

수줍음과 더불어 아이가 환경에 적응하는 데 있어 걸림돌이 되는 것이 두려움이다. 이러한 두려움은 신경학적 구조와 기능의 일부분으로 유전적 및 기질적인 것이 원인이며(Kagan, 1997: 박인숙, 2018에서 재인용) 유난히 겁을 많이 내는 것이 특징이다. 도대체 뭐가 그렇게 무서운 것인지 시도 때도 없이 놀라고 소리를 지르기도 하고 낯선 사람, 낯선 상황들에 대해 매우 민감하게 반응하며 불안해한다. 부모의 입장에서 보면 '쟤는 엄살이 너무 심해.' '너무 오냐오냐 키워서 애가 저러나?'라는 생각을 가질 수 있다. 아이가 보이는 반응이 과장되어 보일 수 있기 때문에 아이의 두려움을 수용하기보다는 오히려 나무라거나 무심할 수 있다.

그러나 두려움이 많은 것은 그만큼 위험한 자극으로부터 자신을 보호하고 처벌에 대한 민감성을 높이는 것이기도 하다. 잘못된 행동을 했을 때 정서적 불안감을 느끼게 되어 사회적으로 적합하지 않은 행동을 자제시킨다는 점에서 긍정적인 측면을 갖기도 한다(Rothbart & Putnam, 2002: 박인숙, 2018에서 재인용). 따라서 부모가 아동을 사회적 상황에서 긍정적인 행동을 할 수 있도록 도와준다면 아동은 자신의 두려움 수준을 조절하여 점차 수정해 나갈 수 있다(박인숙, 2018).

사실 수줍음이 많다고 해서 문제가 될까 생각할 수도 있지만, 청소년기와 성인기에도 수줍음이 이어지고 이로 인해 사회생활에 큰 불편감을 경험한다면 그냥 넘길 수 없는 문제가 된다. 수줍음을 타는 사람들은 사회적 상황에 대해 미리 부정적으로 생각하고 평가하며 해석하는 경향이 있다. 이러한 인지적인 방식 때문에 수줍음을 타는 사람들은 다른 사람과의 만남에서 불안을 느끼고, 신경과민이 되어 사회적 상호작용에 적절하게 참여하지 못하고 회피하려는 행동을 보인다. 이러한 수줍음으로 인해 사회적 기술의 부족과 낮은 문제해결 능력을 보이고, 또래나 어른들에게 자신의 생각이나 감정을 적절히 표현하지 못하게 되어 사회적으로 위축될 가능성이 크다(Asendorpf, 1990: 박인숙, 2018에서 재인용).

또한 지나친 두려움은 낯선 자극과 상황들에 반응하여 억제 혹은 사회적 철회의 결과를 낳기도 한다. 두려움의 특성이 아동을 사회적으로 철회하게 하여 사회적 경험의 횟수를 감소시키고, 그로 인해 대인관계 기술 및 사회적인 대처 능력을 발달시키지 못하게 하는 부정적인 면을 갖는다(Rubin & Asendorpf, 1993, 박지선, 2013에서 재인용; Rothbart & Putnam, 2002: 박지선, 2013에서 재인용).

대부분의 은둔형 외톨이는 내성적이고 소극적인 성향을 가지고 있으며 낯선 상황, 낯선 사람들에 대한 두려움이 크다. 따라서 어린 시절부터 환경에 적응하는 것이 쉽지 않았을 것이다. 거기다 수줍음이 많고 두려움이 많은 기질을 가지고 태어났고, 이를 부모나 주요한 타인들이 간과하고 아이의 행동을 비난하거나 지나치게 변화시키려 했다면 아이로서는 움츠러드는 것이 당연했을 것이다. 은둔형 외톨이에게 있어 바깥세상은 그냥 안과 밖을 구분하는 세상이 아니다. 다음 사례에서 볼 수 있듯이 그들에게 바깥은 무섭고 두려우며 자신을 평가하는 세상이자 '처형대' 같은 곳이다.

<blockquote>
사례 "학교생활 자체가 많이 힘들었던 것 같아요. 가서 적응하기보다는 학교라는 공간이 저한테는 너무너무 무서운 곳이었어요."(고스게 유코, 2012, c-10)
</blockquote>

<blockquote>
사례 "밖은 좀 무섭고 싫고 무서움이 좀 많이 생각나는 거 같아요. 그 사람들이 지나가면서 또 그냥 그 사람하고 부딪히는 거 마주치는 게 그것만으로도 좀 거부감이 있었던 것 같아요. ⋯⋯(중략)⋯⋯ 그니까 나가면 보통 낮에 나가잖아요. 근데 그러면은 보통 다 학교에 있을 시간인데 사람들의 시선? 좀 겁나고 보는 것 자체가 싫었던 것 같아요."(이지민, 2019, 참여자-4)
</blockquote>

<blockquote>
사례 "집 밖에 나가면 사람들의 시선이 두려웠어요. 3~4년 동안에 이렇게 지내다가 이제 세상이 무서운 거죠. 쟤가 날 쳐다보나? 내가 뚱뚱해서 날 쳐다보나? 자존감이 진짜 낮았어요. ⋯⋯(중략)⋯⋯ 그냥 나가면 사람들이 쳐다볼까 약간 그런 거 있고 그 사람들은 안 쳐다봐도 진짜로 막 그런 게 있거든요. 막 쟤가 쳐다본다. 걔는 안 쳐다보고 그냥 지나가면서 그렇게 보는 건데 쟤 나 쳐다본다. 이런 거 있었어요. 사람 많은 곳에선 말도 못하고⋯⋯."(이지민, 2019, 참여자-4)
</blockquote>

<blockquote>
사례 "또 그런 게 있을 거 같아서 내가 뭐 잘못하면 어디에 딱 세워 놓고 나도 이렇게 평가할까 봐 무서워서 처형대에 올라가는 그런 느낌⋯⋯ 그럴까 봐 걱정되죠."(이지민, 2019, 참여자-4)
</blockquote>

(3) 사회적 위축 – '눈을 마주치지 못하는 아이'

가진 게 별로 없어도 어떤 아이들은 참 당당하고 낙관적이다. 이런 아이들은 사람들과 어울리는 것을 좋아하고 친구들 사이에서도 인기가 많다. 특히 새로운 학년이 시작되는 초기에 이런 아이들은 학급회장 선거에도 주저 없이 출마하고 선거에 떨어졌다고 해도 크게 신경 쓰지 않는다. 이 아이들은 아주 사소한 것도 자신의 장점으로 인식하고 그 사소함을 사소하게 생각하지 않는다.

하지만 사회적으로 위축된 아이들은 타인과의 관계에서 수줍음이 많고 시선을 회피하며 자신감이 떨어진다. 특히 사회적 상호작용에 대한 두려움으로 움츠리며 문제행동을 보이기도 한다(김은서, 2019). 사회적으로 위축된 청소년들은 그렇지 않은 청소년들에 비해 또래와의 상호작용이 부족하고 다른 사람들이 자신을 좋아하지 않을 것이라 생각하며, 직접적인 의사소통을 부담스러워하여 혼자서 시간을 보내며 외로움을 느끼게 된다(최태산, 김자경, 2016). 그렇기 때문에 이들은 또래집단에 소속되지 못하고 사회적 접촉 기회를 의도적으로 회피하며, 타인과 적절한 관계를 형성하기 어려워한다. 문제는 이들이 또래에게 부정적으로 인식되어, 사회적 상호작용에 의해 형성될 수 있는 다양한 긍정적인 경험의 기회를 놓치게 되고, 그로 인해 청소년기에 이루어야 할 발달과업에 부정적 영향을 줄 수 있다는 점이다(민원홍, 손석옥, 2017).

이러한 사회적 위축은 각종 불안장애, 우울장애, 사회공포증, 자폐스펙트럼장애, 조현병 등 다양한 심리적 장애의 핵심 증상 중 하나로서 사회적 쾌감상실, 은둔형 외톨이(히키코모리 현상) 등을 야기한다(Coplan et al., 2013: 김은서, 2019에서 재인용).

한국청소년상담복지개발원(2013)은 청소년들이 가장 많이 호소하는 주요 문제로 사회적 위축과 우울을 들었다. 사회적 위축과 우울은 상호적인 관계이다. 즉, 사회적 위축은 우울을 야기하고, 또래들과의 관계 형성에도 부정적인 영향을 미치며, 식욕과 수면 문제를 일으키고, 정서적으로 무망감을 경험하게 하여 점점 더 사회적으로 위축되게 한다. 특히 서열 매기기 위주의 학업평가, 집단 괴롭힘, 상대적 박탈감 등 한국의 사회 구조적인 특성은 청소년의 사회적 위축 문제를 촉발하기 쉽다(여성가족부, 2014).

그럼에도 불구하고 사회적 위축은 명확한 문제행동으로 드러나지 않기 때문에 부모

나 교사들은 이들을 단순히 내성적이고 사회성이 부족한 성격 특성으로 간과하기 쉬워 가정이나 학교에서 부모나 교사들의 관심대상이 되지 못했을 것이다(허경화, 2002).

은둔형 외톨이들을 연구한 학자들도 아이들이 은둔을 선택하는 데 있어 중요한 요인으로 사회적 위축을 제시하고 있다(박현숙, 2004; 오상빈, 2019a; 황순길 외, 2005). 사회적 위축이 극심해질 경우 대인관계 형성의 어려움으로 타인과의 관계를 회피하고 철회하며 은둔형 외톨이나 사회불안장애, 자살 등과 같은 더욱 심각한 정신건강 문제를 야기할 위험성이 있다는 것이다(이봉주 외 2014: 김은서, 2019에서 재인용; Coplan et al., 2013: 김은서, 2019에서 재인용).

은둔형 외톨이들은 어려서부터 자신의 감정과 생각을 표현하는 것이 서툴고, 자신의 대인관계 능력에 대해 회의감을 느끼기 때문에 타인과의 상호작용 경험이 부족할 수밖에 없다. 그러니 사람들과의 의사소통은 물론 낯선 상황, 낯선 타인이 이들에게는 적지 않은 심리적 부담으로 다가올 것이다. 그러한 상황 속에서 은둔형 외톨이들은 자신의 정서에 압도되어 불편감을 경험할 것은 분명하다. 그리고 이러한 자신의 정서를 능동적으로 조절하지 못하여 결국은 낮은 자존감을 형성하며 심리적 안녕감[3]도 낮을 가능성이 있다(김수안, 민경환, 2006). 이러한 과정들이 반복되면서 우울감과 무망감을 경험하게 되고 사회적으로 위축되는 것은 당연한 일일지 모른다.

> **사례** "낯선 곳에 가면 극도로 긴장하고 불안하고 의기소침하며, 위축되어 있고, 눈 맞춤도 잘 안 되고, 친구도 두루두루 못 사귀고 한둘하고만 조용조용하게 지냈다. 많이 내성적이다."
> (파이교육그룹, 2020)

> **사례** "언제쯤이면 사람들이랑 눈을 맞추고…… 마음 편하게 이야기를 하고 잘 어울릴 수 있을까요? 사람이랑 어울려 지내는 게 왜 나한텐 이렇게 어려운지…… 상황이 돌아가는 대로 억지로 참고 버티는 거밖엔 도리가 없어요."(황순길 외, 2005, 사례 B)

---

3) 평상시 생활 사건으로 인한 자극과 인간의 반응 사이에서 일어나는 상호작용의 결과로서 개인이 지각하는 자신만의 경험에 기초한 행복감이다(김연옥, 김영희, 2020).

사례 "좀 숨기 전부터 좀 정신적으로 많이 피폐해졌던 거 같아요. 그러니까 친구 관계도 그렇고 대인 관계도 그렇고 ……(중략)…… 대체적으로 많이 우울했던 거 같아요. 계속 우울해지고 우울해지고 하다 보니까 그런 것도 있었고 또 이제 사람 만나는 거에 대해서 두려움도 있었고 그랬던 거 같아요."(이지민, 2019, 참여자-3)

(4) 자아개념 - '나는 어떤 사람인가?'

아이가 자라면서 어릴 때는 가족이 세상의 전부이다. 하지만 청소년기에 접어들면서 가족의 중요성은 줄어들고, 친구를 잘 사귀고 관계를 발전시키는 것이 자아개념에 있어서 절대적으로 중요한 요소가 된다. 이때부터는 내가 남들에게 어떻게 보이는지, 내가 얼마나 재미있고, 친절하며, 의리 있고, 쿨하고, 영리하며, 흥미로운지를 기준으로 자기 자신을 판단하기 시작한다(Phelan, 2012). 이렇듯 자아개념은 자신의 신체적 특성과 성별, 행동, 정서적 특성, 능력, 흥미, 목표 등에 영향을 미치고 내가 누구인지, 내가 무엇을 할 수 있는지를 가늠하게 하는 핵심 요소이다(손승민, 2013).

자아개념이 긍정적 아이들은 자신의 삶을 긍정적으로 인식하고 스스로 지배하며 인생이 어떻게 펼쳐지든 그것에 대처하는 것을 주저하지 않는다. 이들에게 실패는 경험일 뿐이며 그 경험을 통해 성장해 나간다. 그리고 이들은 사회적 상호작용을 통해 친밀감을 느끼고 솔직하며 신뢰 있는 관계를 형성하여 만족스러운 관계를 유지한다(Phelan, 2012).

문제는 이러한 자아개념이 스스로 획득되는 것이 아닌 타인과의 관계에서 나를 바라보게 되고, 그 속에서 나를 정의한다는 점이다. 아이들은 자신이 살아가는 환경에 적응하기 위해 자신의 문화와 자기가 속한 사회의 구성원들이 기대하는 기술과 지식, 언어와 관습을 습득한다. 그리고 아이들은 자신의 사회에서 적절하다고 여겨지는 행동방식을 배우고 익혀야 한다(Harris, 2007). 그 과정에서 내가 얼마나 내 삶을 스스로 계획하고 결정하며 그것에 얼마나 잘 대처하고 그러한 내 자신을 스스로 자랑스러워하고 있는가가 자아개념을 형성하는 데 매우 중요한 요소가 된다.

에릭슨은 발달단계에서 청소년기를 정체감 대 정체감 혼란으로 보고 이 시기가 자신의 정체감을 형성해야 하는 시기라고 하였다. 이 시기에 자신의 정체감을 형성하지 못하면 타인과의 관계에서 친밀하게 교제를 할 수 없으며, 새로운 상황에 어떻게 대처해야 하는지 잘 모르기 때문에 심리적으로 불편감을 경험할 수 있다. 그리고 이 시기에 자신의 역할과 뚜렷한 목적의식을 인식하지 못하면 심리사회적 위기를 경험하게 되고 사회진출에 실패함으로써 좌절감을 경험하게 된다(고스게 유코, 2012).

은둔형 외톨이들은 타인과의 관계에서 긍정적 경험이 적고, 사회적 유능감을 경험할 기회가 부족하여 대체적으로 부정적인 자아개념을 형성하고 있었다. 파이교육그룹(2020)에서 조사한 은둔형 외톨이들은 가족, 또래와의 관계에서 불편함을 경험하였고, 어려서부터 친구가 없었으며, 성장할수록 함께 하는 타인과의 교류가 부족한 것으로 나타났다. 이들은 전반적으로 자존감이 부족하고 가족을 비롯한 친구나 사회적 지지체계가 매우 부족하여(광주광역시, 2021), 우리가 자라면서 성취해야 하는 관계성, 유능감, 자율성에 대한 욕구가 제대로 발달하지 못했을 것으로 예측된다. 이에 삶의 만족감이 떨어지고, 외로움과 우울, 불안감을 경험하며 부정적인 자아개념을 형성하여 사회적인 회피로 이어진 것으로 볼 수 있다. 그러다 보니 발달 과정에서 필요한 다양한 긍정적 대인관계 경험, 사회기술의 부족으로 올바른 자기개념을 형성하는 것이 어려웠을 것으로 짐작된다.

> **사례** "난 부유한 동네에 살아서 상대적 박탈감을 많이 느꼈고 부모님의 사회적 지위에 제가 따라오지를 못하니까 나를 부끄러워했다. 내가 뚱뚱하다고 쪽팔리니까 옆에 걷지도 말아라 등의 얘기를 많이 했다. 대학 때 해외봉사도 하고 빈민아동에 관심이 많았기도 했고, 내 자아를 찾아야 한다고 생각했고…… 부모님의 체면을 위해 그냥 성악을 공부했다. 성악을 하면 좀 잘하는 것 같아서 칭찬받으려고 했던 것 같다. 난 늘 존재를 인정받지 못했으니까. …… 난 내 안의 확신이 없다. 난 열심히 살았는데 난 아무것도 없다."(파이교육그룹, 2020)

> **사례** "용모나 옷 등이 계급을 나타내는 것이라는 걸 알게 된 이후 잘 정리되어 있고, 잘 가꿔진 상태가 안 되면 나올 수 없었다. 그렇지 않으면 그런 나를 보여 주기 싫었다. 스스로에 대해 부정적으로 느껴질 때가 있었다. 종교라는 것을 가지게 되면서, 나에 대해 자꾸 생각하다 보니까 나를 들여다보게

되고, 나를 들여다보게 되면서 나에 대해 알게는 되지만 그런 수치심을 해결하지 못한다고 생각했다. 너는 여기에 못 미쳐."(파이교육그룹, 2020)

(5) 자기효능감과 회복탄력성 −'내가 뭘 할 수 있겠어?'

아이들에게 쉬운 문제와 어려운 문제를 제시했을 때 어떤 아이는 자신의 능력보다 쉬운 문제를 선택하여 실패할 수 있는 확률을 스스로 낮춘다. 반면, 자신의 능력보다 어려운 문제를 선택한 아이는 비록 문제를 풀지 못해 실패하였다고 하더라도 다음 기회를 기약하며 아쉬워한다. 밴듀라(Bandura)는 개인이 결과를 얻는 데 필요한 행동을 성공적으로 수행할 수 있는 기술에 대한 신념을 '자기효능감'이라고 정의하였다(박은영, 2005에서 재인용). 자기효능감이 높은 아이는 도전적이고, 구체적인 목표를 설정하여 그것을 성취하기 위해 노력하며, 어려움이 닥쳤을 때에도 과제를 지속적으로 해결하려 한다. 반면, 자기효능감이 낮을 경우 자신의 학업능력을 평가절하하고 점수에 대한 기대도 낮으며, 대인관계에서도 사회적 회피행동을 한다(Latham & Locke, 1991: 박은영, 2005에서 재인용).

또한 회복탄력성은 스트레스 상황에서 개인적인 역경을 잘 극복하도록 도와주며(Garmezy, 1993: 김소라, 2014에서 재인용; Luther, Cicchetti, & Becker, 2000: 김소라, 2014에서 재인용), 인생을 살아가는 데 필요한 도전에 맞서게 하고 희망을 가질 수 있도록 하는 힘으로 청소년에게 매우 중요한 역할을 한다(소덕순, 문영희, 2011: 임선미, 2016에서 재인용; Gu & Day, 2007: 임선미, 2016에서 재인용). 이러한 회복탄력성은 유전적 요인에 의해 결정되기도 하지만 교육·문화·개인의 노력 등 환경적 요인에 의해서도 변화하거나 결정된다. 어려운 문제에 직면했을 때 부모나 교사가 모델이 되어 보여 주고 아이에게도 할 수 있다는 믿음과 지지를 보내면 아이들은 그러한 난관을 조금씩 극복해 간다(홍은숙, 2006: 이지민, 2019에서 재인용). 결국 회복탄력성은 부모와 교사, 친구 등과의 상호작용과 모델링을 통해 충분히 성장시킬 수 있는 능력인 것이다.

자기효능감은 발달 초기 가족의 영향을 많이 받는다. 그렇기 때문에 아이가 자신의 효능감을 경험하고 그러한 행동을 할 수 있는 기회를 많이 만들어 주었던 부모의 아이는 사회적·언어적·인지적으로 발달이 가속화되어 효능감이 잘 발달하게 된다. 반면, 부모가 지나치게 걱정과 불안이 많아 아이를 과보호하고 그러한 경험을 할 수 있는 기회를 제한하였다면 아이는 효능감을 발달시키기 어렵게 된다(Ruddy & Bornstein, 1982: 박은영, 2005에서 재인용; Bandura, 1997: 박은영, 2005에서 재인용).

똑같은 어려움 속에서도 어떤 사람은 쉽게 좌절하고 어떤 사람은 그것을 잘 극복해 갈 수 있다. 이것이 회복탄력성의 차이를 보여 준다. 회복탄력성이 높은 청소년들은 새로운 일에 대한 도전을 마다하지 않고 매사가 흥미로우며 스트레스 상황에서도 융통성 있게 대처함으로써 우울, 불안 및 신경증에 취약하지 않다. 즉, 회복탄력성은 스트레스 상황 속에서 어려움을 극복하고 정신적으로 성장해 가는 발달 과정의 중요한 핵심인 것이다(김소라, 2014).

특히 청소년기는 아동에서 성인기로 나아가는 전환기이며 신체와 정서가 급변하는 시기이다. 이 시기의 아이들은 혼란스럽다. 자신이 무엇을 잘하는지, 무엇을 못하는지, 그리고 그것이 다른 사람의 눈에 어떻게 비춰질지 매사가 궁금하다. 즉, 다른 사람에게 자신이 어떻게 보이는지가 이 시기의 아이들에게는 무척 중요한 것이다. 은둔형 외톨이들은 살아오면서 자신이 하고자 하는 일에 대한 자신감이 부족하고 그것을 변화 · 발전시켜 나가는 힘이 상대적으로 약하다. 이들은 자신이 무엇을 할 수 있는지, 그리고 그것을 해 나갈 수 있을지, 꿈을 갖기보다는 자신의 능력을 의심하고 좌절하며 자신을 비하한다. 즉, 자신에 대한 효능기대가 부족하다 보니 결과도 기대할 수 없는 것이다(김신정, 2002: 박은영, 2005에서 재인용; Bandura, 1977: 박은영, 2005에서 재인용). 그렇기 때문에 이들은 어려움을 이겨 내고 극복해 나가기보다는 쉽게 좌절하는 경향을 보이며 무망감에 빠져드는 것이다. 다음 사례들이 이를 잘 보여 준다.

사례 "아버지가 어릴 때부터 서울대 얘기를 많이 했다. 그리고 나의 목표도 이상도 높았다. 그렇게 공부를 열심히 하지는 않으면서도 그 갭을 못 견뎌 했다. 22, 23세에도 수긍을 못하고 더 해야 할 것 같고 그런데 오래가지 못하고 늘 실패하는 결과를 얻었다. 그 자체를 스스로 인정할 수 없었다."(파이교육그룹, 2020)

사례 "유학을 갔는데 유학을 가니 말도 못하고 그러다 보니 그냥 생각할 겨를도 없이 공부만 했는데 대학을 갔더니 그것만으로는 안 되더라. 관계를 맺어야 하고 공부만으로 해결이 안 되니까 극복할 수 없는 것이 너무 많다고 느껴지고, 자기비하하는 습관이 극대화되어서 휴학을 했다."(파이교육그룹, 2020)

사례 "대학에서 편입준비를 하던 시기는 완전 은둔생활을 했었다. 1년을 준비했는데 6개월이 지나고 나니 뭔가 심하게 꼬인 것 같으면서 소속감도 없고 공부도 안 되고, 혼자 오래 있으니 뭐 하는지 모르겠고 방향성도 없고 무기력해졌다. 그 기간 자체가 상처가 되었고 편입을 하지 못하고 그냥 대학을 졸업한 이후에는 일도 제대로 하지 못했다."(파이교육그룹, 2020)

사례 "주변에 친구들이 사회생활 하고 있는 거 보면 난 왜 이렇게 살고 있지…… 생각하다 보니까, 그냥 그 애들이, 친구들이 일단 부러웠고 어차피 이대로 가면 평생 이대로 사는 거니까."(이지민, 2019, 참여자-2)

사례 "나올 때는 어…… 불안, 걱정, 불안, 걱정이고 다시 살 수 있을까? 살아갈 수 있을까. 남들처럼 그리고 그 안에서 또 비교하는 것도 있고 나는 지금 이렇게 1년 동안 집에만 있었는데 남들은 뭐 하고 살았나…… 비교하는 것도 있고……"(이지민, 2019, 참여자-3)

사례 "좀 자괴감이 있었죠. 다른 사람들 다 하는 거를 못하니까. ……(중략)…… 사회생활에 대한 부담은 조금 줄었는데 사회생활을 앞으로도 계속 안 하고 살 수는 없잖아요. 그래서 '나가야 된다.' 하는 부담감이 생겼죠. ……(중략)…… 장래에 대한 그런 게 좀 심했어요."(이지민, 2019, 참여자-5)

(6) 자기조절(의지력)과 대처능력 – '나약하고 게으른 아이'

"공부든 학교생활이든, 사회생활이든 모든 것은 너 하기 나름이야." 부모들은 아이들에게 의지력을 강조한다. 그런데 의지력만 있으면 모든 것이 가능해질까? 은둔형 외톨이 자녀들을 둔 부모들이 아이에게 가장 많이 하는 말 중 하나가 "네가 마음만 먹으면 밖으로 나갈 수 있어."라는 말일 것이다. 그러면서 '게을러서' 또는 '귀찮아서' '하기 싫으니까' 학교도 안 가고 공부도 안 하려고 저런다며 아이를 비난하기 일쑤다. 은둔형 외톨이 아이들은 실제로 '귀찮다'라는 말을 많이 한다. 그것이 의지나 동기의 문제인 것인지, 아니면 다른 심리적 요인들이 있는 것인지는 개인차가 있을 것이다. 은둔형 외톨이들이 무엇인가를 하려는 동기나 그것을 유지하고 발전시켜 나가려는 의지가 부족한 것은 사실이다(오상빈, 2019a; 황순길 외, 2005). 그들은 목표를 상실하고 무망감으로 고통스러워하며 자기조절 능력을 잃은 경우가 많다.

자기조절 능력은 생의 초기 정서 발달이 시작하면서 주로 부모의 자녀 양육 방법과 노력이 큰 영향을 미친다고 한다. 즉, 부모가 아이의 충동적 행동에 신중하고 일관성 있게 양육할 때 자기조절 능력은 향상된다(김두섭, 민수홍, 1994: 김현주, 2012에서 재인용). 자기조절 능력은 근육과 마찬가지고 사용하면 사용할수록 소진되어 어느 시점에는 더 이상 사용할 수 없다고 한다. 그러니까 결국 자기조절에도 한계가 있고 그것을 충전하는 데 시간이 필요한 것이다(Muraven, Tice, & Baumeister, 1998: 김현주, 2012에서 재인용). 어쩌면 은둔형 외톨이들도 지금 한계를 느끼고 잠시 재충전하는 시간일 수 있다. 문제는 그 기간이 일반적인 사람들에 비해 많은 시간을 필요로 한다는 것인데, 그 기간이 길면 길수록 사회로 복귀하는 것은 점점 힘들어진다.

또한 인간은 스트레스를 유발하는 사건을 경험하게 되면 그 속에서 자신의 감정을 해결하고 적응하기 위해 여러 가지 대처행동을 취하게 된다(안옥희, 2008). 사람에 따라 스트레스에 취약한 사람도 있고, 스트레스를 잘 이겨 내는 사람도 있다. 하지만 스트레스에 취약하다는 것은 그만큼 문제에 대한 대처능력이 떨어진다는 의미이기도 하다. 이러한 대처능력은 우리가 어려서부터 부모와의 관계를 통해서 형성되며, 부모는 아이가 문제를 잘 대처할 수 있도록 여러 가지 제안을 하고, 아이는 그러한 과정에서 대처능력을 발달시킨다. 여기서 중요한 것은 대처방법을 직접적으로 알려 주는 것이 아니라 다양한 대처방법을 생각하게 하고 스스로 적용시켜 봄으로써 대처능력을 키울 수 있도록 도와주어야 한다는 점이다.

은둔형 외톨이들이 은둔을 하기까지 많은 스트레스 사건들이 있었을 것이다. 거기에는 치명적인 트라우마도 있었을 것이고, 작고 일상적이지만 지속적인 상처들도 있었을 것이다. 그때마다 은둔형 외톨이들도 그러한 사건들과 부딪혀 싸우며 나름대로 이겨 내려고 노력했던 과정들이 분명히 있었을 것이다. 하지만 그러한 사건들이 쌓이고 쌓이면서 더 이상 자신이 감당할 수 없다고 느끼는 순간, 이들은 큰 좌절감과 함께 심리적 소진 상태에 빠지게 되고 더 이상의 노력을 거부하는 것이다.

> **사례** "뭘 어떻게 하면 좋을지 알지 못했다. 희망이 없는 것이 제일 괴로웠고 하고 싶은 것도 없었다. 무엇을 하고 싶은 것인지도 모르겠다."(고스게 유코, 2012)

> **사례** "엄마가 항상 이렇게 해라 저렇게 해라 이야기해 주던 게 싫기도 했었는데, 이젠 혼자

해야 된다는 생각을 하니까 더 불안해지고…… 학교에 가도 살벌하게 공부에 매달리는 분위기다 보니 점점 더 적응할 자신이 없어져요."(황순길 외, 2005, 사례-G)

사례 "은둔이라는 건 결국은 자신감 문제예요. 그런 기질을 조금씩 타고나는 것 같기도 한데, 부모가 의식적으로든 무의식적으로든 우리가 독립하는 걸 방해한단 생각이 들어요. 계속 우리 선택에 대해서 이래서 안 되고, 저래서 안 되고, 토를 달잖아요. 중간에 부모님이 계속 간섭을 하시고 그러니까 나중엔 자신감이 없어지고, 그다음엔 이러지도 저러지도 못하다가 아예 못하게 돼 버리죠. 자신감도 없어지고 하다하다 안 되면 좌절하게 되고…… 별수가 없으니 결국 집에 들어앉아 버리죠 ……. 그렇게 되는 것 같아요."(황순길 외, 2005, 사례-C)

사례 "제가 변해야 되겠죠. 근데 막상 어떻게 해야 할지 모르겠고 자신도 없어요. 도움을 청하거나 받는 것도 익숙지가 않아요."(황순길 외, 2005. 사례-G)

사례 "막연히 이런 생활에서 벗어나긴 해야 하는데라고 생각했다가도 내가 제대로 뭘 할 수 있나 생각하면 엄두가 안 나요."(황순길 외, 2005, 사례-H)

(7) 대인관계 -'친구가 없는 게 문제가 되나요?'

요즘 아이들 사이에서 '인싸(인사이더)' '아싸(아웃사이더)'라는 말이 유행이다. '인싸'는 인기 있는 아이들을 의미하고 '아싸'는 혼자 노는 아이들을 의미한다. 심지어 유튜브에는 인싸가 되는 방법을 알려 주는 콘텐츠가 인기가 있을 정도이다. 누구나 대인관계의 중요성을 인식하지만 생각만큼 대인관계가 잘 안 되고 힘들기 때문에 이러한 말들이 유행하고 있는 것이다. 아이들도 마찬가지이다.

아동이 경험하는 스트레스 87개 항목 중 대인관계로 인한 스트레스가 69개나 된다고 한다(Bloom, Cheney, & Snoddy, 1986: 신지윤, 2013에서 재인용). 그만큼 아동도 대인관계로 인한 스트레스가 극심한 것이다. 이러한 대인관계 능력은 언어적·비언어적 메시지를 통해 타인과 감정적인 교류를 경험하며, 원활한 관계를 맺고 갈등을 잘 해결하면서 사회적 유대감과 유능감을 경험하게 한다(손승민, 2013). 대인관계 능력이 높은 사람은 타인과의 관계에서 친밀감이나 소속감을 느끼며, 반대로 낮은 사람은 고립감과 소외감을 느끼게 된다(손승민, 2013).

어린 시기부터 대인관계를 잘하기 위해서는 인지적·정서적·행동적 특성이 적절해야 한다. 상황에 잘 맞는 행동과 유머 그리고 타인에 대한 이타심이 있어야 대인관계를 잘하는 것이다. 가끔은 눈치가 없어 시도 때도 없이 농담을 던지는 아이들도 있다. 그렇다고 해도 그 농담이 재미가 있고 적절하기만 하면 문제 될 것이 없다. 그렇게 점차 자라면서 아이들은 서서히 또래관계가 힘들어지고 '눈치'라는 것을 보게 된다. 나랑 잘 맞는 친구를 사귀기 위해 노력하지만 예전처럼 무턱대고 들이대지는 못한다. 하지만 그러한 과정들의 반복을 통해 자신이 또래들로부터 수용과 애정을 받게 되면 스스로를 대인관계 능력이 좋은 사람으로 인식하게 된다. 이러한 대인관계 능력은 아이들로 하여금 자기효능감을 높이게 하고 자아개념도 긍정적으로 형성하게 한다.

은둔형 외톨이들은 대인관계의 불편감으로 인해 사회적 철퇴 경향을 보이며, 제한적인 인간관계를 형성하고 가족과는 정서적 유대감이 약하다. 이들은 대부분 인터넷상에서 간접적으로 다른 세상과 접촉하며 대인관계를 통해 형성할 수 있는 자기정체감의 발달이 지체되어 있다. 또한 자신의 문제에 대해 객관적인 시각을 가지고 바라보기 어려운 고립된 현실적 상황으로 인해 외적인 압력 없이는 통찰력을 가지지 못하는 경우가 많으며, 성인이 되어서도 고립되어 살 가능성이 많다(황순길 외, 2005).

이들은 아동기나 청소년기에 가정 내 불화와 친구들로부터의 따돌림이나 괴롭힘, 폭력과 같은 외상 경험이 대인불안으로 이어져, 학교생활의 부적응을 호소하고 등교거부로 이어지며 은둔생활로 접어든다. 또한 은둔형 외톨이들은 타인을 인정하거나 신뢰하지 못하는 경향이 있으며, 타인과 매우 부정적인 시각에서 관계를 유지하는 경우가 많다(김유숙 외, 2009: 오상빈, 2019a에서 재인용; 斎藤環, 2012: 오상빈, 2019a에서 재인용). 그리고 이들은 타인과 함께 외부 활동을 하기보다는 혼자서 활동하는 책 읽기, 만화 보기, 영화, 드라마 등을 선호하기 때문에 대인관계의 욕구가 낮다고 인식된다(한국청소년상담원, 2006: 오상빈, 2019a에서 재인용; 이경선, 2015: 오상빈, 2019a에서 재

인용).

이러한 경향으로 인해 혼자 있기를 좋아하며 점차 사람들과의 교류하는 기회가 줄어들기 때문에 다른 사람을 만나야 하는 상황이 되면 긴장감과 예기불안이 올라온다(김유숙 외, 2012). 그리고 다른 사람으로부터 받을지도 모르는 부정적인 평가에 예민해지기 때문에 사람들과의 관계를 맺는 것이 스트레스로 작용한다. 그러다 보니 은둔을 함으로써 사람들을 만나는 것을 회피하게 되고, 결과적으로 가장 안전한 자신의 방 안에서 안정감을 얻으며 사회적 관계를 거부하는 것이다. 이러한 반복적인 패턴으로 인해 적절한 사회적 기술을 획득하지 못하고 사소한 문제에도 위축되어 은둔 상태가 지속된다고 볼 수 있다.

특히 청년기의 다양한 대인관계 경험은 학교 졸업 후 성공적인 사회생활을 가능하게 하는 밑거름이 된다. 소속감과 타인으로부터의 인정, 자아정체감 확립에 매우 중요한 역할을 하는 것이다. 이와 반대로 청년기까지 대인관계에 어려움을 겪게 되면 개인의 성장·발달에 지장이 초래되고 고립감과 우울, 외로움, 슬픔 등의 심리적 문제가 나타나게 되며(권석만, 2017a), 자아정체감 확립과 인격 발달이 큰 방해를 받게 된다. 일본의 은둔형 외톨이들의 은둔 개시 평균 연령을 보면 22, 23세이다(Koyama, 2010: 고스게 유코, 2012에서 재인용). 파이교육그룹(2020)의 조사결과에서도 대학 중퇴 이후나 군 제대 이후 은둔을 시작한 경우가 가장 많았다. 이러한 결과는 성인기로 접어드는 청년들이 이전과는 다른 대인관계를 형성해야 하며, 이 시기 자신의 자아정체성과 대인관계 사이에서 정체성 혼란을 경험함으로써 대인관계에 대해 엄청난 부담과 스트레스를 느끼게 됨을 보여 준다.

사례 "초등학교 때부터 친구가 없다 보니 나가고 싶지 않았고 알바마저 짤리고 나서 밖에 만날 사람이 없으며 집에서만 있었다."(파이교육그룹, 2020)

사례 "초등학교 고학년 때부터 대인관계가 불편했고 고등학교 때부터 고립적으로 생활하면서 대학생인 지금도 지속되고 있다."(파이교육그룹, 2020)

사례 "고등학교 때 왕따를 경험하면서 밖에 나가기 싫었는데 그땐 어쩔 수 없이 학교를 다녔고 대학 와서 아버지가 술 먹고 폭행하고 그러면서 휴학하고 시작되었다."(파이교육그룹, 2020)

사례 "초등학교 때 친구들한테 맞고 가족에게도 맞았다. 가족은 매일 싸우고 자해도 하고 자학하면서 버텼다."(파이교육그룹, 2020)

(8) 친사회적 성향과 사회적 기술 -'사람들 앞에서 어떻게 해야 할지 모르겠어요!'

아이가 어렸을 때 부모가 가장 많이 가르치는 것이 인사하기이다. 그것은 예의를 중시하는 문화적 영향도 있지만 사람들과 관계를 형성하기 위해 처음으로 해야 하는 것이 바로 인사하기이기 때문일 것이다. 우리가 타인과 관계를 형성하기 위해서는 먼저 인사를 하거나 안부를 물어보는 등 먼저 말을 걸고 친근하게 다가가는 것도 대인관계를 형성하기 위해 필요한 친사회적 행동이다. 이렇게 타인과 관계를 형성하는 데 있어 사회적으로 수용되는 바람직한 행동을 보이는 것은 매우 중요하다.

그렇기 때문에 부모는 아이에게 친구들과 사탕이나 과자를 나눠 먹는 것을 가르치고 친구가 어려움에 처하면 서로 돕고 위로하며 보살피라고 가르친다. 그리고 놀이를 할 때도 하고 싶은 게 있으면 친구들에게 물어보고 친구들과 싸우지 말고 잘 놀라고 입이 마르도록 주의를 준다. 친사회적 행동을 많이 보이는 유아는 유치원 생활에 잘 적응하고 또래와의 관계도 좋다(김선희, 2016). 유아가 친사회적 행동을 보이려면 자기중심성을 탈피하여 다른 사람의 생각이나 느낌을 고려하며 타인들과의 상호작용을 통해 사회성의 기초 능력을 길러야 한다(김선희, 2016).

또한 우리가 또래와 관계를 형성하고 잘 유지하기 위해서는 사회적 기술이 필요하다. 이러한 사회적 기술은 출생 직후 부모와의 관계에서부터 시작되어 관계의 대상이 확장되어 간다(김유미, 2018). 사회적 기술이 잘 발달된 아동은 또래관계가 원만하며, 친사회적 행동과 적응에 도움이 되는 사회적 문제해결 능력을 발휘하게 된다(신지윤, 2013). 아동들이 자신이 속한 또래집단으로부터 수용되고 인정받았다는 느낌을 가지게 되는 것은 긍정적인 자아개념 형성의 주요 요인이 될 수 있다. 반면에 이 시기에 요구되는 사회적 기술을 획득하지 못할 경우 또래들로부터 수용되지 못하고 고립되어 긍정적인 상호작용에 실패를 보이게 된다. 더 나아가 낮은 학업성취도와 학업중단, 정신건강 문제와 사회적응 문제 등을 보이게 된다(Walker et al., 1988: 심상욱, 2002에서 재인용).

사회적 기술은 아이의 자존감과 효능감에 큰 영향을 미친다. 그렇다고 모든 아이가 사회적 기술만 배우면 다 또래관계가 좋아질까? 그것은 기질과 성격에 따라 조금씩 차이가 있다. 모든 아이의 기준이 나의 아이의 기준이 되는 것은 아니기 때문에 아이가 고민하고 있는 것에 초점을 맞추고 다양한 대처행동을 의논하며 아이에게 필요한 도움을 주는 것이 중요하다.

은둔형 외톨이들은 사람들을 만나면 어떻게 해야 할지 모른다는 얘기를 자주 한다. 이들에게 대인관계는 불편하고 늘 긴장되는 관계이기 때문에 이 아이들에게 대인관계는 별로 좋지 않은 기억들로 각인되어 있을 가능성이 크다. 그러다 보니 대인관계에 민감할 수밖에 없다. 민감함이 긍정적으로 작용하여 적절한 '눈치'라는 능력을 향상시킬 수 있다면 다행이지만 잔뜩 긴장한 상태에서 내가 어떤 말을 하고, 어떻게 행동해야 타인들로부터 호감을 얻을 수 있는지, 내가 이런 말을 하면 어떻게 받아들이는지, 나의 행동이 적절한지 등의 수많은 생각 때문에 '지금-여기'에 집중하지 못한다. 그러다 보니 적절한 타이밍을 놓치게 되고 엉뚱한 소리를 하거나 뒷북을 치게 되는 악순환을 경험하게 되는 것이다. 그러한 경험이 스스로의 사회적 기술의 한계점으로 인식될 것이고, 그것이 자책으로 이어지면서 대인관계를 회피하게 되는 것이다.

> **사례** "인간관계에서 내가 뭔가 사람들에게 좋은 반응을 못 받는 것 같다는 생각이 들면서 은둔을 하다가 알바를 하기도 했는데 알바를 하다가 실수하거나 누군가에게 혼나거나 하면 대인관계에서 상처를 받거나 하면서 나가지 않고 집에만 있고 하는 생활이 계속되었다. 그러면서 남들보다 그런 것에 더 민감한 것 같고, 점점 지치는 것 같았다."(파이교육그룹, 2020)

> **사례** "고등학교 자퇴하고 계속 집에 있다가 검정고시를 봤고 대학 때도 그냥 출석만 하고 다른 활동은 하지 않았다. 초등학교 때는 말이 많았는데 사춘기 들어오면서 말이 없어졌다. 그러면서 내가 말이 없어서 상대방이 나를 어떻게 볼지 이런 게 힘들었다."(파이교육그룹, 2020)

> **사례** "어떻게 해야 친구가 생기는지도 모른다. 친구와 둘이 있을 때 이야기의 화제가 없어서 침묵이 이어지면 친구가 나를 재미없는 녀석이라고 생각하지 않을까, 신경이 쓰여서 어찌할 수 없었다. 항상 그런 상황이면 도망가고 싶은 기분이 되었다."(박현숙, 2004, 일본 은둔형 외톨이 사례)

사례 "고등학교 때도 친구들에게 이야기할 때 이야기가 길어지면 떨려서 못하고 끊어서 짧게 이야기했다. 고등학교 2학년 때는 반에 친구가 없었고 짝과도 학기 말까지 말을 하지 않았는데, 이때 내가 사람을 사귀는 것이 느린 게 아니라 어렵다는 것을 알게 되었다."(박현숙, 2004, 일본 은둔형 외톨이 사례)

3. 은둔형 외톨이는 우리와 다르다. 우리 모두도 다르다

우리는 집에서도, 집이 아닌 다른 곳에서도 늘 주위의 시선을 의식한다. 특히나 집단주의 문화를 중시하는 사회에서는 더욱 타인의 시선이 자기개념을 형성하는 데 중요한 역할을 한다. 온전한 자기보다는 타인에게 보이는 '나'라는 존재가 진정한 '나'라고 생각할 수 있는 문화인 것이다. 그렇기 때문에 사회가 요구하는 맞춤형 인간이 되기 위해 끊임없이 노력하다 보면 어느 순간 도대체 '나'라는 존재가 누구인지 의문이 들 수 있다.

앞서 보았듯 우리의 특성을 형성하는 데 있어 유전과 환경은 각각의 영향력을 갖는다. 타고난 기질대로 사는 사람은 거의 없다. 환경이라는 요소가 얼마든지 우리를 더 나은 방향으로 이끌 수도 있고, 좋지 않은 방향으로 이끌 수도 있다. 하지만 중요한 것은 아이가 자라면서 자신의 존재 자체를 얼마나 있는 그대로 수용받고 이해받을 수 있는가이다. 이러한 경험들을 통해 아이는 '보여 줘야 할 자신'이 아니라 '진정한 자신'이 되어 갈 것이다. 어쩌면 은둔형 외톨이들의 기질과 성격이 다른 사람들과 다른 것이 아니라 그 기질과 성격을 잘 활용할 수 있는 경험이 부족했을지도 모른다.

제8장

가족 관련 요인과
은둔형 외톨이

이 장에서는 은둔형 외톨이 현상에 영향을 미칠 수 있는 가족 관련 요인에 대해 살펴볼 것이다. 먼저, 가족 관련 요인의 의미는 무엇이고 구체적으로 어떤 것들이 포함되는지, 그리고 그 요인들이 한 개인의 성장·발달에 어떤 영향을 미치는지 알아볼 것이다. 이후 이러한 요인들이 은둔형 외톨이의 시작 및 유지와 어떤 관련성이 있는지 알아보고자 한다.

1. 가족 관련 요인의 의미와 중요성

1) 가족 관련 요인의 의미

한 사람의 심리적 특성을 형성하고 대인관계 및 사회적응 패턴을 만들어 가는 데는 그 사람이 갖고 있는 기질적 요인만이 영향을 미치는 것이 아니다. 많은 외부 환경과 그 속에서 겪는 다양한 경험이 통합되어 한 사람의 특성이 만들어진다. 이러한 환경적 요인 중 가장 중요한 것은 가정환경, 즉 가족과 관련된 요인들이다.

가족 관련 요인들은 한 사람의 특성 형성과 밀접한 관련성을 갖지만 분명한 인과 관계로 설명하기는 어렵다(Harris, 2007). 특정 가족 관련 요인이 원인이 되어 가족구성원에게 직선적 결과로 나타나는 것은 아니기 때문이다. 예를 들어, 어린 시절 부모의 불화나 가정의 경제적 어려움을 경험했다고 해서 모든 자녀가 성장 후 우울증과 같은 심리적 어려움을 경험하는 것은 아니다. 이러한 부정적 경험은 그 사람이 갖고 있는 기질이나 성격뿐 아니라 가정 외 다른 환경에서의 긍정적 경험들과 연합되어 상쇄되고 보완될 수 있다.

그럼에도 불구하고 가정은 한 개인이 탄생한 이후 가정 먼저 접히는 사회이고, 성격 및 심리직 특성 형성에 중요한 시기인 어린 시절의 절대적 시공간을 차지하며, 일생 동안 가장 밀접한 상태로 그 사람에게 지속적인 영향을 미친다는 점에서 중요성이 크다. 이러한 중요성은 은둔형 외톨이에게도 결코 예외가 아니다. 특히 7장에서 살펴보았듯이 개인적 요인에서 취약한 특성을 많이 갖는 경우 이러한 요인들이 부정적 가족 관련 요인과 만나질 때 은둔형 외톨이라는 어려움으로 표출될 가능성은 높아진다.

가족 관련 요인에는 많은 요소가 포함된다. 부모, 형제자매, 친족 등 인적 구성원 및 그들과의 상호작용이 그 예이다. 또한 가족구성원 간의 화목이나 불화, 이사나 이혼 등의 변화 및 가정의 사회·경제적 수준도 중요한 가족 관련 요인이다. 이 장에서는 이러한 가족 관련 요인들이 은둔형 외톨이의 시작 및 유지와 어떤 관련성을 갖고 어떤 영향을 미치는지에 대해 구체적으로 살펴보고자 한다.

2) 가족 관련 요인의 중요성

(1) 부모 애착

아이는 태어나자마자 울고 보채며 자신의 감정과 욕구를 표현한다. 그저 할 수 있는 것이 울거나 웃는 것뿐이다. 이때 부모는 아이를 보며 최대한 부모로서 해 줄 수 있는 것들을 찾아 아이를 만족시켜 주기 위해 노력한다. 물론 모든 부모가 그런 행동을 취하는 것은 아닐 것이다. 이런 미묘한 반응에 따라 각기 다른 부모-자녀 애착관계가 형성되고, 이에 따라 자녀에게 영향을 미친다([참고자료] 참조). 많은 연구자는 애착 형성이 아이가 태어나고 성인이 되기까지 개인의 인지, 정서, 행동, 대인관계 등에 많은 영향을 미친다고 한다. 특히 엄마와 아이의 애착관계는 아이가 또래관계를 맺고 친사회적 활동을 하며 사회적 기술을 습득하여 사회인으로서 기능하는 데 밑바탕이 되기 때문에 매우 중요하다(권석만, 2017a).

영아기에 안정 애착을 형성한 아이는 부모에게 적절한 방식으로 자기주장을 하고 세상을 적극적으로 탐색하며 문제해결에서도 끈기를 보인다. 이들은 좌절을 경험하게 되면 다른 사람에게 도움을 청하거나 위안을 구하는 행동을 한다. 즉, 의존성과 자율성의 균형을 적절하게 잘 유지한다. 반면, 불안정 애착을 형성한 아이는 또래들과 어울리지 못하고 융통성이 없으며 고집스러운 모습을 보이거나 우울하고 위축된 모습을 보이는 경향이 있다(권석만, 2017a).

4세와 6세의 유아를 대상으로 한 연구의 결과에 따르면 불안정한 애착을 보인 남아는 공격적·파괴적·통제적이고 주의를 요하는 행동을 보였으며, 또래나 교사들에게서 덜 선호되는 것으로 나타났다(Chohn, 1990: 홍지은, 2007에서 재인용; Turner, 1991: 홍지은, 2007에서 재인용). 이러한 애착 유형은 물론 기질의 영향을 받을 수 있지만, 생애 초기에 형성된 애착 유형은 전 생애에 지속적인 영향을 미쳐 성인기 대인관계와 이성관계에까지 영향을 미치는 것으로 보고된다(George, 1985: 권석만, 2017a에서 재인용).

참고 자료

낯선 상황 검사(Ainsworth, Blehar, Waters, & Wall, 1978)

에인즈워스(Ainsworth)와 동료들은 아기가 어머니와 떨어질 때 나타내는 애착반응을 연구하기 위해 '낯선 상황 검사'를 실시하였다. 이 실험을 통해 애착의 세 가지 유형을 발견하였다.

안정 애착		어머니와 함께 있을 때 편안해하며 잘 놀고, 이별에 적절한 불안을 보이고 어머니의 복귀로 불안이 신속하게 완화되는 유형
불안정 애착	불안 애착	어머니가 곁에 있는지 항상 신경을 쓰고 어머니와의 이별에 극심한 불안을 나타내며 어머니가 돌아와서 달래도 밀쳐 내며 저항하는 유형
	회피 애착	어머니와의 이별에 무관심할 뿐만 아니라 어머니가 돌아와도 품속에 안기기를 회피하는 유형
	혼란 애착	몸을 흔들거나 얼어붙은 모습을 나타내는 등 일관성 없는 행동을 보이는 유형

출처: 권석만(2017a).

에인즈워스와 동료들은 아기가 어머니와 떨어질 때 나타내는 애착 반응을 연구하기 위해 '낯선 상황 검사'를 실시하였다. 이 실험을 통해 애착의 세 가지 유형을 발견하였다.

(2) 부모 양육태도

우리는 일반적으로 부모가 자녀에게 바람직한 모습을 보여 주어야 자녀가 올바르게 성장한다고 믿는다. 따라서 아이가 공격적 행동이나 문제행동을 보일 경우 부모의 양육태도를 의심하고 부모의 양육태도에 문제가 있어 생긴 결과라고 예측한다. 하지만 실질적으로 부모의 양육태도가 아이의 성격 형성에 미치는 영향은 매우 적다. 대신, 연구자들은 양육태도만이 아니라 부모의 성격, 태도, 행동양식이 자녀의 특성을 결정하는 데 많은 영향을 미친다고 보고한다. 즉, 부모의 양육태도는 가정의 분위기, 가정의 사회 · 경제적 수준, 문화적 배경 그리고 부모나 자녀의 요소 등과 상호작용하여 자녀의 성장에 주요한 요인으로 작용한다(Fishbein, 1975: 정민정, 2012에서 재인용).

쉐퍼(Schaefer)는 신생아기부터 초기 청년기에 이르는 동안의 발달과 부모의 양육태도를 연구하여 부모의 양육태도 검사도구(The Parental Attitude Research Instrument: PARI)라는 측정도구를 개발했다. 이에 따라 부모 양육방식을 유형별로 다음과 같이 제시했다(변경원, 2012).

- 애정-자율적 양육태도(민주형 양육방식): 부모는 관심과 애정을 가지고 자녀와 대화를 나누며 자녀의 의사를 존중한다. 이러한 부모 밑에서 자란 아이는 능동적 · 독립적 · 사교적 · 창의적이며 자신이나 타인에 대한 적대감이 없어 사회 적응을 잘한다.
- 애정-통제적 양육태도(익애형 양육방식): 부모는 관심과 애정을 가지고 자녀와 대화를 나누지만 자녀의 행동에 많은 제약을 준다. 부모는 자녀에 대한 과보호로 자녀를 소유물로 생각하고 자녀의 행동에 대한 간섭이 많고 심리적인 통제와 언어적인 통제를 가한다. 또한 자녀가 독립적인 행동을 할 때 상대적으로 좌절감을 느끼며 자녀의 삶을 자신의 경험을 통해 계획하려고 한다. 이러한 부모 밑에서 자란 아이는 의존적이며 비사교적이고 창조성이 떨어진다.

- 거부–자율적 양육태도(방임형 양육방식): 부모는 자녀에게 거리감, 무관심, 냉담함과 태만한 태도를 보이고 자녀와 함께하는 시간이 거의 없으며 자녀를 무시한다. 이들은 자녀를 수용하기보다는 자녀가 마음대로 행동하도록 한다. 이러한 부모 밑에서 자란 아동은 불안정한 정서를 느끼고 자신의 행동을 조절하지 못하고 위축된 행동을 보인다.

- 거부–통제적 양육태도(독재적 양육방식): 부모는 자녀에게 애정을 보이지 않으며 권위적 · 독재적 · 요구적 · 거부적인 양육태도를 보인다. 이들은 결혼생활에 만족하지 못하고 미성숙하고 불안정하며 자녀에게 관대하기보다는 일관성이 부족하고 신체적 · 언어적 · 심리적 체벌을 가하는 경우가 많다. 이러한 부모 밑에서 자란 아이는 수줍어하고 사회적으로 위축된 행동을 보이며 심한 경우 정신질환에 노출될 가능성이 있으며 자살 성향을 보이기도 한다.

이러한 결과를 살펴볼 때 부모가 자녀를 훈육하고 자녀의 성장을 돕기 위해서는 부모와 자녀의 경계를 분명히 하고 부모의 적당한 권위와 통제를 통해 건강한 자기개념을 형성하도록 도와야 할 것이다(정문자, 정혜정, 이선혜, 전영주, 2018).

일부 학자는 부모의 성격, 태도, 행동양식은 자녀의 성격을 결정하는 데 많은 영향을 미치며, 이러한 부모의 양육태도는 자녀의 기질과 더불어 자녀에 대한 반응 형태로서 부모가 자녀에게 어떠한 태도를 보이고 있으며 이러한 태도가 아이의 성격형성에 어떠한 영향을 미치고 있는지를 보여 준다.

(3) 가정 내 불화 및 기타 환경

핵가족화가 본격화되고 1인가구가 증가하면서 기존의 가족 형태가 크게 변화되고 가족 내 환경 또한 다양해지고 있다. 가정 내 환경은 가족구성원에게 영향을 미치는 부모의 교육 수준, 사회 · 경제적 지위, 주거지 형태, 가족원의 연령, 직업, 성취에 대한 압력, 언어적 발달에 대한 압력 등을 포함한다(원영미 외, 2004: 임미나, 2020에서 재인용).

이러한 환경은 자녀에게 다양한 형태의 영향을 미친다. 연구들에 따르면 부모의 학력 수준이 높을수록 더 성취 지향적이고 개방적이며 자율적이고 다양한 경험을 제공함으로써 아이의 지적 자극을 유발하고, 핵가족일수록 언어적 · 정서적 · 도덕적 안정감을 주고 가정 내 역할 분담과 체험학습 등 다양한 사회 경험을 제공해서 독립성을 향상시키게 된다(김화정, 2010). 또한 아이는 부모와의 상호작용을 통해 세상을 이해하고 그에 대해 학습하며 다양한 대처방식을 습득해 간다. 그러한 과정을 통해 아이는 자신의 행동이 어떠한 결과를 가져온다는 것을 예측하게 되고, 그 예측을 통해 자신의 행동을 통제할 것인지 또는 행동으로 나타낼 것인지를 결정하게 한다. 이것을 동기라고 하는데, 이러한 동기는 가정환경에 영향을 받는다(김유정, 2014).

다양한 가정환경 요인 중 주목할 가장 중요한 요인은 바로 정서적 지지이다. 아이는 부모의 사랑과 지지를 통해 자기가치감을 형성하며 자신이 누군가로부터 사랑받고 있다는 믿음을 가질 때 행복을 경험한다. 반면, 주요한 타인으로부터 받는 지지와 사랑이 부족하면 아이는 끊임없이 사랑받기 위해 나를 버리고 거짓된 모습으로 살아간다. 이것은 자기가치감을 떨어뜨리는 요인이 될 수 있는데 자기가치감이 낮은 아이는 다른 사람들이 자신을 형편없이 볼 것이라고 생각한다. 그리고 그들은 자신을 방어하기 위해 불신의 벽 뒤에 숨고 외로움과 소외감으로 비참한 감정에 빠져든다(Virginia Satir, 2006).

2. 가정 관련 요인과 은둔형 외톨이

1) 부모 애착과 은둔형 외톨이

일본의 정신과 의사이자 뇌과학 분야 전문가인 오카다 다카시(岡田尊司)는 혼자 있는 것을 좋아하고 사람들과 관계를 이어 나가지 못하는 사람들을 '회피형 인간'이라고 정의하고, 그 원인으로 회피형 애착 형성에 주목하였다. 아이가 부모에게 도움과 보살핌을 간절히 요구하지만 매번 무시당하거나 배반당하는 상황이 반복되면, 아이는 더 이상 기대하지 않고 더 이상 상처를 받지 않기 위해 관계를 회피하게 된다는 것이다. 반대로 과보호나 지배 또한 아이의 욕구나 감정, 의사를 무시하는 '감정의 방치'이다. 이는 본인의 의사와는 무관하게 감정을 지배하고 아이의 주체성을 침범한다는 점에서 관계를 회피하게 하는 요인이 될 수 있다(岡田尊司, 2015).

대학생을 대상으로 한 연구에서도 애착 회피를 가지고 있는 학생들은 자신감이 낮고 사회성이 떨어지며 신경증적인 성향이 높게 나타났으며 삶의 만족도가 떨어졌다(김광은, 2004: 장미애, 양난미, 2015에서 재인용; 김명희, 2014: 장미애, 양난미, 2015에서 재인용). 이는 애착 회피 경향성이 높은 사람은 정서를 경험하고 표현하는 것을 회피하며 다른 사람의 도움이 필요할 때도 요청하지 못하여 고립되는 결과를 낳는다(Mikulincer & Shaver, 2007: 전현수, 2013에서 재인용). 또한 애착 회피를 가지고 있는 사람들은 스스로 홀로 있는 시간을 선택하고 홀로 있는 시간에 외로움을 덜 느끼며 불편해하지 않고 심지어 적응적으로 보일 수 있다. 그러나 이들은 자신의 정서를 회피하거나 억압하고 있을 수 있으며 우울감을 더 많이 호소하고 스트레스에 소극적인 대처방식을 많이 사용한다(이은주, 2014: 문희운, 2018에서 재인용).

은둔형 외톨이의 특징 중 하나가 가족 간의 정서적 교류가 단절되거나 가족 간 유대감이 낮고 가족 간 신뢰가 떨어져 자신이 힘들 때 적절한 도움을 요청할 대상이 없다고 생각하는 것이다(허경운, 2005; 고스게 유코, 2012). 이들은 가족에 대한 불신과 서운함으로 가족을 원망하며 타인과의 관계마저도 단절해 버린다. 이들은 마치 세상에 혼자 버려진 듯한 느낌을 갖게 되며 주위에 적절한 도움을 요청하지 못하고 사소한 문제에도 위축되어 은둔하기에 이른다(김유숙, 박진희, 최지원, 2012). 특히 은둔형 외톨이 세 명 중 하나가 퇴행 현상을 보이는데, 이러한 퇴행은 부모에 대한 의존적 태도와 유아적인 언행으로 표출되며 부모에게 어리광을 부리듯 끊임없는 요구가 이어진다(磯部潮, 2009). 이러한 행동들은 어쩌면 자신이 어린 시절 받아 보지 못했던 것을 이제라도 받아내겠다는 듯한 태도일지 모른다. 만일 그 요구가 받아들여지지 않으면 분노의 감정을 표출하며 부모를 공격하는 것이다.

2) 부모 양육태도와 은둔형 외톨이

(1) 기본 욕구 충족의 부족 – '돌아가고 싶어요'

Maslow는 인간의 욕구를 몇 개의 단계로 구분하였다. 이는 생리적 욕구, 안전 욕구, 애정 및 소속 욕구, 존중 욕구, 자기실현 욕구로, 낮은 단계의 하위욕구로부터 높은 단계의 상위욕구로 발달해 간다고 한다. 즉, 생리적 욕구, 안전 욕구, 애정 및 소속 욕구가 충족되지 않으면 존중 욕구나 자기실현 욕구가 잘 발달되지 않으며, 이

[그림 8-1] Maslow의 욕구위계

러한 하위욕구에 불만족이 생기면 하위욕구의 충족을 위해 퇴행한다(권석만, 2017).

실제로 은둔형 외톨이들 중 이러한 퇴행 현상을 수반하는 경우가 많다. 은둔형 외톨이들 중 등교거부를 하는 아이들의 90% 이상이 퇴행 현상을 보인다고 한다(박현숙, 2004: 磯部潮, 2009). 가정 내 불화와 가정의 해체 그리고 방임과 무관심은 아이로 하여금 하위욕구에 대한 불만족을 경험하게 하고, 이것이 하위욕구의 충족을 위한 퇴행의 결과로 이어져 은둔을 선택했을 가능성이 있는 것이다. 실제로 은둔형 외톨이들[1]을 대상으로 부모의 양육태도를 조사한 결과, 거부-자율적 양육태도인 '방치'가 가장 많았고(30.4%), 통제적 및 자율적 양육태도가 뒤를 이었다(각 17.4%). 다음으로 지나친 간섭 양육태도(15.9%), 민주적·권위 있는 양육태도(10.1%), 과잉보호 양육태도(5.8%), 학대적 양육태도(2%)의 순서를 보였다(황순길, 2005). 종합할 때, 은둔형 외톨이 부모 중 자율성을 보장하고 신뢰를 주는 양육태도보다는 방치나 통제 혹은 간섭의 부정적 양육태도를 갖고 있는 비율이 높음을 알 수 있다.

부모의 일반적인 자녀 양육태도와 비교분석한 결과가 부족한 상태에서 부정적인 양육태도가 자녀의 퇴행 및 은둔형 외톨이 현상을 직접적으로 유발했는지에 대해서는 명확하지 않다. 하지만 은둔형 외톨이 부모들이 보고한 다음 내용들은 이러한 가능성을 뒷받침해 주는 목소리라 할 수 있다.

---

1) 청소년 상담기관에서 상담을 받은 청소년 중 '은둔형 부적응 청소년'의 기준을 만족하는 69명의 사례를 통해 사회적 회피의 특성과 동기, 환경으로서의 부모와의 관계를 탐색하였다.

사례 "남편은 일만 하고 집에 거의 관여를 안 했고요, 저는 엄격했던 거 같아요. 큰아이다 보니깐 기대도 컸고, 근데 말을 거의 안 하니까, 저도 일을 하다 보니 신경을 많이 못 써서 그런가 싶어 보상의 의미로 물건을 사 주고 그랬던 것 같아요."(파이교육그룹, 2020)

사례 "나는 적절히 자율/통제를 했다고 생각하는데 아이는 좋은 것은 하나도 기억 못하고 억압하고 통제한 것만 기억하고 잘해 준 건 없다고 하며 나에게 분노 표현, 폭언을 한다. 자유를 막고 억압했다고 생각한다."(파이교육그룹, 2020)

사례 "나를 기준으로 생각하는 부모였다. 나를 기준으로 얘기를 했고, 잔소리와 조언을 많이 하는 편이었던 것 같다. 중고등학교부터 아이가 학교에 적응을 못하고 그러니 더욱 잔소리를 많이 했던 것 같다. 난 잘되라고 조언을 한 것이지만 아이 입장에서는 잔소리고 자신을 맘에 안 들어 한다고 생각했을 수 있다."(파이교육그룹, 2020)

사례 "고지식하고 푸시하는 엄마였을 것 같다. 나는 살기 힘들었고, 그래서 내가 살아온 방식대로 열심히 살아야만 한다고 했다."(파이교육그룹, 2020)

(2) 부모의 과보호와 지나친 간섭 – '눈에 넣어도 아프지 않을 내 새끼'

부모가 자녀를 사랑하고 보살펴 주는 것은 당연한 일이다. 열 달을 힘들게 품어서 세상 밖으로 나온 아기의 꼬물거리는 손과 발을 보는 순간 그 감동과 기쁨은 이루 말할 수 없을 것이다. '그저 건강하게만 자라다오.'라는 소박한 소망을 갖지만, 이러한 소망은 아이가 성장하며 기대가 커짐과 동시에 불안이 되고 어느 순간 과도한 간섭과 개입으로 변하기도 한다.

특히 많은 경우 자녀의 초등학교 입학은 부모의 불안이 높아지는 시기이다. 아이가 학교에 잘 적응하고 친구들도 잘 사귀고 공부도 잘하고 선생님 말씀도 잘 듣기를 기대한다. 그렇기 때문에 아이가 학교를 마치고 돌아오면 학교생활은 어땠는지, 무슨 일은 없었는지, 선생님과 친구들이 어떻게 대해 줬는지 등 자녀의 학교생활에 지나치게 관심을 보이기 시작한다. 그러다가 조금이라도 문제가 있다고 판단되면 부모는 적극적으로 그 문제에 초점을 맞추고, 또 그런 일이 있었는지 확인하며 때로는 자신이 문제를 직접 해결하려 한다. 이 모든 행동은 부모가 자녀를 특별히 소중히

여기고 사랑하며 보호하려는 마음에서 시작되었을 것이다. 하지만 이는 자녀가 스스로 문제를 해결해 가는 과정을 기다려 주지 못함으로써 아이의 문제해결 능력을 저해할 수 있다.

일본에서 처음 은둔형 외톨이 현상을 연구하면서 가정 관련 요인 중 과잉보호가 가장 중요한 영향 요인으로 예측되었다. 우리나라에서도 비슷한 예측이 있었지만 실제로 부모의 과잉보호가 은둔형 외톨이가 되는 데 뚜렷한 영향력을 갖는다는 근거는 많지 않은 상태이다. 하지만 우리가 주목해야 할 점은 은둔형 외톨이들의 특징 중 하나가 문제해결 능력, 대처능력, 목표를 유지·발전시켜 나가는 능력이 부족하다는 사실이다. 이를 볼 때, 성장하면서 습득하고 체득해야 할 사회적 기술을 부모가 양육하는 과정에서 박탈함으로써 자녀가 사회에 적응하는 데 방해 요인으로 작용했을 수 있다. 이에 대해 연구자들은 부모의 지나친 간섭과 개입은 자녀로 하여금 스스로 무능력한 존재로 인식하게 하고, 성장하여서도 타인에게 의존적이며 동조적인 태도를 갖게 하고, 자기주장 능력을 상실하게 하여 아이가 적응적인 사회생활을 하는 데 방해가 될 수 있다고 보고한다(Roe, 1957: 김경아, 2005에서 재인용).

이러한 부모의 과보호와 지나친 개입은 부모와 자녀를 밀착시켜 자녀의 적절한 독립성을 방해할 수 있다. 아이들은 사춘기에 접어들면서 부모와 떨어져 자신만의 시간을 갖기 원하고 부모의 잔소리와 간섭을 극도로 싫어하게 된다. 이것은 부모가 싫기 때문이 아니라 발달단계에서 일어나는 보편적인 현상이다. 하지만 **부모들**

중 과보호 경향성을 가진 부모는 자녀가 독립하려는 것을 은근히 방해하며(의식적이든 무의식적이든), 자녀가 자신에게 의존하기를 바라고 자녀의 모든 것을 공유하기를 원한다(Roe, 1957: 김경아, 2005에서 재인용). 이러한 현상은 흔히 친구 같은 모자 혹은 모녀관계를 추구하는 어머니들에게서 많이 볼 수 있다. 부모-자녀 관계는 적절한 권위와 신뢰를 바탕으로 이루어져야 하며, 부모가 건강하게 분화되고 독립하는 것을 도와주어야 자녀는 긍정적인 자기개념을 형성할 수 있다.

사례 "외아들로 커서 그때까지도 밥까지 떠먹여 가며 키웠어요. 그래서 애한테 미안하기도 하고……."(황순길 외, 2005, 사례 F-어머니)

사례 "모두에게 과잉보호 받을 만큼, 경제적으로도 부부관계도 평안했을 때 태어난 아이로 조용하고 낯가림이 심했지만 공주로 자라서 눈치를 잘 안 봤다."(파이교육그룹, 2020)

사례 "내가 다 챙겨서 해 주고 알아서 해 주고, 나만 믿고 따라오라고 했다. 다 아이 잘되라고 완벽하게 준비해서 아이를 챙겨 주려고 했다. 그러고는 넌 왜 못하냐고 늘 지적하고 부족한 부분만 얘기했다. 나중에 말을 들어 보니 그런 엄마가 참 싫었다고 뭐든지 엄마 맘대로 하는 것이 싫었다고 하더라."(파이교육그룹, 2020)

(3) 성취에 대한 과도한 기대 -'너 잘되라고 그러는 거야'

"이게 모두 다 아버지 때문이에요. 남들과 비교하고 끊임없이 채찍질하고……." 이것은 드라마 대사이다. 부모들은 "이게 다 너 잘되라고 그러는 거야."라고 얘기하지만 자신의 행동이 누구를 위한 것인지 생각해 볼 필요가 있다. 대부분의 부모는 자녀가 사회에서도 인정하는 좋은 직업을 갖고 경제적으로도 여유로우며 풍요로운 삶을 살기를 바란다. 특히 우리나라 부모들은 그러한 삶을 살기 위한 수단으로서 자녀의 교육을 매우 중요시한다. 그러다 보니 아이의 능력이나 개성보다는 획일적인 정규교육에 초점을 맞추고 거기에 올인하도록 아이를 몰아가기 쉽다.

부모가 자녀에 대해 기대를 갖는 것은 당연하다. 하지만 그것이 자녀에게 과요구적일 때는 당연한 이야기로 그치지 않는다. 부모가 과요구적일수록 자녀가 남보다 뛰어나길 바라게 되고, 그러다 보니 엄격한 훈련을 하며 우수한 성적을 요구하게 된다. 그러면서 '지금 애를 바로잡아야 이 아이가 커서 좋은 대학에 들어갈 수 있지. 그때가 되면 아이도 나한테 고마워할 거야.'라는 생각 속에서 이 모든 것은 자녀를 위한 것이라고 합리화한다. 그 과정에서 자녀가 치러야 하는 고통은 간과되기 쉽다.

부모의 기대가 높을수록 그리고 그것이 과요구적일수록 아이는 자신의 욕구와 감정을 억압하게 된다. 부모 또한 그러한 욕구와 감정은 나중에 성공하면 더 많은 것을 누리게 될 테니 지금은 중요하지 않다고 아이를 설득한다. 하지만 부모의 큰 기대와 요구가 지속되면서 자녀는 점점 나약하고 부족한 자신의 모습에 집중하게 되고, 이제는 어떤 일도 해낼 수 없을 거라는 무망감에 빠져 위축되기 쉽다. 은둔형 외톨이들도 부모의 과요구직인 태도에 스스로를 부족한 사람으로 인지하는 경우가 많다. 부모로부터 수용받지 못하고 늘 부족하다고 여겨지다 보면, 학교나 사회에서도 스스로 부족하다는 생각이 들면서 외부로터 자신을 보호하기 위해 안전한 곳으로 숨기를 원하게 된다. 그러다 어렵게 사회생활을 하려고 밖으로 얼굴을 내밀게 되면 곧 자신이 얼마나 뒤처지고 부족한지를 인식하게 되고, 다시 은둔을 반복하게 된다.

> **사례** "어린아이의 너무 먼 미래를 걱정하며 부모방식대로 지나치게 교육에 올인했다."(파이교육그룹, 2020)

> **사례** "다른 사람과 비교하며 (자녀를) 타박했다."(파이교육그룹, 2020)

> **사례** "예전에 ○○학습 그걸 시켰는데 애가 그걸 그렇게 하기 싫어했는데 그걸 해야 한다고 몰아세운 게 후회가 된다."(파이교육그룹, 2020)

> **사례** "아빠가 아이에 대한 기대감이 높았다. 아빠도 할아버지도 자신의 분야에서 이름이 있는 사람들이고 아이도 잘 따라와 줬고, 그런데 아빠는 일하느라 바쁘니까 공감을 해 줄 시간이 없었다."(파이교육그룹, 2020)

> **사례** "부모님은 항상 과잉보호하고 통제하려고 많이 했다. 공부도 엄청 시키고, 초등학교 6학년 사춘기 때…… 나를 돌아보면서 난 이렇게 살기는 힘들다. 난 못할 것 같다. 빨리 죽고 싶다. 난 부모님이 원하는 대학에 가거나 난 부모님이 원하는 성격을 갖기가 버겁겠다. 부모님은 친

구를 만날 시간도 주지 않았다."(파이교육그룹, 2020)

사례 "나에 대한 교육은 합리성이 전부였다. 그 때문에 어렸을 때부터 억지로 학습이나 학원에 다녔다. 좋은 점수를 받으면 선물, 나쁜 점수를 받으면 어머니에게 맞았다. 성적이 나빠서 학원에서 낮은 반으로 배정되면 아버지에게 맞았다. 지금 생각하면 가축 취급을 받았다."(박현숙, 2004, 일본 은둔형 외톨이 사례)

(4) 부모의 방임과 무관심 – '네 일은 네가 알아서 해'

은둔형 외톨이와 관련된 또 다른 가정 관련 요인 중 하나는 부모의 무관심과 방치이다. 때로는 살다 보니 바쁘기도 하고 먹고 살아야 하는 문제로 아이에게 관심을 덜 가질 수도 있다. 하지만 바빠서 아이를 돌보지 않는 것과 정서적 교류가 단절되어 있는 것은 다른 문제이다. 물질적으로 부족해도 부모와 정서적 교류가 잘되는 가정에서 자란 자녀는 오히려 독립적이고 협조적이며 타인을 보살피는 아이로 성장할 수 있다. 그러나 정서적으로 단절되어 있는 아이는 아무리 경제적으로 풍요롭다 하더라도 외롭고 공허함을 느낀다. 정서적으로 방임된 아이들은 혼자 있는 시간이 많으며, 또 혼자 있는 것을 편하게 생각한다. 이들은 주변 상황에 무관심하고 자발적으로 행동하지 않으며 대체로 멍하게 지낸다(최학순, 2004: 송미령, 2005에서 재인용). 그리고 자주 깜짝 놀라거나 두리번거리며 눈치를 많이 보이는 특성을 보이기도 한다. 또한 이들은 갑자기 친구를 때리기도 하고, 누군가 자신만 괴롭힌다며 불만을 토로하기도 한다. 이렇게 정서적으로 방임되었던 아이들은 학교생활, 대인관계, 사회적 관계에서 부정적 모습을 보이고, 성인이 되어서도 외로움과 사회적 고립감을 높게 경험하였다(최학순, 2004: 송미령, 2005에서 재인용).

또한 부모의 방임과 무관심 속에서 부모는 자녀를 수용하고 받아들이지 못하는 동시에 자녀 마음대로 행동하도록 한다. 부모는 자녀에 대해 거리감, 무관심, 태만, 냉담한 태도를 보인다. 이러한 부모 밑에서 자란 아동은 내면화된 갈등과 고통을 많이 지니게 되어 불안정한 정서와 위축된 행동을 보이며 자신의 행동을 제대로 조절하지 못한다(Schaefer, 1959: 변경원, 2012에서 재인용).

은둔형 외톨이 중에는 부모가 예전에는 신경도 안 쓰더니 새삼 이제 와서 나를 귀찮게 한다고 자신을 내버려 두라고 소리치며 폭언하는 경우가 많다. 과거 보살핌과

도움이 간절했을 때는 도움 받지 못했음을 원망하고, 이제는 더 이상 필요하지 않다고 말한다. 실제로 자녀가 은둔에 들어갈 때까지도 부모는 문제의 심각성을 인지하지 못하다가, 비로소 등교거부를 하거나 게임에 빠져 은둔생활이 지속되면 그때서야 인식하는 경우가 많다. 이는 부모가 무관심하던 그 기간 동안 아이는 혼자서 모든 어려움을 겪으며 좌절감, 무력감, 우울감을 경험하고 차차 폐쇄적인 성향으로 변해 갔음을 의미한다(황순길 외, 2005). 그리고 그런 자신의 모습을 이제야 봐 주는 부모를 원망하는 것이다.

사례 "부모님 사랑을 많이 못 받고 살았으니까 어렸을 때는 부모님에 대한 사랑이 제일 그리웠죠. 왜 남들은 엄마 아빠 밑에서 같이 밥상에서 뿔뿔이 흩어져 갔고, 솔직히 어렸을 때는 친엄마, 아버지와 함께 한자리에 모여서 밥 한 번 먹어 보는 게 소원일 정도로."(고스게 유코, 2012)

사례 "어릴 때도 혼자 있게 한 시간이 많았다. 내가 하는 일이 성수기가 있다 보니, 성수기 때는 정말 아이를 혼자 둘 수밖에 없었다. 또 가정불화가 심했던 것이 가장 후회된다. 남편과 늘 싸우는 모습을 보여 줬다."(파이교육그룹, 2020)

(5) 가족 내 의사소통 – '대화가 아닌 소통이 필요해'

최근 조사에 따르면 우리나라 부모와 자녀 간 평균 대화시간은 13분이다(세종시교육청, 2020). 맞벌이 부모가 많고 자녀들도 학교와 학원을 바쁘게 오가면서 부모와 자녀 간 소통시간이 매우 부족한 채 살아간다. 하지만 중요한 것은 시간보다 어떤 의사소통을 하고 있느냐의 문제일 것이다. 아무리 자녀와 대화시간이 많다고 해도 의사소통의 질이 떨어진다면 소통의 기능을 제대로 하고 있다고 보기 어렵다.

가정 내 의사소통이 중요한 이유는 그것이 가족 간의 감정을 조율하고 상호이해를 도모하며 자녀의 사회화 과정에 영향을 주기 때문이다(Miller & Steinberg, 1975: 유백산, 2012에서 재인용). 하지만 이러한 순기능을 기대하기에는 한국사회에서 부모-자녀 대화는 수직적인 경우가 많다. 또한 대화를 나눈다고는 하지만 실질적으로 부모는 아이의 관심과 욕구에 주목하기보다는 아이의 특정 행동에 초점을 맞춰 대화를 이어 가는 경우가 많다. 그러다 보면 아이에게 잔소리를 할 수밖에 없고, 이러한 대화 유형은 부모와 자녀의 관계를 악화시키며 서로 대화를 기피하게 되는 결과를 초래한다.

특히 부모들이 자녀와 대화하며 가장 주의해야 할 것 중 하나가 이중메시지이다. 이중메시지는 논리적으로 상호 모순되고 일치하지 않는 두 가지 메시지를 동시에 전달하는 것이다. 자녀를 체벌하면서 "이게 다 너 잘되라고, 너를 사랑하기 때문이야."라고 말하는 것이 대표적인 이중메시지의 예이다. 아이 입장에서는 '사랑한다면서 왜 때리는 거지? 엄마가 나를 사랑한다면 때리지 말고 용서하든가 말로 이야기를 해야지.'라고 생각할 수 있다. 그러면서 아이는 그게 무슨 사랑이냐며 엄마의 사랑을 거짓으로 치부해 버릴 수도 있다. 또한 부모가 자녀에게 가장 많이 하는 말 중 "네가 알아서 해."라는 말에 유의할 필요가 있다. "네가 알아서 해."라고 말하면서 자녀가 해야 할 것들을 지시하고 감독하며 간섭하는 경우는 큰 불일치가 일어나기 때문이다. 자녀는 나름 알아서 하려고 하지만 부모 마음에 안 들면 분명 혼날 것이고, 그렇다고 부모의 명령대로 하면 알아서 하는 것이 아닐 테니 딜레마에 빠질 수밖에 없다.

언어적 표현과 일치하지 않는 비언어적 태도 또한 이중메시지에 해당한다. 부모가 자녀에게 "이 세상에서 너를 가장 사랑하고 네가 가장 소중해."라고 말하면서도, 자녀가 엄마와 함께하기를 원할 때 일을 해야 한다며 돌아서는 경우가 그 예이다.

물론 부모가 해야 할 일이 많아서 또는 너무 피곤해서 그럴 수 있지만, 자녀 입장에서는 '내가 가장 소중하다며 왜 나랑 있지 않지?'라고 생각할 수 있다. 이러한 이중 메시지는 의사소통의 딜레마를 야기하며 자녀를 혼란스럽게 하고 정서적 고통을 줄 수 있다(김태진, 2010).

부모와의 의사소통을 통해 자녀는 자신의 가치를 부모에게 표현하고 자신의 의사를 왜곡 없이 전달함으로써, 내적 긴장을 완화시키고 자신의 욕구를 충족시켜 나갈 수 있다. 특히 청소년기 자녀는 부모와의 대화를 통해 자아정체감과 자아존중감을 형성하고 사회성 및 도덕성 발달, 대인관계, 내적·외적 갈등이나 문제해결 능력 등의 발달을 이룰 수 있게 된다. 또한 부모와의 개방적인 의사소통을 많이 할수록 청소년 자녀의 문제행동이 적고, 비행행동이 적게 일어나고, 스트레스가 낮고, 가족 응집성과 적응성도 높다(이유형, 2012).

은둔형 외톨이들 중 상당수는 부모와의 의사소통에서 오랜 기간 동안 문제가 있었다고 말한다. 아버지와는 어렸을 때부터 거의 대화가 없었고, 어머니는 교육에만 관심을 가질 뿐 자신의 욕구나 감정을 제대로 나눠 본 적이 없다는 보고를 흔히 한다. 어머니들 입장에서는 아버지가 채워 주지 못하는 것을 나름 시간을 들여 관심 갖고 신경을 썼다고 생각할 수 있다. 하지만 자녀와 많은 시간을 보내는 것이 중요한 것이 아니라 그 시간에 어떤 대화를 하고 어떻게 보냈느냐가 중요한 것이다. 이러한 양과 질의 차이로 인해 부모와 자녀가 인식하는 소통의 정도에 차이가 생길 수 있다. 다음 사례들에서 은둔형 외톨이 당사자 및 부모가 기억하는 어린 시절부터의 부모-자녀 의사소통 내용을 잘 볼 수 있다.

사례 "(자녀가) 원래 말이 적으니까 그런 앤가 보다 했다. 지금은 반성을 많이 했다. 나도 심리, 감정코칭 공부도 많이 했다. 대화법을 익히려고, 아이와 상호작용하고 그런 게 너무 안 됐고 너무 일방적인 대화를 많이 했다. 계속 가르치고 지시하고 설득하고……."(파이교육그룹, 2020)

사례 "서로 다가갈 수가 없어서…… 다가가고 싶어도 밀어내 버리니까 그 아이 품안으로 들어 갈 수가 없었다."(파이교육그룹, 2020)

사례 "원래 대화는 많지 않았고 지금은 거의 대화를 할 수 없다. 아예 나랑은 얘기를 안 하

려고 한다."(파이교육그룹, 2020)

사례 "힘들 때 집에서 이야기할 사람만 있었어도. 말을 할 수 있는 분위기가 아니에요. 이야기해 봤자 (부모님은) 얘가 뭔 소리 하나 이런 반응일 거 같고, 오히려 욕만 먹을 거 같아서 혼자 속으로 힘들고 말지 하던 게 이렇게 돼 버린 거예요."(황순길 외, 2005, 사례-J)

3) 가족구성원 관계와 은둔형 외톨이

(1) 가족의 정서적 유대감과 정서적 단절 - '한 사람이라도 나를 봐 주는 사람이 있었다면'

우리는 누구나 따뜻하고 안정된 가정을 꿈꾼다. 성인이 되어 결혼을 하고 아이를 낳고 세월의 흐름 속에서 가정은 낡아 가기도 하고 방향을 잃기도 하지만, 어느 순간 나의 가정이 세상으로부터 나를 지켜 주는 울타리가 된다는 사실도 깨닫게 된다. 인간은 누구나 태어나면서 가족이라는 집단의 구성원이 된다. 이러한 가정은 나름대로의 고유한 체계와 일련의 규칙, 고유한 역할과 특유의 의사소통 방식을 가지고 있다(하유정, 2008). 이러한 환경 속에서 인간은 성장하며 사회로 나아가기 위한 준비를 하게 된다.

가정이 이러한 제 기능을 하기 위해 가장 필요한 것 중 하나는 가족의 유대감이다. 가족 유대감은 각 가정마다 그리고 부모의 역할에 따라 조금씩 다른 형태를 보인다. 극단적인 형태를 보이는 가정도 있지만, 많은 가정은 구성원끼리 적절한 유대관계를 형성하고 서로에게 의존을 허락하기도 하고 독립된 개체로서 존중하며 적절한 기능을 한다. 문제가 되는 것은 가정의 유대감이 너무 높거나 낮은 형태를 보이는 경우이다. 어떤 가정은 유대감이 너무 깊다 보니 모자가 융합되는 형태를 보이기도 한다. 이는 가족원끼리의 지나친 동일시와 과관여[2]로 인해 개인의 자율성을 제한하고 서로의 경계가 모호해지는 상태이다(Olson et al., 1983: 최미영, 2010에서 재인용). 이러한 가정은 모자가 융합되는 형태를 보이며 자녀의 독립성을 허락하지 않는다. 이렇게 유대감이 너무 깊어 분화가 이루어지지 않는 환경에서 성장하는 경우, 다른

---

2) 지나치게 다른 사람의 관심과 주목을 받기를 원하고 참견을 하기 좋아하는 상태를 말한다(김형수, 2014).

사람의 욕구에 예민하게 반응하고 행동하며 자신의 독립된 생각과 행동을 포기하게 된다. 그러다 보니 대인관계 측면에서 건강한 자기를 발달시키지 못해 자신의 신념이나 확신을 고수하지 못하며 자주적이고 독립적인 행동을 하지 못한다고 된다(박현숙, 2004).

가족원들 간에 정서적으로 단절된 또 다른 형태는 서로에게 관심이 부족하고 너무 둔감하여 각자도생을 하는 형태이다. 이들은 서로 돕기 위해 애쓰지 않는 것이 특징이다. 이러한 가족은 서로의 경계가 분명하고 경직되어 있어 융통성이 없고, 가족원들 간 유대감이 부족하여 냉랭한 분위기 속에서 각자의 방에서만 생활할 가능성이 크다. 이러한 정서적 단절은 대인관계에서도 문제를 나타내는데, 이들은 고통스러운 생각이나 감정을 억압하여 부정적인 정서를 차단하고 타인으로부터 최대한 멀리 떨어져 있으며 관계의 중요성을 부정한다. 그리고 사회적 관계 속에서 마주하는 갈등과 불편함을 피하기 위해 대인관계를 회피하고 스스로 고립되는 방식을 취한다(Lopez & Brennan, 2000: 유아진, 서영석, 2017에서 재인용; Albrecht, Galambos, & Jansson, 2007: 유아진, 서영석, 2017에서 재인용).

은둔형 외톨이의 가족을 연구한 사례들을 보면 대체로 가족이 정서적으로 단절되어 있는 경우가 많다. 이들은 어려서부터 부모의 맞벌이나 이혼 등으로 가족과 정서적 유대감을 형성할 기회가 부족하였고, 가족은 서로에게 무관심했으며 가정의 형태는 불안정했다. 이러한 환경 속에서 자녀는 어느 누구와도 정서적으로 연결되어 있다는 느낌을 갖기 어려웠다고 말한다. 그러한 생활이 반복되면서 자녀는 자신의 감정을 표현하기보다는 억압하고 감추는 것에 익숙해지고, 더 이상 가족에 대한 지지와 사랑을 기대하기 어렵다는 것을 알게 된다.

최근 가정환경 척도를 통해 확인한 결과 은둔형 외톨이 가정은 일반 가정에 비해 가족의 결합력, 조직력, 조절력, 능동적 여가활동성 등이 떨어졌다(이재영, 2014). 이는 은둔형 외톨이 가정이 지나치게 분화되어 가정이 제 역할을 하지 못하거나 또는 지나치게 밀착되어 있을 수 있음을 보여 준다. 가족은 자녀가 가정 내에서 건강한 유대감을 경험하고 타인과의 관계에서도 적절한 거리를 조절함으로써 사회에서 적응적인 대인관계를 형성하도록 도와야 한다. 하지만 가족 응집력이 낮은 가정은 자녀에게 편안함보다는 소외감을 경험하게 하고, 이에 자녀는 도피행동이나 회피행동으로 이어져 사회에 적응하는 것이 힘들 수 있다(윤여원, 2014).

사례 류타로는 아버지, 어머니 누구에게도 친근하게 자신의 생각이나 느낌을 말할 수 없었다. 아버지는 평상시에 류타로에게 무관심으로 일관했고, 성적이 떨어지면 류타로를 거부했다. 어머니 유미코도 결혼 2년째에 류타로를 출산했을 때 '우리 애가 귀엽다'라고 느꼈지만, 자기가 엄마가 되었다는 느낌을 가질 수 없었고, '아이를 양육하는 것도 자신이 없었다'고 고백하고 있다. 그래서 정서적인 친밀함이나 사랑을 느낄 수 없었던 류타로는 부모의 뜻에 맞추면서 거짓 자기를 발달시켜 왔기 때문에 다른 사람들 앞에서 자신의 생각을 말하거나 자신이 스스로 무엇을 결정하는 것이 매우 힘들고 어려운 과제였다(박현숙, 2004, 류타로 사례).

사례 경희네 남매들의 경우를 살펴봐도 분화가 제대로 이루어지지 않은 아버지와 어머니 밑에서 불안을 흡수하면서 자라난 아이들은 그들 자체가 불안하기 때문에 가족들과 강하게 융해되어 있고 자신에 대한 확신과 믿음이 없어서 다른 사람과 관계를 형성하는 데 어려움을 느끼며 정서체계에 많은 어려움을 느끼고 있는 것을 알 수 있다. 이들 부모의 공통된 특징은 자신들이 분리화가 이루어지지 않았기 때문에 부부관계는 물론이고, 아이들과도 정서적인 친밀감을 형성하는 것이 쉽지 않다. 아이들 또한 부모들처럼 미분화되어 거짓자아가 발달하고 정서적 성장이 이루어지지 않고 있는 것을 알 수 있다(박현숙, 2004, 경희네 사례).

사례 J의 은둔형 외톨이는 부모가 이혼하고 난 직후부터 시작되었으며, 교육을 심하게 시키는 어머니의 간섭이 없어지자 쉽게 은둔형 외톨이에 빠지게 되었다. 이혼 후 아버지의 태도는

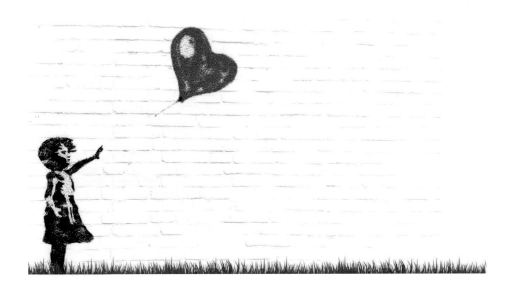

J자신이 신기해 할 정도로 J에 대해 간섭을 하지 않았다. 일반적으로 정상적인 가족이라면 자식들이 학교에 가지 않고 집에 계속 틀어박혀 있다면 한마디라도 물어보기 마련이지만 J의 아버지는 J에 대해 전혀 관심을 가지지 않았다. 또 형제들 모두 각자의 방에서 혼자 밥을 먹는 형태였다. 이혼 초기에는 아버지가 도시락을 사 와서 식당에 놓았지만 점점 돈만 테이블 위에 놓이게 되었다. J가 방에 틀어박혀 있는 동안 아버지는 J의 방에 들어올 일도 없었고 J의 방은 청소도 안 한 상태로 쓰레기장처럼 되었다(고스게 유코, 2012).

사례 K의 친어머니는 19세경 할머니가 사망한 충격으로 방 안에서 나오지 않고 물만 먹고 일주일을 보내는 등, 정신적으로 이상이 발생하여 할아버지가 정신병원에 입원시켜 치료를 받은 경험이 있다. 치료 후 아버지를 만나 결혼하고 자녀를 두었지만, K의 막냇동생을 낳은 후 병이 재발하여 집을 나가게 된 것이다. 그 이후 1, 2년이 지난 뒤 아버지가 재혼을 하였고, 다시 집을 찾아온 친어머니는 아버지의 재혼 모습에 충격을 받고 외할아버지에 의하여 다시 정신요양병원에 입원하게 되었다. 새어머니가 들어온 후, K는 양녀로 보내졌고, 아기 보기, 식당 심부름 등 10여 군데를 전전하다가 12세 되던 해에 친어머니가 외가에 맡기게 되었다. K는 그곳에서 초등학교 2학년을 다니다가 그만두었으나, 다시 4학년에 들어가 초등학교를 졸업했다. 외할아버지가 중학교 때 돌아가신 후 다시 아버지와 살게 되었고, 처음 한동안은 새어머니가 잘 대해 주었지만, 아버지가 부재 시에 폭행을 가하다가 어느 날인가 동네에 사는 19, 20세의 언니가 서울에 있는 공장으로 일하러 간다는 말을 듣고 K를 함께 보냈다(고스게 유코, 2012).

사례 R의 부모님은 어릴 때부터 맞벌이를 하여 집에 들어가면 할머니만 있었는데, 그 할머니도 R이 초등학교 3학년 때 돌아가셨고 그 후에는 간병인 아주머니와 지내게 되어 어릴 때부터 외로움을 많이 타게 되었다. 오빠가 있었지만 R과는 네 살 차이로, 학원에 다니거나 성장함에 따라 얼굴 대하는 일이 감소해서 조금씩 거리가 생겼다. 중학교 때 몸도 아팠고 친구와의 관계에서도 어려움이 많아지면서 학교에 가기가 힘들어지며 등교거부가 시작되었다(고스게 유코, 2012).

(2) 가족규칙 - '혼란스러운 가족'

각 가정에는 가족이 지켜야 하는 규칙이 존재한다. 이러한 규칙은 대체로 부모가 자녀를 양육하기 위해 정하는 것이 일반적이다. 이러한 가족규칙은 가족을 유지시키고 성장시키기 위해서는 반드시 필요하다. 하지만 이러한 가족규칙이 너무 엄격하거나 경직되어 있을 때 자녀는 자유롭게 자신의 의견이나 감정을 표현할 수 없으며, 설사 자유로이 의견을 제시한다 해도 부모로부터 수용받지 못할 가능성이 크다. 그러한 경험이 쌓이면서 아이는 자신의 의견을 제시하는 것을 포기하게 되고, 결국 자신의 중요한 결정권마저 부모에게 넘겨 버리게 된다. 이후 자녀는 더 이상 주체적이고 독립적인 자기개념을 형성하기 어려워진다. 더욱이 가족 내에서 스스로 해결책을 세우고 실천해 본 경험이 없으니 문제를 해결하는 능력마저 떨어져 사회적으로 충분히 기능하기 힘들게 된다.

반대로 가족규칙이 일관성 없이 왔다 갔다 하는 경우도 있다. 이러한 가정은 각자의 역할이 구체적이지 않고 무질서하고 일관성이 없어 상황마다 가족규칙이 달라진다. 이럴 경우에도 자녀는 정확한 경계를 갖지 못하고 혼란스러울 수 있으며 규칙을 지켜야 한다는 생각마저 잃어버릴 수 있다. 이러한 경우 또한 환경 변화와 스트레스 상황 속에서 자녀의 효과적인 대처능력을 떨어뜨리기는 마찬가지이다(Olson et al., 1983: 이유형, 2012에서 재인용).

은둔형 외톨이 가정의 가족규칙은 매우 엄하거나 무질서한 양극의 경우가 많다. 아이가 어렸을 때는 부모가 지배적이고 권위적으로 아이를 지나치게 통제하지만, 아이의 문제행동이 드러나면서부터 가족의 규칙은 무질서해진다. 부모는 아이가 등교를 거부하고 방 안에서 나오지 않기 시작하자 불안한 마음에 그동안 자신들의 양육태도를 반성하고 나름대로 아이에게 관대함으로 보상하고 싶어 한다. 이러한 보상심리로 인해 극도로 허용적인 가족규칙이 형성되곤 한다.

무엇보다 가장 폐해가 큰 것은 비일관적인 가족규칙이라 할 수 있다. 가정 내 적당한 허용범위나 뚜렷한 규칙 없이 부모의 시간과 그날의 감정에 따라 허용범위나 규칙이 수시로 변화되는 것이다. 이런 상황에서 자녀는 더 이상 그 범위와 규칙을 지킬 이유가 없게 된다. 자녀는 적당히 눈치와 떼만 쓰면 문제가 해결된다는 것을 자연히 학습하게 된다. 이는 이후의 대인관계에도 영향을 미쳐, 또래관계나 사회 속에서도 자녀는 관계 속 규칙을 지켜야 할 이유를 못 느끼게 된다.

합의된 가족규칙 속에서 자녀는 자신이 지켜야 하는 범위와 규칙을 지키기 위해 노력하게 된다. 이 과정을 통해 자기를 통제하고 조절하는 능력을 배우고 부모와 함께 다양한 대처방안을 학습하게 된다. 이러한 능력은 낯선 환경, 낯선 상황에서도 문제를 해결할 힘으로 발휘된다. 비록 과정 중 많은 실패 경험이 있다 하더라도 자녀는 또 다른 대안을 생각하고 그것을 실행하기 위해 노력할 것이다. 다음 사례들은 성장하면서 자신의 가정에 적절한 가족규칙이 없었음을 회고하는 목소리들이다.

> **사례** "아빠가 원래 마음이 여리고 착한 사람인데 아빠도 부모에게서 사랑받지 못하고 힘들게 자라 화가 많아 욱하는 것이 있다. 초등학교 3학년 때 아빠랑만 유럽을 갔는데 거기서 아빠가 뭔가가 잘 안 풀리면 주변 사람들에게 욱하고 폭력적인 모습을 보인 것 같더라. 그때부터 아빠랑 멀어지는 것 같았다. 그렇지만 아빠가 또 잘해 준 깃도 많으니……. 이렇게 될 줄은 몰랐다."(파이교육그룹, 2020)

(3) 가정 내 불화와 가정폭력 – '제발 그만 좀 하라고요'

과거 나의 집은 어떤 기억으로 남게 될까? 행복했던 집, 평화로웠던 집, 아니면 냉소적이고 적대적이었던 집 등등. 지금의 집은 내 자녀들에게 어떤 기억으로 남을까? 가정 내 불화는 부부간, 형제자매 간, 고부간, 친족 간 등에서 여러 형태로 드러난다. 부부간 불화가 잦고 가족원들 간 분위기가 적대적일 경우 청소년에게 미치는 영향은 우리가 생각하는 것보다 훨씬 심각하다. 가족 내 불화는 청소년의 정서에 영향을 미쳐 청소년의 문제행동을 야기하고, 청소년 비행과 인터넷 과몰입, 학교부적응 등의 여러 문제를 발생시킨다(Kashani, Burbach, & Rosenberg, 1988: 정경란, 2001에서 재인용; Shagle & Barber, 1993: 정경란, 2001에서 재인용). 청소년기는 부모로부터 스스로를 분리하고 독립성을 획득하는 시기이다. 이러한 시기에 부모와의 정서적 유대감은 매우 중요하며 부모와의 안정적인 관계를 통해 청소년들은 건강한 자아 발달을 이룬다(Leondari & Kiosseoglou, 2000: 서고은, 2019에서 재인용). 하지만 이러한 중요한 시기에 가족 내 불화는 청소년에게 정서적으로 불안과 분노를 야기하고, 이러한 불안과 분노를 회피하기 위해 여러 가지 문제행동으로 발현될 수 있다.

또한 가족 내 불화는 단순히 불화로만 끝나는 것이 아니라 직간접적 폭력으로도 이어지는 경우가 많다. 최근 우리나라에서 가정 내 폭력으로 인한 문제가 대두되면서 「가족폭력범죄의 처벌 등에 관한 특례법」이 강화되고 있다. 한때는 가족 내 문제로 인식되던 가족폭력이 이제는 사회적으로 공론화되고 법을 강화해야 한다는 목소리가 높아지고 있는 것이다. 가정폭력의 피해자는 아내인 경우가 가장 많다. 하지만 가정폭력은 직접적인 피해를 입은 아내에게만 피해를 주는 것이 아니라 그 가정에 속한 자녀들 모두에게 피해를 준다. 아내학대가 있는 가정의 경우 어머니와 자녀가 안정적인 애착관계를 형성하는 것은 매우 어렵다. 주 양육자인 어머니가 심리적으로 불안한 상태에서 자녀에게 사랑과 지지를 보내는 것은 어려운 일이다. 오히려 어머니는 일상생활의 스트레스로 인해 아이에게 정서적 폭언이나 불안한 상태를 보여 부정적인 영향을 미칠 가능성이 크다. 이러한 가정에서 자란 아동은 불안과 우울, 공격적 행동, 그리고 낮은 자존감을 보이며 타인의 평가에 민감하게 반응하는 등 사회적으로 낮은 대인관계 기술을 보인다

(Cumming & Davis, 1994: 이혜지, 2014에서 재인용).

이렇게 가족 내 불화와 폭력은 단순히 부부문제로 끝나는 것이 아니다. 자녀는 가정 내 분위기와 폭력을 그대로 학습하며 타인과의 관계에서 공격적인 행동으로 표출할 가능성이 있다. 은둔형 외톨이 중 상당수가 가족에게 언어적·신체적·물리적 폭력을 행사하기도 한다. 이들은 소리 지르고, 협박하며, 벽을 치고, 심지어는 부모를 때리기도 한다. 많은 경우 자신이 이렇게 된 것이 다 '부모의 탓'이라고 말하며 가정 내 불화와 가족 간 폭력을 원망스럽게 회고한다. 다음 사례들에서 그 예를 찾아볼 수 있다.

> **사례** "아버지는 항상 자기 말이 옳다고 하고, 가장 역할을 제대로 하지도 않으면서 엄마를 때리고, 욕하고…… 아버지에 대해 맺힌 게 너무 많아요. 대학선택도 아버지 마음대로 하고, 말 안 들으면 윽박지르고 우리가 하고 싶은 거에 대해서는 관심도 없어요. 식구들도…… 나랑은 별 상관없어요. 각자 사는 거죠. 나는 사람에 대해서도 별 관심 없고요. 어차피 세상 혼자 사는 거잖아요."(황순길 외, 2005, 사례- D)

사례 "가족 구성원들과의 관계가 나쁘다. 아이를 놓고 부부의 갈등, 동생과 오빠의 갈등 등이 끊임없이 생긴다. 동생과 오빠가 많이 싸운다."(파이교육그룹, 2020)

사례 "부모님이 고2, 고3 때 별거를 하셨다. 그전에도 사이는 안 좋았고 많이 싸우셨지만 사업을 하시다가 사업이 어려워지면서부터 무서웠다. 방이 제일 안전한 것 같고."(파이교육그룹, 2020)

4) 기타 가정 관련 요인과 은둔형 외톨이

(1) 한부모 가정 –'나도 외로워요'

최근 한부모 가정이 증가하면서 사회적으로도 이들에 대한 관심이 높아지고 있다. 모든 한부모 가정이 그런 것은 아니지만 이들이 겪는 어려움 중 하나가 빈곤이다. 홀로 자녀를 돌보며 경제활동까지 부담해야 하는 경우 한부모는 여러모로 힘들 수밖에 없다. 특히 여성 한부모 가정의 소득과 생활 수준은 소득계층별 분위에서 최하위를 보이고, 빈곤층으로의 진입 가능성이 가장 높다(양옥경 외, 2007: 최미영, 2010에서 재인용). 특히 자녀가 어릴수록 보살핌이 필요하지만 자녀를 돌볼 수 있는 시간적 여유가 부족하여 양육에 대한 스트레스가 커지게 된다. 더욱이 한부모가 배우자와의 이별 또는 사별로 인해 정서적으로 불안정한 상태에서 자녀를 돌보아야 하는 경우, 자녀에 대한 신체적·언어적·정신적·성적 학대가 발생할 가능성이 높다(보건복지가족부, 2006).

또한 이들에 대한 사회적 통념과 편견으로 사회적 활동이나 대인관계에서 제약을 받으며 사회적으로 고립되는 경우도 생긴다. 이럴 경우 한부모는 불안, 우울, 분노, 실패감, 상실감을 경험하여 심리적으로 많은 어려움을 겪게 된다(홍성례, 2005: 박철우, 2013에서 재인용). 이러한 상황은 자녀에게도 부정적인 영향을 미친다.

우리는 앞서 가족 간 불화와 갈등이 자녀가 은둔을 선택하는 데 관련요인이 될 수 있음을 확인하였다. 이는 가정의 형태보다 가족 간의 정서적 교류가 매우 중요함을 보여 준다. 가정의 형태가 달라졌다 해서 자녀가 모두 은둔을 하는 것은 아니다. 일반적인 가정 형태를 가지고 있다고 하더라도 부모가 자녀와 정서적으로 단절되어 있다면 이것이 더욱 중요한 자녀의 은둔 계기가 될 수 있다. 따라서 모든 한부모 가정에서 부정적 영향이 나타나고 자녀가 은둔하게 되는 것은 아니다. 하지만 한부모 가정이 되는 과정에서 가족구성원 간에 갈등이나 불화가 심해지고, 분노나 애도 감정을 다루지 않고 덮어 두게 된다면 자녀의 심리적 건강과 대인관계에 부정적 영향을 줄 수 있다.

다음 사례들은 한부모 가정과 은둔형 외톨이가 관련될 가능성과 은둔형 외톨이 자녀를 둔 한부모 가정의 이중적 어려움을 보여 준다.

사례 "이혼으로 외벌이가 되었고, 돈을 많이 버는 편은 아니다. 그러다 보니 아이의 뒷바라지를 못해 주면 어쩌나 하는 걱정이 늘 있다."(파이교육그룹, 2020)

사례 "나는 남편 없이 혼자 경제생활을 하니 나의 노후도 스스로 챙겨야 한다. 그런 상황에 아이까지 경제적으로 책임져야 하는 것이 걱정이다. 내가 죽으면 아이 혼자 남는데 그 이후는 어떻게 할지 그런 책임감이 무겁다."(파이교육그룹, 2020)

사례 "한부모 자녀의 경우, 아빠가 없는 아이들은 롤모델이 없다. 어린 시절에 그것을 못해 줬는데 그런 걸 해 주었더라면 좀 달랐을까 싶다."(파이교육그룹, 2020)

사례 "애가 고2 때 부부불화로 인하여 이혼을 했다. 그래서 나는 이혼이 아이의 은둔에 가장 큰 영향을 미쳤다고 생각을 한다. 불화가 있을 때 남편과 많이 싸웠고 아이를 잘 돌보지 못했다. 아이가 힘들 것을 생각하지 못했다."(파이교육그룹, 2020)

(2) 가정의 사회·경제적 어려움 – '흙수저에게 꿈은 사치'

한때 은둔형 외톨이는 중산층 가정의 풍요로운 환경에 기대어 기생하는 존재로 알려졌다. 그러나 이는 빈곤층이 실직 상태로 집에 기거하는 것은 배제한 채 얻은 결과로 인한 오해이다. 현실적으로 빈곤층에 대한 지원과 접근성이 떨어지기 때문에 빈곤층에 대한 조사에 한계가 있기 때문이다. 그렇기 때문에 은둔형 외톨이를 중산층으로 한정 짓는 것은 실제 수치와는 차이가 있을 것으로 예측된다(이건엽, 2020).

결혼을 하고 가정이 안정되기까지는 꽤 많은 시간이 걸린다. 먹고 사는 생존의 문제가 걸려 있으니 부모로서는 어떻게 하든 돈을 벌어 자녀를 먹이고 입히는 것에 집중할 수밖에 없다. 특히 경제적으로 어려움에 처한 부모 입장에서는 먹고 입히는 것도 버거워 아이와 정서적으로 유대감을 높이기 위한 시간을 갖는 것 자체가 사치이다. 실제로 빈곤 가정의 청소년들은 부모의 부적절한 양육으로 가족 내 갈등이 증가하고, 다양한 활동 경험의 부족으로 어려움을 겪으며, 교육에 대한 자극과 기대가 떨어지는 경우가 많다(최윤정, 이시연, 2007: 원소미, 2016에서 재인용; 최수정, 2007: 원소미, 2016에서 재인용). 또한 부모와 정서적 교류의 시간이 부족하며 사회적 기술을 습득할 수 있는 기회가 적어 대처기술 또한 떨어진다(이지우, 2015).

이렇듯 경세석 어려움은 구성원 간 갈등을 야기하고, 부모의 바쁜 경제활동은 자녀와의 정서적 교류를 부족하게 하여 아이들의 정서에 부정적인 영향을 미치기 쉽다. 은둔형 외톨이의 경우 상당수가 부모의 사업 실패 이후 은둔으로 들어가는 형태를 보인다. 사업이 실패하면서 부부간의 갈등이 심화되고 그 과정에서 아이는 홀로 방치된 채 불안과 우울을 경험하며 무기력에 빠져드는 경우가 흔하다.

사례 "중·고등학교 때 집안의 가세는 기울고 엄마 아빠 사이는 너무 안 좋아지고, 그냥 매일 죽고 싶었다. 매일 나에게 갇혀 있었다. 아무 의욕이 없었다. 겉으로는 모범생이고 친구들은 내가 이런 줄 아무도 몰랐고 나도 티를 낼 수가 없었다."(파이교육그룹, 2020)

사례 "사업이 망하고 지금까지도 어렵다. 내가 어떻게든 책임지려고는 하지만, 내가 죽고 나면 애가 노숙자가 되면 어쩌나, 어떻게든 먹고 살아야 한다는 것이 늘 걱정이다."(파이교육그룹, 2020)

(3) 잦은 이사와 전학 - '나에게도 익숙한 친구가 필요해요'

이사라는 것은 단순히 주소가 변경되는 것과는 다른 문제이다. 삶의 터전이 바뀌고 새로운 환경에 적응하는 것을 의미한다. 특히 자녀가 있는 가정에서는 이사가 더욱 만만치 않은 일이다. 자녀 입장에서 보면 이제까지 관계를 형성했던 이웃과 학교 친구들을 떠나 새로운 환경과 관계 속으로 들어가는 것이기 때문에 큰 변화일 수밖에 없다.

이동에 따른 변화가 개인에게 미치는 영향을 알아보고자 했던 베이어(Bayer, 1982)는 이동을 체계적(systemic)인 것과 개인적(individual)인 것으로 나누었다. 체계적인 이동은 성적에 따른 반 편성, 교육정책상 변화에 따른 이동, 이주민들의 이동과 같은 집단적 이동을 의미한다. 반면, 개인적 이동은 이사나 전학 등과 같이 개별적으로 이동하는 것으로서 그동안 맺어 왔던 주변 사람들과의 단절을 의미한다. 개인적 이동은 체계적 이동에 비해 나에게만 일어나는 일이고, 새로운 동료집단을 포함한 모든 주변 환경에 적응해야 하는 것이기 때문에 더욱 쉽지 않다(이미란, 2005). 연구에 의하면 이동 경험이 있는 아이들은 그렇지 않은 아이들에 비해 친구를 덜 사귀는 경향이 있으며 또래관계가 더 발달하지 못한다(강학성, 2000: 최정윤, 2016에서 재인용; Douvan & Adelson, 1996: 최정윤, 2016에서 재인용).

앞서 은둔형 외톨이들의 개인적 요인 부분에서 은둔형 외톨이들은 내성적이고 수줍음이 많으며 사회적 기술과 대처능력이 부족한 경우가 많음을 확인하였다. 이들에게 이사와 전학은 다른 사람들에 비해 더욱 어려웠을 수 있다. 낯선 환경, 낯선 사람들 속에서 오랜 기간 긴장과 불안으로 위축되거나, 부족한 사회기술과 대처능력으로 또래 아이들과 관계를 형성하는 것을 문제로 경험할 수 있다. 그나마 부모가 이사와 전학이라는 환경 변화를 충분히 이해시키고, 이에 대한 감정을 다뤄 주며 아이가 마음의 준비를 할 수 있도록 해 줬다면 어려움은 경감됐을 것이다. 하지만 그렇지 못했을 경우 소극적이고 섬세한 특성을 지닌 은둔형 외톨이에게 이사와 전학은 혼자 고스란히 감당해야 할 고통이다. 특히 이사와 전학을 여러 번 경험하는 경우 이러한 고통의 무게는 가중되었을 것이다.

> **사례** "아이 아빠가 은행장이었는데 IMF 때 잘리면서 집이 파탄 났었어요. 그때부터 애 아빠가 보험 일을 했는데 지금도 거기 가면 정신없이 미쳐 뛰어다니면서 애한텐 딤뱃값 주는 일 빼고는 아무것도 안 해요. 그때는 너무 힘들었어요. 이사도 다섯 번이나 가고 그랬어요."(파이교육그룹, 2020)

> **사례** "어릴 때 이사 가기 전까지는 잘 지냈다. 공부도 잘했다. 모든 것은 사업이 망하고 이사 가면서부터 이상하게 된 것 같다."(파이교육그룹, 2020)

> **사례** "5학년 때 의견을 묻지 않고 전학을 갔는데 친구도 없는 낯선 환경으로 가면서 힘들었던 것 같다. 나는 몰랐는데 아이가 자꾸 그때의 이야기를 하는 것으로 봐서 그때 충격이 있었던 것 같다."(파이교육그룹, 2020)

3. 은둔형 외톨이도 따뜻함을 그린다

은둔형 외톨이 자녀를 둔 부모님들은 늘 희망과 무망감이 교차하며 하루하루가 고되고 힘들다. 자녀가 세상 밖으로 나오지 않는 것이 모두 '내 탓'인 것만 같아 움츠러들고 자책하며 가족의 일상은 방 안에 갇혀 있는 자녀의 시간과 함께 멈춰 버린다.

일부 사례이기는 하지만 부모들의 양육태도가 은둔에 영향을 미쳤을 가능성은 꾸준히 제기되어 왔다. 하지만 가정 내 공유환경은 5%에 불과하며, 오히려 학자들은 기질적 요인(40%)과 비공유환경(35%)이 더 많은 영향을 미칠 것으로 예측하고 있다(Dunn & Plomin, 1990, 권석만 2017a에서 재인용). 그러나 우리가 간과해서 안 되는 사실은 이러한 기질적 요인도 환경의 영향에 따라 변화할 수 있다는 것이다.

가정은 아이가 세상을 접하는 최초의 환경이며 생존과 안전, 사랑을 기반으로 세상을 향해 나가는 출구이다. 그렇기 때문에 가정의 불화, 부모의 이혼, 죽음, 과잉간섭, 통제적인 양육방식, 방임 등과 같은 가족의 위기는 자녀에게 큰 위협이 될 수 있다. 이로 인해 아이는 좌절과 무력감으로 자기실현의 욕구를 상실한 채 그 자리에 머물 수밖에 없을지 모른다.

제9장

학교 및 진로 관련 요인과 은둔형 외톨이

이 장에서는 학교 및 진로 관련 요인이 은둔형 외톨이 현상에 어떤 영향을 미치는지에 대해 알아볼 것이다. 일반적으로 학령기가 되면 아동은 학교에 입학하게 된다. 학교는 다양한 문제를 유발할 수 있는 여건을 갖고 있고 다양한 갈등 상황이 존재한다. 특히 청소년 시기는 학교 성적 및 또래와의 관계가 전부일 수 있기 때문에, 학교부적응 문제는 한 개인의 발달에 큰 영향을 미치게 된다. 또한 청소년기는 자신의 흥미와 적성을 알아 가는 중요한 시기로, 진로를 탐색해 가는 다양한 경험과 시도 속에서 어려움을 겪을 수 있다. 이 장에서는 이러한 학교 및 진로 관련 요인과 은둔형 외톨이 현상의 관계에 대해 구체적으로 살펴보고자 한다.

1. 학교 및 진로 관련 요인의 의미와 중요성

1) 학교 관련 요인의 의미와 중요성

학교생활에서 겪는 여러 가지 부정적인 경험은 마음에 상처를 남긴다. 마음에 상처가 쌓이게 되면 학교부적응 문제를 일으킬 수 있으며 이는 은둔생활에 중요한 요인으로 작용되기도 한다. 대부분의 학생은 학교에서 시간을 보내기 때문에 학교만큼 학생의 발달에 영향을 주는 기관은 없다. 학생은 학교 교육을 통해 언어와 지식, 대인관계 기술 등 생활에 규정되어 있는 행동양식들을 배우게 된다. 또한 또래 친구들과 사귀면서 사회성을 배워 나가는 과정을 통해 자신만의 정체성을 형성하면서 사회인으로서 성장한다. 학생은 학교 교육의 특성상 끊임없이 자신의 능력을 평가받아야 한다. 최선을 다했으나 때때로 실패와 좌절을 경험하기도 한다. 이때 교사와 친구들의 애정과 긍정적인 지지는 다시 노력할 수 있는 발판이 되어 준다. 그러나 즐거워야 할 학교생활에서 뜻하지 않게 심리적·정신적 외상을 경험하게 되면서 학교생활에 어려움을 보이는 청소년들이 늘어나고 있다. 이들은 잦은 지각, 조퇴, 휴학 등의 단계를 거쳐 점차 은둔생활을 할 수 있으므로, 은둔형 외톨이의 학교부적응 요인을 들여다보는 것은 매우 의미 있는 일이다.

2) 진로 관련 요인의 의미와 중요성

현대 사회를 일컬어 '지식정보화 시대'라고 부른다. AI 기술은 나날이 발전되어 가고 있으며 지식과 정보가 넘쳐 나고 있다. 우리가 살고 있는 현대 사회는 지식과 정보를 효율적으로 사용할 수 있는 기능을 요구하기도 한다. 또한 새로운 기술이 출현되면서 기존의 직업은 빠르게 생성되거나 소멸되면서 점점 전문화되어 가고 있다. 앞으로 더욱 고도화된 정보화 시대를 살아갈 청소년들에게 진로 및 적성 등 직업세계에 대한 다양한 정보를 모으며, 활용하여 합리적인 의사결정을 내릴 수 있는 능력이 필요한 시점이다.

자신에게 맞는 진로를 선택하고 그에 맞는 정보를 탐색하여 자신에게 필요한 내용을 수집하고 사용하는 능력은 진로선택 외에도 삶의 모든 영역에까지 확장되고 있다. 그러나 청소년기에 개인의 가치관 및 정체성에 문제가 생길 경우 갈등과 혼란으로 이어질 수 있다. 우리 사회에서 청소년 혹은 청년들은 스스로 진로 결정을 내리지 못하거나, 성적에 맞추어 진학하거나, 부모가 원하는 진로준비에 몰두하는 등 자신에 대한 이해 없이 진로를 선택하거나 그 과정 중 깊은 절망감을 느끼는 경우가 많다. 적성에 맞지 않는 길을 가게 되면 언젠가는 삶의 길에서 방향을 잃기 쉽다. 그리고 앞으로 나아갈 힘을 잃어버리면서 그대로 자신만의 공간에 숨게 된다. 은둔형 외톨이가 그 과정을 겪었을 수 있다. 따라서 은둔형 외톨이의 진로와 관련된 요인을 구체적으로 살펴보는 것은 매우 의미 있는 일이다.

2. 학교 관련 요인과 은둔형 외톨이

1) 학교부적응과 은둔형 외톨이

(1) 잦은 전학

잦은 전학은 또래집단에서 느끼는 소속감을 갖기 어렵게 한다. 따라서 학생들에게는 학교환경을 바꾸는 것 자체가 이미 매우 큰 스트레스가 되는 것이다. 파이교육그룹(2020)의 조사[1]에 따르면 고립청년은 전학이나 이사 경험이 없거나 1회인 경우가 49.0%였고, 4회 이상 이사한 경우도 29.8%인 것으로 나타났다. 청소년 시기는 인지적 발달 및 심리사회적으로 중요한 변화가 일어난다. 이처럼 중요한 시기에 잦은 전학은 이전의 학교에서 교사나 친구관계에서 받았던 애정과 지지받는 경험 등 긍정적인 관계 욕구를 받을 수 없게 만든다. 낯선 환경에서 자신의 욕구 충족이 이루어지지 않을 경우 새로운 환경에 적응하기는 더욱 어려워진다.

전학이 교우관계에 미치는 영향을 연구한 결과, 자신의 마음을 알아주고 이해해 주던 친구들과 전학으로 인해 헤어지게 되면서 다시 새로운 환경에서 친구와 선생님을 사귀는 것 자체가 정신적인 부담을 느끼는 사건이라고 답한 전학생들이 많았다(박홍규, 2001). 또한 전학 경험이 있는 중학교 3학년 학생의 전학 횟수와 전학 동기, 전학 시기에 따라 자기신뢰감, 대인관계, 학업성취 등에서 어떠한 차이가 있는지 연구한 결과, 전학 경험 횟수가 3회 이상인 중학생은 전학 경험이 1회인 중학생보다 자기신뢰감 결핍 및 자기 능력의 비하 정도가 더 높게 나타났다(엄철순, 2003).

잦은 전학을 경험한 은둔형 외톨이는 친구를 덜 사귀는 경향이 있으며, 또래관계에서 어려움을 겪는다. 이웅택, 조현주, 유난영(2014)의 연구[2]에서는 전학 경험 학

---

1) 연구조사 대상자는 총 81명으로 고립청년(은둔형 외톨이) 47명과 고립청년(은둔형 외톨이)의 부모 34명이었음
2) 2013년 김포시청소년위기실태조사 자료를 활용하여 진행된 연구

생들이 우울, 불안과 같은 부정적 정서를 더 많이 느끼며, 학교생활 부적응이 더 높게 나타났다. 영국의 워릭 의과대학의 정신의학자 스와런 싱(Swaran Singh) 박사는 잦은 전학이 학생에게 정신적·사회적으로 큰 고통을 줄 수 있으며 심할 경우 정신병적 증상을 초래할 수 있다고 보고하였다. 연구팀은 모든 변수를 고려하여 어린 시절 학교를 3번 이상 옮긴 학생에게서 환각이나 망상을 경험할 확률이 2배 높았다고 분석하였다. 또한 '새 아이'로서 삶에 적응하는 것은 결코 쉬운 일이 아님을 강조하였다(파이낸셜뉴스, 2014. 2. 24.). 단순히 '학교를 옮기는 일'만으로도 새로운 환경에서 경험하는 소외감, 자존심 저하 등을 느끼며 정신건강에 악영향을 받을 수 있는 것이다.

하지만 전학이 반드시 역기능적인 측면만 갖고 있지는 않다. 전학 경험은 학교생활 적응에 오히려 긍정적인 역할을 하거나 뚜렷한 영향을 미치지 않기도 한다(김희순, 박계영, 2014). 이동이 잦은 직업군인 자녀들에게 전학 경험은 오히려 학교생활에 긍정적인 영향을 주기도 하였다. 이들 군인 가정의 자녀는 우울과 사회불안의 수준이 일반 학생보다 낮았고 학교의 생활적응 수준이 더 높았다(조성심, 주석진, 2014). 그 이유는 지속적인 전학으로 인해 적응 유연성이 높아졌기 때문이다(이미란, 2005).

앞 장에서 반복해서 살펴보았듯이 은둔형 외톨이는 낯선 사람에 대한 두려움이 많고 낯선 사람을 만날 경우 어떻게 행동해야 하는지에 대하여 미숙하기 때문에 사람을 만나고 싶다는 욕구를 가지고 있지만 스스로 회피한다(고스게 유코, 2012). 이때 부모나 교사, 또래 친구들에게 심리적 지원을 많이 받으면 심리적 불안은 낮아진다. 따라서 전학 자체가 문제가 되기보다는 이에 대한 심리적 지원이 불충분할 경우 문제가 발생할 수 있다. 은둔형 외톨이 성향을 지닌 자녀가 새로운 학교환경에서 친구관계나 학업문제에서 어려움을 경험하지 않는지 세심한 관찰이 필요한데, 이것이 자녀가 감정을 잘 표현할 수 있도록 허용적인 환경을 마련해 주는 것이 꼭 필요한 이유이다.

사례 "저는 십여 년 전에 초등학교에서만 전학을 4번이나 다녀야 했습니다. 경기도에서 살다가 갑자기 부산으로 전학을 가고 거기에다가 부모님의 이혼까지 겹쳐서, 어린아이였지만 스트레스를 많이 받았던가 봅니다. 그래서 학교 가는 길까지 엄마한테 맞으면서 매일 학교를 갔고, 친구들과는 어울리지 못해서 매일 엄마한테 다시 전학 보내 달라고 울고불고 했던 게 생각납니다. 나중에는 때리던 엄마도 지치고 달래던 선생님도 지쳐서 그냥 말 안 듣는 아이, 까다로운 아이, 버릇없는 아이로 남게 되었습니다. 그럴수록 저의 성격은 더 소심해지고 신경질 부리고 어느 누구에게도 마음을 열지 못하고 말입니다. 제가 하도 학교를 안 가니깐 한번은 교감 선생님이 찾아오셔서 내일은 꼭 학교에 오라는 협박 아닌 협박을 듣기도 했습니다. 그때 저는 무서워서 학교 가기가 싫었습니다."(한국청소년상담원, 2006)

사례 "5학년 때 의견을 묻지 않고 전학을 갔는데 친구도 없는 낯선 환경으로 가면서 힘들었던 것 같다. 나는 몰랐는데 아이가 자꾸 그때의 이야기를 하는 것으로 봐서 그때 충격이 있었던 것 같다. 중학교 때, 초등 때 친구들 몇 명과 어울리긴 했지만, 고등학교에 간 이후로는 완전 혼자였다. 원래도 누군가와 어울리는 것을 잘 하지 못했고, 학교가 바뀌면서는 늘 혼자 있는 때가 많았다."[파이교육그룹, 2020, 고립청년(은둔형 외톨이)의 부모 인터뷰]

(2) 등교거부

지속적인 등교거부는 은둔형 외톨이가 되는 원인으로 작용한다(무타 다케오, 2005). 은둔형 외톨이가 등교를 거부하는 이유는 학교에 가기 싫고 밖에 나가기 싫고 혼자 있는 것을 좋아한다기보다는 학교에 가고 싶고, 나가고 싶고, 혼자 있기 싫지만 사회 속에서의 고통이 집 안에서의 고통보다 크기 때문에 방 안의 도피처를 선택하는 경우가 많다(김신아, 2019). 이때 자녀가 등교하지 않은 상황에서 부모가 자녀의 고립 상태를 부정하면서 괴로워하게 되면 악순환으로 이어진다. 또한 이런 상황에서 부모가 부적절하게 대응하면 고립은 강화된다(오상빈, 2020).

등교를 심하게 거부하는 경우 학교공포증[3]으로 발전할 수 있다. 학교에 가야 하는 시간이 임박해 올 때 불안이나 공황 같은 생리적인 증상들이 나타나며 결과적으로 학교에 가지 못하게 된다. 이런 경우 학교에서 또래에게 따돌림을 당하였거나 선생님과의 관계가 원만하지 않는 등, 학교 상황 중 어떤 측면에 공포를 느끼는지 확인할 필요가 있다. 혹은 그런 증상들이 보호자로부터의 분리에 대한 공포에서 기인할 수도 있다. 등교거부나 학교공포증을 보이는 아이는 아침에 일어나기를 힘들어하며 지각이 잦아진다. 배가 아프다고 하거나 머리가 아픈 증상을 호소하면서 등교

---

3) 정신신경증적 거부, 환경이상에 의한 학습부진, 지적·신체적 장애 등의 원인으로 등교에 대한 극심한 불안증상을 나타냄.

를 거부한다. 나이가 어린 아동은 자신의 감정을 부모에게 제대로 표현하지 못하거나 무작정 학교에 가기 싫다고 떼를 쓰기도 한다. 막상 학교에 가도 선생님을 대하는 것이 긴장되어 제대로 된 대답을 하지 못하거나 마주치는 상황을 피하려고 한다.

낯선 환경으로 이동하거나, 새 학기가 시작되는 때와 같이 새롭게 적응해야 하는 상황에서 심리적인 부담감을 더 크게 느끼고 긴장하게 된다. 학교생활에서 적응상의 어려움을 겪게 될 경우 학교는 공포의 대상이 되기 때문에 학교 안으로 들어가는 것 자체로 심각한 정서적 혼란을 일으키게 된다. 한편, 학교에 다니기를 거부하는 '의도적인 거부형'은 다른 아이들과 수준이 맞지 않아 학교를 다닐 수 없다고 말하기도 한다.

등교거부는 은둔형 외톨이의 대표적인 특성인 사회적 철회와 맥을 같이할 수 있고, 이는 단순히 사회적 관계를 단절하는 의미 이상의 문제를 발생시키기 때문에 많은 관심이 필요하다(양미진, 김태성, 이자영, 2009). 은둔형 외톨이의 시작이 등교거부로부터 시작되는 경우는 매우 흔하기 때문이다. 따라서 부모는 자녀가 등교를 거부하는 증상을 보일 경우 어떤 원인으로 인하여 학교에 대한 거부감을 보이는지 잘 파악하고 대처하는 것이 중요하다.

참고 자료

자녀의 등교거부에 대한 대응책

자녀가 등교거부를 보이는 경우!

- 은둔형 외톨이들의 공통된 마음은 '부모가 자신의 현재 심정을 알아줬으면 좋겠다'라는 생각을 가지고 있다는 점입니다. 세상 모두가 자기를 알아주지 않더라도, 적어도 자기를 낳아 길러 준 부모만큼은 방 안에 틀어박히게 되어 버린 현재 자신의 심정을 알아줬으면 한다는 것입니다. 그런 심정을 알려고 노력하지 않고 부모가 아이에 대해 방심하는 태도를 보인다면, 아이의 정신 상태는 점점 더 악화되어 간다는 점을 명심해야 합니다.
- 등교거부 초반에 문제를 해결하는 것이 이 문제가 만성화 된 후에 다루는 것보다는 해결하기 쉬우나 너무 초조해하지 말고 잠시 상황을 지켜보는 여유가 필요합니다.
- 자녀도 속으로는 학교에 복귀하고 싶다고 생각하고, 계기를 만들기 위해서 열심히 노력을 하고 있음을 알아야 합니다. 그런 사실을 항상 잊지 말고 아이를 대하도록 합시다.
- 자녀가 학교를 가지 않겠다고 할 때, 무조건 가야 한다고 밀어붙이기보다는 그 원인이 무엇인지를 파악해 보는 것이 필요합니다. 또한 동시에 조금이라도 학교를 그리워하거나 가고 싶

게 하는 요인은 무엇인지를 파악하는 것이 중요합니다.

- 자녀가 학교를 두려워하는 요인을 다루고, 가고 싶어 하는 요인을 강화하여 조금이라도 빨리 아이가 생활의 리듬을 되찾을 수 있고 자녀가 매일 학교에 갈 수 있는 상태로 유도해 나가는 것이 중요합니다.

자녀가 보이는 행동 중에서 학교에 가지 않는 모습으로 보이는 행동에는 어떤 것이 있는지 체크해 봅니다.

- '배가 아프다' '머리가 아프다' '기운이 없다' '미열이 있다'는 등 몸이 좋지 않은 것을 호소한다.
- 안절부절못하거나 갑자기 우울해져서 멍하게 있는 등 정서적으로 불안정한 상태를 보인다.
- 외모가 청결하지 않으며, 방 안을 치우지도 않고 어지럽혀 놓거나 또는 숙제를 하지 않는 등 해야 할 일을 하지 않는다.
- 학교에서 있었던 일이나 친구들에 대한 이야기를 이전보다 잘 하지 않고 말문을 닫아 버린다.
- 부모와 얼굴을 마주치려 하지 않는다.
- 표정이 험악해지거나 어두워지며, 딴 생각을 하는듯한 상태가 된다.

출처: 지승희 외(2007).

(3) 친구의 부재

청소년기는 생물학적 · 신체적 변화뿐 아니라 심리적인 변화 및 여러 인간관계에서의 중요한 변화를 경험하는 시기이다. 청소년기의 가장 중요한 인간관계 중 하나는 또래들과의 관계이다(손정우, 김은정, 홍성도, 이시형, 홍강의, 2000). 또래와의 경험이 부정적이거나 또래 친구의 부재는 은둔형 외톨이의 심각성을 높인다. 하지만 친구 수보다 중요한 것은 친구의 개념이다. 은둔형 외톨이는 단 한 명의 친구도 없을 뿐 아니라 가족과도 별로 대화가 없다(허경운, 2005). 이들은 특히 학교 속에서 빈약한 친구관계의 문제를 보인다.

청소년기는 다양한 친구관계를 맺거나 단짝 친구와의 우정을 형성하는 것이 중요하다. 친한 친구와의 관계는 청소년의 생활과 발달에서 매우 중요하고 다양한 기능을 한다. 즉, 친구는 같이 다니면서 놀 수 있는 가장 중요한 사회적 자원이며, 서로에게 충고를 해 주기도 하고, 비밀을 털어놓기도 하면서 마음 편히 비판할 수 있는 관계이다. 또한 가장 충성스러운 자기편이며, 스트레스를 받을 때 정서적 지지와 안정감을 제공해 주기도 한다. 따라서 청소년기에 당면하는 가장 중요한 문제 중 하나가 건전한 친구관계 형성이며, 친구관계에 문제가 있게 되면 건강한 발달과 적응에 심각한 영향을 받게 된다(손정우 외, 2000).

마음을 나눌 또래 친구의 부재는 은둔생활을 지속하게 만드는 요인으로 작용한다. 10대 청소년 42.27%(528명)[4]는 '고민을 털어놓을 사람이 없을 때' 은둔형 외톨이가 되고 싶은 충동을 느꼈다고 하였다. 그 외 '학교폭력에 시달릴 때(20.66%)' '불우한 가정환경과 부모님의 무관심(14.73%)' 등의 문제가 생길 때도 은둔생활에 대한 충동을 느끼는 것으로 확인되었다. 또래 친구가 어떤 역할을 하는지 알아보기 위한 아동 발달 연구에서는 친구와 함께 학교에 들어간 아동이 그렇지 않은 아동보다 학교를 더 좋아하고 부적응의 문제를 적게 가지게 된다는 것을 발견하였다(Shaffer, 2009). 연구에서 볼 수 있듯이 친구의 존재만으로 학교에서 안전함과 사회적 지지를 받을 수 있는 원천이 되는 것이다.

또 다른 연구에서도 친구 부재의 중요한 영향력이 확인되었다. '부적응 청소년의 실태 및 현황 조사'에서는 은둔형 외톨이의 부적응을 잠재군, 위험군, 고위험군으로 구분하였다(황순길 외, 2005). '잠재군'은 등교나 사회적 관계를 거부하고 집에만 머물러 있는 경험이 있는 경우이고, '위험군'은 친구가 없거나 한 명밖에 없는 경우이다. 그리고 '고위험군'은 등교나 사회적 관계를 거부하고 집에 머물러 있는 경험이 있는 경우, 친구가 없거나 한 명만 있는 경우, 학교나 일을 그만둔 적이 있는 경우의 세 가지 항목에 응답한 경우이다(양미진, 지승희, 김태성, 이자영, 홍지연, 2007). 즉, 집에만 머물고 학교에 가지 않는 것뿐 아니라 친구가 있는가 없는가가 청소년들의 부적응에 매우 중요한 역할을 하는 것이다.

오늘날 부모들은 자녀의 친구관계와 같은 기본적인 사회적응이나 인성의 발달보다 학업에 지나친 관심을 집중한다. 더 나아가 요즘 부모들은 자녀가 친구가 없어도 집에서 공부만 열심히 하면 전혀 문제가 없는 것으로 여기고, 오히려 다행으로 여기기까지 한다(이시형 외, 1997). 그러나 학생들은 학교에 다니는 이유 중 하나가 친구들과 어울리는 것이 즐거운 것이라고 말한다. 자퇴에 대한 욕구를 가지고 있는 학생도 학교에서 친구를 만나는 것이 즐겁기 때문에 자퇴 욕구를 억제할 수 있다고 한다(구본용, 김택호, 김인규, 1999). 결국 학교생활에서 또래 친구와의 관계는 성공적이고 즐

4) 인터넷 커뮤니티 사이트 ㈜다모임. 2005년 12월 19일자.

거운 학교생활을 위해 매우 중요한 기능을 할 수 있다. 은둔형 외톨이는 이러한 기능이 작동되지 않아 학교생활 부적응이 야기되고, 이로 인해 은둔을 선택했다 해도 과언이 아닐 것이다.

> **사례** "근데 저는 그 시절을 잘 못 잊는 거 같아요. …… 그래도 나는 항상 인간관계에 목말라 있고. 왜냐하면 고등학교 3년 동안도 친구를 못 사귀였으니까……."(고스게 유코, 2012, 은둔형 외톨이 사례연구)

(4) 또래 거부로 인한 위축

은둔형 외톨이는 또래집단에서 거부되거나 이로 인해 위축되는 경험을 많이 한다. 또래관계에서의 거부나 따돌림과 같은 부정적 경험은 소속감과 유능감을 저하시켜 불안하고 소심한 특성을 가진 사회적 위축의 문제로 나타나게 된다(이봉주, 민원홍, 김정은, 2014). 또래집단에서 '인기 있는 아이'는 친구들과의 상호작용을 성공적으로 시작하고 유지하며, 대체로 사교적이며 친절하다. 그러나 '거부되고 위축된 아동'은 부적절하고 미숙한 행동들은 많이 보이며, 전형적으로 사회적으로 서툴고 또래집단의 기대에 둔감해진다. 그들은 다른 또래 친구들이 자신을 좋아하지 않는다는 것을 알게 되면서 오히려 또래 친구들을 배척하고 더욱 위축되며, 그 결과로 외로움을 호소하게 된다.

이러한 상황에서 은둔이라는 생활 패턴을 반복하면서 사람과의 교류 기회가 점점 줄어들게 되어 다른 사람을 만나야 하는 상황에 이르면 큰 긴장감이나 예기불안을 갖게 된다. 자신이 느끼는 정서적 변화 이외에도, 다른 사람으로부터 받을지도 모르는 부정적인 평가에 미리 겁을 내면서 관계 맺기를 점점 어려워하게 된다. 이러한 스트레스가 과도한 경우 은둔생활을 함으로써 정신적으로 건강하지 않은 상태를 지속시킨다(김유숙 외, 2012).

은둔형 외톨이의 부적응 행동 유형 중 비사회적이고 위축 형태를 보이는 경우 세상을 향해 자신의 두려움을 호소하기보다는 상처를 주며 대상을 피해 버리는 경우가 많다. 학교나 친구뿐 아니라 가족과의 의사소통 단절 등 관계적 철회를 보인다. 은둔생활로 인한 다양한 문제는 이들을 더욱 외부와 단절하게 하는 악순환을 만들고, 회피하고 숨어 버린 자신의 상황을 확인하면서 은둔형 외톨이는 더욱 위축되고 고립된다.

> **사례** "보통은 다 학교에 다니니까 학교를 안 다니는 거에 대해서 굉장히 큰 뭔가 스트레스와 그리고 주눅이 많이 들었어요. 나를 다르게 보겠구나 사람들이. 되게 안 좋게……."(고스게 유코, 2012, 은둔형 외톨이 사례연구)

(5) 교사와의 갈등

학교부적응 문제는 또래와의 관계에 의해서만 생겨나지 않는다. 학교생활에서 교사와의 관계는 중요한 역할을 한다. 때로는 교사와 어떤 관계를 맺는가에 따라 은둔형 외톨이라는 결과가 예방될 수도 있고 앞당겨질 수도 있다. 한 연구에서 친구 및 교사와의 애착이 높을수록 청소년들의 학교부적응은 낮아지는 것을 확인했다(이경상, 2012). 또 다른 연구에서는 자신의 욕구가 학교 내에서 수용되거나 충족되지 못할 경우 청소년들이 교사와의 갈등 상황에서 부적절한 행동을 보일 수 있다고 밝혔다(원상숙, 2013). 교사와의 갈등 상황은 교사가 학생에 대하여 관심이 부족하거나, 학습에 대한 낮은 기대를 하거나, 다른 학생들과 차별 대우를 하는 등의 행동으로 나타난다. 교사와의 갈등으로 인해 학생은 죄책감을 느끼거나 학교에서 소외되었다고 믿고, 이는 학교부적응 문제로 이어질 수 있다. 학교생활 스트레스를 조사한 연구에서는 따돌림을 받는 학생들이 그렇지 않은 학생들에 비해 친구관계 및 학업수행뿐 아니라 교사와의 관계에서도 스트레스 지수가 유의미하게 높았다(이시형, 2001). 이는 친구들로부터의 따돌림이 단순히 친구관계에만 영향을 미치는 것이 아니라 학업과 교사관계를 포함한 전체 학교생활에 부적응을 초래함을 보여 준다.

특히 은둔형 외톨이는 사고방식이나 세상을 보는 관점이 자신을 중심으로 형성되는 경우가 많다. 따라서 교사가 하는 중립적인 이야기나 무의미한 이야기도 고스란히 간직하면서 이를 근거로 자신을 부정적으로 평가하기도 한다. 특히 교사와 학생의 관계에서 갈등이나 마찰이 생길 경우, 은둔형 외톨이는 자신의 상황에 유연하게 대처하지 못하고 생각과 행동이 경직되면서 문제를 풀기보다 피하고 숨어 버리기 쉽다. 이로 인해 교사가 미처 파악하지 못했음에도 이미 학교와 교사로부터 많은 상처를 간직하고 학교를 떠나는 결과로 이어지기도 한다.

2) 학교폭력과 은둔형 외톨이

(1) 집단따돌림, 학교폭력 피해

학교폭력은 이미 학생과 가족, 학교의 문제를 넘어 사회 전체에 심각한 우려를 안겨 주고 있다. 학교폭력에는 언어폭력, 신체폭력, 금품갈취, 괴롭힘과 집단따돌림, 사이버성폭력 등이 포함되며, 그 유형은 점점 다양해지고 심각해지고 있다. 학생들은 학교에서 대부분의 시간을 보내기 때문에 학교폭력을 당할 경우 피해 학생은 반복적이고 지속적인 폭력에 노출되게 된다. 이에 대해 학교는 학교폭력과 왕따 피해에 대해 효과적으로 대처하고 해결하는 데 큰 한계를 보인다. 학교폭력 피해를 경험한 학생에 대한 안전 확보가 미비하여 2차 피해를 당하게 되는 경우도 많다. 학교폭력은 집단화, 저연령화, 폭력의 일상화, 피해 정도의 심각성, 장기간에 걸친 지속성, 심한 욕설이나 집단따돌림 등의 정서적 폭력의 증가, 신체적 폭력의 감소 현상 등의 특징을 보이며 사라지지 않고 있다(배상철, 2020).

앞서 보았듯 은둔형 외톨이는 생물학적인 요인은 물론 환경적 스트레스에 의해서도 발생한다. 은둔형 외톨이로 확인된 청소년에 대한 질적 분석[5]에 의하면, 은둔의 계기로 학교 또는 가정 내 대인관계상의 부정적인 경험들(왕따, 가족과의 갈등 등)이 가장 많이 꼽혔다(황순길 외, 2005). 따돌림, 친구 간의 갈등, 학교폭력 등으로 인한 스트레스는 학교 및 사회로부터의 철회를 가져오게 하는 것이다(양미진 외, 2007).

한 연구(이재영, 2014)[6]에서는 은둔형 외톨이 청소년의 대다수(19명, 54.3%)가 학교에서 따돌림 혹은 괴롭힘을 당한 경험이 있었다. 이 중 6명(17.1%)은 따돌림 경험이 은둔의 직접적인 원인이 되었다고 생각하고 있었으며, 7명(20.0%)은 다른 사람의 도움을 받았다면 현재의 처지가 달라졌을 것으로 생각하고 있었다. 파이교육그룹(2020)의 조사에서도 은둔생활을 시작하는 계기로 '친구와 어울리지 못함' '집단따돌림' 등 대인관계 문제로 인한 학교부적응을 겪는 경우가 응답자의 절반 이상(51%)이

---

5) 은둔형 외톨이 전문병원인 D정신과를 방문한 사례기록을 모아 추적조사를 실시하였다.

6) 총 65명이 서울 및 경기도 소재 13개의 정신보건센터와 병원 및 정신과 의원에 은둔형 외톨이 청소년으로 의심되어 의뢰되었다. 연구대상의 참여 기준은 뚜렷한 이유나 목적 없이 3개월 이상 사회적 접촉을 끊고 집에만 틀어박혀 있는 청소년이었으며, 정신증, 자폐증, 지적장애가 명백할 경우 연구대상에서 제외하였다.

었다.

자신을 괴롭히는 친구들 앞에서 스스로 이 상황을 극복할 수 없다고 믿으면 부정적 정서와 신체적 고통을 견뎌 낼 수 있는 능력을 상실하게 된다. 따돌림의 피해가 심해질수록 부정적인 정서와 대인관계 공포증을 함께 느끼게 된다. 이는 낮은 자아존중감으로 이어지고 사회적 적응능력 및 부적응적 사회기술을 갖게 하여 다시 자신을 따돌림 피해 학생으로 만드는 악순환을 만들어 낸다. 다음 사례들은 이러한 가슴 아픈 과정을 잘 보여 준다.

> **사례** '아이의 마음을 읽어 주고 같이 공감해 주세요.'
>
> "얼마 전 초등학교 5학년인 아들이 울음을 터뜨리며 '살기 싫어'라는 말을 했습니다. 그런 아들에게 저는 다짜고짜로 '왜?'라고 묻고 말았습니다. 그동안 아들의 마음이 어땠는지는 생각하지 않고 제 판단기준에 따라 '네가 빈틈을 보이니까 그렇지' 하고 아이의 말을 무시하고 말았습니다. 그 후로 아이의 귀가가 늦어지고 뭔가를 쓰다가도 제가 들어가면 애써 감추곤 했습니다. 매스컴을 통해 아이들의 가출이나 학교폭력으로 인해 자살과 같은 극단적인 방법을 택하는 아이들을 보면서도 말로만 '큰일이다' 했었습니다. 그런데 아이가 커 갈수록 그것이 내 자식에게도 일어날 수 있는 일이라는 걸 알았습니다. 아이가 혼자라고 느끼고 자신을 숨기려 드는 것은 분명 원인이 있습니다. 제 경험에 의하면 아이의 마음을 읽어 주고, 작은 일이라도 아이가 말을 건네 오면 설령 그것이 잘못되었더라도 일단은 아이의 마음을 읽어서 같이 공감해 주고 그런 다음 무엇이 문제인지를 하나씩 풀어 나간다면 아이도 조금씩 자기 마음을 열어 보여 줄 거라는 생각이 듭니다. 그리고 무엇보다도 중요한 건 그 바탕에 '사랑'이 깔려야 하겠지요."(한국청소년상담원, 2006)

> **사례** "형제도 없어서 누군가랑 친해지는 게 어려웠어요. 그래도 초등학교 때는 친구들이랑 집 앞에서 공도 찼는데 전학을 가면서 왕따를 당했어요. 동네 텃세가 있더라고요." 안 씨가 은둔을 시작한 이유는 학교 내 괴롭힘이었다. 체구가 작은 안 씨는 친구들의 집중 괴롭힘 대상이 되었다. '못생겼네, ××' '키가 작다' 등 주로 외모를 비하하는 말이 안 씨를 아프게 했다. 친구들은 안 씨를 '벌레 보듯이' 했다. 안 씨는 내내 혼자였다. 6~7세 때부터 하루 12시간씩 집에 혼자 있었다. 부모님은 가구·신발 등의 장사를 했는데 아침에 나가 밤늦게 들어왔다. 안 씨의 왕따 경험은 중학교로 이어졌다."(한겨레21, 2019. 5. 20.b)

사례 고교를 자퇴하고 8년간 은둔한 송근재(가명 · 24) 씨에게도 학교폭력의 기억이 강하게 남아 있다. 근재 씨는 초등학교 6학년 때 아버지의 이직으로 이사하면서 낯선 도시로 전학했다. 중학교 1학년 첫 수련회에 가는 버스에서 한 친구와 싸웠고, 이는 같은 반 '질이 안 좋은 아이들'의 괴롭힘으로 이어졌다. "이유 없이 저를 밀치고 분필가루, 지우개 가루를 던졌어요. 나중에는 주먹으로 때리고 목을 졸랐습니다. 화장실에 가둬 놓고 문을 열어 주지 않은 적도 있어요."(국민일보, 2020. 11. 30.)

사례 "학교에 안 간지는 3년 정도 되었어요. 공부도 재미없었고, 게임에 빠지면서 학교도 자주 빠지고 친구들한테 왕따도 당했고요. 결과적으로는 게임하면서 결석을 오래한 게 결정적 계기가 되었어요."(양미진, 김태성, 이자영, 2009)

사례 "중학교 때부터 친구도 생기고 그랬는데 좀 그 친구들로부터 배신이라고 해야 하나, 은따 같은? 왕따까지는 아니고…… 저를 멀리하는 거 같더라고요. ……(중략)…… 사실 그냥 중학교 때도 그랬지만 초등학교 전학 오고 나서도 6학년 때 한동안 왕따를 당했었거든요. 반에서…… 처음에는 그 다른 애가 괴롭힘을 당하고 있었는데 그 아이가 전학을 갔거든요. 그러니까 그 대상이 제가 되었던 것 같아요."(이지민, 2019)

(2) 학교폭력 트라우마

은둔형 외톨이는 트라우마로 인하여 미래에 대한 희망을 잃고 우울과 불안, 분노에 빠지면서, 수면장애와 소화불량 등의 신체질환이 발현되는 경우가 많다. 그러나 시간이 지나면서 자신이 피해를 당한 억울함과 분노 및 증오심으로 공격적인 행동을 보일 수 있다. 특히 학교폭력 피해 청소년에게 초기 대응이 미온적이면 가해 청소년이 될 확률이 매우 높다는 점에서(박지수, 한윤선, 2018) 트라우마의 발전 과정에서 이들을 돕는 조기 개입이 중요하다.

트라우마로 인한 외상후 스트레스 장애(PTSD)는 또래 친구에게 지속적으로 괴롭힘을 당하거나, 성적인 모멸감을 당하거나, 왕따 등과 같은 따돌림, 학교폭력 등의 경험을 겪은 경우 나타날 수 있다. 특히 학교에서 집단따돌림을 받은 청소년일 경우 대인관계에서 심각한 외상 사건을 경험하게 된다. 이들은 결국 사회적 고립을 가져와 은둔형 외톨이 경향을 강화시킨다. 극심한 스트레스로 인한 트라우마 치료는 어렵기도 하고 시간이 오래 걸린다. 또한 트라우마는 시간이 지나면서 다양한 병리적 증상이 나타나기도 한다(김왕배, 2014).

최근에는 청소년들의 스마트폰 사용 증가로 사이버 협박, 폭력, 따돌림이 증가하고 있으며, 이는 현실세계로 이어져 왕따, 폭력 등으로 인한 외상후 스트레스로 이어지고 있다(오상빈, 2020). 단 한 번의 일회성 외상이라도 개인에게 충격적인 사건으로 남게 될 경우 은둔형 외톨이가 될 수 있는 요인이 되기도 한다. 이처럼 외상 사건은 강도나 지속기간에서 개인마다 다르게 나타나며, 개인의 삶에 심각한 장애를 가져오게 된다. 생명을 위협할 정도의 극심한 스트레스는 심한 고통을 주기 때문에 일반적인 스트레스 내응능력을 압도하게 된다.

광주광역시(2021)의 조사결과에 따르면, 은둔형 외톨이 당사자의 은둔생활의 주된 계기는 취업 실패(27.8%), 우울증 등 정신적 어려움(26.6%) 순이었다. 또한 응답자 중 22명(당사자 11명, 가족 11명)에 대해서는 심층면담도 진행한 결과, 은둔형 외톨이들의 대부분은 대인관계로 인한 트라우마를 경험한 것으로 나타났다. 이들은 청소년기에 학교폭력이나 왕따를 경험하거나 어린 시절 학대받은 경험도 있었다. 이러한 경험들이 타인에 대한 근본적인 신뢰감 형성을 어렵게 했던 것으로 보이며, 주변을 늘 경계하고 자신이 평가되는 상황에 대한 두려움을 가지게 한 것으로 보인다.

청소년기는 신체적 성숙과 심리적·경제적 독립을 추구하며 쉽게 불안을 경험하는 시기이다. 이때 또래집단과의 관계를 통해 정서적 안정을 찾고 사회적응 기술과 정서적 유대감을 갖게 된다. 이렇게 정서적으로 불안정한 시기에 또래 친구에게 괴롭힘을 당하면 다른 어떤 시기보다 쉽게 충격적인 외상 사건으로 남게 된다. 외상 사건은 은둔형 외톨이의 대인공포증, 사회공포증, 범불안장애, 강박장애, 공황장애, 외상후 스트레스 장애와 같은 불안장애 현상과 관련이 깊다(오윤선, 2010). 무엇보다 안타까운 것은 이들이 타인에 대해 갖는 공포 때문에 가족이나 외부의 누군가에게 사회적·정서적 지지를 받거나 긍정적 자원을 받기가 어렵다는 점이다.

> **사례** "중학교 때 몸도 아팠고 친구와의 관계에서도 어려움이 많아지면서 학교에 가기가 힘들어지며 등교거부가 시작되었어요. 계속 그냥 괴롭고, 내가 굉장히 그렇게 된 상황이 이해할 수 없었고, '내가 왜 지금 여기에 있나' 이런 생각도 많이 났었고 굉장히 엄청나게 큰 충격이었던 것 같아요."(고스게 유코, 2012).

트라우마를 겪은 우리 자녀, 요즘 어떤가요?

트라우마에 노출된 사람들의 주요우울장애를 통해 부모는 은둔하는 자녀의 상황을 객관적으로 관찰하여 우울증상을 보이고 있는지 확인합니다.

□ 바꿀 수 없는 사망과 관련된 극도의 슬픔 또는 불쾌감

□ 미래의 트라우마 사건의 가능성에 대한 절망감

□ 무가치함, 과도한 죄책감 또는 트라우마 사건을 가질 만하다는 생각

□ 자살 충동성

□ 이전에 즐기던 활동에의 관심 상실

□ 감소된 집중능력

□ 심리 활동의 안절부절못함 또는 지연

□ 신경성 식욕부진 그리고/또는 체중 감소

□ 피로와 에너지 사망

□ 수면곤란, 불면증 또는 과다수면

출처: John N. Briere & Catherine Scott (2014).

3) 학업중단과 은둔형 외톨이

(1) 학업에 대한 흥미 상실

흥미란 대상이 되는 사물에 주의를 기울이게 하는 힘이다. 학생에게 교육적 흥미를 유발하기 위해 교사는 다방면으로 흥미를 유발해야 한다. 그러나 입시 위주의 교육에서는 학생들에게 흥미를 이끌어 내기가 어렵다. 입시 위주의 교육환경에서 반복되는 성적에 대한 압박은 오히려 우울, 불안, 무기력과 같은 심리적 부적응을 초래하게 하여 학업에 대한 흥미 상실의 원인이 되기도 한다. 특히 은둔형 외톨이의 경우 정신적 스트레스로 인하여 학업에 대한 흥미를 잃어버리면 학교생활에서 더욱 부정적 결과가 발생한다.

학교 내 집단따돌림과 학교폭력 문제의 증가, 내신제도하에서 입시경쟁 탈락군의 증가로 인해 등교거부 학생이 급증하면서 2000년대 들어 은둔형 외톨이 청소년들에 대한 사회적 관심이 일기 시작하였다. 은둔형 외톨이가 10만 명에 이른다는 KBS의 보도가 있었으며, 실제 학업중단 청소년의 15% 정도가 은둔형 외톨이인 것

으로 보고되기도 했다(이재영, 2014). 은둔형 외톨이는 우울이나 불안으로 인하여 주의 집중력이 낮으며, 정신 작업을 하는 데 드는 처리 속도가 떨어져 학업에 대한 자신감을 더욱 갖기 어렵다. 따라서 학업에 대한 흥미가 쉽게 떨어지게 되면서 학업을 중단하게 된다. 학교라는 경쟁 구도 안에서 입시 실패에 대한 두려움으로 인해 미리 학업을 포기하거나, 획일적인 학교의 교육 자체에 더 이상 흥미를 느끼지 못하면서 학업을 포기하는 경우, 모든 일상생활에서 흥미나 즐거움을 상실하며 무기력을 경험할 수 있다. 심리적인 무기력은 무욕증(의욕 저하), 대인관계의 무관심 등 적응적 기능의 결핍으로 나타나고, 사회적 철회를 선택하게 되어 문을 걸어 잠근 채 은둔형 외톨이가 될 가능성을 높인다.

(2) 학업중단

학업중단이란 정규학교의 생활을 중도에 포기한다는 의미를 내포한다. 기존에 사용되었던 '중도탈락'은 해당 학생의 궤도 이탈, 패배 등을 암시하며 학생의 주체자로서의 결정이 배제된 피동적 의미를 지니기 때문에 이를 대체할 목적으로 '학업중단'이라는 용어가 사용되었다. 교육부는 2002년 다양한 이유로 학업을 포기하는 학생을 공식적으로 '학업중단 청소년'이라고 정의하였다.

보다 구체적으로, 한국교육개발원의 학업중단 청소년 현황 통계[7]를 보면 초등학교, 중학교, 고등학교 모두 최초 학년의 학업중단율이 가장 높게 나타났고, 그중에서도 고등학교 1학년의 학업중단율이 2.5%에 육박하는 것으로 조사되었다. 또한 학업중단 이후 학생들을 추적한 한국청소년정책연구원의 '학업중단 패널 조사(2013~2015)'에서는 학업중단 이후 학생들의 행보를 크게 학업형(50.4%), 직업형(32.4%), 무업형(11.1%), 비행형(6.0%), 마지막으로 사회적 관계를 맺지 않고 집에서 나오지 않는 경우인 은둔형으로 구분하였다. 그러나 이 연구에서 '은둔형'에 대한 정확한 실태 파악은 조사되지 않았다.

최근 조사에서 학교 밖 청소년의 규모를 보다 구체적으로 파악할 수 있다(윤철경 외, 2016). [그림 9-1]에 요약되어 있듯이 학교 밖 청소년은 만 7~18세 학령기 약 42만 명, 만 19~24세 약 25만 명으로 추정되고 있다. 교급별 · 성별 비율은 초등학교 연

---

7) 한국교육개발원(KEDI) 교육통계서비스 중 2017년도 기준 학년별 '학업중단율' 통계

만 7~24세 1,070만 명

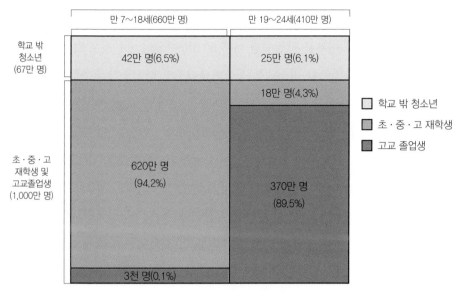

[그림 9-1] 만 7~24세의 학교 밖 청소년 규모

출처: 윤철경 외(2016).

령 13%, 중학교 연령 21%, 고등학교 연령 66%였다. 또한 초등 및 고등학교 연령에서 여자 청소년에 비해 남자 청소년의 비율이 더 높았다.

쉽게 예상할 수 있듯이 학업중단은 은둔형 외톨이와 관련성이 높다. 한국은둔형 외톨이부모협회[8]의 조사에 의하면 은둔하게 된 주요 이유로 학업중단 또는 대입 실패(50%), 왕따, 인간관계 문제(28.6%), 취업의 어려움(7.1%)을 꼽았다. 학업중단은 여러 요인의 영향을 받지만 특히 청소년기에는 또래집단의 영향을 많이 받기 때문에 또래 친구들과의 관계 형성이 순조롭지 못하고 스트레스를 받는 경우 학업중단이 발생하는 경우가 많다. 즉, 학교로부터 충분히 인정을 받지 못하거나 또래관계에서 어려움을 느끼게 될 경우, 학업에 흥미를 잃게 되면서 은둔생활을 하게 되는 것이다.

모두 그런 것은 아니지만, 학업을 중단한 이후 혼자만의 시간을 보내는 과정에서 무기력에 빠지기 쉽다. 몇몇 연구에서 이러한 사실이 확인되었다. 이민철(2015)의 연구에 의하면, 학교를 그만둔 이후 20.2%가 집에만 머무는 은둔형 생활을 했으며,

---

8) https://blog.naver.com/korea-hikikomori/221808779224

평균 8.02개월 동안 하는 일 없이 무기력하게 보냈다고 응답했다. 학업중단 청소년 209명을 대상으로 한 실태조사(윤철경, 류방란, 김선아, 2010)에서 '은둔형'은 12.7%로 나타났다. 이들 대부분 학업중단 이후 60.3% 이상이 아무것도 하지 않고 노는 것으로 나타났다. 학업중단 청소년들 심층면담에서도 학업중단 후 처음 3개월은 몸이 가는 대로, 마음 가는 대로 살면서 삶에 이유를 두지 않고 살았다거나 하는 일 없이 지냈다'고 보고하였다(오혜영, 지승희, 박현진, 2011).

이상의 연구들에서 은둔 경향을 보이는 청소년들 대부분은 학업을 중단한 후 처음 계획했던 일들이 잘 되지 않았으며 앞으로 어떻게 살아야 할지 막막함을 느끼고 있었다. 이들은 수로 집에서 은둔생활을 하는데, TV를 보거나 인터넷 게임에 몰두하면서 지내는 등 무의미한 일상의 반복으로 미래에 대한 두려움을 겪거나 학업을 중단하기 전부터 가지고 있던 비행행동의 악화 등을 경험하기도 하였다. 또한 자신의 학업중단으로 부모님의 잦은 싸움과 그로 인한 가정불화 및 학업중단 자체를 부정적으로 보는 사회 인식 등을 견뎌 내야 한다고 하였다. 또한 이들은 주위의 시선과 함께 스스로 실패자라고 생각하면서 더욱 고립된 생활을 하게 되었다고 보고하였다.

(3) 정형화되고 획일화된 교육

먹고 살아야 하는 기본적인 생존 욕구가 중요했던 1950~1960년대의 경험을 바탕으로 부모들은 자녀에게 가난을 극복하고 사회적 출세를 위해 명문대 진학을 위한 입시중심의 교육을 강요한다. 입시생을 둔 가정에서는 모든 가족이 입시생을 중심으로 생활하며 명문대 졸업이 좋은 직장과 행복한 미래를 보장한다는 신화를 이어 간다(박현숙, 2004). 그러나 현재 한국사회는 ICT 산업의 급격한 발달로 기존 교육이나 대학 졸업장만으로는 안정된 직업생활을 유지하기 어려운 상황이 되어 가고 있다. 이처럼 사회가 급격히 변하는 가운데도 우리 교육의 획일적이고 정형화된 양상은 크게 변하지 않고 있다.

우리 사회는 곳곳에서 개인이 가진 개성과 자유를 인정하고 창의적이고 자율적인 인간이 되기를 강조하고 있다. 교육에 있어서도 획일화된 수업으로 주입된 지식을 많이 아는 학생보다 자신의 특성과 소질을 살릴 줄 아는 창의적인 인재를 길러야 한다는 목소리가 높다. 그러나 대학진학을 목표로 여전히 입시와 성적 위주의 획일화된 교육 모습이 변하지 않고 있다. 이런 상황에서 학생들은 여전히 자신만의 소질과 적성을 살려 창의적인 인재로 육성되기 어려운 상황에 놓여 있다. 히키코모리를 이야기할 때 대표적으로 거론되는 일본의 아티스트 작가 이시다 테츠야[9]는 10년 동안 180여 점의 작품을 남기는 등 활발한 작품활동을 하였다. 그의 작품은 전체적으로 우울하고 어둡다. 이시다 테츠야는 주로 웅크리거나 좁은 틀 안에 스스로 가두거나 구속돼 있는 모습, 학교라는 정형화된 배경을 그렸다.

앞서 살펴보았듯이 은둔형 외톨이의 성향은 일반적인 또래와는 사뭇 다른 경우가 많다. 흥미로운 것은 은둔형 외톨이는 창의성이 높은 경우가 많고 호기심 또한 많다는 것이다(허경운, 2005). 그러므로 이런 은둔형 외톨이에게 자신만의 창의성을 키울 수 있는 교육이 필요하다. 창의성을 요구하는 분야는 매우 다양하다. 문화예술 분야, IT, 동영상 제작 등 무궁무진한 영역에서 개성 있고 기발하며 새로운 대안을 제시하는 능력이 요구되고 있다. 이를 키우기 위해 개인의 유연성을 키우고 다양한 역량을 키울 수 있는 교육이 절실하다. 넘쳐나는 지식과 정보를 받아들이되 그 안에서 새롭게 업그레이드하는 유연성이 필요한 것이다.

Q.O.L.P(Quality of life Prouduction) 치료 프로그램은 은둔형 외톨이 치료의 성공 사례를 토대로 프로그램을 개발한 사례이다.[10] 이 프로그램에서는 한일 양국의 전문가들로부터 좋은 평가를 받은 창의적인 교육을 통해 지역사회가 은둔형 외톨이를 받아들이는 방식을 취했다. 치료 프로젝트를 통해 은둔형 외톨이 집단과 지역사회, 대학, 예술 공방과 함께 협동하여 창의성을 발휘하는 직업을 갖도록 도움을 주었다. 이와 같은 프로젝트가 성공을 거두기 위해서는 자본과 지방자치단체, 특성화 학교 및 관련분야의 산업체들의 유기적 협조가 필요하다. 은둔형 외톨이에게는 정형화되고 획일적인 교육을 강요하기보다 그들에게 잠재되어 있는 다양한 창의적 재능을 발견해 주고 그 재능들을 발전시켜 나가는 것이 중요하다.

---

9) 이시다 테츠야(石田徹也 Ishida Tetsuya, 1973~2005)

10) 2001년 이시형 박사와 여인중 박사(삼성사회정신건강연구소와 강북삼성병원)는 함께 '은둔형 외톨이'에 대한 연구결과를 통하여 국내에도 일본의 히키코모리와 같은 현상이 있음을 밝히고 Q.O.L.P 프로그램을 개발하였다(출처: https://blog.naver.com/korea-hikikomori/221808779224).

3. 진로 관련 요인과 은둔형 외톨이

1) 타인에 의해 결정된 진로

청소년 시기는 사회적 존재로 나아가기 위해 자신을 인식하는 과정이며, 활발한 진로탐색 활동을 통해 자신의 진로를 선택하고 확립하는 시기이다. 그러나 현대 사회에서 신체적 성장은 점차 빨라지는 반면, 첨단 사회의 주역으로 준비되는 기간은 길어지고 있다. 따라서 사회적 준비를 위해 엄청난 경쟁을 겪어야 하는 후기청소년들의 심리적 고통이 커지고 있다. 이들은 직업적·경제적 자립의 준비 기간이 늘어나면서 사회 구조에 소속되지 못한 채 진로 미결정과 같은 심리적 갈등을 겪는다. 이러한 진로관련 요인이 은둔형 외톨이와 밀접하게 관련되는 요인이 되고 있다(이경선, 2015).

사람은 누구나 의사결정을 내릴 때 어느 정도는 주변인들의 의사를 참조한다. 그러나 어떤 이들은 자신의 의사보다 지나치게 다른 사람의 의견 또는 요구를 따르며 의존한다. 이처럼 의존적인 사람들은 자신의 의사결정이 다른 사람의 삶에 미칠지도 모르는 부정적 결과를 두려워하고 죄의식을 갖는다. 또는 다른 사람이 자신의 결정을 인정하지 않는 것이 두렵기도 하고, 조롱이나 관계단절 같은 것을 통해 어떤 식으로든 자신에게 해를 끼칠지도 모른다는 불안감을 갖기도 한다(김병숙, 2006). 예를 들어, 자녀는 대학진학이나 미래의 진로를 결정할 때 부모가 원하는 학과나 대학에 진학했다가 자신의 적성과 맞지 않아 중도 포기하고 다시 진학하는 경우도 많다. 이런 결정에서 특히 부모가 중요한 역할을 하게 된다. 의존적이고 순응적인 사람들은 삶의 과제에 대한 책임과 의사결정을 대부분 다른 사람, 특히 부모에게 의존하게 된다(민병배, 남기숙, 2019).

자신의 진로를 구체화하지 못하고 성적에 맞추어 진로를 결정하거나, 중요한 타인이나 가족의 의견에 따라 진로를 결정하거나, 진로 자체를 결정하지 않고 학업을 포기해 버리는 경우, 학업에 대한 흥미를 잃고 성적 저하나 학교부적응의 원인이 되기도 한다. 이런 경우 자존감도 매우 하락하고 자신의 의존적이고 무기력한 모습에 실망하게 된다. 또한 내면의 갈등으로 인해 진로를 결정하지 못하고 머뭇거리며 문제를 회피하고 은둔형 외톨이가 되기도 한다.

> **사례** A는 25세로 어머니는 초등학교 교사이자 교회 권사이고, 아버지는 은행 간부로 아내의 신앙생활에 불만을 가진 자칭 불교신자이다. A의 아버지는 가부장적이고 통제적이어서 어릴 때부터 A를 많이 간섭했다. 아내가 교사이지만 아들을 방치한다고 생각해서, 아내를 대신해서 아들을 교육하는 역할을 자처했다. 학부모회의도 본인이 가고, 면담도 직접 했다. 그러나 A가 유약하고 소심한 성격이라 A에게 자주 분통을 터뜨렸으며, 아내에게도 아들을 방치한다고 비난했다. 때로 화가 나면 폭언과 폭행을 했고, A의 유약한 모습을 아내 탓으로 돌렸다. 어려서부터 조용하고 말이 없던 A에게 은둔형 외톨이의 증상이 나타난 것은 A의 진로 결정에 대한 아버지와의 갈등 이후이다. A는 음악을 하고 싶은데, 경제학을 강요하는 아버지와의 갈등 이후, 아버지의 강요대로 경제학과를 들어갔지만, 적응을 할 수 없었고, 곧 휴학을 했다. 이후 다시 음악 문제를 아버지에게 꺼냈지만, 아버지의 냉소를 들은 A는 그 이후 자신의 방에서 나오지 않게 되었다(이경선, 2015).

2) 진로 변경과 진학 실패

진로선택을 미루거나 진로에 대하여 혼란을 경험하는 경우 정체감 혼란에 빠질 수 있다. 올바른 진로 지도를 통하여 청소년이 분명한 진로 목표를 설정하고 주체적으로 성취할 수 있도록 지원하는 것은 매우 중요하다. 은둔형 외톨이는 진로 변경이나 진학 실패가 계기가 되어 은둔이 시작되는 경우가 많기 때문이다.

우리 사회에서는 흔히 대학입학만 하면 큰 인생과제를 달성했다고 여긴다. 부모들도 자녀의 대학입학 후 큰 걱정을 내려놓는 경우가 많다. 하지만 앞서 보았듯 현재의 진로는 대학입학으로 결정되지 않는다. 20대 이후의 성인기 삶을 독립적이고 행복하게 살기 위해 많은 준비와 노력이 필요하고, 이러한 준비 기간이 점차 늘어나고 있다는 점에서 청년들은 좌절하게 된다. 이를 대변하듯 대학입학 후 휴학 혹은 자퇴를 하는 비율이 꾸준히 늘고 있다. 이들은 대학입학이 진로준비의 완결이 아님을 확인하고 당황하며 또 한 번 '학교 밖'에서 자신의 진로모색을 하게 된다. 〈표 9-1〉의 대학생 학업중단율이 이러한 현상을 잘 보여 준다.

| 표 9-1 | 대학생 학업중단율 | | | | | | | | (단위: 명, %) |

연도	고등교육기관			일반대학			전문대학		
	학업 중단자 수	재적 학생 수	학업 중단율	학업 중단자 수	재적 학생 수	학업 중단율	학업 중단자 수	재적 학생 수	학업 중단율
2010	225,263	3,327,525	6.8	81,641	2,208,841	4.0	56,658	767,087	7.4
2011	220,588	3,405,773	6.5	81,614	2,065,451	4.0	55,163	776,738	7.1
2012	229,425	3,399,258	6.7	84,114	2,103,958	4.0	58,923	769,888	7.7
2013	226,756	3,379,912	6.6	84,335	2,120,296	4.0	57,651	757,721	7.6
2014	222,263	3,337,875	6.6	82,875	2,130,046	3.9	55,239	740,801	7.5
2015	239,045	3,274,593	7.3	86,498	2,113,293	4.0	54,093	720,466	7.5

* 주: 1. 학업중단율=학업중단자 수/재적학생 수×100
　　 2. 연도 구분은 학년도임
　　 3. 고등교육기관에는 일반대학, 교육대학, 산업대학, 전문대학, 방송통신대학, 기술대학, 각종 학교, 원격대학 형태의 평생교육시설, 사이버대학, 사내 대학 형태의 평생교육시설, 기능대학, 전공대학이 포함됨.
자료: 교육부(각 년도). 교육기본통계.

　　이러한 현상은 은둔형 외톨이와도 관련성이 높다. 은둔형 외톨이의 경우 진로를 결정하지 못했거나, 학업 성적이나 부모기대에만 맞춰 대학에 진학했거나, 혹은 열심히 공부했지만 원하는 진로 영역에서 실패했을 경우 큰 혼란과 절망을 느끼고 은둔을 시작하는 경우가 많다. 특히 내적 동기가 부족한 경우 대학을 휴학하거나 막상 졸업을 하더라도 다양한 수준의 전문적 지식을 요구하는 상황에서 쉽게 겁을 내며 회피하게 된다. 이들은 결국 진로를 결정하거나 직업을 선택하기보다 스스로 비하하면서 포기하게 되고, 점점 밖으로 나가는 기회를 놓치게 된다.

　　사례 "내가 하루아침에 이렇게 된 게 아니라니깐요. …… 대학도 내 힘으로 갔고, 학교가 성에 안 차서 다른 데 준비하다가 실패한 뒤에 첨으로 집에서 뒤집어쓰고 있었던 거 같아요. …… 내가 힘들었던 게 이렇게 오래됐는데, 그땐 신경도 안 쓰더니, 이렇게 시간이 좀 길어지니까 병원 가고 상담받으라고 하고 그러는 거죠. …… 다 소용없는 짓이에요. …… 돈만 쓰고……." (청소년위원회, 2005)

　　사례 "할 수 있는 게 없어요. 앞으로도 없을 것 같아요. 그냥 살면 되죠."(양미진 외, 2009, F, 16세)

4. 은둔형 외톨이를 믿고 기다려 주는 마음이 필요하다

많은 청소년이 즐거워야 할 학교생활에서 집단따돌림, 또래와의 갈등, 교사와의 갈등, 학교폭력 피해 등 부정적인 경험을 하면서 심리적·정신적 고통을 겪고 있다. 이들은 사회가 무섭고 대인관계가 어렵다. 인간 대 인간으로서 존중받지 못하고 다름을 인정받지 못하는 사회에서 일부는 자신을 방어하기 위한 수단으로 은둔생활을 선택한다.

변화하고 있는 우리 사회에서 출세와 성공의 의미는 조금씩 달라지고 있다. 급격하게 변하고 다양화되고 있는 사회에서는 더 이상 아이들을 정형화된 틀에 끼워 맞추면서 이렇게 살기, 저렇게 살기 등을 고집하는 것의 의미가 사라지고 있다. 은둔형 외톨이는 지금 사계절 중 겨울의 시간을 보내고 있다. 그들의 마음속에는 여전히 차디찬 찬바람이 불고 있다. 그러나 한겨울 눈 덮인 거리, 햇살 들지 않는 작은 구석 자리에도 봄이 왔나 싶으면 이름도 모르는 꽃들이 피어난다. 운둔형 외톨이들이 언젠가는 따뜻한 햇살에 작은 꽃으로 피어나고 푸르른 날을 맞이할 수 있도록 우리는 지금 그들을 믿고 기다려 주는 것이 필요하다.

제10장
사회문화적 요인과 은둔형 외톨이

이 장에서는 은둔형 외톨이 현상에 영향을 미치는 사회문화적 요인에 대해 알아볼 것이다. 다양한 사회문화적 요인 중 우리 사회에 깊이 뿌리내리고 있는 유교문화, 과도한 경쟁 및 발달된 인터넷 문화에 초점을 두고 살펴보고자 한다. 은둔형 외톨이는 개인이나 한 가정의 특성에 의해서만 생겨나는 현상이 아니다. 우리 사회가 어떤 사회문화적 환경을 구성원들에게 제공하고, 그 속에서 구성원들이 어떤 영향을 받는가에 따라 건강하고 적응적으로 살아가는가 혹은 회피하고 숨어들게 되는가의 결과가 생겨날 수 있다. 관련 연구들을 보면 특정한 사회문화적 환경 속에서 은둔형 외톨이의 문제가 더욱 심각해진다. 따라서 은둔형 외톨이와 밀접한 관계가 있는 사회문화적 요인을 구체적으로 살펴보고 이에 대한 대응책을 마련하는 것이 중요하다.

1. 사회문화적 요인의 의미와 중요성

1) 사회문화적 요인의 의미

사회환경은 인간의 제반 생활에 직접적·간접적으로 영향을 미치는 조건이나 형편을 말한다. 우리가 살고 있는 자연환경뿐 아니라 사회환경은 우리의 삶에 직접적·간접적으로 작고 큰 영향을 미친다. 이렇게 인간 행동과 밀접한 관련을 갖는다는 점에서 사회문화적 환경은 중요하다. 은둔형 외톨이를 이해하고 돕기 위해서는 이러한 다양한 요인을 고려하는 생태체계적 관점을 바탕으로 하는 통합적 시각이 필요하다. 생태체계적 관점은 인간의 심리적 과정이 생물학적, 문화·경제적, 조직학적, 정치적 및 대인관계적인 요인들 간의 복잡한 상호작용으로 일어난다고 보는 관점이다. 즉, 개인의 문제가 주위 사람, 사물, 조직 등을 포함하는 체계 간 여러 요인의 상호작용에 의해 발생한다고 이해하는 것이다. 이렇게 폭넓은 사회문화적 요인을 살펴본다면 은둔형 외톨이 현상이 그가 속한 사회와 문화 속 어떤 요인들에 의해 발생하고 유지되는지를 파악하는 데 도움을 받을 수 있다.

2) 사회문화적 요인의 중요성

최근 우리나라의 사회문화적 상황을 보면 은둔형 외톨이가 발생하기 쉬운 요인들이 곳곳에 존재한다. 앞의 장들에서 살펴보았던 개인, 가정, 학교 관련 요인들뿐 아니라 우리 사회 전체에서 대부분의 사회구성원이 공유하는 사회문화적 요인들도 은둔형 외톨이를 발생시키고 지속시키는 중요 요인이 된다. 이렇게 은둔형 외톨이 현상은 한 개인 및 가족이 갖고 있는 요인들뿐 아니라 그 사람이 속한 사회문화와 관련된 요인들이 복합적으로 상호작용하며 발생한다. 또한 이러한 요인들은 개인의 은둔을 깊어지게 하거나 혹은 그로부터 벗어나게 하는 데 중요한 영향을 미치기도 한다. 따라서 은둔형 외톨이 문제를 그 사람이 경험하는 개인적 현상이 아닌, 우리 사회가 갖고 있는 공통의 어려움으로 인식하는 것이 문제해결의 중요한 열쇠가 될 수 있다.

2. 사회문화적 요인과 은둔형 외톨이

1) 유교문화

우리나라는 전통적으로 유교주의 사상에 따라 옳고 바람직한 것, 해야 할 것과 하지 말아야 할 것 등에 대한 가치 기준이 정해지는 경우가 많았다. 특히 효(孝)와 가족주의 의식은 매우 큰 영향력을 지녀 왔다. 이러한 유교 사상을 바탕으로 하는 효문화, 가족관, 자립이나 독립에 대한 의식 부족 등이 은둔형 외톨이가 되는 요인이 될 수 있다. 이에 대한 구체적인 내용을 살펴보기로 하자.

(1) 효문화와 자립에 대한 의식 부족

은둔형 외톨이는 한국과 일본이 아닌 다른 나라에도 존재하지만 그 정도가 약하고 그 양상이 다르다(자세한 내용은 1, 2장 참조). 문제의 심각성이 가장 큰 국가는 일본이지만 최근 우리나라 또한 이러한 현상이 확연해지고 있어 사회적 우려를 낳고 있다. 이렇게 일본과 한국이 두드러지는 이유를 효를 우선시하는 유교문화와 가족 간의 동거를 중시하는 동거문화 속에서 찾을 수 있다(여인중, 2005). 유교의 근본인 효는 부모를 모시고 사는 것이 효도이므로 부모에게 얹혀사는 것 또한 흉이 아니다. 따라서 자녀가 독립을 하지 않는다. 전통적으로 부모와의 동거는 주로 부모의 부양을 위한 동거였다. 그러나 최근 한국사회에서 부모와 성인기 자녀의 동거는 전통적인 가족주의 가치관에 따른 동거와는 매우 다른 양상을 보인다. 부모를 봉양하기보다는 자녀가 부모에게 의존하고자 하는 동거가 점점 더 많아지고 있다.

우리와 비교할 때 상대적으로 서구사회는 부모와 성인 자녀의 관계에서 특별한 사회적 규범이 존재하지 않으며, 의무감이 없는 자발적인 인간관계로 개인의 '자립'을 중시한다. 그러나 우리나라와 일본의 경우 유교문화의 영향으로 가족과의 동거, 부모에 대한 봉양이 중시되어 원가족과 분리되지 못한 채 왜곡된 인간관계로 나타날 수 있다(김성욱, 2018). 부모는 사랑이라는 이름으로 자녀에 대하여 과보호적인 양육태도를 보이거나, 자녀에 대한 불안과 두려움으로 사회적인 행동이나 활동을 필요 이상으로 통제한다. 자녀는 부모에게 독립적이며 자율적이어야 하는 성인임에도 불구하고 부모에게 경제적으로, 심리적으로 의존하고 안주하게 되면서 자신도 모르는 사이에 은둔형 외톨이가 되어 간다.

자립에 대한 의식의 부족은 자녀가 학교를 졸업하고 자립을 할 시기가 되었음에도 불구하고 부모에게 경제적으로 의지하면서 지내는 '캥거루족'을 만든다. 이러한 현상이 가장 먼저 뚜렷하게 나타난 곳은 일본이다. 일본에서는 캥거루족을 '패러사이트 싱글(parasite single)'[1]로 부른다. 히키코모리가 단순히 방구석에 틀어박힌 사람을 뜻한다면 패러사이트 싱글은 집 밖으로 나가기도 하고 사회생활에 참여하기도 한다는 차이점을 갖는다. 일본의 경우 우리보다 먼저 부모에게 경제적으로 의존하는 미혼남녀가 사회적 문제로 제기된 바 있는데, 이에 따르면 부모세대의 혜택을 통해 풍요로운 어린 시절을 보낸 자녀들이 자신의 생활 수준을 떨어뜨리지 않기 위해 부모에게 의존하는 시간을 늘리고 또한 좋은 직장을 구할 수 있는 자기계발에 힘쓴다고 보고 있다(이만우, 김시광, 김란영, 2012). 일본의 경우 20세에 법률적으로 성인이 되지만 대부분은 학생 신분으로 부모에게 경제적인 의존을 한다. 따라서 일본에서 실질적인 사회적 기능을 하는 성인이 되는 것은 평균 30세 전후라고 보고 있다. 이렇게 자립하는 연령이 늦어지는 이유 중 하나로 부모의 과보호를 꼽는다. 일본은 부모에게 어리광을 허용하는 사회이며 한 사람 한 사람의 자기 책임이라는 것이 그다지 명확하지 않다(노여진, 2007).

이러한 특징은 한국사회도 크게 다르지 않다. 유교적 문화의 특수성은 부모와 자녀 간의 일체감을 강하게 만든다. 연령상 성인이 되어도 사회적 독립이 어려운 경우 부모는 기꺼이 자녀에 대한 지원에 힘을 쏟고, 자녀는 부모에게 의지하게 된다. 이런 가운데 성인이 된 자녀가 부모의 심리적 통제 수준을 높게 인식하게 되고 그 정도가 커질수록 자녀의 자아존중감은 낮아진다. 자아존중감의 저하가 문제해결 능력의 저하로 이어지고, 자신은 문제를 해결할 능력이 없다고 스스로를 불신하면서 쉽게 좌절하거나 회피하게 된다. 혹은 반대로 독립에 대한 준비가 되어 있지 않은 자녀에게 부모가 자율성을 강조하게 되면 자녀는 강압적으로 느껴 비효율적인 자기조절 상태에서 심리사회적 적응을 어려워하며 방 안에 틀어박히게 된다. 이러한 부모와 자녀 간 밀착과 의존의 현상을 막기 위해서는 어린 시절부터 부모와 자녀 모

---

1) 기생충을 뜻하는 패러사이트와 미혼을 뜻하는 싱글이 합쳐진 용어

두에게 있어 건강한 분리와 개별화가 반드시 필요하다.

(2) 사회적 역할에 대한 과도한 기대

우리는 사회인으로 성장하면서 아동, 청소년, 청년, 부모, 학생, 선생님 등 다양한 사회적 역할을 수행하면서 사회적 관계를 유지한다. 사람은 누구나 사회적 관계에서 갈등, 화해, 격려, 지지, 칭찬, 비난, 분노, 좌절 등 다양한 정서를 학습하고 적용하면서 성장·발달해 나간다. 자신의 주어진 현실과 상황에 따른 활동을 통하여 자아실현이나 사회에 공헌하고자 한다. 따라서 대부분의 사람은 다른 사람과의 관계에서 인정을 받거나 자신이 잘하는 부분에 대하여 타인으로부터 관심을 받기를 원한다(오상빈, 2020). 특히 유교문화적 사회에서는 일가친척의 구성원이 사회적 역할을 잘 수행할 수 있도록 서로가 돕고 끌어가야 한다는 무언의 가치가 작용한다. 가족구성원 중 사회적 역할을 수행하는 데 문제가 생기는 경우 이는 그 구성원만의 것이 아니라 가족 모두의 어려움이고, 따라서 함께 고민하고 함께 해결해야 하는 문제가 되는 경우가 많다. 이러한 접근은 든든한 가족 지지체제로 작용하기도 하지만, 정도가 심해지는 경우 한 개인에게 엄청난 부담과 압력으로 작용하기도 한다.

이렇게 유교문화 속에서 개인이 사회적 역할에 대해 지나치게 높은 기대를 받거나 혹은 이를 과도하게 인식하는 경우 큰 불안을 경험하게 된다. 그 정도가 심해지면서 스스로 사회적 역할을 제대로 이뤄 내지 못했다고 판단하면서 자신의 존재가치를 저평가하고 무가치한 사람이라고 결론 내리기 쉽다. 이렇게 무가치한 자신을 보면서 무력감에 빠지게 되거나 사회생활에서 의미를 찾지 못하고 은둔생활을 하게 되는 것이다. 예를 들어, 우리 사회에서 학생으로서의 역할은 공부를 잘하는 것이다. 자녀가 성적이 좋으면 '착하고 바른 아이'라는 가치가 성립된다. 또한 청년 시기에는 좋은 학교를 졸업하고 좋은 직장에 취업하는 것이 곧 행복이라는 가치관이 정착된다. 문제는 이러한 사회적 역할의 수행결과에 따라 칭찬, 인정과 같은 긍정적인 보상이 따르는 경우가 많다는 점이다. 반대로 사회적 역할의 수행 정도에 따라 처벌과 같은 사회적 제재가 가해지기도 한다. 학업 성적이 저하되거나 안정된 직장을 갖지 못하는 경우, 자녀는 부모나 친척들의 기대에 미치지 못했으므로 스스로를 불효자나 낙오자라고 인식한다. 부모나 친척들도 그 사람이 역할을 잘 수행하지 못하고 실망스러운 결과를 내는 것에 대해, 끝없이 도전하고 성취하도록 압력을 가하는 경우가 많다.

은둔형 외톨이는 남자가 월등히 많아 70~80%를 차지한다. 이러한 성별 차이에 대해 연구자들은 남존여비 사상의 동양적 사고 속에서 우리는 여성보다 남성에게 과도한 사회적인 역할을 요구하고, 남성들이 이를 견디지 못하면 방 안에 틀어박혀 은둔형 외톨이가 되기 때문이라고 설명한다(자세한 내용은 현황에 관한 2장과 개인적 요인에 관한 7장 참조). 또한 우리 사회에서 청년들이 명절에 일가친척을 피해 여행을 가거나 도서관에 간다고 말하는 것은 단순한 우스갯소리만은 아니다. 일가친척들이 자신에게 퍼붓는 진학, 취업, 결혼, 부모 봉양 등의 사회적 역할에 대한 과도한 관심과 압력을 피하기 위해 궁여지책으로 그러한 선택을 하는 것이다.

> **사례** "아이를 늦게 외동으로 낳다 보니 금이야 옥이야 키웠죠. 남들이 보면 과잉보호했다고도 할 거예요."(황순길 외, 2005, 은둔형 외톨이 E의 어머니)

(3) 개인주의와 집단주의-내 편 아니면 네 편

개인주의는 사람들이 주위 사람들과의 관계에서 스스로를 얼마나 독립적이고 중요한 존재로 여기는가 하는 경향을 의미한다. 개인주의의 반대편 위치에 있는 개념으로 집단주의가 있다. 집단주의란 개인과 집단의 관계에 있어서 개인의 자유와 권리보다는 집단의 화합과 조화를 강조하고, 개인의 신념보다는 집단의 규범과 의무를 중시한다(네이버 지식백과). 연구에서는 미국, 영국 등의 서양문화권에서 개인주의적 성향이 높고, 동아시아 국가들에서는 집단주의적 경향이 높은 것으로 나타났다. 개인주의와 집단주의 문화가 사회 내 얼마나 만연해 있는가 또한 은둔형 외톨이 현상에 중요한 영향을 끼칠 수 있다. 우리나라는 개인보다는 집단을 중시하는 경향이 크고 수직적 문화 또한 강하다. 개인주의와 집단주의에서 강조하는 가치는 〈표 10-1〉을 보면 잘 알 수 있다.

표 10-1 개인주의-집단주의에서 중시하는 가치

개인주의	집단주의
아동은 '나'라는 의미 안에서 생각하는 법을 배운다.	아동은 '우리'라는 틀 안에서 생각하는 법을 배운다.
자신의 생각을 그대로 말하는 것이 정직한 사람의 특징이다.	언제나 조화가 유지되어야 하며 직접적인 대립은 피한다.
규칙을 위반하면 죄책감과 함께 자기존중감 상실을 느낀다.	규칙을 위반하면 자신과 집단에 대해 수치심과 체면 손상을 느낀다.
교육의 목적은 어떻게 행동할 것인가를 배우는 것이다.	교육의 목적은 어떻게 학습할 것인가를 배우는 것이다.
졸업장은 경제적 가치와 자기존중감을 높여 준다.	졸업장은 보다 높은 지위 집단에 들어갈 자격을 부여한다.

출처: 이정선(2002).

개인주의-집단주의는 자녀의 양육방식에도 차이를 만들어 낸다. 개인주의 문화에서 아동은 자기신뢰, 독립, 자기실현 등을 강조받는다. 반면, 집단주의 문화에서는 집단의 중요성을 강조받으며 성장한다. 예를 들어, 미국은 자립심과 사회생활 기술, 언어사용 기술 등을 강조받는 반면, 한국은 예절과 기본 습관의 습득 등을, 일본은 성숙된 감정과 예절 등을 강조받는다(이은성, 2008).

은둔형 외톨이는 집단주의와 사회적 규범이 심한 국가에서 많이 나타난다. 집단주의 문화에서는 성공의 조건을 개인의 능력보다 인간관계라고 생각하는 경우가 많다. 개인보다 집단을 중요시하기 때문에 '내 편이냐, 네 편이냐'가 중요하다. 내 편이라고 생각되면 같은 편이 되어 그 사람을 지지하고, 자신이 속해 있는 집단에서 내 편의 뜻대로 움직이며 집단에 동조하게 된다. 그러나 또래집단 안에 들어가지 못하거나 다툼, 오해 등으로 어울리지 못할 경우 왕따와 같은 따돌림을 받게 되면서 집단에서 밀려나게 된다. 이 경우 자신만 집단에 속하지 못함으로 인해 겪는 다양한 부정적 경험에 고스란히 노출된다. 이러한 왕따와 같은 부정적 경험을 어린 나이에 경험할수록 대인관계를 통해 형성할 수 있는 사회성과 자기정체감 형성이 지연된다.

(4) 서열화에 따른 타인의 존중 부족

유교문화의 영향력이 큰 동아시아권 사회에서는 서열을 중시한다. 일본의 경우

특히 서열문화가 심하다. 버블경기를 시작으로 안정기업이었던 일본은 은행, 증권회사, 생명보험회사 등이 도산하면서 종신고용이나 연공서열[2]이 많이 줄어들었지만 여전히 이러한 특징이 강하게 남아 있는 사회이다.

한국 가정의 문화도 일반적으로 유교적 가치에 기반을 두고 있다. 한국의 전형적인 아버지는 가장으로서 가정에서 절대 권력을 지닌다. 이때 부모는 권위를 가진 자로 자녀에 대해 복종하기를 강요하기 쉽다. 또한 자녀를 하나의 인격체로서 존중하기보다는 조종하고 통제한다. 이렇게 가정 내 권위 및 위계질서가 지나치게 강압적이고 경직되는 경우, 자녀의 안정과 건강한 성장이 어렵게 된다. 서열화는 가정 내에서만 나타나지 않는다. 직장 내에서 상대적으로 지위가 낮은 계약자를 지칭하는 갑을관계는 본래 주종(主從)이나 우열(優劣)을 구분하는 개념이 아니라 서로의 계약관계를 표현하는 수평적 나열을 의미하는 것이었다. 하지만 한국에서는 이것이 상하관계나 주종관계로 인식되는 경우가 많다(트렌드 지식사전, 2013). 우월한 지위에 있는 사람과 그렇지 못한 사람이 함께 사회생활을 하면서 갑을문화를 통해 유리한 위치의 사람이 자신의 지위나 권력을 이용해 상대방을 강제로 따르게 하는 것이다.

이렇게 획일적인 서열화 또한 은둔형 외톨이 현상과 무관하지 않다. 강압적이고 독단적인 서열화 속에서 은둔형 외톨이는 쉽게 을(乙)의 입장이 된다. 많은 갑(甲)을 만나게 되고 그들과의 관계에서 상처를 받으면서 움츠러들게 된다. 혼자만의 힘으로 저항하기에는 사회 내 서열화와 강압이 이들에게 너무 크게 느껴지고, 그로 인해 사회에서 철수하며 은둔생활을 선택하게 된다.

> **사례** '고통받는 감정노동자…… 폭언과 성희롱의 악순환'
>
> 백화점과 대형할인점 등 유통서비스업에서 일을 해 온 김 모(여) 씨는 고객서비스센터 근무를 4년여쯤 했을 무렵 문제에 봉착했다. 매일 수십 명의 고객을 상대하면서 폭언을 듣고 무조건 참다 보니 자신도 모르게 자주 불안감이 닥치고 가슴이 답답해지는 통증을 느끼게 된 것. 결국 회사를 그만뒀지만 이후에도 대인기피증 등 증상이 쉽게 낫지 않아 은둔형 외톨이처럼 집에서만 1년 넘게 생활해야 했다(소비자가 만드는 신문, 2018. 11. 21.).

---

2) 근무연한이 오래됨에 따라 급료가 오르고 지위가 상승해 간다는 일종의 사회적 관행. 일본 사회에서는 연장자를 존중하는 관습이 있다(공의식, 2002).

2) 경쟁사회

경쟁사회에서 살아남기 위하여 우리는 끊임없이 경쟁을 해야 한다. 입시준비 교육과 입시경쟁, 학습 내용의 과다한 부담 등에서 생기는 문제들은 등교거부나 학업 기피 등과 같은 개인적인 차원을 넘어선다. 이러한 문제들은 학생, 학교·가정, 나아가 사회 전반에도 바람직스럽지 못하다(박근호, 2005). K2인터내셔널 대표 코보리 모토무는 "은둔형 외톨이 문제는 일본보다 한국에서 더 심한 증세를 보이고 있다."라고 우려하였다. 그는 "청년에 가해지는 큰 사회적 압력, 극대화된 스펙사회, 가부장적이고 억압적인 교육, 개인에게 이상형임을 강요하는 규범사회, 다양성 없는 성공지향주의 등이 한국에서 관찰이 되고 있다."라고 지적하였다(여성신문, 2020. 6. 25.). 일본의 히키코모리(ひきこもり)는 장기적 경제침체와 청년 실업률의 증가로 치열해진 경쟁 구도에서 일탈하거나 도태된 사람들이 스스로 외부와의 선을 긋고 집 안에서 고립되어 은둔하려는 경향을 보이는 사람들이다(허경운, 2005). 결국 우리 사회의 치열한 입시경쟁과 좁은 취업문을 통과해야 하는 심리적 압박감은 친구들 간에 점수로 경쟁하게 만들고 교사도 학생과의 정서적인 지지 없이 교육을 수행하게 만들기 쉽다.

(1) 누군가를 밀어내고 올라가는 사회

우리가 살고 있는 현대 사회는 냉정하다고 할 만큼의 치열한 경쟁사회이다. 그런데 강한 자만이 살아남게 되는 현대의 경쟁사회에 적응하지 못한 채 은둔생활을 하는 청년들이 늘어나고 있다. 9장에서 살펴본 바와 같이 매년 중·고등학교에서 많은 학생이 중도 탈락하고 있다. 학교의 입시교육 시스템에 적응하기 힘든 학생들이 경쟁사회에서 도태되면서 학교 밖으로 밀려나고 있는 것이다. 약육강식의 사회에서 살아남기 위해서는 오직 공부만이 살길이라는 절대 명제와 공부만 잘하면 학교에서도 집에서도 환영받는 현실로 인해 대인관계나 그 밖의 인성적인 문제는 무시해 버리고 있다(여인중, 2005). 이러한 환경에서 은둔형 외톨이는 자신에게 사회에서 살아갈 능력이 없다고 생각하면서 외부 사회로 나가고 싶은 욕구를 잃어버린다(磯部潮, 2009).

교육은 인간이 내면적으로 지니고 있는 천성, 곧 타고난 소질과 성품을 보호·육성하는 과정으로 자발성과 창조성을 충분히 조장시켜 자립을 키워 주는 것에 의미를 둔다. 그러나 우리나라의 교육은 성적이 높은 학생을 뽑아 좋은 대학에 보내기 위한 하나의 수단으로 활용되고 있다. 부모는 공공연하게 학력이 뒷받침되어야 출세할 수 있다는 신념을 자녀에게 주입시키면서 성적 향상에 대한 압력을 넣는다. 학업 부담은 어제오늘의 일이 아니다. 그러나 학생은 경쟁을 유발하는 학교를 커다란 괴물로 생각하게 되면서 심리적인 부담감이 커진다. 이러한 부담감을 견디지 못한 청소년은 결국 학교로부터 철회하고 은둔을 선택하게 된다(한국청소년상담원, 2006).

서로가 같은 목적을 지니고 이기려고 하거나 앞서려고 겨루는 것이 꼭 나쁜 것만은 아니다. 그러나 너무 빠른 시기부터 '경쟁'이 아이의 삶을 지배하게 되면 또래 친구들과의 진실되고 신뢰 있는 관계를 맺기가 어려워진다. 상호 협동과 시로 도움이 되는 경쟁이 조화롭게 균형을 이루는 사회가 되었을 때 우리의 자녀는 은둔형 외톨이가 아닌 사회의 주체자로서 긍정적으로 발전할 수 있게 된다.

> **사례** "안녕하세요, 저는 현재 17세인 한 여학생입니다. 여기 글 쓰신 많은 부모님께 짧게나마 제 생각을 말씀드리고 싶어서 이렇게 글을 쓰게 되었습니다. 음…… 한 학년씩 올라가면서 항상 이런 생각이 들어요. 왜 나에겐 자유가 없을까…… 학년이 높아질수록 학교에서는 제게 원하는 것이 많아지지요. ……(중략)…… 제가 바라는 것은 저희를 조금만 따뜻하게 어루만져 주세요. 저희는 학생이기 이전에 부모님의 자녀이니까요. 만일 저희가 힘들어도 내색 못하고 끙끙 앓거나 자꾸 짜증을 부린다면 용기를 줄 수 있는 따뜻한 말 한마디만 저희에게 속삭여 주세요. 그렇게만 해 주신다면 이 입시위주의 경쟁사회에서, 외롭고 힘든 대한민국에서 저희도 꿋꿋하게 자라날 수 있을 거예요. 글 솜씨가 없어서 글은 잘 쓰지 못했지만 제 뜻이 부모님들께 확실히 전달되었으면 하면서 글을 줄이겠습니다. 그리고 항상 잊지 말아 주세요, 저희는 질책보다 사랑을 받아야 할 나이라는 것을……." (한국청소년상담원, 2006. 은둔형부적응청소년 상담가이드북)

(2) 취업 전쟁

극심한 취업난과 생활고 등에 시달리는 현대인들이 일상적인 사회생활을 거부한 채 폐쇄된 공간으로 자신을 은폐하는 현상이 눈에 띄게 나타나고 있다. 이들은 스스로 개선의 필요성을 느끼지 못하고, 자신의 은둔 경향에 대해 포기 상태 혹은 무기력한 상태를 보인다(여인중, 2005). 그러나 이들이 전혀 괴로워하지 않고 갈등을 경험하지 않는다고 한다면 그것은 사실과 다르다.

최근 일본사회는 장래에 대한 위기감이 높아지고 있다. 오랜 시간 이어진 경기침체는 청년실업으로 이어졌고 상황은 점점 더 악화되고 있다. 경제가 침체되기 시작한 10여 년 전부터 학생과 성인에 이르기까지, 학교나 직장에 가지 않는 등 사회생활을 하지 않는 상태가 확산·지속되고 있다. 일본의 상당수 청년들은 '노력한다고 해도 아무런 소용이 없다' '일본의 미래가 없다'는 비관적인 전망을 한다. 『니혼게이자이신문』에 따르면 광고대행사 JR동일본기획이 20~79세의 2,200명(학생 제외)을 대상으로 인터넷 설문조사를 실시한 결과(연합뉴스, 2017. 10. 14.), '한 달 평균 외출 횟수'는 20대가 37.3회로 70대의 40.8회보다 낮았으며, 20대의 60% 이상은 자신을 히키코모리라고 생각하고 있었다. 가장 활발하게 활동하고 사회에 참여할 20대의 침체된 모습을 보여 주는 결과이다. 이렇게 자신의 성장과 변화 가능성을 믿지 못하는 청년들이 늘어나면서 경제적 독립이 아닌 고립을 선택하는 것이다.

우리나라 또한 장기적 경제침체와 청년 실업률이 크게 증가하고 있다. 입시지옥에서 벗어나 대학에 진학하고 큰 꿈을 갖고 삶을 즐기고 싶으나 대학을 졸업하면서 곧 취업 전쟁이 기다린다. 가장 최근 자료에 의하면(통계청, 2021), 청년층 실업률은 8.1%로 전년 동월 대비 0.8% 상승했다. 실업자도 1,135천 명에서 194천 명(20.6%) 증가하였다. 구직자 2,321명을 대상으로 '취업활동 중 은둔형 외톨이로 지낸 경험'이 있는지 조사한 결과[3] 경험이 있다고 응답한 경우가 절반을 훌쩍 넘는 59.8%였다. 이들이 장기간 동안 집에서 은둔생활을 하면서 가장 걱정했던 점은 '미취업이 장기화될 것이라는 불안감(45.9%)'이었다. 그 외 '미래에 대한 불안(28.9%)' '무기력증의 심화(21.3%)', 등으로 응답하였다. 이들이 모두 전형적인 은둔형 외톨이의 악순환에 빠지지는 않았겠지만, 상당수가 일시적으로라도 은둔과 심리적 어려움을 경험한 점을 볼 때 취업전쟁과 은둔형 외톨이의 밀접한 관련성을 확인할 수 있다.

이렇게 은둔형 외톨이는 자신의 꿈이 좌절되거나 더 이상 희망이 없다고 생각하면서 은둔생활을 시작하는 경우가 많다. 취업난이 심한 경쟁사회에서 취업에 계속 실패할 경우 좌절과 절망감을 느끼면서 취업을 포기해 버린다. 특히 체면을 중시하는 사회에서 타인과 비교하다 보면 자신의 초라한 현실을 피하고 싶어진다. 취업에 대한 심리적 부담감은 의욕 상실로 이어지고 무력감에 빠지게 된다. 좌절을 극복하지

---

3) 구인, 구직을 알선해 주는 취업플랫폼 사람인의 조사결과

못하면 스스로 상황을 회피하는 악순환이 반복된다. 부모와 당사자에게는 '실패'라는 말이 충격적이겠지만 실패 없이는 진정한 자아를 구축할 수 없다. 실패는 성장 과정이다. 위기 없는 삶은 없고, 위기는 발달의 기회로 변형되어야 한다(오상빈, 2020). 위기를 극복한 사람들의 이야기를 들어 보면, 어린 시절부터 작은 위기를 극복한 경험이 많을수록 좌절을 경험하는 상황에서 효과적으로 극복하거나 견뎌 낼 수 있는 힘이 되었다고 한다. 반대로 좌절을 극복했던 경험이 적으면 적을수록 자신의 상황이나 처지를 비관하기 때문에 누군가에게 대화조차 시도하지 않고 은둔생활에 빠져들게 되는 것이다.

> **사례** '밖으로 나가고는 싶은데 용기가 나질 않아요.'
>
> 명문 사립대인 H대 공대를 졸업한 김 모(32) 씨는 2년 넘게 백수생활을 하다 보니 방 안에서 지내는 게 편하기도 하다고 말한다. 김 씨는 원하던 대기업을 포함해 서른 번이 넘도록 서류, 면접에서 미끄러졌고 그해 말 간신히 지방의 한 중소기업에 취직하였지만 그만두었다. 어려서부터 내성적이었던 그는 계속되는 취업 실패로 자신감을 잃게 됐고, 어느 날 자신은 아무짝에도 쓸모없는 존재라는 생각이 들었다. 그 이후 그는 바깥세상으로 나가길 포기했다. 문을 걸어 잠그고 친구들과도 부모와도 대화를 단절한 채 오로지 게임에만 몰두했다. 결국 그는 1년 전쯤 정신과 의사로부터 '은둔형 외톨이'라는 진단을 받았다(매일경제신문, 2009. 3. 11.).

(3) 결과만을 중시하는 사회

우리 사회에 과정보다 결과를 중시하는 풍조가 만연하고 있다. 결과지상주의 사회에서는 일의 과정보다 그 결과를 최고로 삼는다. 결과만 가지고 칭찬 혹은 꾸중하거나, 매사에 이유를 불필요하게 생각하면서 결과만을 중시하는 태도를 갖는 것이다(오상빈, 2019a). 이렇게 과정보다 결과만을 중시하는 사회는 여러 가지 문제를 양산한다. 이러한 환경에 많이 노출된 사람은 자신의 활동에 대한 자신감이 낮으며 자기효능감이 낮아 심리적으로 위축되고 대인관계를 형성하고 유지하는 데 어려움을 호소하게 된다. 이러한 어려움 가운데 사회적 단절을 넘어 고립생활을 하게 될 가능성이 높아진다(오상빈, 2020). 즉, 어떤 일에 성공하지 못할 경우 자신이 기울인 노력까지도 스스로 무시해 버리고 자신을 '실패자'로 결론 내리는 것이다.

물론 결과를 중시하지 않고 과정만 중시하거나 과정을 중시하지 않고 결과만 중시하는 것은 모두 맞지 않는다. 하지만 성공과 실패의 기준을 단순히 결과만을 가지고 판단할 경우, 자신이 노력했던 순간순간에 느꼈던 행복이나 성취감은 아무것도 아닌 것으로 무시를 받게 된다. 이렇게 노력한 과정 자체를 무시해 버린다면 다시 계획하고 도전할 내면의 힘을 잃게 된다. 은둔형 외톨이는 결과만을 중시하는 사회에서 자신의 꿈이 좌절될 경우 '마치 내 자신이 사라지는 것처럼 느꼈다'라고 말한다. 이는 과정과 결과 모두를 균형 있게 중시하지 않는 사회에서는 한 개인의 삶의 과정 자체가 부정당하기 쉽다는 것을 잘 보여 준다.

(4) 사회의 공감능력 부족

공감이란 다른 사람이 가지고 있는 느낌과 관점에 대해서 관심과 존경을 보여 주는 행동을 의미한다. 공감은 타인의 감정 상태에 대하여 서로 공유하고 이해하는 것이 기반이 되어 나타난 반응의 결과로, 공감을 통해 건강한 인간관계를 맺는다. 우리 사회 내 끊임없는 경쟁구도는 구성원들 간에 공감을 크게 떨어뜨리고 공감능력의 발달에도 큰 저해 요소가 된다.

은둔형 외톨이 대부분은 가족과 사회에 대한 서운함과 불신을 공통적으로 호소한다. 이들은 갈등 상황에 놓여 있을 때 부모와 사회로부터 적절한 공감을 받지 못하면서 세상에 혼자 버려진 것 같은 소외감을 느꼈다고 말한다. 이들은 어린 시절부터 또래들과 어울리지 못하고 대부분의 시간을 혼자 보냈고, 결국 친구를 새롭게 사귀는 과정에 놓일 경우 스트레스를 경험하면서 오히려 친구들이 없는 편이 낫다고 생각하기도 한다. 부적절한 대인관계 기술이나 낮은 공감능력으로 따돌림을 받아 외톨이가 된 경우, 자신은 친구 맺기에 실패한 사람이라고 인식하면서 심각한 스트레스를 받게 된다. 타인에 대한 깊은 불신감은 그들이 친구에게 마음의 문을 열지 못하게 하여 더욱 대인관계와 사회에서 벗어나 스스로 고립하게 된다(송남선, 2005).

공감능력은 부모의 양육태도에 따라 자녀의 성장과 적응에 중요한 영향을 미친다. 학자들 대부분은 자녀의 성장과 적응에 중요한 영향을 미치는 요인으로 부모의 공감적 태도를 강조한다. 공감에 대하여 대학생들을 대상으로 연구한 결과, 공감은 자기존중감과 주관적 안녕감을 향상시키며 개인의 행복에도 매우 중요한 역할을 하는 것으로 나타났다(이찬종, 허재홍, 2010). 서로 간의 공감이 부족하면 의사소통 또한 어렵게 된다. 이때 타인의 생각과 감정을 깊게 생각하지 않거나 귀 기울여 경청하지 않고 자신의 말만 한다. 우리 사회는 공감능력의 부족으로 학교폭력 문제, 따돌림, 비행과 같은 문제, 분노를 조절하지 못하면서 폭력성이 높은 범죄와 같은 사회문제가 늘어나고 있다. 공감의 부재는 더 나아가 인간관계의 단절, 인간 소외까지 이어지며 사회 전체적으로 공감의 과부족 현상을 커지게 만든다(정재영, 2010).

3) 급격한 사회 변화와 지지체계의 붕괴

주지하듯이 우리나라는 다양한 측면에서 급격한 사회적 변화를 보이고 있다. 경제적 성장과 침체, 취업률 및 실업률, 결혼인구의 변화와 출산률, 인구감소와 고령화 등에서 세계 유래를 찾아볼 수 없을 정도의 급격한 부침이 나타나고 있다. 적응에 매우 강한 특성을 가진 사람도 정신을 차리기 어려운 이러한 변화 속에서, 예민하고 적응에서 취약한 측면을 많이 가지고 있는 은둔형 외톨이들은 이러한 변화가 더욱 무겁고 힘겹게 여겨질 것이다. 이에 대해 구체적으로 알아보자.

(1) 경기침체로 인한 니트족

니트(NEET)족은 부모와 함께 생활하면서 정서적 관계를 유지하고는 있지만 일하지 않고 일할 의지도 없는 청년 무직자를 말한다(오상빈, 2020). 은둔형 외톨이와 니트족은 같은 개념은 아니지만(자세한 내용은 1장 참조), 일본의 전문가들은 니트족이 경쟁사회 속에서 의욕을 상실해 은둔형 외톨이가 되는 사례가 적지 않다고 말한다. 따라서 니트를 넓은 개념으로 보았을 때 그 울타리 안에 히키코모리의 개념을 포함시키는 것이 가능하다.

청년 니트는 취업을 하고자 하는 의욕이 없거나, 일하고 싶지만 일자리를 구하지 못하는 실업자나 아르바이트로 생활하는 프리터족[4]과는 의미가 다르다. 고학력자일수록 근로 및 직업조건에 대한 기대심리가 높아져서 이를 충족시키는 직업으로의 진입이 용이하지 않기 때문에 직업세계 진입을 어려워하는 청년 니트가 될 수 있다(노경란, 변정현. 2010). 장기적인 경기침체 속에서 채용인원은 줄어들고 반대로 경쟁자는 늘어나게 되면서 일자리는 줄어들게 된다. 이때 고학력자들은 점점 늘어

---

4) 필요한 돈이 모일 때까지만 아르바이트로 일하는 사람

나지만, 3D 업종을 기피하거나 또는 중소기업보다는 대기업으로 몰리는 현상이 일어나면서 결국 취업률은 내려가고 실업률은 올라가게 된다. 이런 상황도 청년실업을 만들어 내는 주요 원인 중 하나가 되고 있다(최진선, 2013).

경제활동인구조사 자료를 활용해 2016년 한국의 청년 니트를 추정해 본 결과, 156만 명으로 16.6%에 이르고 있는 것으로 나타났다. OECD 기준(학원, 직업훈련기관 통학 니트 포함)으로 다른 국가들과 비교해 본 결과, 한국의 청년 니트 비중(18.9%)은 평균(13.9%)보다 매우 높은 수준이었다(〈표 10-2〉 참조). 한국노동패널조사(KLIPS)를 이용해 청년 니트의 유형을 구분해 본 결과, 청년 니트 중 취업을 준비하는 경우인 '취업 준비형'이 45.3%로 가장 높았고 휴식 중이거나 구직을 포기하는 경우인 '휴식 포기형'은 27.7%로 나타났다(김기헌, 2017).

표 10-2　우리나라의 청년(15~29세) 니트(NEET) 비율(OECD 기준)[5]　　　　(단위: %)

연도	2005	2006	2007	2008	2009	2010	2011	2012	2013	2014	2015	2016
경제활동 인구조사	19.8	19.1	18.5	19.0	19.2	18.8	18.8	18.5	18.1	17.8	18.6	18.9

자료: 통계청(각 년도). 경제활동인구조사
출처: 김기헌(2017).

연구에 따르면 청년 니트는 일에 대한 감정으로 '환상 혹은 회피'의 두 가지 양가적 감정을 가지고 있는 것으로 나타났다. 청년 니트들은 매 순간 위기를 극복하고 가치를 인정받을 수 있는 존재가 되고 싶은 욕구가 있다. 따라서 첫 진입에 성공하기 위하여 계속적으로 취업 시기를 미루는 경우가 많다(신희경 외, 2014). 그러나 이들과 달리 은둔형 외톨이는 대인관계를 차단하고 야외활동을 하지 않는다. 이들은 심리적 문제가 해결되고 심리적인 회복이 이루어져야 스스로의 노력하에 노동시장으로 투입될 수 있다는 점에서 니트와 차이가 있다(한연희, 2015). 은둔형 외톨이는 대부분 대인관계의 범위가 좁지만 청년 니트의 경우 대인관계를 유지하고 있다. 이러한 차이점에도 불구하고, 경기침체와 같은 외부적 환경에 의해 청년 니트는 증가하고, 그들이 점차 대인관계를 끊고 은둔형 외톨이가 될 가능성은 높아질 수 있다.

---

5) 2014년부터 경제활동인구조사 원자료를 이용해 추정한 결과(니트는 재학생이나 취업자가 아님)

(2) 보호막 안으로 들어간 코쿤족

코쿤(cocoon)족은 누에고치의 보호막 안에 들어가 은둔하며 자신만의 공간 속에 들어가 있는 사람을 지칭한다. 코쿤족은 세상으로부터 도피하여 자신만의 안전한 공간에 머물며 혼자 지내는 칩거증후군의 사람들을 일컫는 용어이기도 하다. 이들은 빠르게 변화하는 현대 사회에서 재충전의 시간을 갖기 위해 자신만의 공간 안으로 들어가 심리적인 안정을 느끼고자 한다. 때로는 혼자 보내는 시간을 즐겁고 적극적으로 보내기도 한다. 페이스 팝콘(Faith Popcorn, 2010)[6]은 자신의 저서에서 코쿤족을 "누에고치처럼 보호막 안으로 칩거하려는 현상으로, 예측할 수 없는 외부 현실 세세로부터 자신을 보호하기 위해 안전한 가정 같은 환경으로 파고드는 것"이라고 설명하였다. 즉, 코쿤족은 불확실한 사회에서 혼자 단절되어 있으며, 스스로 보호받고 싶은 공간에서 살고 있는 사람을 뜻한다. 이와 유사한 개념인 나홀로족은 "일상생활의 대부분을 혼자 즐기는 사람"을 뜻한다. 이는 미국의 마케팅 용어인 코쿤족을 우리나라 말로 옮기면서 소개되었다. 하지만 코쿤족이 타인과의 관계로부터 오는 스트레스를 피하고 자기를 고립된 공간에 가두면서 직접적인 소통을 거부하는 경향이 많다면, 나홀로족은 남들처럼 사회생활을 하지만 혼자만의 시간을 즐기면서 휴식과 안정을 찾고자 한다는 차이점을 갖는다(세계일보, 2009. 9. 10.).

나홀로족이나 코쿤족에 비해 은둔형 외톨이는 사회생활이 매우 제한적이고 은둔생활을 매우 힘들고 고통스럽게 경험한다. 전혀 그 생활을 즐기며 보내지 못하는 경우가 대부분이다. 코쿤족과 은둔형 외톨이 모두 칩거생활을 많이 한다는 공통점을 갖지만, 구체적인 양상에도 차이가 있다. 코쿤족은 은둔형 외톨이와 마찬가지로 남들과 어울리기보다는 자신만의 공간에 머물면서 안락함을 추구한다. 하지만 이들은 대체로 안정된 수입원을 가지고 있으며 생활의 편의를 위한 비용에 대해 아끼지 않는다. 혼자만의 취미활동을 즐기려는 성향도 높다. 이들은 '세상에서 집만큼 안전하고 편안한 공간은 없다'는 생각으로 자신의 집을 휴식과 취미생활의 공간으로 만든다. 반면, 은둔형 외톨이는 심리적 불편감을 경험하거나 그 정도가 심할 경우 공포를 느끼는 현실에서 벗어나기 위하여 방 안에 틀어박혀 지낸다. 코쿤족과 은둔형 외톨이는 집 밖으로 나가지 않으려는 칩거증후군을 보이지만 외부 세상을 피해 숨

---

6) 미국의 마케팅 전문가이며 미래학자. 세계적인 트렌드 예측가

어들어 간 은둔형 외톨이와는 다르다.

하지만 현대 사회를 반영해 주고 있는 핵가족화, 개인주의, 인터넷의 발전으로 인해 '홀로 놀기'를 선택한 코쿤족은 긍정적인 측면 이상의 부정적 측면을 갖는다. 이들은 외부 세상으로부터 도피하여 자신만의 안전한 공간에 머물면서 힐링을 누리지만, 필요한 경우 자신을 보호하기 위해 안전하다고 생각하는 더 깊은 공간으로 파고들면서 은둔생활을 선택할 수 있기 때문이다(최진선, 2013). 따라서 집 밖으로 나가 활동하지 않고 집 안에만 틀어박혀 지내는 경우가 많다는 점에서 코쿤족이 은둔형 외톨이가 될 가능성이 높다고 볼 수 있다.

(3) 보살펴 주는 사람이 없는 홈리스족

가정의 해체, 1인가구의 증가 등 우리 사회는 다양하고 급격한 가족 구조의 변화를 경험하고 있다. 이런 변화 속에서 앞서 살펴보았던 유교문화 혹은 집단주의 문화에서 강조되어 온 가족주의 문화도 빠르게 변하고 있다. 무엇보다 한 가족구성원의 문제를 우리 가족 모두의 문제로 보고 대응하거나, 성인기 자녀나 노년기 부모를 자신이 희생하더라도 끝까지 돌보던 태도 또한 달라지고 있다. 만일 이런 변화가 지속된다면 부모의 보호 속에서 가정에 은둔하던 은둔형 외톨이는 집 밖이나 거리로 내몰리는 경험을 하기 쉽다는 가능성이 점쳐진다.

이러한 가능성은 다른 사회와의 비교를 통해 확인할 수 있다. 서구사회의 경우 은둔형 외톨이 비율이 한국이나 일본보다는 현저하게 낮다. 이에 대한 중요한 이유 중 하나로 성인기 자녀의 자립을 꼽는다. 일반적으로 미국이나 유럽 사회에서는 자녀가 성인이 되거나 그 이전에 집을 떠나 독립적 생활을 한다. 대체로 자녀가 고등학교를 졸업하게 되면 집에서 내보내는 부모들이 많다. 그러나 이들 중 대인관계가 힘들거나 적응능력이 부족하거나 사회적 독립의 준비가 미흡한 경우, 집 없이 길에서 노숙하는 홈리스(homeless)가 된다.

홈리스는 정해진 주거 없이 주로 공원, 거리, 역, 버려진 건물 등을 거처로 삼아 생활하는 노숙자, 방랑자를 일컫는다. 우리나라 관계법령[7]에 따르면 '일정한 주거

---

7) 보건복지부, 「노숙인 등의 복지 및 자립지원에 관한 법률」. https://www.mohw.go.kr/react/al/sal0301vw.
jsp?PAR_MENU_ID=04&MENU_ID=0403&CONT_SEQ=342148

없이 상당한 기간 거리에서 생활하거나 그에 따라 노숙인 쉼터에 입소한 18세 이상의 자'를 노숙인으로 규정하고 있다(이형기 외, 2019). 홈리스는 세계적으로 자본주의가 가장 발달했다는 나라일수록 가장 많고, 점점 증가하고 있다. 우리나라 역시 경제성장과 함께 홈리스가 점점 증가하고 있다(정광열, 2006). 즉, 은둔형 성향을 지닌 경우 동양에서는 주로 방 안으로 들어가 은둔형 외톨이가 되는 반면, 서양에서는 집 밖으로 나가 홈리스가 되는 경로를 보인다고 할 수 있다.

은둔형 외톨이에게 집은 은둔처이자 외부의 공격을 방어해 주는 안전기지이다. 안전기지 속에서 이들은 부모에게 의존하며 살아간다. 그러나 문제는 언제까지 부모가 은둔형 외톨이의 곁을 지켜 줄 수 있을지 아무도 모른다는 점이다. 은둔형 외톨이가 자신을 지켜 주고 보호해 주는 사람을 상실할 경우 홈리스가 될 가능성도 높아질 수 있다. 이 경우 이들은 집이라는 공간 안에서 안전과 평화를 얻지 못하고 길거리에서 외부의 적을 막아 내야 한다.

「노숙인법」 제2조 '노숙인 정의'에 따른 시행규칙에서는 18세 이상만을 노숙인으로 규정하고 있기 때문에 18세 미만의 경우, 사실상 홈리스(노숙) 상태이지만 이들은 정작 노숙인에는 포함되지 않는다(이형기 외, 2019). 청소년 홈리스의 경우 비행(범죄)에 연루될 가능성이 높고 이로 인해 보호시설로 연계되는 경우가 많다. 연구들에 의하면 홈리스 청소년들도 은둔형 외톨이처럼 가출과 비행 이전에는 왕따, 괴롭힘, 가정 또는 학교의 폭력 등의 피해 경험이 많았던 것으로 나타났다(이형기 외, 2019). 일반적으로 은둔형 외톨이와 마찬가지로 홈리스를 '부랑자'로 생각하고 부정적인 인식을 갖는 경우가 많다. 사회부적응자, 예비범죄자와 같은 부정적인 시각을 가지고 그들을 보는 것이다. 하지만 은둔형 외톨이를 돕는 가족 내 지원이 사라지는 경우 이들이 쉽게 홈리스 상태가 될 수 있음에 주목해야 한다. 이것이 이들에 대한 지원체계를 마련함에 있어 사회적 공감대 형성과 도움이 매우 필요함을 보여 주는 점이다.

한 예로, 프로젝트인 아세내팀[8]에서는 홈리스 및 은둔형 외톨이 청소년을 돕는 아이디어를 얻기 위해 일본과 미국의 두 대륙을 오가며 연구조사를 진행하였다. 특히 홈리스 인구가 많은 미국의 샌프란시스코에서 은둔형 외톨이 청소년과 홈리스

---

8) 아산나눔재단(https://blog.naver.com/asan_nanum/221186821790)

청소년을 위한 교육과 프로그램의 효과성을 살펴보았다. 그들은 이곳에서는 이미 은둔형 외톨이뿐 아니라 홈리스 청소년 문제를 개인이 아닌 동일한 사회적 문제의 관점에서 접근하고 있다는 점을 확인하였다. 은둔형 외톨이와 홈리스는 결코 멀고 먼 개념이 아니며, 사회 여건에 따라 집 안 혹은 집 밖에 머무는 결과가 달라질 수 있음을 인식할 필요가 있다.

4) 인터넷의 발달

현대 사회의 과학기술 발달과 변화 속도가 놀랍다. 특히 인터넷 사용이 빠르게 확산되면서 우리는 정보가 넘치는 사회에 살고 있다. 이에 대한 어두운 측면으로, 과도한 인터넷 사용은 강박적 사용과 집착, 내성, 금단, 조절불능, 일상생활의 부적응과 같은 다양한 문제행동의 원인이 되고, 면대면 대인관계를 통해 형성할 수 있는 사회성과 자기정체감 형성이 지연된다는 연구결과(예: 한국청소년상담원, 2006)가 지속적으로 보고되고 있다. 또한 인터넷 등 정보통신 기술의 발달은 은둔형 외톨이의 원인 혹은 지속 요인으로 작용할 수 있다. 특히 코로나19가 전 세계를 강타한 이후, 인터넷이 발달한 사회의 구성원들은 은둔생활로 빠져들기 더욱 쉬운 구조에 놓이게 되었다. 인터넷 발달이 은둔형 외톨이에게 미치는 영향에 대해 구체적으로 살펴보자.

(1) 인터넷 중독

인터넷 사용은 새로운 기술의 습득과 다양한 사회화의 접촉을 가능하게 한다. 인터넷은 대인관계를 확장할 수 있는 도구인 동시에 즐거움과 기본적인 생활을 제공한다는 점에서 빠르게 대중화되었다. 그러나 잘못된 사용으로 인해 부작용 문제 또한 만만치 않다. 더욱 큰 문제는 이러한 문제점에 대응하기 전에 그것이 이미 중독적인 성향이 많은 청소년의 생활 속으로 깊게 파고들었다는 점이다(오상빈, 2020).

한 연구(손은수, 2005)에서는 은둔형 외톨이에게 다음 세 가지 공통 현상이 있다고 보고한다. 첫째, 이들은 학교에서 집단따돌림을 당하고, 둘째, 가정에서 불화와 폭력 부모와의 대화단절을 겪고, 마지막으로 인터넷 게임중독 문제를 지니고 있다. 그러나 문제는 이러한 현상이 특정 청소년이 아닌 요즘 우리 사회 청소년들 다수에게서 나타나는 현상이라는 점이다. 다시 말해, 누구나 처할 수 있는 익숙한 환경이라는 것이다(손은수, 2005). 이를 보여 주듯, **최근 은둔생활과 인터넷 중독의 복합적인 문제를 가진 청소년 수가 증가하고 있다.** 이들 대부분은 인터넷 중독문제를 호소하고 있다. 본인의 의지로 조절하지 못하고 맹목적으로 빠지게 되면서 심각한 경우 끼니를 거르거나 사회와의 단절, 게임을 하지 못했을 때의 불안감과 폭력적인 성향을 통해 일상생활에 지장을 일으키게 된다(최진선, 2013).

앞서 살펴보았듯 은둔의 문제를 가진 사람은 자신의 공간에 틀어박힘으로써 심리적 안정을 구하고자 하지만 실제로는 고립감, 초조감, 불안감으로 고통을 받는 경우가 많다. 그리고 이러한 은둔형 상태의 불안감과 초조감은 가족을 대상으로 언어적·신체적 폭력을 행사하거나 물건을 파손하는 등의 여러 가지 폭력적인 문제행동으로도 표출될 수 있다(김유숙, 박진희, 최지원, 2012). 한국정보문화진흥원에서는 인터넷 이용자 300명을 표집하여 인터넷 중독 실태를 조사하였다. 조사 결과, 인터넷 게임에 장기간 노출된 청소년들은 은둔형 외톨이 상태를 거쳐 막판에는 가족을 폭행하는 단계로 가는 퇴행 현상을 보인 경우가 많았다(서울신문, 2005. 12. 13.).

처음에는 심심하거나 무료하여 시작된 인터넷 게임이지만, 점점 더 심하게 자극 추구를 하게 되면서 장시간 인터넷 게임에 몰입하는 경우가 많다. 그러면서 점차 낮에 활동하기 귀찮아하고 밖으로 나가기를 거부하거나 규칙적인 식사를 하지 않으면서 밤낮이 바뀐 생활을 하게 된다. 이러한 생활이 지속되면 은둔생활에 의해서뿐 아니라 뒤바뀐 생활 전체로 인해 사회적응 능력이 더욱 떨어지게 된다.

> **사례** 현재 19세, 이창훈(가명). 초등학교 5학년 때부터 컴퓨터를 접하게 되었고, 중학교 1학년 때부터 게임중독으로 인해 학교부적응 상태를 보였다. 중학교 3학년 초에 학교를 그만둔 뒤로는 친구관계도 전혀 없는 상태이고, 1년 이상 집 밖에 전혀 나가지 않고 하루 종일 게임에만 매달리고 있는 상태이다. 잠자는 시간 외에는 인터넷 게임에만 매달리고 있으며, 초등학교 5학년 때부터 게임중독으로 친구 관계가 원만하지 않았다. 또한 기초학습 부진, 우울과 무기력한 상태, 외부인과의 접촉 회피, 관심사 '없음'의 문제를 보이고 있다(한국청소년상담원, 2006, 은둔형부적응청소년 상담가이드북).

(2) 혼자 놀기가 가능한 인터넷 세상

우리는 인터넷을 통로로 사람들과 만나고 사회를 접하며 문화를 만들어 가는 시대에서 살고 있다. 온라인이라 불리는 가상세계는 이제 현실세계와 대등한 위치를 차지하며 우리 생활의 일부분이 되어 가고 있다. 인터넷 하나면 의식주 해결은 물론 '혼자 놀기'가 가능한 세상에서 살고 있는 것이다(손은수, 2005). 인터넷의 다양한 기능으로 다양한 사람의 욕구를 빠르게, 신속하게 채워 주고 있기 때문에 사람들은 인터넷에 대한 의존도가 점점 높아지고 있다. 버튼을 누르는 순간 음악을 듣거나, 영화를 보거나, 친구를 만나거나, 게임을 할 수 있다. 이러한 온라인 행동들은 현실적인 인간적 접촉이 결여된 가운데 사회적으로 고립되고 고독한 방식에서 이루어지게 한다(제가호, 2009). 이들은 사이버 공간에서 커뮤니티를 통해 친구관계를 맺거나, 필요한 물품을 사거나, 영화를 보는 등 자신만의 공간에서 나름대로 사회와 소통하면서 심리적·정서적인 활동을 하고 있다.

이처럼 가상의 공간에서 얼마든지 인간관계를 구축할 수 있기 때문에 사람들은 현실세계에서 대인관계의 적극성은 필요하지 않다고 생각하기 쉽다. 그러나 온라인 안에서 커뮤니케이션을 진행한다고 해도 가상세계이기 때문에 사람들 간의 감정적인 교류라고는 보기 어렵다. 결국 인터넷에만 의존하게 되면 복잡하고 문제가 많은 현실로부터 도피하려는 욕구를 더욱 강화시킬 뿐이다. 가상세계에 지나치게 빠진 나머지 현실세계의 생활에 싫증을 내고 귀찮아하게 된다. 가상세계 속에서는 익명으로 살아가며 모든 것을 누리고 즐길 수 있지만 현실세계에서 내가 이룰 수 있는 것은 한정적이다(손은수, 2005). 온라인 친구관계는 필요에 따라 쉽게 정리될 수 있기 때문에 깊은 인간관계에 대한 욕구는 여전히 채울 수 없게 된다. 인터넷에 과몰입하게 될 경우 현실세계와 가상세계에서 혼란이 올 수 있다. 이런 경우 은둔형 외톨이 문제가 더욱 심각하게 될 수 있다.

은둔형 인터넷 중독의 직접적인 원인으로 대인관계 좌절 경험을 거론하였다(조영미, 김동인, 2011). 인터넷을 통한 상호작용의 추구는 은둔형 인터넷 중독 청소년 내면의 상호작용 욕구를 암시한다. 즉, 현실에서 충족할 수 없는 인간관계 욕구를 인터넷상에서 대리만족하는 것이다. 은둔형 외톨이에게는 다른 무엇보다 진실되고 마음을 나눌 친구가 필요하다. 이들에게 온라인과 오프라인 공간을 통하여 친구를 사귈 수 있는 기회를 제공해 주면서 대인관계 기술능력과 사회성 향상능력을 키워 주는 방안이 강구되어야 하는 이유이다.

> 사례 "서로 다른 환경에서의 두 경험이 내 삶에 괴리감을 심어 주었다. 나는 밖에서 엄청나게 활동적인 청년이었지만 아빠 앞에서는 주도적인 모습을 보일 수 없었다. 어차피 내 얘기는 들어 주지 않을 것이라는 게 학습되었기 때문이다. 무대에 서고 싶은 꿈은 시간을 거듭해 온라인으로 옮겨 갔다. 당시 아프리카 TV와 같은 개인 방송이 태동하던 때였는데 부모님이 없는 시간 게임을 즐겨했던 나에게 매력적인 매체였다. 나는 당시 18세 정도였는데 전국 단위 30명이 오프라인으로 모임을 개최할 만큼 열심히 했다. 그렇게 20세가 됐고 나는 온라인 매체가 우리 세내의 새로운 커뮤니티의 장이라는 소신이 생겼다. 그러나 어느 새 사람들 앞에서 내 진심을 말하지 못하는 사람이 되어 있었다. 그때부터 은둔이 시작되었다."(앗! 나도 모르게 나와 버렸다. K2 코리아가 전하는 은둔 그리고 삶, 은둔고수 인터뷰 중).

(3) 공허함을 '좋아요'로 채우는 사람들

소셜 네트워크 서비스(Social Network Sevice: SNS)라는 새로운 사회적 커뮤니케이션 수단의 등장으로 청소년들은 면대면 교류보다 카카오톡이나 트위터, 페이스북 등을 통한 교류를 더 친숙하게 느끼게 되었다. 이처럼 SNS의 활용은 실시간 정보 전달 및 교환, 대인관계 형성 등 긍정적 측면에서 커뮤니케이션의 확장을 가져왔다(이은주, 2001). 인터넷을 기반으로 타인과 관계를 형성하고 유지·관리할 수 있는 서비스인 SNS를 통해 오프라인에서만 가능했던 관계 교류가 온라인까지 확대된 것이다. 특히 청소년기는 또래집단과 더 많은 시간을 보내고 그들과 공감대를 형성하여 나름의 의식, 가치, 규범, 세계관 등을 공유하고 발전시켜 독특한 하위문화를 만들어 나가는 시기이다(박성규, 2012). 이에 청소년들은 또래집단과 교류하고 사회적 커뮤니케이션을 하기 위한 수단으로 SNS를 적극 사용하고 있다.

특히 청소년들에게는 스마트폰을 이용한 SNS 사용이 두드러진다. 스마트폰의 보급과 기술 발달을 통해 이들은 온종일 침대에 누워서도 모든 세계와 접속하고 실시간 정보를 접할 수 있게 되었다. 그러나 청소년들의 SNS 중독, 특히 스마트폰 과다 사용과 중독의 심각성이 사회문제로 제기되고 있다. 연구에 의하면 SNS의 과도한 사용은 청소년의 우울증을 증가시키고, 사회적 고립, 약물남용, 안전하지 않은 성행위와 자신을 공격하거나 자기파괴적인 행동 등을 촉진시킬 수 있다(최현석, 하정철,

2001). 또한 쉽게 예상할 수 있듯이 사회적 소외감을 경험하는 청소년들은 스마트폰 사용에 집착하고 SNS를 중독적으로 사용하는 경향이 더 높다(김소연, 2013).

SNS에 집착하면서 한 가지 흥미로운 현상이 나타나고 있다. SNS 활동에 집착하면서 최신 유행에 뒤처지지는 않을까 두려워하면서 포모증후군[9]에 시달리는 것이다. 포모증후군에 시달리는 경우 SNS에 사진이나 글을 올리면 댓글이 올라오는지 끊임없이 확인하고, '좋아요' 개수에 크게 연연한다. '좋아요' 수를 늘리려면 어떻게 해야 하는지 고민하고, 친구와 비교하여 '좋아요' 개수가 기대에 미치지 못하면 사람들의 관심에서 멀어졌다고 생각하면서 우울감에 빠지기도 한다. 이처럼 소외감을 느끼는 심리적 증상은 가상공간에서 사람들이 나에게 관심이 없구나 또는 사람들은 나를 싫어한다고 생각하면서 사회적 소외감과 관련된 부정적인 정서를 경험하게 만든다. 이렇게 '좋아요'에 집착하거나 타인의 시선에 신경을 곤두세우고 타인과 비교하면서 자신의 처지를 비관하게 되면서 SNS 집착으로 이어지게 된다. 그러나 가상공간 속에서 불특정 다수에게 느끼는 이러한 예민성은 점차 실제 주변 사람들과의 교감과 대인관계 형성을 방해하고 대인 기피로 이어지게 만들기도 한다.

3. 은둔형 외톨이의 손을 잡아 주어야 한다

우리 사회에 숨어 고립된 생활을 하는 은둔형 외톨이는 개인이나 가족의 노력만으로는 변화가 쉽지 않다. 은둔형 외톨이 당사자인 개인의 노력과 가족의 애정 및 지지 그리고 사회의 다양한 인적·물적 지원이 이루어져야 한다. 지역사회는 학교, 가정 등과 연계하여 은둔형 외톨이가 될 수 있는 위험군을 찾아 조기에 개입하여 이들이 더 이상 혼자 아파하지 않도록 예방과 대책을 세워 나가야 한다. 또한 이들의 개인적인 특성을 고려한 교육지원, 취업지원, 자립지원 및 상담 등을 통해 은둔형 외톨이가 다시 우리 사회의 구성원으로 건강하게 성장해 나갈 수 있도록 체계적인

9) 고립(포모)증후군은 놓치거나 제외되는 것에 대한 두려움, 흐름을 놓치거나 소외되는 것에 대한 불안 증상을 뜻한다. 2004년경 하버드 대학교에서 '유행에 뒤처지는 것을 두려워하는 공포 심리'라고 정의하게 되면서 사회병리 현상으로 사용되었다. 전문가들은 SNS의 발달이 대중들의 포모 심리를 더욱 자극한다고 말한다.

지원이 이루어져야 한다.

　　그러나 무엇보다 중요한 점은 우리 사회가 은둔형 외톨이에 대한 부정적인 시선과 편견을 내려놓고 그들을 바라보아야 한다는 점이다. 한 시대를 같이 살아가지만 사회에서 철수된, 그래서 조금은 더 관심을 주어야 하는 대상으로 그들을 바라보는 시선이 필요하다. 밖으로 나오고 싶지만 용기가 없어서, 희망이 없어서 사회 밖으로 밀려난 은둔형 외톨이를 조금씩 이끌어 다시 사회 속으로 들어갈 수 있도록 이제 우리가 그들의 손을 따뜻하게 잡아 주어야 한다.

제4부

은둔형 외톨이
예방과 대응

/ 제11장 / 가정에서의 은둔형 외톨이 예방과 대응

/ 제12장 / 학교에서의 은둔형 외톨이 예방과 대응

/ 제13장 / 사회에서의 은둔형 외톨이 예방과 대응

/ 제14장 / 일본의 히키코모리 관련 주요 지원정책

뼈밖에 남지 않은 물고기, 그럼에도 계속 헤엄친다.

제11장
가정에서의 은둔형 외톨이 예방과 대응

은둔형 외톨이가 세상으로부터 벗어나서 은둔하는 곳도 가정이며, 그들은 지금도 부모를 포함한 가족원들이 있는 공간에서 가장 많은 시간을 보내고 있을 것이다. 가족원들의 입장에서는 당사자를 어떻게 대해야 하고 상황을 어떻게 접근해야 하는지가 가장 중요한 현실로 다가올 것이다. 따라서 가정 속으로 그들이 더 이상 숨거나 도망가는 방식을 선택하지 않도록 하는 것이 관건이다. 이 장에서는 부모와 가족원이 그들의 적응과 이해를 위해 할 수 있는 대응법과 미리 예방할 수 있는 방지책에 대해 살펴보고자 한다.

1. 가정에서의 은둔형 외톨이 예방

1) 예방의 중요성

은둔형 외톨이는 병이나 정신질환으로 단정할 수 없고 하나의 상태로 보는 것이 적절하다(자세한 내용은 1장 참조). 은둔형 외톨이를 치료모델로 접근한다면 위기, 치료, 교정이 우선시되어야 할 것이다. 그러나 상담이나 적응모델로 접근한다면 가정이나 학교, 사회에서 예방이 가능하며, 상담이나 가정, 학교, 사회의 노력으로 은둔형 외톨이의 발달과 성장을 꾀할 수 있다. 따라서 이 장에서는 예방, 발달, 성장 개입 모델에 근거하여 은둔형 외톨이를 살펴보고자 한다.

은둔형 외톨이 현상은 보통 인간관계를 맺지 않고 6개월 이상 사회적 접촉을 하지 않는 것이며, 동시에 심해지는 단계를 거친다. 그러므로 이 경우 예방은 인생을 살아가면서 상당 기간 동안 은둔이 발생하지 않도록 하는 것과, 한 번이나 그 이상 은둔형 외톨이 시기를 가졌지만 빨리 벗어나게 하는 것 모두를 포함한다고 할 수 있다. 즉, 은둔형 외톨이 단계로 설명하면 준비단계에 머물러서 개시단계로 옮겨지지 않도록 하는 것과 회복단계로 빨리 넘어오도록 하는 것이 예방인 셈이다. 가정 안과 밖에서 부모와 가족원이 은둔형 외톨이의 장기화를 막고 예방을 할 수 있도록 하는 방법을 중심으로 서술하고자 한다.

2) 가족원의 예방

(1) 부모의 예방

은둔형 외톨이를 질병의 관점이 아니라 벗어나야 하는 상태로 본다면, 가장 가까이에 있는 부모를 포함한 가족원의 행동이나 인식, 태도와 관점이 매우 중요하다. 가족원의 이러한 태도는 은둔형 외톨이로 하여금 자신의 상태를 벗어나도록 하는 기초적인 변화에 토대가 된다. 이를 구체적으로 다음과 같이 정리할 수 있는데, 이러한 예방 대책은 각각 떨어져 있는 것이 아니라 서로 연결되어 있다.

첫째, 대화를 시도하고 유지한다. 대화는 처음에 아주 작은 것으로부터 시작을 한다. 대화는 시도하지 않으면 지속적으로 이어지지도 유지되지도 않는다. 따라서 중요한 것은 일단 소통을 시작해야 한다는 것이다. 시작을 하면 점차로 커지거나 빈번해지는 특징을 가지고 있는 것이 대화이다. 아주 작은 주제에서 시작되어 점차 주제가 커지기도 하고 깊어지기도 한다. 어느 날 갑자기 대화를 하는 것은 불가능하다. 대화는 단계가 있어서 시도의 첫 단계를 거쳐야 그다음 단계로 넘어갈 수 있다. 처음에 대화를 조금이라고 했던 부모라면 그다음 단계로 넘어가는 것이 쉽다. 대화의 기술을 배우는 것보다는 일단 시도하는 것이 필요하다.

예를 들어, 가족 의식(예: 생일, 친척 방문, 기념일 등), 가족공동체 생활을 위한 규칙이나 가족회의를 대화 주제로 삼을 수 있다. 일례로 가족끼리 외식을 할 경우, 여기서도 대화 시도가 가능하다. 대화의 주제는 무궁무진하며 시작은 아주 작은 것이어도 충분하다. 외식도 즉흥적으로 하기보다 서로 의논하는 가운데 대화가 만들어질 수 있다. 혹여 즉흥적으로 하는 경우라도 자녀의 의견을 묻는 것이 중요하다. 합의하는 과정에 자녀를 참여시켜 외식을 계획하고 의견을 묻고 소통을 시작한다. 자녀의 반응이 시큰둥하더라도 포기하지 말고 대화를 위한 시도를 계속해야 한다. 이러한 작업을 지속한다면, 은둔형 외톨이 자녀도 가족원에게 대화를 시작할 것이다. 은둔형 외톨이 입장에서는 가족과 가정이 그들에게는 가장 안전한 대상이요 장소이므로, 가족원의 노력에 따라서 그들의 마음이 조금씩이라도 열릴 수 있다. 이렇게 대화를 시작하고 유지하는 것에서 기억해야 할 것은 바로 합의 과정을 거친다는 것과 사소한 것부터 다룬다는 것이며, 또한 대화가 꾸준히 이루어져야 한다는 것이다.

동시에 대화 과정은 기능적이어야 한다. 가족은 보통 세 가지 하위체계, 즉 부부체계, 부모-자녀 체계, 형제자매 체계로 구성되어 있다. 가족은 정서적이며, 역동적인 체계이다. 이 체계에서 힘의 균형이 적절히 이루어지면 기능적이라고 할 수 있고, 그렇지 않다면 역기능적으로 흐를 수 있다(김유숙, 2013). 기능적인 가족인 경우에 가족원들은 서로 안정감을 느낀다. 일반적으로 기능적인 가족에서의 부부체계는 형제자매 체계와 함께 수평적 힘의 균형을 가진다. 또한 기능적인 부모-자녀 체계는 부모가 안정감을 유지하는 가운데 부모로부터 자녀에게 이어지는 수직적 힘의 균형을 이룬다. 반면, 역기능적 가족인 경우에는 이러한 힘의 균형이 깨져 있다. 예를 들어, 아내가 남편과 나누어야 할 대화를 남편은 배제한 채 자녀와 긴밀하게 나눈다면, 자녀 입장에서는 혼란감과 부담감 또는 불안정감을 느끼게 될 것이다. 은둔형 외톨이 자녀와 합의의 대화를 시작하고 유지하는 경우, 부부체계의 대화를 부모-자녀 체계의 대화와 혼동되게 진행해서는 안 된다.

참고
자료

부모 입장에서 은둔형 외톨이 자녀와 대화 시작하기

1. 안부를 묻거나 먼저 인사하는 것을 자연스럽게 시작하기

2. 자연스럽게 말 거는 것을 시도하기

3. 자녀 입장에서 부모가 변화했다고 느낄 수 있는 작은 행동 변화 시작하기

4. 말해 보았자 소용없다는 태도에서 벗어나기

5. 자녀의 미래에 대한 불안보다는 현재 불안만 다루기

6. 1~5번을 꾸준하고 지속적으로 시행하기

둘째, 자녀에 대한 관심을 적절하고 일관성 있게 유지한다. 부모 입장에서는 자신들이 모두 자녀에게 관심을 갖고 있다고 생각할 수 있다. 하지만 부모가 자신의 관심이 어디에 혹은 누구에게 쏠려 있는지 구체적으로 인식하고, 자녀에게 일관적인 관심을 유지하는 것이 중요하다. 나아가 자녀의 행동을 잘 관찰하고 인식하며, 그것에 대해 자녀가 관심을 받고 있다는 것을 느낄 수 있도록 표현하는 것이 필요하다. 그렇다고 해서 개성을 무시하거나 주입식으로 해서는 안 되며, 과도하거나 일관적이지 않은 것에 대해서도 고려한다. 부모가 자녀의 개성과 다름을 인정하지 않고 자신이 좋다고 생각하는 인생길만을 가도록 방향을 정하고 고집한다면, 자녀는 부모의 주장이 과하다고 여기고 때로는 무기력감을 느낄지도 모른다. 은둔형 외톨이의 부모들은 '내가 무엇을 잘못해서 그런가?'라고 한숨 지으며 자책하는 경우가 많다. 무엇을 잘못해서인지(원인)보다는 지금부터라도 그동안 자녀에 대하여 자신이 어떻게 관심을 가졌는지를 살펴보고, 얼마나 일관적이었는지를 다시금 생각해 보는 것이 중요하다.

한편, 일관성 있고 적절한 관심 기울이기는 꼭 언어 측면에만 국한되는 것이 아니다. 관심은 언어만이 아니라 부모의 비언어적인 표현이나 행동을 통해서도 드러나기 때문에, 혹시 자신의 언어와 행동 간에 불일치가 있는지를 살피는 것도 중요하다. 그러나 모든 언어와 행동이 혹은 언어적 표현과 비언어적 표현이 언제나 일치하고 일관적일 수는 없다. 자녀와의 관계 열 가지 중 한 가지 측면에서라도 일관적이고 지속적으로 관심을 가지는 것이 요구된다. 즉, 아홉 가지 측면에서 비일관적이었다고 해도, 한 가지에서만은 일관적이도록 한다. 이렇게 한 가지에서라도 일관성을 꾸준히 유지하는 것이 필요하다.

자녀 입장에서는 이렇게 부모가 일관적인 태도를 보이는 것이 부모와의 신뢰를 회복하는 데 도움이 된다. 예를 들어, '우리 부모는 다른 모든 면에서는 엄격하지만, 내가 최선을 다한 후 정말 힘들어서 못하겠다고 도움을 요청하는 경우 그럴 수 있다

고 인정해 줬다'는 경험을 갖고 있고 이러한 인정이 일관적이었다면 부모에 대한 신뢰는 커질 수 있다. 이런 경우라면 설령 은둔형 외톨이의 생활을 시작했다고 하더라도 부모의 믿음을 바탕으로 밖으로 빨리 나올 수 있고, 그 손을 잡아 줄 사람이 부모나 가족원이라는 것을 알게 될 것이다.

은둔형 외톨이 부모의 구체적인 행동 Tips

1. 은둔형 외톨이에게 방치되었다는 느낌을 주어서는 안 됨
2. 자녀의 은둔 상태를 인식하면 재빨리 미루지 말고 은둔형 외톨이에게 걱정이 되는 부분을 정확히 말함
3. 은둔형 외톨이 자녀를 숨기기보다는 도움을 요청할 수 있는 지원체계에 문의함
4. 은둔형 외톨이 자녀를 아침마다 반드시 아는 척을 함
5. 자녀의 식욕이나 수면과 같은 신체적 상태를 물어봄
6. 마음 상태, 즉 우울, 불안, 무기력, 무망감 등에 대해서 물어봄
7. 무기력, 불안, 무망감을 조금이라도 인식할 때 직접적으로 말함
8. 우울 때문에 자살사고에 대해서는 직접적으로 물어봄
9. 때에 따라서는 병원 방문을 권하는 행동을 기꺼이 해야 함

출처: Kubo et al. (2020).

셋째, **자녀의 행동에 대해 민감한 태도를 취한다.** 민감한 태도라는 것은 자녀의 행동 변화, 자녀가 원하는 것에 대한 지각, 부모에게 보내는 신호나 메시지에 대한 낮은 역치에도 반응할 수 있음을 의미한다. 관심을 가지고 자녀에게 그것을 적절하게 표현하다 보면, 자녀의 표정이나 행동, 말투 등으로 미루어 짐작하여 자녀가 힘들고 마음에 들어 하지 않는다는 것을 금방 알아챌 수 있을 것이다. 민감성과 그에 따른 반응성은 동시에 언급되는 것으로, 민감하다면 반응성도 적절할 것이다. 자녀는 부모가 예측하거나 예상하기 어려울 정도로 학교, 학원, 친구, 다양한 관계 등에서 수많은 스트레스에 노출되어 있다. 특히나 요즘처럼 무한경쟁사회에서는 더욱더 그럴 것이다. 때문에 부모가 자녀의 호소나 위험 신호 행동을 알아차리는 태도를 지니는 것이 은둔형 외톨이 개시단계로 들어가기 이전에 예방이 될 수 있다.

구체적으로 어떻게 할 것인가? 무엇을, 어떤 행동을 관찰할 것인가? 물론 부모가

자녀를 졸졸 따라다니면서 일거수일투족을 다 살펴볼 수는 없다. 단지 자녀가 보이는 행동을 관찰할 수 있는 민감성을 지녀야 한다는 것이다. 은둔형 외톨이 부모의 인터뷰에서 보면, 자신에게 무엇이 부족한지 몰랐고 자녀의 어려움을 빨리 알아차릴 수 있는 방법이 무엇인지에 대해서 궁금해했다(파이교육그룹, 2020). 행동을 관찰하는 것은 은둔형 외톨이 자녀의 공격행동, 동조행동, 대인행동, 갈등 또는 협동 행동 등을 관찰하는 것을 의미한다(이동원, 박옥희, 2003). 아울러 은둔형 외톨이의 대표적 특징이라 할 수 있는 회피행동, 단절행동, 고립행동, 무관심을 보이는지 여부도 부모가 탐색하고 확인할 수 있을 것이다(백형태, 김붕년, 신민섭, 안동현, 이영식, 2011). 행동은 드러나는 외현적인 것이므로, 공격행동이나 동조행동이 늘었는지 또는 감소했는지, 대인행동은 어떠한지, 갈등행동을 많이 하는지, 협동행동을 하는데 이전과는 달리 불편해하지 않는지 등을 관찰할 수 있다. 때로 어떤 자녀는 어려움이 생기거나 불편함이 생기면 참는 방식으로 표현하기 때문에, 도저히 행동으로 드러나지 않을 수도 있다. 그렇지만 대부분은 스트레스를 받으면 행동이 변화한다. 특히 은둔형 외톨이 자녀는 회피나 단절 및 고립이나 무관심으로 자신의 취약성을 드러낼 수도 있다. 이러한 행동과 행동의 변화를 부모가 주의 깊게 관찰하고 관찰한 것을 자녀와 대화를 한다면, 또는 적절한 때에 행동 변화에 대해 있는 그대로 언급하는 것만으로도 차후 예방에 도움이 될 수 있다.

넷째, 자녀를 정서적으로 수용해 주는 것이 필요하다. 이는 자녀의 부정적인 감정, 방어적인 태도에 대해 따뜻하게 반응하고 그것을 받아들여 주는 것이다. 은둔형 외톨이는 부모-자녀 관계, 친구관계, 형제자매 관계, 또는 기타 지인과의 관계에서 상처를 받고 힘들어하지만, 동시에 그들의 상처를 치유하고 해결해 줄 수 있는 것도 바로 그 관계라는 점을 기억해야 한다.

유아기 자녀를 둔 부모도 자녀에게 적절히 반응하는 것이 쉽지 않다. 하물며 청소년들은 스트레스 받거나 힘들 때 대화나 도움을 거절하고 짜증스럽게 반응할 확률이 높은 경우 이들에게 수용한다는 태도를 보이는 것은 더욱더 어렵다. 예를 들어, 어느 날 사춘기 자녀가 "오늘 학교 가기 싫어."라고 말한다. 그동안 자녀는 여러 번 그렇게 이야기했는데, 받아들여 주지 않다가 하루아침에 바뀌어서 오늘부터 마음먹고 수용적인 마음으로 "어째서? 학교에 무슨 일 있니?"라고 물었다고 가정하자. 자녀는 '부모님이 이상하네. 웬일이지?' 하고 생각하면서 부모의 표현에는 반응을 안 하고 도리어 짜증을 내고 불편함을 표시할 수 있다. 이럴 경우 부모는 잘못한 것처럼 느껴 수용적인 물음을 거두고 자신의 시도를 후회할 수 있다. 이때 청소년 자녀가 자신이 고통스럽다는 신호를 이미 여러 번, 어쩌면 매우 많이 보냈을 수 있음을 고려해야 한다. 이제까지 그 마음을 수용해 줄 수 있는 기회가 여러 번 있었을지도 모른다. 막상 부모는 그 타이밍에 맞추어 반응하고 알아주기보다는 거절하고 평가절하했을지도 모른다. 따라서 이번 경우에만 꽂혀 부모가 다시 화를 내고 반응을 예전과 같이 돌린다면, 자녀는 다시 부모로부터 정서적 지지를 받을 기회를 놓치게 된다. 앞선 예의 경우에 "학교에 무슨 일이 있니?"라고 사실을 탐색하는 질문보다는 "표정이 안 좋아 보인다."라거나 "학교 가는 게 많이 힘든가 보구나."와 같이 먼저 감정을 읽어 주는 것이 필요하다. 이후 학교에서의 어려움을 탐색했다면 자녀에게 전달되는 메시지는 달랐을 것이다. 자녀는 자신이 정서적인 돌봄을 원하는 것이지 이로 인해서 부모가 죄책감을 가지는 것을 원하지 않는다. 부모가 정서적인 수용을 통해 자녀에게 안전감을 제공하는 경우 자녀가 학교에 다니는 힘을 가질 수 있다.

어쩌면 부모가 옳다고 생각하는 방식은 오랜 시간 동안 자녀를 전혀 바꾸지 못했고, 오히려 관계를 악화시켜 왔을 뿐이라는 점을 인정하는 것이 필요하다. 자녀를 도와주고 은둔형 외톨이 문제를 예방하려면, 자녀의 정서를 수용하고 어려운 점을 공감하면서 조금씩 점차적으로 외부 환경과 접할 수 있도록 도와야 할 것이다.

다섯째, 자녀와의 관계에서 변화를 요구하기보다는 먼저 이해하는 과정을 거쳐야 한다. 부모가 답이라고 생각하는 의견을 자녀가 따르지 않거나 부모의 좋은 제안을 받아들이지 않아 자녀의 수행이 떨어지는 경우, 부모는 자녀에게 변화를 요구할 수 있다. 때로 부모는 자녀의 행동을 사춘기 특징이라고 피상적으로 생각하며 회피하기도 하고, 때로는 자신의 생각을 주입하거나 강요할 수도 있다.

자녀를 이해하는 정도는 부모가 자녀를 이해하고자 하는 마음과 태도를 얼마나 가지고 있느냐에 달려 있다. 부모는 자녀를 어느 정도 잘 알고 있는 것이지, 모든 것을 이해하고 있다고 말할 수 없다. 따라서 끊임없이 그들을 잘 이해하기 위해 노력하는 것이 필요하다. 이렇게 자녀를 이해하려는 적극적인 태도를 취하는 것이 은둔형 외톨이의 중요한 예방책이 될 수 있다. 만약 자녀가 학교에서 따돌림을 받고 있을 경우, 부모에게 자연스럽게 그 사실을 말하는 자녀는 몇 명이나 될까? 아마 기존에 대화를 잘 해 왔던 자녀라도 자신이 새롭게 경험하기 시작한 것을 말하는 것이 쉽지 않을 것이다. 이렇게 자신의 어려움을 가족원에게 선뜻 말하는 것은 부모가 예측한 것보다 훨씬 더 어렵다. 부모가 자녀에게 변화와 순종을 요구하기보다는 자녀를 먼저 이해하는 것이 필요하다. 내가 자녀 입장이라면 어떨까, 자녀라면 어떤 기분일까 하는 식으로 계속해서 그 자녀가 되어 자녀의 생각과 감정을 상상해 보는 것이 중요하다. 이렇게 부모로부터 이해받고 있다는 것을 확인하면, 자녀의 자존감이 높아지고 부모-자녀 관계가 좀 더 긴밀해질 가능성이 높다.

(2) 부모 외 가족원의 예방

부모 이외의 가족원은 형제자매 또는 조부모를 말한다. 여기서는 부모가 할 수 있는 예방법 이외에 부모 외의 가족원으로서 함께 예방하기 위해서 초점을 두어야 할 부분에 대해서 알아보고자 한다. 다음에 제시하는 내용들은 가족원이 모두 참여하는 가족회의나 집안규칙을 정하는 과정, 가족활동의 방법을 통해서 다양하게 바꿀 수 있다.

첫째, 부모의 예방책과 마찬가지로 대화를 시도하고 유지한다. 가족원이 부모의 대화 시도를 도와주는 역할을 하는 것이 필요하다. 적어도 방해하는 요인으로 작용해서는 안된다. 형제자매 관계라면 부모가 은둔형 외톨이에게 집중하는 것에 대해 차별받는다는 기분을 느낄 수 있지만, 지금은 은둔형 외톨이(또는 가능성이 있는) 형제자매를 도움을 필요로 하는 대상으로 보는 것이 적절하다. 그럼에도 불구하고 자신에게 불이익이 온다고 생각한다면, 참기보다는 부모에게 표현하고 이를 해결하는 것이 좋다. 부모, 은둔형 외톨이 가족원, 그리고 형제자매, 조부모가 자연스럽게 이러한 내용을 함께 다루는 것이 중요하다. 조부모라면 손자녀들을 동등하게 대하려고 하고 각 손자녀의 입장을 이해하려 노력하는 것이 필요하다.

둘째, 부모 이외의 가족원들은 가족 내 은둔형 외톨이를 어떻게 바라보고 인식하는지 자신의 시각을 살펴보고, 대상자를 문제아로 낙인찍지 않는다. 외부인이 문제나 병리적인 시각으로 은둔형 외톨이를 대하는 태도를 가족원이 똑같이 가져서는 안된다. 은둔형 외톨이는 부모나 가족원으로부터 일차적으로 상처를 받았을 수 있다. 물론 이들에게만 집중해 와서 자신이 역차별당했다고 생각할 수도 있겠지만, 은둔형 외톨이가 은폐 상태에서 벗어나는 것이 우선이라는 것을 모두 함께 중시하고 협력하는 것이 필요하다.

셋째, 형제자매나 조부모는 자신의 불안감과 다른 가족원의 불안을 구분해야 한다. 불안감은 가족 전체로 옮겨질 수 있다. 불안의 실체를 정확하게 분석하고, 이럴 경우 누구의 불안인지, 그것이 가족 내에서 어떻게 영향을 미치는지를 확인하는 작업이 필요하다. 자신의 불안을 적절히 처리하는 시도를 해야 할 경우도 있다. 가족상담이나 굳이 상담의 형태가 아니라도 함께 이야기해 보는 자리를 마련해 각자가 갖고 있는 감정을 털어놓고 해소할 수 있는 작은 실행방안을 마련하는 것이 필요하다. 이러한 시도를 통해 서로의 입장을 이해하는 마음을 가질 수 있고, 은둔형 외톨이를 돕는 공동방안을 마련할 기회가 생기기도 한다.

넷째, 형제자매는 은둔형 외톨이의 관계 확장에 도움을 줄 수도 있다. 형제자매는 때로 친구의 역할을 할 수도 있고 진로탐색과 의사결정에 도움을 주는 조언자 역할을 할 수도 있다. 이렇게 형제자매 간에 진로탐색이나 의사결정 과정 속에서 대화와 합의가 이루어진다면, 은둔형 외톨이에게는 부모 외 다른 가족원과 대화하고 마음을 공유할 대상이 생기는 것이다.

3) 사례를 통해 살펴보는 예방적 개입

은둔형 외톨이를 제대로 이해하려는 가족원들의 의지가 바로 가정에서 할 수 있는 예방의 첫걸음이다. 은둔형 외톨이(또는 은둔에 취약한)를 루저, 실패자로 낙인찍어 비난하고 멸시를 하는 태도는 결국 그들을 가정, 학교, 사회 전체에서 부적응 인간으로 만든다. 가족원들은 자신들이 은둔형 외톨이를 부적응자나 실패자로 합작해서 만들고 있지 않는지 생각해 봐야 한다. 은둔형 외톨이에 대해 가정에서부터 예방이 이루어져야 사회 속에서 그들이 성장할 수 있다.

(1) 사례[1]

사례를 통해 가족원이 그동안 은둔을 어떻게 다루어 왔고 어떻게 대처해 왔는지를 확인해 보고자 한다. 이어 사례 속 가족들이 은둔형 외톨이에게 개입한 방법에 대해 전문가의 조언과 의견을 첨부할 것이다. 이를 통해 가정 내 예방을 위한 개입의 구체적 내용을 살펴보고자 한다.

사례자는 현재 25세인 성인 남자 A씨이다. A씨의 부모는 다음과 같이 말하고 있다. 초4 때부터 컴퓨터 프로그램을 독학으로 만들던 아이였는데…… 학업적인 수행도 좋았다. 자녀의 상태와 어려움을 학습결과로만 판단했었던 것 같다. …… 그래서 성적이 좋았기 때문에 문제 삼지 않았던 것 같다. 아이는 컴퓨터와 관련 학원을 보내 준 적이 없는데, 프로그램이나 게임을 만들어 냈다. 이러한 작업 과정이 아주 짧은 시간에 이루어진 것이라고 생각해서 실제 수행보다 능력을 과장되게 생각했다. 이것이 아이에게 부담을 주지 않았을까 하는 생각이 든다.

아이가 공부도 잘하고 자신의 일을 알아서 잘하니까 그냥 하고 싶은 대로 하라고 했다. 그랬더니 구관조를 키워서 팔고, 나중엔 친칠라 쥐와 토끼까지 집에 들였다. 집 안이 온통 쥐와 토끼에게 점령당하는 상황이 되었을 때, 더 이상 못하게 할 수밖에 없었다. 나중에 아이는 집에 동물을 들이는 것을 (부모로부터) 완전 봉쇄당했다고 얘기했다. 이런 얘기라도 해 주어서 고마운 마음이 있다. 하지만 아이 말이 맞았나, 사실 잘 모르겠다. 그 당시를 생각해 보면, 못하게 할 수밖에 없었던 상황이었다고 기억된다.

중학교 시절에는 친구관계가 힘들다고 전학을 시켜 달라고 했는데, 그것도 막았다. 다른 형제도 있었고, 남편도 사정이 있었기 때문에 전학을 무조건 못 가게 했다. 이유도 말하지 않고, 대화도 안 했고, 학교를 옮기면 문제가 해결되지 않는다고 무조건 막았다. …… 그때도 성적은 되니까 잘 해결해 낼 것이라고 생각했다. …… 지금 생각해 보면 모든 것을 못하게 했던 것 같다. 자녀를 조금이라도 이해했더라면 지금과 같은 일은 없었을 것 같다. …… 중학교 때도 게임을 하면서 유튜브를 한다고 했는데, 그것도 말렸다. …… 게임하면서 학교에 가기 더 어려워졌고, 밤낮이 바뀌는 시간도 늘어났기 때문에 게임은 토요일을 제외하고는 절대로 못하게 했다.

늘 모든 걸 잘해서 사람들 입에 오르내리는 아이였는데, 고등학교에 가서 갑자기 수학이 어렵다면서 과외를 받겠다고 했다. …… 중3 때 일류대학을 못 간다면 차라리 특성화고에 가서 자신이 좋아하는 분야에서 인정을 받겠다고 해서, 뒤늦게라도 일류대학 얘기가 나와서 전학을 시켰다. 문제는 옮긴 학교에서 컴퓨터 선생님이 아이에게 기대를 엄청하면서 게임 개발을 시키면서 불거졌다. 그 과정에서 아이는 혼나기도 하고 스트레스를 많이 받았다. 이때도 스트레스를 얼마나 받는지 나는 잘 몰랐다. 학교에서 늦게까지 개발하고 온다고 해서 그 말에 혹했던 것 같다. 그 이후 조금씩 아침에 일어나지 못하고, 깨우고 또 깨워서 12시 전에 학교 보내고, 어느 순간 학교에 안 가기 시작했다. 좀 크니까 설득도 안 되고, 담임교사의 전화도 받지 않는 자녀

---

1) 모든 사례는 책에 싣는 것에 대해 당사자의 허락을 받았으며, 익명성 보장을 위해 내용 일부를 각색했다.

에게 더 이상 요구하는 것이 어려웠다.

학교를 그만두고 어떻게 할 것인지 계획을 짜도록 했다. 이때부터 정신이 바짝 들었다. 아이는 자퇴만 시켜주면 알아서 할 것이라고 했다. 처음에는 알바도 구하는 것 같더니 점점 밖에 나가지 않다가 2년 전부터는 밖에 아예 나가지 않고 있다. 나중에 물어보니 아이는 자존감이 낮다는 말을 했는데, 정말로 아이가 이런 말을 할 줄 몰랐다. 아이는 쌍꺼풀 수술도 하고 자신의 외모에 신경 쓰고 그랬기 때문에 은둔할 것이라고는 꿈에도 생각하지 못했다.

(2) 전문가 의견과 구체적 예방책

앞의 사례에 대해 가족원이 어떻게 하는 것이 은둔형 외톨이의 예방과 변화를 위해 좀 더 좋은 방법인지에 대해 살펴보겠다. 이를 통해 부모나 가족원을 탓하기보다 부모와 자녀 간의 관계 회복을 위한 이해의 틀과 방식을 제공하고자 한다.

첫째, 자녀의 행동에 대해 대화를 하고자 했는지에 초점을 맞출 필요가 있다. 초4 때부터 컴퓨터 프로그램을 만들던 아이였기 때문에, 부모는 자녀가 독학하겠다는 의미를 아마 긍정적으로 해석했을 것이다. 물론 자녀는 지적으로 우수하기 때문에 독학으로 프로그램 개발을 했을 것이다. 그럼에도 불구하고 부모는 주변 상황에 대해 자녀에게 물어보고 무엇이 필요한지 좀 더 관심을 기울였어야 하지 않을까 생각해 본다. 혹은 처음부터 대화를 시도했다면 어땠을까 싶다. 대화의 주제를 찾거나 대화를 시도하기보다는 아마도 자녀가 알아서 잘하니까 그냥 하고 싶은 대로 하라고 했을지 모른다. 이와 달리 컴퓨터 프로그램을 만드는 것이 어떤지, 그것을 보고 주변 친구가 뭐라고 하는지, 어떤 마음에서 했는지 등에 대한 다양한 대화가 가능했을 것이다. 대화 주제로는, 예를 들어 쌍꺼풀 수술, 자신의 외모에 신경 쓰는 모습, 다양한 동물 중 특히 친칠라와 구관조에 관심이 가는 이유는 뭔지, 일류대학은 왜 가고 싶은지 등이다.

지금이라도 늦지 않았다. 지금 이 책을 읽고 있는 이 순간에 대화를 시도해 보면 어떨까 한다. 부모가 자녀의 진로에 대한 답을 줄 수는 없지만 그냥 '네가 하고 싶은 대로 해라.'라고 말하는 것도 적절한 반응이라고만 할 수 없다. '하고 싶은 대로'는 자녀의 욕구대로 하라는 것이지만 이렇게 말하기 전에 그 욕구가 무엇인지 확인하는 것이 필요하다. 자녀의 욕구가 무엇인지 물어보고 이에 대해 부모의 의견을 제대로 전달하며 자녀의 반응을 살피면, 자녀는 자신의 욕구를 구체적으로 알게 되는 기회를 가질 수 있다. 나아가 부모의 관점이나 생각을 이해하는 계기가 되었을 수도 있다. 작은 대화 시도가 은둔형 외톨이라는 현상에 대한 예방책으로 이어질 수 있다는 것을 기억할 필요가 있다.

둘째, 자녀에 대한 부모 자신의 생각과 태도를 점검할 필요가 있었다. 부모가 '초4 때 프로그램을 독학으로 만들었던 아이였는데' '늘 모든 걸 잘해서 사람들 입에 오르내리는 아이였는데'라며 자녀의 우수한 지적 능력 발휘와 과거 우수한 수행에 머물러 있는 모습을 보인다. 자녀에게 기대를 전혀 하지 않는 부모는 없겠지만, 기대보다는 자녀를 이해하려는 생각과 태도 그리고 그에 맞는 부모 역할이 먼저일 것이다. 그냥 하고 싶은 대로 하라는 부모의 허락 이후 자녀는 다양한 동물을 집에 들여 키워서 팔았고, 중학교 때는 게임에 몰입했고, 일류대학을 못 간다면 차라리 특성화고에 가겠다고 했고, 특성화고에서 게임 개발 과정의 극심한 스트레스가 등교거부와 은둔으로 이어졌다. 부모 입장에서는 성취와 관련된 것은 자녀가 원하는 대로 다 해 주었지만, 동물을 들여서 파는 것이나 중학교 때 게임과 유튜브를 하는 것은 못하게 했다. 부모는 공부와 성취와 관련된 것은 모두 들어주면서도 자녀가 하고 싶어 하는 것은 못하게 했음을 알 수 있다. 결국 부모는 자녀의 학습과 사회적인 성취에 대해서만 초점을 맞추어서, 자녀가 원하는 것이 무엇인지에는 관심을 두지 않은 것 같다. 따라서 자녀가 부모에게 바랐던 이해받는 경험은 거의 없었을 것이다.

우리 자신이 받기를 원했던 것을 자녀에게 해 주라는 말이 있다. 그러기 위해서는 자녀에 대한 부모 자신의 생각과 인식, 그리고 내가 자녀에게 어떤 행동을 했는지에 대한 성찰과 돌아봄이 필요하다. 이런 것이 없는 경우 부모는 자녀에 대해 잘 안다고 착각하기 쉽다. 피상적인 사실들을 많이 알고 있는 것은 그리 중요하지 않다. 그보다 자녀가 얼마나 힘든지, 무엇을 힘들어하는지, 무엇을 원하는지와 같이 내면적인 생각과 감정을 아는 것이 중요하다. 부모가 자녀에 대해 가진 자신의 인식, 태도, 행동을 되돌아보고, 자신이 잘못 인식하고 있었던 것을 수정하는 노력이 필요하다.

마지막으로, 부모가 자녀의 관점과 입장을 이해하려는 시도가 필요하다. 자녀의 변화는 부모에게도 변화를 유발한다. 많은 부모가 자녀의 힘든 상황이 시작될 때 자녀의 입장이나 관점을 가졌더라면 결과가 어땠을까 하고 늦은 반성을 하기도 한다. 앞의 사례에서 부모는 자녀가 말하는 요구 사항에 대해 '예스'와 '노'를 하면서 그에 대해 자녀가 어떤 입장에 처하게 되는지에 대해서는 면밀하게 살피지 못했다. 가정에서 부모와 부모 외 가족원들이 상대방의 관점에서 자신을 바라보거나 각자의 관점을 갖고 세상을 바라본다면, 은둔형 외톨이 가능성이 있는 자녀의 초기 개입이나 예방에 큰 도움을 줄 수 있을 것이다.

은둔형 외톨이 부모님이 원하는 예방책

은둔형 외톨이 부모에게 "고립생활을 예방하기 위해 가장 중요한 것은?"이라고 물어보았을 때 나타난 주요 반응은 다음과 같다.

- 이해, 존중, 공감
- 공동생활 환경을 통한 밖에서 생활하는 것을 도와주는 시설
- 다양한 삶의 형태가 있음을 인정해 주는 사회
- 부모 교육, 부모 수업
- 아이들의 반응에 대한 민감성 교육 필요

출처: 파이교육그룹(2020).

2. 가정에서의 은둔형 외톨이 대응

1) 가정에서 적절한 대응이란

예방이 우선이지만, 예방과 동시에 적절한 대응이 일어난다면 예후는 훨씬 좋을 것이다. 가정에서의 적절한 대응이란 은둔형 외톨이를 이해와 지지를 바탕으로 도와주고자 하는 마음을 가지는 것이며, 그러한 마음을 인식하고 표현하는 것까지를 포함한다. 즉, 돕고자 하는 마음을 표현하는 것에 그치는 것이 아니라 실제로 가족 내에서 그들을 수용하고 받아들이는 것이 중요하고 이후 언제라도 도움을 청할 수 있는 분위기를 조성하는 것이다. 다음에서는 가족이 가정 내 혹은 가정 밖에서 할 수 있는 대응방법에 대해 살펴보고자 한다.

(1) 가정 내에서의 대응

가정에서 할 수 있는 대응방법은 앞에서 설명한 예방방법과 분명하게 구분되는 것이 아니고 가정 내에서 이 둘을 동시에 활용할 수 있다. 구체적인 대응방법을 요약하면 다음과 같다.

첫째, 수용과 존중의 마음을 표현한다. 수용과 존중의 마음은 상대방의 이해를 근거로 생겨나는 것이다. 자녀를 '포기했다' 혹은 '마음을 내려놓았다'라고 표현하기보다는 현재 상황을 받아들이고 있다는 것을 있는 그대로 표현하는 것이 좋다. 물론 자신의 마음을 정확하게 표현하는 것이 생각만큼 쉽지는 않다. 하지만 은둔형 외톨이 자녀를 진심으로 수용하면 할수록 그 마음을 표현할 용기가 생긴다. 예를 들어, "괜찮아 잠시 쉬어갈 수도 있지." "네 마음을 표현하고 싶을 때까지 기다릴게."와 같은 표현이 이러한 수용과 존중의 마음을 잘 담고 있는 예이다. 이때 중요한 것은 말투, 목소리, 얼굴표정과 같은 비언어적 표현이 말의 내용과 일치되도록 해야 한다는 점이다. 아무리 말에 수용과 존중의 내용이 들어 있다 해도 얼굴표정과 말투에 공격적인 태도가 담긴다면, 그것은 대화를 단절시킬 수 있다. 예를 들어, 표정이나 말투는 불편하게 하면서 맘 편히 있으라고 말하는 실수를 범하지 않아야 한다. 자꾸 이러한 불일치가 생긴다면, 내가 자녀에게 어떤 마음을 갖고 있는지, 내가 자녀를 어디까지 수용하고 있는지를 먼저 점검해 보는 것이 필요하다.

둘째, 자녀가 원하는 것에 관심을 기울인다. 이는 자녀가 원하는 것이 구체적으로 어떤 것인지를 알고자 하는 것이다. 때로는 자녀가 원하는 것과 자신이 원하는 것을 혼동하는 경우가 있다. 중요한 것은 자녀가 원하는 것에 초점을 맞추어야 한다는 것이다. 예를 들어 '네가 좋아하는 걸 알고 싶단다.' '이전에는 ~한 것을 선호했는데, 내가 잘못 알고 있었나 보다. 내가 잘못 안다면 네가 좀 알려 줄래.' '원하는 것은 바뀔 수 있는데 엄마가 그것을 놓쳤네.'라며 자녀가 원하는 것에 관심을 기울이는 것이 중요하다.

셋째, 자녀의 마음뿐 아니라 공간을 존중하고 노크나 허락 없이 방에 들어가지 않는다. 만일 노크를 했는데 아무런 반응이 없다면, 그냥 놔두는 것이 적절한 대응이다. 어떤 부모는 자신의 불안으로 인해서 문고리를 반대로 해 놓아, 부모는 언제나 아이 방을 들어갈 수 있지만 부모가 밖에서 잠그면 아이가 나올 수 없게 하는 경우도 있다. 예를 들어, 자녀가 혹시 자살을 시도할까 봐 두려운데 그 정도 행동을 하는 것은 괜찮은 것 아닌가라고 생각할 수 있다. 그러나 자녀 입장에서 자신의 공간을 감시 당하고 마음대로 할 수 없다는 것을 어떻게 받아들일까에 대해 상상해 보면, 부모의 행동이 얼마나 정도가 심한 행동인지 깨달을 수 있을 것이다. 이러한 일방적인 침범 보다는 자녀가 밖으로 나왔을 때 혹은 시간이 지나 자녀를 만났을 때, "아까 안에 있 는 것 같아서 노크했지만 반응이 없어 그냥 넘어갔어. 다음에는 안에 있다면 반응을 좀 해 주면 좋겠네."라고 말하는 것이 적절하다.

넷째, 소속감을 느끼고 가족의 일원임을 알 수 있도록 일상적인 대화를 꾸준히 한다. 은둔형 외톨이의 부모들은 일상적인 대화를 유지하는 것도 시도로서 꽤나 긍정적 이지만, 때로는 이러한 일상 대화만을 하면서 어떻게 사느냐며 조급해하는 경우가 많다. 앞에서 언급한 바와 같이 대화는 사소한 것이라 해도 지속하는 것이 중요하 다. 예를 들어 "잘 잤니? 날씨가 참 좋구나." "어떤 꿈을 꾸었니, 춥지는 않았니?" "엄 마 요 앞에 2시간 정도 나갔다 올게."와 같은 작은 일상 대화를 지치지 않고 유지하 는 것이 필요하다.

다섯째, 감정은 수용하되 가정 내 규칙을 정해 지킬 수 있도록 전달한다. 사랑으로 규 칙을 알려 주라는 말이 있다. 여기서 사랑이라는 것은 규칙을 지키고 안 지키는 것 자체보다는 사랑을 통해서 합의한 규칙을 지속적으로 지킬 수 있는 힘을 주는 것이 더 중요하다는 것이다. 자녀의 부정적인 감정이든 긍정적인 감정이든 그것은 모두 받아들이는 것이 중요하다. 분노나 무망감을 표현할 때도 받아 주고 '그럴 수 있고 충분히 이해한다'는 태도를 지녀야 한다. 하지만 이러한 감정의 수용이 규칙을 어기 는 것으로 이어지는 것에는 선을 그어야 한다. 예를 들어, 가족에게 소리 지르는 것 에 대해 "네가 무척 화가 났구나. 그럴 것 같아. 하지만 가족에게 소리 지르는 건 안 된다. 저번에 우리가 합의한 규칙이잖니?"라고 단호하게 시정을 요구하는 것이 필 요하다. 그리고 이러한 전달은 지속적이고 일관적이어야 효과가 있다.

여섯째, 다시 한번 강조하지만 폭력(언어적·신체적·정서적 등)은 절대 허용하지 않 고 반복하지 않도록 분명하게 전달한다. 여기에서 조심할 것은 부모가 모두 이 부분에 대해서는 정확히 일관적으로 일치해야 하며 다른 가족원도 마찬가지라는 점이다. "너뿐 아니라 누구도 폭력과 관련된 행동은 우리 집에서 허용되지 않는다." "이 부 분에 대해서 우리 함께 논의해 볼래?" "너는 어째서 폭력이 허용되지 않는다고 생각 하니?" "네가 요즘 스스로 폭력적인 행동이라고 생각하는 것이 있었니? 구체적으로 어떤 행동이니?"와 같이 질문하면서 가족 내에 머무르려면 약속한 규칙을 지켜야 한다는 인식을 가질 수 있게 해야 한다.

일곱째, 공격과 비난은 하지 않는다. 공격과 비난이 혹여 인식하지 못한 채 나간다면 이 또한 삼가야 한다. 공격과 비난의 말을 완충적으로 표현하려 노력해야 한다. "아휴, 네가 맨날 그렇지." "네가 제대로 하는 것이 있었니." 등은 그 사람의 존재와 행동을 공격하는 매우 흔한 비난의 말이다. 공격과 비난의 말을 부모나 가족원이 할 경우, 이러한 말을 들었을 때의 감정을 표현하게 하고 필요한 경우 사과해야 한다. 또한 이를 대신할 수 있는 완충적인 표현에 대해 함께 논의할 수도 있다.

여덟째, 다른 자녀의 욕구를 무시하고 방치하거나 혹은 과도한 중간자 역할을 하도록 부담을 주지 않는다. 다른 자녀의 욕구도 차별을 두지 않고 적절히 다루어야 한다. 부모가 은둔형 외톨이 자녀로 인해 많은 스트레스를 받겠지만 이로 인해 나머지 자녀를 방치하고 정서적 상처를 주고 있지 않은지 살펴야 한다. 또한 이들에게 은둔형 외톨이 형제나 자매를 이해하고 받아들여 주고 모든 것을 양보하도록 강요하지 말아야 한다. 예를 들어, "○○야, 오빠가 저러니 네가 좀 많이 참아 주렴." "네 동생이 저러니 너라도 제발 잘 돼야 한다. 너만이 우리 집안의 희망이다." 등과 같은 요청과 기대는 자녀에게 과도한 부담이 될 수밖에 없다. 또한 "언니한테 말 좀 잘해서 방에서 나오도록 해 볼래? 그 후에 엄마와 다시 이야기 좀 하라고 해 줘라." 등과 같이 해당 자녀를 은둔에서 벗어나게 해 보라고 한 자녀에게만 과도한 역할과 부담을 주는 것도 효과적이지 않다. 부모나 가족 전체가 할 수 없는 것을 한 자녀가 해낼 수 없기 때문이다.

(2) 가정 밖에서의 대응

여기서는 은둔형 외톨이를 둔 가족원이 가정 밖에서 할 수 있는 대응방법을 살펴보고자 한다.

첫째, 자녀의 은둔 상황을 숨기거나 거짓말하고 자녀를 부끄러워함으로써 자녀에게 수치심을 주지 않는다. 부모나 가족원이 은둔 상황을 숨긴다는 것은 은둔형 외톨이의 존재 자체를 부정한다는 것이다. 따라서 말도 안 되는 거짓말이나 은폐만을 계속한다면, 힘들게 회복하려고 하는 자녀에게 또다시 무망감을 가지게 할 수 있다. "우리 애 자취해요." "유학 가서 아주 잘 살고 있어요."라는 말을 듣는 당사자는 자신의 존재 자체를 부인당했다는 감정을 느낄 것이다.

둘째, 가족 외 외부 사람과 관계를 만들 수 있는 방안을 은둔형 외톨이와 함께 논의하고 방법을 찾기 위해 노력할 수 있다. "소통을 한다면 누구와 어떻게 하고 싶니?" "예전에 했던 것 중에 다시 하고 싶은 건 뭐니? 누구와 같이 하고 싶니?" "누구와 얘기한다면 가장 마음이 편할 것 같니?" 등의 대화를 통해 가정 밖의 사람과 연결될 수 있는 방안을 함께 모색할 수 있다.

셋째, 호들갑이나 과잉 칭찬으로 자녀에게 부담을 주지 않는다. 특히 가정 밖에서 사람들을 만났을 때 그 앞에서 과잉 칭찬을 하는 것은 더욱 삼가야 한다. 자신의 수행에 대한 타인들의 평가에 민감한 은둔형 외톨이는 이러한 칭찬에 부합하기 위해 부담을 느낄 수 있기 때문이다. 물론 은둔형 외톨이의 작은 시도를 확인하고 언급해주는 것은 적절한 대응법이다. 그렇지만 과잉 칭찬의 경우는 부담을 주고 진정성을 의심하게 만든다. "오, 맘만 먹으면 넌 뭐든지 할 수 있어." "사람들에게 네가 아주 잘하고 있다고 말했어."와 같은 말이 그 예이다.

넷째, 자녀에게 원인을 돌려 죄책감을 갖게 하지 않는다. 은둔형 외톨이가 된 원인을 구체적으로 살펴보면 그것이 매우 다양하고 복잡한 요인이 얽혀 나타난 결과임을 알 수 있다. 그럼에도 은둔형 외톨이를 자녀의 개인 병리 현상으로 해석하는 것은 매우 적절치 않다. "그때 네가 사람들에게 더 적극적으로 말했어야지." "세상이 다 그렇지. 이렇게 된 데에는 네 잘못이 더 큰 것 같다."와 같이 자녀의 탓으로 돌리는 것은 자녀에게 과한 죄책감을 유발할 뿐이다.

2) 사례를 통해 살펴보는 대응적 개입

(1) 사례

23세 남학생의 사례로 부모의 보고는 다음과 같다. 아이가 초등학교 고학년 때부터 대인관계가 불편하다는 것을 나중에 들어서 알았다. …… 미리 알았더라면 다르지 않았을까라는 후회를 많이 하고 있다. 가정불화가 있었고, 초등학교 때까지는 아이가 모든 것을 혼자 처리했다. 내가 돈을 벌어 생계를 책임져야 했기 때문에, 밤늦게서야 집으로 귀가했다. 주로 아이가 자고 있는 시간에 들어갔고, 자녀의 자는 모습을 보는 것이 대부분이었다. 특히 (은둔형 외톨이) 자녀는 2명 중 첫째였고, 어렸을 때부터 여동생을 챙겼기 때문에 맡겨 놓는 편이었다. 용돈을 적절히 주면 다 괜찮다고 생각한 내가 잘못이었다. 자녀가 스스로 잘 알아서 할 것이라고 생각했다 ……. 아마도 그러기를 바랐을지도 모르겠다. …… 아이가 요구하는 것이 없었다고 생각했지만, 아마 요구하는 것이 있었을 것 같다. 단지 나만 제대로 알지 못했다는 생각이 든다.

사느라고 바빴고, 남편이 만들어 놓은 빚을 청산했어야 했기 때문에 겨를이 없었다는 표현이 맞을 것 같다. …… 요구도 없고, 가만히 있고, 표현하지 않는 아이가 나를 귀찮게 하지 않는 것에만 꽂혀 있었다. 이렇게 아이가 힘들어한다는 것은 느닷없이 고등학교 자퇴를 할 시점에 한 대 맞은 기분으로 다가왔다. …… 혼자 처리하는 아이가 대견하고 무슨 문제가 있다고는 전혀 생각하지 않게끔 자녀가 행동했다. 어려움이 있었을 테지만, 조용하고, 독립적이고, 표현하지 않는 자녀로만 생각했다.

아이는 현재 23세로 고등학교를 중간에 그만둔 이후로 학교에 가지 않고 있다. 지금 현재 약 5년 정도 고립한 채로 있다. 알바를 종종 하기도 하고, 무언가를 배우러 다니기도 했다. 무엇을 배우는지를 물어보았지만, 정확히 대답해 주지 않았다. 이쯤에는 대화를 하려고 했지만, 처음에 어떻게 시작해야 할지도 모르겠다. 기억해 보면, 최소한의 일상적인 대화조차도 하지 못하고 지낸 시간이 너무 길었다는 생각이 든다. 고등학교를 그만두고, 뭐라도 하고 있을 때까지는 견디기가 괜찮았다. …… 아이가 지금은 좀 어려움이 있지만, 다시 일상으로 돌아갈 것이라 생각했었다. 왜 이렇게 자녀에 대해서 생각해 보지 않았는지 모르겠다.

처음에는 학교에 가지 않으니까 밤낮을 바꾸고 특히 2년 전부터 6개월 동안 나가지 않는 상황이 되면서, 손톱이 길어지고, 머리가 길어지면서 집 밖에 나가지 않는 상황이 되었다. 5년 정도라는 많은 시간이 지난 후에 교회에서 알고 지내는 사람으로부터, 자녀에게 사회가 두렵느냐고 물었을 때 두렵다고 반응하면 아이는 히키코모리로 봐야 한다는 말을 들었다. 자녀에게 물으니 '그렇다'고 대답했고, 그 대답 이후 나는 멍해졌다. 이후 어떤 것도 다시 물어보지 않았다. 5년이 지난 이후에 내가 아이를 인정하고 여러 가지 방법을 찾아보기 시작하였다. 시작이 늦었지만, 그래도 지금이라도 어떻게 해야 하는지 대응을 하고 싶다. 현재 아이는 집 밖으로 나가고 싶어 하지 않는다. 아이가 원하는 대로 다 해 주었지만, 엄밀하게 말하면 원하는 대로 다 해 줬다고 생각만 했었다. 지금이라도 무엇인가 해야 할 텐데 무엇을 먼저 시작해야 할지 모르겠다.

(2) 전문가 의견과 구체적 대응책

앞의 사례에 대한 전문가가 제시하는 구체적인 대응책을 살펴보자.

첫째, 은둔 시기 5년 동안을 포함해서 그동안 이 가정에서 어떤 대응을 하였는지를 객관적으로 따져 볼 필요가 있다. 부모가 잘하고 못한 것을 따지고자 하는 것이 아니라 어떤 대응을 했는지를 확인하는 과정이다. 이를 통해서 사례자의 자녀인 은둔형 외톨이를 과거 시간으로부터 벗어날 수 있도록 도울 수 있을 것이다. 우선은 18세부터 23세까지의 5년이라는 긴 시간 동안 어떤 대응이 있었는지, 아니면 어떤 대응도 없이 방치된 상태였는지, 방치되었다면 그 이유는 무엇인지를 확인해 보아야 할 것이다. 5년 동안의 대응에 대해서 좀 더 구체적으로 알아보는 것이 필요하다. 또한 초등학교 고학년 때부터 대인관계가 불편했고, 가정불화가 있었기 때문에 자녀의 욕구에 대한 적절한 대응 역시 이루어지지 않았을 것이다. 5년 동안의 대응뿐만 아니라 지금까지 대응은 어떠했고, 적절치 못한 예방이나 대응으로 인해서 나온 결과가 어떤 것인지를 알아보는 것도 중요하다. 이후 자녀를 돕기 위한 다양한 방법을 모색해야 할 것이다. 지원체계를 알아보고, 병원에 갈 수도 있고, 상담을 의뢰할 수도 있으며, 전문가를 찾아가는 방법도 알아볼 수 있다.

둘째, 은둔형 외톨이 자녀에 대한 정확한 평가와 상담이 이루어져야 할 것이다. 부모가 단순히 "사회가 두렵니?"라고 물어보고 자녀가 그렇다고 말하니 히키코모리라고 단정 짓는 것은 매우 적절치 않다. 정확한 평가와 다양한 상담적 접근을 통해 전문적 평가가 이뤄져야 한다. 5년이면 상당히 긴 시간인데 부모가 이제라도 여러 가지 방법을 찾아보기 시작하였다는 것이 그나마 반갑게 다가온다. 은둔형 외톨이의 장기화를 막기 위해 좀 더 적극적이고 신속한 평가와 상담이 이루어져야 할 것이다.

마지막으로, 어머니가 아이가 원하는 대로 해 주었는데 무엇이 잘못되었는지 모르겠다는 말을 되짚어 볼 필요가 있다. 누구든 아무것도 원하는 것이 없고 하고 싶은 것이 없고 억지로 무엇을 해야 하는 상황이 되면 이미 상당한 불만이 쌓였다고 볼 수 있다. 스스로 하고 싶은 것이 없고 할 수 있는 것도 없다고 여겨지면, 사회로부터 물러나 은둔형 외톨이 상태가 되기 쉽다. 자녀가 원하는 대로 해 주었다고 생각하지만 과연 자녀의 욕구에 대해 부모가 제대로 알고 있는지를 다시 생각해 볼 필요가 있다. 자녀가 무엇을 원하는지를 좀 더 구체적으로 알고 그것을 할 수 있도록 규칙을 세워 적절히 지지하는 것이 중요하다. 자녀가 스스로 원하는 것을 잊어버리고 개성마저도 잃어버리고 있는 것은 아닌지 살펴보는 것이 필요하다.

3. 은둔형 외톨이와 그 가족에 대한 사회적 인식

도움이 될 만한 자료를 추가적으로 살펴보고자 한다. 은둔형 외톨이에 대한 가정 내 예방과 대응방법에 대한 사회적 인식이나 관점, 즉 일반인들은 어떤 생각을 할까? 텍스콤(textom)[2]을 활용해서 은둔형 외톨이 자녀를 둔 가족이나 부모에 대해 사람들이 인식하고 있는 바에 대한 빅데이터 분석을 하였다. 빅데이터 분석은 어떤 현상에 대한 전반적이고 포괄적인 인식을 알아보기에 적절한 방법이다(최현주, 최연철, 2016). 빅데이터 분석은 사람들의 다양한 의견과 일반인의 인식뿐만 아니라 감성, 정서 및 감정 상태까지도 맥락적으로 파악할 수 있으므로 설문조사로 알기 어려운 내재된 또는 숨어 있는 현상을 파악할 수 있게 해 준다는 장점이 있다(조화순, 한규섭, 김정연, 장슬기, 2016).

먼저, 은둔형 외톨이와 관련된 가족에 대한 일반인의 인식과 관점을 알아보기 위해서 온라인 데이터 수집을 사용하였다. 이를 위해 최근 2년 동안 은둔형 외톨이, 부모, 가족을 중심 키워드로 하여 온라인 데이터를 수집하였다. 구체적으로, 국내

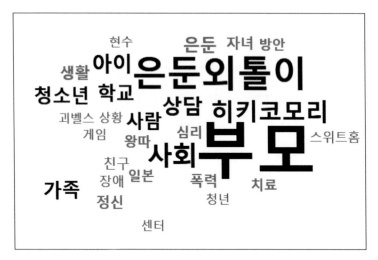

[그림 11-1] 은둔형 외톨이와 가족에 대한 사회적 인식의 시각화

---

2) 텍스콤은 빅데이터 분석 솔루션으로, 데이터 수집→저장과 정제→알고리즘에 의한 분석 데이터 생성→시각화의 과정을 거침.

포털사이트인 네이버의 카페, 뉴스, 블로그 전문정보(연구보고서, 학습자료), 다음의 카페, 뉴스, 블로그, 구글의 뉴스와 유튜브를 선택하였다. 은둔형 외톨이와 관련된 가족 및 가정과 관련된 수많은 단어를 모으고 분석하는 것은 현재 일반인들이 사람들이 갖고 있는 생각과 인식을 확인하는 기회가 될 수 있다.

[그림 11-1]은 사회적 인식을 빅데이터를 근거로 해서 시각화한 이미지이다. 시각화란 은둔형 외톨이와 그 가족과 관련한 사람들의 인식의 키워드나 개념을 재빨리 파악할 수 있도록 핵심 단어를 시각적으로 뚜렷하게 보이게 하는 기법이다. 은둔형 외톨이가 사회적으로 관심을 끌기 시작한 최근 1년간의 결과를 분석한 것으로, 여전히 은둔형 외톨이 자녀를 부모의 문제, 장애, 왕따, 정신, 상담, 폭력, 치료, 가족과 같은 키워드로 인식하고 있음을 보여 준다. 이는 우리 주변에 있는 사람들이 어떻게 은둔형 외톨이와 그 가족을 보고 있는지를 알려 준다. 가족의 문제, 원래 문제가 있는 사람이라서 상담이나 치료가 필요한 사람, 혹은 따돌림을 당하는 사람으로 보고 있으며, 이 문제를 부모가 감당해야 한다고 보고 있음을 알 수 있다. 즉, 일반인들은 은둔형 외톨이를 정신적 어려움을 가진 사람으로 보거나, 가족문제로 치부해서 가족 내에서 예방하고 대응해야 한다고 바라보는 경우가 많다

4. 은둔형 외톨이 예방과 대응을 위한 가정 내 활동

여기서는 가정 내에서 은둔형 외톨이의 예방과 대응을 돕기 위해 활용할 수 있는 활동지들을 소개하고자 한다. 활동지들은 부모와 가족원이 자신과 가족원에 대해 보다 잘 이해하기 위해 활용할 수 있다. 소개된 자료는 간략한 형태이기 때문에 검사결과를 절대적으로 믿고 의지하는 것은 자제해야 한다. 좀 더 자세한 사항을 알기 위해서는 상담센터를 방문해서 전문 검사도구와 전문가 해석을 따르는 것이 필요하다. 가정 내에서 부모나 가족원이 은둔형 외톨이를 대하며 느끼는 답답함을 조금이라도 풀 수 있도록 경향성을 확인하기 위해 사용하기를 권한다.

활동지 1. 의사소통 유형검사

○ **검사개요**

다양한 관계에서 드러나는 의사소통 방식을 알아볼 수 있는 검사이다. 검사를 통해서 자신의 의사소통 유형을 알 수 있다. 결과에 따라 회유형, 비난형, 초이성형, 산만형, 일치형으로 나눌 수 있다. 어떤 사람들은 대상에 상관없이 하나의 의사소통 유형을 보이지만, 어떤 사람들은 상대에 따라 혹은 어떤 관계냐에 따라 다른 의사소통 유형을 보이기도 한다.

○ **실시방법**

문항을 읽고 다음 예시를 참조하여 자신에게 해당하는 것을 표시하면 된다. 단, 어떤 관계나 가족원을 구체적으로 떠올리며 응답한다.

※ 각 문항에서 자신에게 해당하는 바를 예시에 해당하는 숫자로 표시해 주세요.

〈예시〉

1	2	3	4	5
전혀 그렇지 않다	별로 그렇지 않다	그저 그렇다	약간 그렇다	매우 그렇다

1. 나는 상대방이 불편하게 보이면 비위를 맞추려고 노력한다. (　)
2. 나는 일이 잘못되었을 때 자주 상대방의 탓으로 돌린다. (　)
3. 나는 무슨 일이든 조목조목 따지는 편이다. (　)
4. 나는 생각이 자주 바뀌고 동시에 여러 가지 행동을 하는 편이다. (　)
5. 나는 타인의 평가에 구애받지 않고 내 의견을 말한다. (　)

1. 나는 관계나 일이 잘못되었을 때 자주 내 탓으로 돌린다. (　)
2. 나는 다른 사람들의 의견을 무시하고 내 의견을 주장하는 편이다. (　)
3. 나는 이성적이고 차분하고 냉정하게 생각한다. (　)
4. 나는 다른 사람들로부터 정신이 없거나 산만하다는 소리를 듣는다. (　)
5. 나는 부정적인 감정도 솔직하게 표현한다. (　)

1. 나는 지나치게 남을 의식해서 나의 생각이나 감정을 표현하는 것을 두려워한다. (　)
2. 나는 내 의견이 받아들여지지 않으면 화가 나서 언성을 높인다. (　)
3. 나는 나의 견해를 분명하게 표현하기 위해 객관적인 자료를 자주 인용한다. (　)
4. 나는 상황에 적절하지 못한 말이나 행동을 자주 하고 만전을 피우는 편이다. (　)
5. 나는 다른 사람이 내게 부탁을 할 때 내가 원하지 않으면 거절한다. (　)

1. 나는 다른 사람들의 얼굴표정, 감정, 말투에 신경을 많이 쓴다. (　)
2. 나는 타인의 결점이나 잘못을 잘 찾아내어 비판한다. (　)
3. 나는 실수하지 않으려고 애를 쓰는 편이다. (　)
4. 나는 곤란하거나 난처할 때는 농담이나 유머로 그 상황을 바꾸려 하는 편이다. (　)
5. 나는 나 자신에 대해 편안하게 느낀다. (　)

1. 나는 타인을 배려하고 잘 돌보아 주는 편이다. (　)
2. 나는 명령적이고 지시적인 말투로 상대가 공격받았다는 느낌을 줄 때가 있다. (　)
3. 나는 불편한 상황을 그대로 넘기지 못하고 시시비비를 따지는 편이다. (　)
4. 나는 불편한 상황에서는 안절부절못하거나 가만히 있지를 못한다. (　)
5. 나는 모험하는 것을 두려워하지 않는다. (　)

1. 나는 다른 사람들이 나를 싫어할까 두려워서 위축되거나 불안을 느낄 때가 많다. (　)
2. 나는 사소한 일에도 잘 흥분하거나 화를 낸다. (　)
3. 나는 현명하고 침착하지만 냉정하다는 말을 자주 듣는다. (　)
4. 나는 한 주제에 집중하기보다는 화제를 자주 바꾼다. (　)
5. 나는 다양한 경험에 개방적이다. (　)

1. 나는 타인의 요청을 거절하지 못하는 편이다. (　)
2. 나는 자주 근육이 긴장되고 목이 뻣뻣하며 혈압이 오르는 것을 느끼곤 한다. (　)
3. 나는 나의 감정을 표현하는 것이 힘들고 혼자인 느낌이 들 때가 많다. (　)
4. 나는 분위기가 침체되거나 지루해지면 분위기를 바꾸려 한다. (　)
5. 나는 나만의 독특한 개성을 존중한다. (　)

1. 나는 나 자신이 가치가 없는 것 같아 우울하게 느껴질 때가 많다. (　)
2. 나는 타인으로부터 비판적이거나 융통성이 없다는 말을 듣기도 한다. (　)
3. 나는 목소리가 단조롭고 무표정하며 경직된 자세를 취하는 편이다. (　)
4. 나는 불안하면 호흡이 고르지 못하고 머리가 어지러운 경험을 하기도 한다. (　)
5. 나는 누가 나의 의견에 반대하여도 감정이 상하지 않는다. (　)

출처: 주순화(2014) 참조.

※ 위 질문지의 예시를 참조해서 적어 놓은 점수를 번호별로 총점을 내서 다음에 적어 주세요.

	1번	2번	3번	4번	5번
유형	회유형	비난형	초이성형	산만형	일치형
총점					

○ **검사결과**

어떤 유형의 총점이 가장 높은가? 총점이 높은 것이 자신의 의사소통 유형의 경향성을 보여 준다. 평상시에는 어떤 유형이든지 그다지 문제되지 않을 수 있다. 그러나 갈등, 경쟁, 고통 등 스트레스 상황에서 이것이 어떻게 드러나는지는 문제가 될 수 있다. 또한 어떤 대상에게만 유독 회유형, 비난형, 초이성형, 산만형을 보이는 경우도 있다. 따라서 자신이 어떤 유형에 속하는지를 다음 결과를 참조해서 특징을 알아본 후, 특히 은둔형 외톨이 자녀에게 어떤 의사소통 방식을 쓰고 있는지 확인해 보자. 그리고 나는 왜 은둔형 자녀에게 그러한 의사소통을 사용하고 있는지의 이유와, 이것이 어떤 영향을 미치고 있는지도 함께 살펴보자.

○ **결과해석**

▶ 회유형

이 유형은 사람들은 자신의 내적 감정이나 생각에는 관심이 없다. 무시하는 경우가 대부분이다. 타인의 비위에 맞추려고 한다(김유숙, 2014). 다른 사람의 의견에 무조건 동조하고 때로는 비굴한 자세를 취하며, 그 상황만 피하려고 하는 경우가 많다. 때로는 사죄와 변명을 하기 때문에 지나치게 착하게 보이기도 한다. 감정억제, 때로는 짜증이나 신경질, 걱정, 공황 습격, 자살사고 등의 심리적 증상을 보일 수 있다. 심리적 자원은 돌봄, 양육과 민감성이므로 이 유형에 속하는 사람은 자신의 자원을 가정 내에서도 제대로 활용하는 시도가 필요하다.

▶ 비난형

이 유형은 1번 유형과 반대 유형에 속한다고 할 수 있다. 타인을 일단 무시하는 특징을 보인다. 타인의 말이나 행동을 비난하고 통제하며 명령하는 것으로 소통을 한다. 외적으로 보이는 행동은 다분히 공격적이지만 내적으로는 소외감을 느끼며, 극단적으로는 외로운 실패자라는 느낌을 오랜 시간 간직하기도 한다. 특징적인 심리적 증상은 분노, 적대감, 반항, 폭력, 반사회적인 특성이 속한다. 심리적 자원은 주장성, 적극성, 지도력, 높은 에너지이므로 이 유형에 속하는 사람은 자신의 자원을 가정 내에서 어떻게 활용할 수 있는지를 고려할 필요가 있다.

▶ 초이성형

이 유형은 자신과 타인의 감정이나 생각에는 관심이 없으며, 상황만을 중시한다. 규칙과 옳은 것만을 믿으려고 하며, 극단적인 객관성을 보인다(정문자 외, 2018). 겉으로 보기에는 매우 완고하고 냉담한 자세를 취하고 독재적인 행동을 한다. 그에 비해서 내적으로는 쉽게 상처를 받으며, 자신과 타인을 무시한 만큼 소외감에 시달릴 수 있다. 우울증, 집착, 강박, 사회적 철회, 공감 부족의 증상을 보일 수도 있다. 심리적 자원은 높은 지성, 꼼꼼함, 세부사항에 주의를 집중하는 것과 문제해결 능력이 속한다.

▶ 산만형

이 유형은 초이성형과 반대로, 자신, 타인 그리고 상황까지도 무시한다. 의사소통 유형으로 가장 접촉하기 어려운 유형이다. 주제나 상황에 맞지 않는 말을 하여서, 전달을 받는 사람이 익숙하지 않으면 소통을 하는 것인지, 안 하고 있는 것인지를 정확히 알기 어려울 정도로 산만하게 행동한다. 정서적으로 혼란스러운 심리 상태를 보이며, 부적절하고, 낮은 충동통제, 때로는 우울증, 공감 결핍, 타인의 권리의 침해 증상을 보인다. 자원은 유머이므로 때로는 아주 잠깐 동안 즐거울 수 있다. 유머 이외에 자발성과 창조성이 자원이므로 이 유형에 속하는 사람은 자신의 자원이 가정 내에 어떻게 활용될 수 있는지를 생각해 보는 것이 필요하다.

▶ 일치형

네 가지 유형과는 달리 기능적인 유형이라고 할 수 있다. 의사소통의 내용과 내적 감정이 일치한다(정문자 외, 2018). 의사소통이 매우 진실하며 자기 감정을 잘 알아차리고 이를 적절하게 표현한다. 이 유형에 속하는 사람은 높은 자기가치감을 갖고 있으며, 심리적·신체적으로 건강한 상태에 있다. 자원은 높은 자아존중감이다. 결국 일치형 의사소통으로의 지속과 연습은 자아존중감을 높이는 데 중요한 역할을 할 것이다.

활동지 2. 심리도식 양육 검사

○ 검사개요

부모나 가족원이 가지고 있는 심리도식을 알아보고 이에 대한 기원을 파악하기 위한 검사지이다. 자신이 부모로부터 경험한 양육 유형을 알아봄으로써 자녀에 대한 나의 양육적 태도가 어떤 근거를 갖고 있는지 확인해 볼 수 있다.

○ 실시방법

각 문항에 대해 자신에게 해당되는 바를 예시를 참조하여 표시하면 된다. 동일한 문항에 대해 두 번 응답하는데, 한 번은 나의 어머니를 생각하며 응답하고, 다른 한 번은 아버지를 생각하며 응답한다.

※ 각 문항에서 자신에게 해당하는 바를 예시에 해당하는 숫자로 표시해 주세요.

〈예시〉

1	2	3	4	5
전혀 그렇지 않다	별로 그렇지 않다	그저 그렇다	약간 그렇다	매우 그렇다

I.
1. 내가 아플까 봐 지나치게 걱정하였다. (　　)
2. 내가 자신의 결정이나 판단을 믿지 못하게 만드셨다. (　　)
3. 나를 과잉보호하셨다. (　　)
4. 나 스스로 하도록 맡겨 두지 않고 너무 많은 일을 나 대신 처리하셨다. (　　)
총점: _____

II.
1. 가족의 이익을 위해 당신의 욕구를 희생하셨다. (　　)
2. 많은 일상적인 의무를 다하지 않아서 내 몫 이상을 해야 했다. (　　)
3. 많이 불행했고, 내게 지지와 이해를 구하셨다. (　　)
4. 내가 강해서 다른 사람을 돌보아야만 한다고 느끼게 만들었다. (　　)
총점: _____

III.
1. 항상 내가 최선을 다하기를 기대하셨다. (　　)
2. 많은 분야에서 완벽주의자셨다. 모든 것이 '당연히 그래야만' 했다. (　　)
3. 옳고 그른 것에 대해 엄격하고 완고한 규칙을 가지고 계셨다. (　　)
4. 즐기거나 여유를 가지기보다 일을 잘하는 데 더 주안점을 두셨다. (　　)
총점: _____

IV.
1. 모든 것을 억제하셨다. (　　)
2. 감정을 표현하거나 약한 모습을 보이는 것을 불편해하셨다. (　　)
3. 분노를 잘 표현하지 않으셨다. (　　)
4. 너무 비밀이 많았다. 자신의 감정을 좀처럼 표현하지 않으셨다. (　　)
총점: _____

V.
1. 내가 무언가를 잘못했을 때 화를 내거나 심하게 비난하셨다. (　　)
2. 내가 무엇가를 잘못 했을 때 벌을 주셨다. (　　)
3. 내가 실수를 하면 내게 욕(예: 바보, 멍청이 등)을 하셨다. (　　)
4. 일이 잘못되면 남들을 탓하셨다. (　　)
총점: _____

VI.
1. 사회적 지위나 모습에 신경을 많이 쓰셨다. (　　)
2. 성공과 경쟁을 많이 강조하셨다. (　　)
3. 내 행동으로 인해서 다른 사람들이 자신을 어떻게 볼지에 대해서 신경을 많이 쓰셨다. (　　)
4. 내가 뛰어난 일을 했을 때만 나를 더 사랑하고 더 많은 관심을 주시는 것 같았다. (　　)
총점: _____

출처: 오은주, 오수정(2017) 참조.

※ 순서대로 6개 부분에 합산 점수를 써 주세요.

항목	I 의존	II 자기희생	III 엄격한 기준	IV 정서적 억제	V 처벌	VI 인정 추구
합산점수- 어머니						
합산점수- 아버지						

○ **검사결과**

어떤 항목의 점수가 가장 높은가? 예를 들어, 어머니를 생각하고 반응한 경우 I번 항목의 합산 점수가 가장 높았다면, 당신은 어머니로부터 받은 의존형 양육을 많이 받을 것을 의미한다. 아버지와 어머니에게 받은 양육은 유형이 다를 수 있다. 이렇게 내가 부모로부터 받은 양육 유형은 현재 내가 자녀에게 하고 있는 양육에도 영향을 줄 수 있다. 자신이 어머니와 아버지에게 받았던 양육 유형을 간단히 알아보고 그것이 현재 자녀의 양육에 어떻게 영향을 미쳐 왔고 미치고 있는지 생각하는 기회를 가질 수 있다.

○ **결과해석**

▶ I 유형-의존

의존과 무능감을 가지고 있고 스스로 타인의 도움 없이는 스스로 해낼 수 없을 것이라는 믿음을 가지고 있다. 따라서 이러한 유형은 스스로 혼자 양육은 언제나 어렵고 누군가의 도움이 필요하다고 생각한다.

▶ II 유형-자기희생

타인의 욕구를 만족시키기 위해 스스로 자신에게 부가적인 짐이나 부담을 지면서 자신의 욕구를 희생하는 방식의 양육 유형이다. 타인의 욕구를 만족시키기 위해서는 자기희생을 하는 것이 괜찮다고 생각한다.

▶ III 유형-엄격한 기준

달성하기 어려운 절대적 기준을 가지고 완벽주의를 강요하는 부모 밑에서 성장한 것을 의미한다. 엄격한 기준과 규칙이 있는 양육환경 속에서 있었기 때문에 자녀를 키우는 데도 이러한 기준과 규칙이 매우 중요하다고 생각하며, 어쩌면 이러한 유형에 매일 수 있다.

▶ IV 유형-정서적 억제

이 유형에 속하는 사람은 자신은 정서적 억제를 할 수밖에 없었던 양육을 경험했다고 믿고 있다. 따라서 자녀를 양육하는 환경에서도 자신이 받은 정서적 억제가 적절한 방식이라고 생각할 수 있다.

▶ Ⅴ 유형-처벌

이 유형에 속하는 사람은 자신이 잘못했을 경우 주로 처벌이나 비난을 받으면서 성장해 왔다고 믿고 있다. 부모는 처벌의 방식으로 훈육하였으며, 처벌이 가장 적절한 양육 유형이거나 처벌은 절대로 해서는 안 된다는 양가적인 생각을 가질 수도 있다.

▶ Ⅵ 유형-인정 추구

사회적인 성공과 경쟁을 강조하는 부모 밑에서 성장했으며, 부모는 주로 뛰어난 일을 할 때만 인정을 하고 관심을 주었다고 생각한다. 따라서 자신의 성공이 중요하고, 그렇지 못할 경우 자신의 존재감이 금방 떨어질지도 모른다는 생각을 가지고 성장했을 것이다.

제12장
학교에서의 은둔형 외톨이 예방과 대응

은둔형 외톨이는 학교에 있어야 할 시간에 가정 혹은 자기 방에 머무르는 사람들이다. 학교는 교사와 또래 친구들을 만날 수 있고 인간관계를 확장하고 발달시킬 수 있는 곳이지만, 은둔형 외톨이에게 있어 학교는 교사, 또래, 그들과의 상호작용과 관계보다는 아픔과 고통의 요소가 많은 곳이다. 이러한 요소들이 그들을 더 이상 학교에 가지 못하게 하는 원인이 되기도 한다. 교사와 또래가 서로에게 건강한 역할을 하지 못한다면, 학교와 학교생활은 더 이상 의미가 없다. 이 장에서는 학교구성원인 교사와 또래가 은둔형 외톨이의 적응과 이해를 돕기 위해 할 수 있는 예방과 대응 방법에 대해 구체적으로 살펴보고자 한다.

1. 학교에서의 은둔형 외톨이 예방

1) 예방의 중요성

일반적으로 은둔형 외톨이는 학교에서 유년기부터 청소년기까지 내성적인 성격으로 대인관계를 활발하게 하지 않고 외롭게 지내는 경우가 많다. 특히 학교 내에서 목표 좌절로 인해 희망이 없다는 무망감을 느끼면 학교로부터 점점 멀어지게 된다. 물론 모든 은둔형 외톨이가 목표 좌절로 인한 무망감을 느끼는 것은 아니지만, 무망감은 은둔형 외톨이를 설명하는 중요한 키워드이다. 학교는 형식적으로는 교육기관이지만, 교육뿐 아니라 친구를 만날 수 있는 장소이다. 청소년기에는 특히 친구관계를 중요한 사회적 관계의 기준으로 삼게 된다. 친구나 동료와 관계를 맺고 발전시켜 나가는 데 필요한 대화기술과 갈등해결 방법을 배울 수 있다. 더 나아가 친구와의 우정을 통해 협동심과 상호존중, 대인관계 기술을 발달시켜 나가게 된다(백형태 외, 2011).

이렇게 아동기로부터 청소년기에 이르기까지 사회적 관계에 대한 과업을 성공적으로 달성하는지의 유무는 이후 발달에 중요한 영향을 미친다. 타인과 친밀감을 경험하고, 이러한 긍정적인 경험을 바탕으로 사회적 관계를 형성하며, 생존에 필수적인 사회성 발달이 이루어지는 중심에 학교가 있다. 아동ㆍ청소년기에 다양한 대인관계를 위한 관계훈련을 할 수 있는 곳인 학교에서, 생활이 단절된다면, 이로 인한 악영향은 개인 차원을 넘어 가정 또는 사회적 문제로 이어질 수 있다. 이 장에서는 학교 차원에서 은둔형 외톨이의 예방과 적절한 대응이 왜 중요한지에 대해서 살펴본 후, 학교의 중심 구성원인 교사와 또래가 은둔 성향을 보이는 구성원에게 어떤 예방과 대응 방법을 사용할 수 있는지 알아볼 것이다.

2) 학교구성원의 예방

현재 학교의 모습은 어떠한가? 간단히 설명하기는 어렵지만 부정적인 측면에 초점을 두고 살펴보면, 학교폭력의 저연령화와 은밀함, 과도한 학업과 진학 스트레스, 스마트폰과 게임 중독 등의 특징을 고스란히 갖고 있다(신효정 외, 2017). 이런 모습의 학교생활에서 은둔형 외톨이는 작고 큰 상처와 피해를 경험했을 가능성이 높다. 따라서 이들을 학교생활 부적응자 또는 정신적 문제라는 고정된 시각으로 바라보기만 한다면 은둔 성향의 학생들을 예방하고 적절히 대응하는 데 효과적이지 않을 것이다. 은둔형 외톨이에게 있어 은둔은 또래관계를 포함한 다양한 학교 내 관계 스트레스에 대한 하나의 반응일 수 있다. 혹은 스트레스를 받을 때 취할 수 있는 그들만의 대안적 선택일 수 있다. 따라서 이들을 부적응자라고 단정하기 전에 그들이 경험한 바를 정확히 확인하고 심각해지기 전 예방에 초점을 두는 것이 필요하다.

　은둔형 외톨이들은 '학교를 그만두면서' 또는 '등교를 거부하면서' 은둔이 시작되었으며 친구가 한 명이라도 있었다면 학교를 그만둘 확률은 낮았을 것이라고 입을 모은다(파이교육그룹, 2020). 학교는 부모로부터 심리적 독립과 자아정체감을 획득하기 위해 전문직 교사라는 성인으로부터 필요한 정보와 조언을 얻고 자율성과 독립성을 발달시킬 수 있는 곳이다. 따라서 은둔형 외톨이의 시작단계부터 학교가 중요한 역할을 할 수밖에 없다. 학교에서 조기 개입과 예방 시기를 놓쳐 은둔형 외톨이가 장기화된다면, 이후 개인, 가정, 학교, 사회가 감당해야 할 과제가 예상할 수 없이 커진다. 이에 각 학교구성원이 할 수 있는 예방적 개입에 대해 구체적으로 살펴보자.

(1) 교사의 예방

　첫째, 교사 자신이 어려움에 처한 학생들을 어떻게 바라보고 대처하고 있는지를 생각해 볼 것을 권한다. 교사로서 내가 그 학생에게 어떤 관심을 갖고 있는가? 학생이 이전에 힘들어하던 때와 지금을 비교할 때 달라진 것이 있는가, 있다면 어떤 것인가 등에 대해서 탐색해 볼 필요가 있다. 많은 교사가 이전 학생들과 최근 학생들이 크게 다르고 시대에 따라 학생들의 특징이 많이 바뀌었다고 말한다. 그렇다면 교사 자신은 어떤 변화를 하고 있는가? 구체적으로 자신의 변화에 대해 어떻게 생각하는가? 자신의 모습과 태도를 확인하고, 변화되어야 할 것이 있다면 변화를 위한 노력을 해야 한다. 이러한 노력이 학교 내에서 은둔형 외톨이 학생 회복을 위해 교사로서 하는 첫 역할일 것이다.

　구체적으로, 은둔형 외톨이나 등교거부 학생의 심리적 특징이나 그들의 감성을 충분히 이해하고 있어야 한다. 은둔형 외톨이의 발전단계는 준비단계, 개시단계, 은둔형 외톨이단계로 나눌 수 있다. 각 단계별 교사로서 이들에게 어떻게 접근해야 할지, 해야 할 것과 하지 말아야 할 것이 무엇인지에 대한 인식이 필요하다([참고자료] 참조).

참고자료	은둔형 외톨이의 단계별 예방을 위해 교사가 알아야 할 사항

- 준비단계: 아직은 본격적인 은둔형 외톨이 단계는 아니다. 학생들의 변화에 민감하게 반응하고 그들의 마음의 소리를 경청하는 것이 중요하다
- 개시단계: 교사의 드러나지 않는 조용한 관심이 필요하다. 대상학생에 대해 과도한 응대나 지시는 금물이다.
- 은둔형 외톨이단계: 본격적인 은둔생활이 시작된다. 대상학생은 더 이상 부모나 교사의 지시를 따르지 않는 경우가 많다. 따라서 성급한 학교복귀를 강요하기보다는 지속적인 관심을 보여 주는 것이 필요하다.

둘째, 교사는 학생 또는 학부모와 유기적으로 대화하고 소통하는 관계를 유지해야 한다. 교권침해와 교권추락으로 인해 교사와 학생, 학부모 간의 관계가 소원해지고 힘들어진 것이 현실이다. 그러나 교사와 적절한 관계를 유지하고 있는 학생이라면 교사에게 자신의 어려움을 얘기할 가능성이 높다. 최소한 관리학생과 면담이 제대로 잘 이루어져 왔고 교사와의 소통을 통해 파악된 어려움이 가정에 잘 전달된다면, 은둔형 외톨이 문제는 예방되거나 최소한 조기 개입될 수 있다. 교사의 적절한 관심을 받는 학생은 은둔형 외톨이 상태를 선택할 확률이 높지 않다.

셋째, 담임교사, 교과목 담당교사, 전문상담교사, 진로·진학상담교사, 교육관리자가 모두 유기적으로 연결되어 있어야 한다. 이들 각자가 자신이 학생을 관리하는 영역이 다르고 분절되어 있다고 생각한다면 은둔형 외톨이 문제를 예방하기 힘들다. 학생관리에 참여하는 모든 교사가 함께 힘을 모아 지원체계를 만들고, 어려운 문제가 생긴 학생을 협조하며 도와야 한다. 대부분의 학교에는 담임교사와 교과목 교사 외에도 전문상담교사나 진로·진학상담교사 등 상담적 개입을 맡는 교사가 있다. 은둔형 외톨이 예방을 전문상담교사만의 일이라고 인식하고 의뢰하기보다는, 함께 힘을 모아야 할 일이라고 인식하는 것이 중요하다. 실제 은둔형 외톨이는 진로·진학의 어려움을 겪는 경우가 많으며, 학업 지속 여부에 대한 고민을 담임교사뿐 아니라 비교과 교사에게 털어놓을 수도 있다. 따라서 각자 맡은 역할 속에서 해당 학생에 대해 파악한 바를 공유하고, 여러 명의 객관적 시각 속에서 학생의 어려움과 해결책을 함께 모색하는 것이 필요하다. 학교에서 자신에게 관심을 가져 주며 이해하고자 하는 교사가 1명이라도 있다는 것을 안다면, 그 자체가 은둔형 외톨이 예방책이 될 수 있다.

넷째, 학생들을 보다 깊이 이해하기 위해 잠재적 교육과정 내용이 어떻게 변하고 있는 지에 대한 이해가 필요하다. 잠재적 교육과정이란 학교의 물리적 조건, 지도 및 행정적 조직, 사회 및 심리적 상황을 통하여 학교에서는 의도하고 계획 세운 바 없으나 학생들이 학교생활을 하는 동안 은연중에 가지게 되는 경험을 말한다(교육학용어사전, 2011). 잠재적 교육과정은 주로 학생들의 태도 · 가치관 · 신념 등과 관련되는 정의적 측면의 발달에 영향을 주며, 이것에 의해 생태학적 교육환경에 큰 파급력을 갖는다. 또한 잠재적 교육과정은 반복적 · 장기적으로 배우게 되므로 이에 대한 학습의 결과는 매우 오랫동안 지속된다. 급격한 사회 변화 속에서 학교도 학생도 교사도 변화하고 있다. 따라서 잠재적 교육과정 역시 크게 변화하고 있을 것이고, 이러한 변화 속에서 교사가 학생의 변화에 민감성을 발휘하여 그들의 속도에 맞춰 갈 필요가 있다. 은둔형 외톨이뿐 아니라 일반 학생, 그들의 경험에 대한 융통성 있고 수용적인 태도가 교사에게 점점 더 많이 요구되고 있다.

이상에서 살펴본 교사 입장에서 필요한 예방책들은 서로 유기적으로 연결되어 있다. 학교에서 최소한이라도 은둔형 외톨이 예방을 위한 교내 규칙이 세워지고 지속 · 유지되어야 한다. 이러한 규칙은 교사와 학생, 학생들 간의 인성교육 측면으로 이어질 수도 있고 은둔형 외톨이 예방을 위한 견고한 바탕이 될 것이다.

(2) 또래나 교우의 예방

은둔형 외톨이를 괴롭히는 대상은 멀리 있는 불특정 다수가 아니라 가장 가까운 생태학적 환경 속에서 함께 생활하는 부모, 교사, 또래일 가능성이 높다. 은둔형 외톨이는 용기가 없기 때문에 이들에게 저항하지 못하고, 민감하기 때문에 더욱 스트레스를 받고, 도움을 요청하지 못해 문제를 크게 만드는 경우가 많다. 따라서 보다 세심하게 은둔형 외톨이에게 관심을 갖고 도움의 손을 내미는 또래의 존재는 핵심적인 예방책이 될 수 있다. 이들이 할 수 있는 구체적인 방법은 다음과 같다.

첫째, 또래가 또래를 도울 수 있는 또래상담 활동을 활성화시키는 것이 예방책이 될 수 있다. 또래상담의 가장 큰 장점은 상대에 대한 이해를 통해 자신에 대한 이해도 공고히 할 수 있다는 점이다. 또래상담 활동 프로그램에는 사회성 개발이나 대인관계 증진 및 사회적 기술훈련 등이 반드시 포함되어야 한다. 어떤 학생들은 친구의 배신이나 자존심이 손상된 사건을 경험하고 심리적 고통을 안은 채 학교생활을 할 수 있다. 또 다른 학생은 폭력이나 왕따로 인해 심각한 대인기피증을 갖고 학교에 머무르고 있는지 모른다. 이러한 어려움들이 표출되고 해결되지 못하면 이들은 학교를 떠나 자신만의 세계로 숨어들어 갈 수 있다. 이들에게 또래상담을 통해 그 자체로 대인관계를 연습할 수 있는 장을 제공해야 한다. 또래상담의 대표적인 예인 '솔리언상담'은 13장에서 구체적으로 확인할 수 있다.

둘째, 교사와 학생을 대상으로 은둔형 외톨이에 대한 교육이 이루어지는 것이 반드시 필요하다. 부모나 가족원뿐 아니라 교사나 또래들도 은둔형 외톨이에 대한 이해가 턱없이 부족한 경우가 많다. 이들에게 맞는 교육 프로그램이 만들어지고 이것이 보급될 수 있도록 노력하는 것이 조기 개입과 예방의 첫걸음일 것이다. 교육은 강의나 동영상 자료보다는 함께 하는 참여식 교육이 효과적이다. 은둔형 외톨이 당사자, 은둔형 외톨이 친구, 선배, 담당교사 등 다양한 역할자가 되어 보고 각 입장에 처해 보게 하는 등의 역할 경험을 통해, 은둔형 외톨이를 폭넓게 이해할 수 있게 해야 한다. 은둔형 외톨이를 대상으로 한 실태조사에 의하면, 혼자 지내는 것에서 벗어나기 위해 가장 필요한 도움에는 어떤 것이 있는가에 대해 '자신들의 이해를 바탕으로 한 프로그램과 정책'이라는 답이 많았다(파이교육그룹, 2020). 또한 자신들은 혼자 할 수 없어 집 밖을 못 나가는 것이기 때문에 자립을 위한 교육보다는 '함께 하고 함께 경험하게 하는 것에 초점을 맞춘 교육'이 필요하다고 요구하였다. 따라서 함께 하는 경험이 주가 되는 교육 프로그램이 우선적으로 만들어지고 실시된 후, 이를 바탕으로 자립교육이나 직업교육이 이뤄질 필요가 있다.

셋째, 내가 상대방을 바라보는 관점과 상대방이 나를 어떻게 바라보는지의 관점을 융통성 있게 전환할 수 있어야 한다. 이러한 융통성 있는 전환은 공감능력을 바탕으로 가능하다. 공감능력은 꾸준히 향상시키려 노력해야 향상시킬 수 있다. 이를 통해 나는 상대방을 보다 잘 이해하게 되고, 전환해서 상대방의 입장과 시각에서 보이는 나를 이해하게도 된다. 공감은 인지적 요소와 정서적 요소를 모두 갖는다. 먼저, 인지적 공감은 조망 취하기와 상상하기라는 구체적인 형태를 갖는다(Davis, 1983). 조망 취하기는 다른 사람의 생각, 동기, 의지, 정서 등을 인지적으로 추론하기 위해 노력하는 것을 말한다(이화영, 2011). 상상하기는 조망 취하기보다 더 자유롭게 상상하고 추론하는 과정으로, 영화, 소설 등에서 나오는 인물이 되어 보고 그 느낌을 상상해 보는 경향성으로 정의된다(이화영, 2011). 두 번째로, 정서적 공감은 하위요인으로 공감적 관심과 개인적 고통이 포함된다((Davis, 1983). 공감적 관심은 상대방에 대해 동정의 느낌을 갖거나 불행한 타인에 대해 관심 갖는 것을 의미한다. 개인적 고통은 다른 사람의 불행이나 고통을 보고 스스로 마음이 불편해지고 고통스러워지는 경향을 의미한다(박성희, 1996). 종합할 때, 공감능력이 향상된다는 것은 구체적으로 이 네 가지 하위요인에서 민감성이나 기술이 증진된다는 것을 말한다. 학교에서 은둔형 외톨이와 가장 많은 시간을 보내는 또래 학생들에게 공감능력을 향상시킬 수 있는 기회를 제공하는 것이 필요하다. 이를 통해 은둔형 외톨이를 이해하고 그들의 입장에서 세상을 볼 수 있는 시각적 전환 기회를 마련해 줘야 한다.

3) 사례를 통해 살펴보는 예방적 개입

(1) 사례[1]

사례를 통해 교사 또는 또래가 은둔형 외톨이 학생의 취약성을 어떻게 다루고 개입했는지 살펴볼 것이다. 이후 그러한 개입에 대한 전문가의 의견을 제시하면서 적절한 예방책에 대해 제시하고자 한다.

> 사례자는 현재 24세 남자 대학생이다.
>
> 초등학교 5학년 때 경기도 ○○시로 이전하면서부터 친구 관계의 어려움이 생겼다. …… 그렇지만 초등학교 때는 공부를 잘했기 때문에 어영부영 지나갔다. …… 중학교 다닐 때도 생각해 보면 친구관계가 좋지 않았지만, 조금은 유머러스하게 넘겼던 것 같고 계속 친구는 없었다. 공부를 좀 잘했고, 어머니는 내가 학교에서 공부를 잘했기 때문에 친구관계에 대해서는 관심이 없었다. 난 언제나 혼자였다. 하지만 우수한 학생들이 모이는 학교에 가면서 성적은 급격히 떨어지기 시작했고, 중학교 때부터 심해졌던 어머니와의 갈등이 극심해지면서 학교생활은 점점 어려워졌다.
>
> 고등학교 1학년 2학기 때부터 자신에게 관심을 가지는 친구가 1명도 없다는 생각이 들고, 은근히 학생들이 나를 따돌린다는 생각이 들었다. …… 또한 입이 작은 것이 계속 신경 쓰이기 시작했다. …… 어머니는 이때부터 여기저기 나를 상담센터로 데리고 다니기 시작했다. 상담자와

---

1) 모든 사례는 책에 싣는 것에 대해 당사자의 허락을 받았으며, 익명성 보장을 위해 내용 일부를 각색했다.

는 관계가 좋았지만, 상담 중 어머니에 대해 어떻게 말했는지를 어머니가 상담자에게 따로 전화해 물어 보는 바람에 상담 자체보다는 어머니의 감독으로부터 자유롭지 않다는 것이 견딜 수 없었다. 엄마는 왕따를 당한 상황이나 힘든 것을 물어보기보다는 나를 상담자에게 맡기고 상담관계를 채근하면서 이것이 부모의 역할이고 아들을 위하는 것이라고 생각했다. 이 시기부터 어머니와의 관계는 회복이 어려운 방향으로 흘러가고 있었다. …… 상담센터를 두 곳 다녔고, 상담자들은 어머니와의 분노를 다루려고 했지만, 나는 그냥 상담자들이 잘해 주는 것이 좋았다. 상담자들이 어머니 때문에 힘들어했고, 그 속에서 나는 상담자를 계속 바꾸는 과정을 거쳤다.

상담자가 3번 바뀌는 동안에 고2가 되었고 고2가 되어 내가 무슨 일인지 왕따라는 소문이 돌았고, 나는 학교에 갈 수 없었다. 자연스럽게 학교에 가게 되지 않았고, 일주일에 1번 상담을 받는 것이 일상의 전부였다. 어머니에게는 자퇴를 한다고 말씀드렸지만, 어머니는 화를 내면서 나를 밀치고 나도 힘이 있어서 그대로 밀쳤다. …… 몸싸움이 있었고 관계는 더욱더 악화되었다. 어머니는 나와 대화를 하거나 내가 힘든 것을 알아주기보다는 그것은 상담자에게 말하라고 하며 감정을 표현 안 하시니까 나를 미워하기만 하는 것처럼 느껴졌다. 세상에 상담자를 빼고는 나를 알아주지도 않았으며 세상에 버려진 느낌이었다. 집을 빼고는 세상에 머물 곳이 없었다. 내가 3개월 정도 집에 있는 동안 어머니의 분노는 극에 닿아 교장선생님과 담임선생님을 찾아가서 내 아들이 학교폭력으로 인해 집에 있으니 무조건 해결해 달라는 것으로 떼를 쓰고 다니셨다. 학교에서 어머니를 모르는 사람이 거의 없을 정도였다.

5월 어느 날 학교 전문상담교사의 전화를 받았고 수업시간에 참가 안 하고 상담실에 있기만 해도 출석을 인정해 준다는 얘기를 들었다. 처음에는 믿지 않았지만 막상 학교에 가서 보니 맞는 말이었다. 상담실에서 3개월 정도 다녔고 2학기 때는 약간의 수업에 참가할 수 있었고, 자연스럽게 고3 공부는 포기하고 견디었다. …… 어머니는 끝까지 공부를 말했지만 그 시간 동안 주로 책을 보았다.

지금은 대학에 다니고 있는데, 1학년을 다니고 친구관계 때문에 힘들어서 휴학한 상태이다. 하지만 내년에는 복학을 할 예정이다. 어쩌면 상담교사 때문에 대학생활을 할 수 있었고, 은둔하지 않고 사회에 나올 수 있었다. 나만 받는 특혜 같은 느낌이기도 했지만, 그것이 아니었으면 난 지금 여전히 집에 있었을 거다. 왜냐면 상담선생님이 여러 번 요청해서 학교에 가던 날은 지금 생각해도 공포였기 때문이다. 이제는 은둔의 형태로는 다시는 돌아가지는 않을 거다. 졸업하고 작가가 되는 것이 꿈이므로, 알바를 하면서 꿈을 이루려고 한다. 알바하면서 관계가 어렵기는 하지만, 함께 하는 형이 1명 있는데 그 형 때문이라도 지금의 알바를 열심히 하고자 한다.

(2) 전문가의 의견과 구체적 예방책

첫째, 교사와 상담자의 조기 개입이 적절히 이루어졌는지가 예방에 중요한 영향을 미치고 있음을 알 수 있다. 학생은 초등학교와 중학교를 거치면서는 어머니가 무섭고 대화나 소통이 어려웠기 때문에 참는 방식으로 견디며 고등학생이 되었다. 이제까지 믿어 왔던 성적이 떨어지고 이유를 알 수 없는 은따, 왕따라는 손가락질을 받으며 학교에 다니는 것이 매우 어려웠을 것이다. 이에 어머니에게 자퇴 의사를 밝히고 집에 2개월 동안 있다가 교사의 도움으로 은둔생활이 중단되고 회복된 사례이다. 은둔하는 2개월 동안 일면식도 없는 상담교사는 꾸준히 연락했고, 교장선생님과 담임교사 모두 이 학생이 은둔으로부터 탈출할 수 있도록 도왔다. 실행이 쉽지 않았겠지만 상담실에만 있어도 좋다는 약속을 학교가 지켰고, 상담교사가 지속적으로 관심을 갖고 연락했고, 학교에는 반드시 출석해야 한다는 규칙을 학생이 지킨 것이다. 합의한 내용에 대해서 서로 지키고 믿어 줌으로써 학생은 학교를 졸업하고 대학에 입학할 수 있었다. 학생이 이러한 힘든 과정을 견뎌 낸 것은 학교와 교사가 조기에 개입해서 끝까지 믿어 준 결과인 셈이다.

둘째, 기존 체계를 적절히 활용하였고 그것이 은둔 예방에 도움이 되었다. 교사들의 적절한 조치와 체계를 이용한 도움이 예방에 효과적으로 활용된 사례이다. 어머니가 담임교사와 학교장을 찾아갔고, 어머니의 얘기를 듣고 조치를 취해 전문상담교사가 연결되었다. 전문상담교사가 학생이 학교에 지속적으로 다닐 수 있도록 가능한 출석방법을 찾아내고 제안했다. 연락을 시도하고 전문상담교사를 포함한 주변 교사의 꾸준한 노력이 예방의 중요한 부분이다. 실제로 은둔형 외톨이 위험성을 가진 내담자를 만나는 것은 정신과 의사보다는 전문상담교사나 청소년 동반자이기 쉽다. 또한 매주 일정 시간 만나게 되는 교과목 교사나 매일 마주하는 담임교사가 이들의 변화를 알아차리고 대응하기에 훨씬 적합한 사람이다. 이것이 이들에 대한 은둔형 외톨이 예방적 개입에 대한 교육이 절실한 이유이다.

셋째, 적절한 초기 개입이 결정적인 역할을 할 수 있다. 3월부터 5월 사이에 전문상담교사는 지속적으로 연락을 하였고, 이 학생이 할 수 있는 현실적인 방안을 제시하였다. 이리저리 핑계를 대고 빠져나가려고 시도하는 학생을 포기하지 않고 끝까지 잡아 준 것은 매우 적절하고 중요했다. 이 과정에서 학생은 스스로 자신의 존재감이 조금씩 굳건해졌을 것이다. 은둔을 시작하고 바로 학교체계로 연결되어 조기에 개입된 것이 매우 적절했다고 할 수 있다.

현장에서 은둔형 외톨이와 관련된 많은 사례를 접하지만, 학교나 교사가 도움을 준 내용이나 언급은 많지 않다(파이교육그룹, 2020). 특히 '만일 학교에서의 적극적인 도움이 있었다면 자신의 현재는 달라졌을 것 같다'라는 회고 속에서 그 학생에게 적극적으로 다가간 교사의 역할은 잘 드러나지 않는 경우가 많다. 어쩌면 교사와 또래 혹은 학교 전체가 은둔형 외톨이 위험성을 지닌 학생에 대해 인식하지 못했을 수 있고, 혹은 은둔형 외톨이의 어려움을 가정의 문제로 단정 지었을 수도 있다. 그러나 차후 더 이상의 은둔형 외톨이가 생기지 않도록 하거나 혹은 그들이 조금씩이라도 사회에 나가 함께 어울리며 살 수 있도록 하기 위해서는 학교, 교사, 또래, 친구 모두가 자신의 위치에서 무엇을 도와야 하는지에 대해 고민할 필요가 있다. 가속화되는 4차 산업혁명의 소용돌이 속에서 요구되는 역량은 인지적 유연성, 창의성, 감성 등일 것이다. 특히 협업능력, 즉 공동체 능력의 중요성은 점점 커지고 있고, 각 개인의 독특한 능력이 협업 가운데 발휘되는 것이 필요하다. 결국 우리가 은둔형 외톨이와 공유하고 협업하지 않은 채로 시간이 흘러가면, 이는 은둔형 외톨이 개인만의 문제가 될 수 없을 것이다.

2. 학교에서의 은둔형 외톨이 대응

1) 학교에서 적절한 대응이란

은둔형 외톨이는 유년기부터 청소년기(대략 12세부터)를 지나면서 내성적인 성격으로 대인관계를 활발히 하지 않고 외롭게 지내는 과정을 지내며, 자신의 목표가 뚜렷한 목표 지향적인 생활이 되지 않을 때 은둔을 시작하는 경우가 많다. 은둔이 시작되면서 이들은 밤에 자지 않고 TV, 인터넷, 비디오 게임 등을 하며 시간을 보내고, 새벽 5시나 6시쯤 잠이 들어 오후에 일어나 활동하다 다시 밤이 되면 같은 생활을 반복하곤 한다. 식사도 혼자 하고, 가족 간 대화도 없고, 말을 걸면 화를 벌컥 내고, 욕을 하고, 물건을 집어 던지는 등 과격한 행동을 하기도 한다. 이러한 습관화된 일상 속에서 학교생활을 지속하는 것은 매우 어려워진다. 내일은 학교에 가겠다고 믿어 달라고 하지만, 다음 날이 되면 일어나지 않거나 또 다른 이유를 대며 학교에 가지 않는 일을 반복한다. 가족과의 갈등도 계속 증가하여 어느 시기가 되면 가족 내에서도 고립된 상태로 지내게 된다. 간혹 관심을 갖고 도우려는 교사나 또래가 있다 하더라도 스스로 약속한 목표를 달성하지 못했을 때 다양한 이유를 대고 자기합리화를 하는 경우가 많다. 이들의 자기합리화는 가족뿐 아니라 교사와 또래에게도 신뢰를 주지 못하게 만들어 그 이상의 관계 진전을 어렵게 한다.

이런 어려운 상황이지만 은둔형 외톨이의 장기화를 막기 위해서는 교사와 교우의 역할이 중요하다. 이에 대한 구체적 대응방법을 살펴보기로 하자.

(1) 교사의 대응방법

첫째, 교사는 모니터링을 통해서 은둔형 외톨이의 중요한 시작이 될 수 있는 또래관계 어려움, 집단따돌림, 학교폭력 문제를 겪는 학생이 있는지를 확인한다. 명확히 등교거부로 이어지는 학생에 대해서 유심히 살펴보아야 한다(청년재단, 2020). 등교거부가 있을 때는 포기하지 말고, 부모와 연계하거나 이용할 수 있는 방법(예: 등교도우미)을 총동원해서 학교에 올 수 있도록 해야 한다. 부모나 친구를 통해서 자녀 상황이나 행동에 대한 정보를 구할 수 있다.

둘째, 대상학생을 객관적으로 판단할 수 있도록 다른 교사와의 소통을 통해 많은 정보를 구한다(예: 다른 수업시간 때의 행동, 쉬는 시간 교우관계 등). 다른 교사나 친구와의 의견 공유의 방식으로 취약 학생에게 관심을 표현하는 것이다. 은둔형 외톨이는 단계를 거쳐서 진행되므로, 어느 한 단계에서라도 교사가 어려움을 겪는 학생의 존재를 알아봐 준다면 예상보다 취약 학생에게 미칠 영향은 클 것이다.

셋째, 교사는 해당 학생이 학교생활에서 소외되지 않도록 작은 역할이라도 지속적으로 맡겨 소속감을 갖게 한다(예: 작은 심부름, 교구·교재 정리 등). 물론 소속감을 느낄 수 있음과 동시에 학생에게 부담스럽지 않은 역할을 찾는 것이 때로는 쉽지 않을 수 있다. 하지만 관심을 갖고 지켜보면 그 학생이 기여할 수 있는 역할을 찾아 도움을 요청할 수 있다. 또한 학년이 올라갈 때도 그 역할이 지속될 수 있도록 추수관리를 해 주는 것이 좋다. 은둔형 외톨이 학생은 목표를 상실하거나 이룰 수 없는 목표를 가지는 경우 큰 절망감이나 무망감을 느낀다는 점을 감안하여, 자신의 역할을 제대로 해 나가며 목표의식을 갖도록 하는 것이 도움이 된다.

넷째, 교사가 은둔형 외톨이 학생과 대화할 때 감정은 공감해 주되 행동에 대한 규칙은 명확하게 한다(예: "네가 힘들겠구나, 하지만 친구들에게 물건을 던지는 것은 안 된다."). 감정을 공감해 주기 어려울 경우에는 학생의 생각에 대해서라도 이해해 주고 이해했음을 표현해 주는 것도 괜찮다. 그 마음까지는 모두 알 수 없다 하더라도 어떤 생각을 갖고 있는지를 파악하고 이해했음을 표현해 주는 것이 필요하다.

다섯째, 교사는 해당 학생과 논쟁하지 말아야 한다. 학생을 변화시키려고 강요하지 않는다(예: "네가 좀 더 적극적으로 애들에게 다가가면 좋겠다." "네가 생각을 좀 바꾸면 되지 않겠니?" 등). 강요나 제한받는 느낌은 상대에게 불편함과 거부감을 일으킬 수 있다. 논쟁하게 되면 아무리 교사의 의도가 돕기 위함이었고 교사의 논리가 옳은 것이었다 해도 학생은 강제하는 느낌에 머물러 피하려고만 할 것이다.

여섯째, 학교와 교사는 조기발견과 개입을 위해 노력한다. 교사는 학생의 문제행동이 확인되면 예방과 조기 대응을 위해 전문상담자에게 연계하고 협력하여 학생을 도우려는 노력을 해야 한다. 앞서 강조했듯 체계를 세우고 체계 속에서 이러한 개입을 신속하게 하는 것이 중요하다. 은둔형 외톨이는 초기 개입 시기를 놓치면 매우 장기화되는 경우가 많음을 명심해야 한다.

일곱째, 가능한 모든 학교 내 은둔형 외톨이 지원체계를 만들고, 동시에 다양한 프로그램을 적극 활용한다. 은둔형 외톨이를 예방하고 위험성이 있는 학생에게 조기 개입할 수 있도록 집단상담이나 활동 프로그램을 만들고 활용한다. 여기에 진로·진학과 관련된 프로그램을 포함시키는 것이 효과적이다. 대부분의 경우 은둔형 외톨이와 함께 당장 현실적으로 논의할 수 있는 것은 진로·진학 관련 내용일 때가 많기 때문이다.

참고 자료

반영적 경청

반영적 경청은 말하는 사람의 감정을 확인하면서 자신의 말로 정리해 주는 것이다. 반영적 경청은 상대방의 말을 주의 깊게 듣고 그가 느끼는 감정을 적절히 반영하며 표현해 주는 것이다. 이는 상대방의 닫힌 마음을 여는 데 큰 효과를 발휘할 수 있다. 즉, 반영적 경청이란 상대방의 내면을 비추어 주는 거울 역할을 수행하여 상대방이 말한 메시지를 반영(되돌려)해 주거나 다시 상대방의 말을 확인해 주는 적극적 표현방법이다. 교사는 학생을 비추는 거울 역할을 해 주는 것이 좋다.

출처: 네이버 지식백과

교사와 학생 간 반영적 경청 – 예시 1

교사: 무슨 할 말이 있니?

학생: (어렵게 말을 꺼내며) 선생님이 어려움이 있으면 언제든지 오라고 해서요.

교사: (대수롭지 않게) 무슨 일이 있니?

학생: 어…… (고개를 숙이면서) ○○이가 둘이 있을 때와 다른 친구와 함께 있을 때가 달라요.

교사: ○○이가 속상한 일이 있나 보다.

학생: 그런 것이 아니고, 둘이 있을 때는 잘해 주다가도 ××와 함께 있게 되면 저를 은근히 놀려요.

교사: 네가 그렇게 생각해서 그래. ○○이는 언제나 너와 친한 친구이잖아.

교사와 학생 간 반영적 경청 – 예시 2

교사: 오늘 좀 힘들어 보이네. 무슨 일이 있니?

학생: (어렵게 말을 꺼내며) 선생님이 어려움이 있으면 언제든지 오라고 해서요.

교사: (당연하다는 듯이) 그럼. 이렇게 와서 너무 좋다.

학생: 어…… (고개를 숙이면서) ○○이가 둘이 있을 때와 다른 친구와 함께 있을 때가 달라요.

교사: 그렇다면, 너무 속상할 것 같은데…… 구체적으로 말해 줄 수 있니?

학생: 둘이 있을 때는 잘해 주다가도 ××와 함께 있게 되면 저를 은근히 놀려요.

교사: 아, 너무 속상했겠다. 에고, 많이 참았을 것 같아. 그 상황을 좀 더 이야기해 주면 좋겠다.

예시 1을 반영적 경청으로 수정한 것이 예시 2이다.

두 예시는 어떤 점에서 차이가 있다고 생각하는가? 어떤 예시에서 학생이 교사에게 더 솔직하게 얘기할 수 있을까?

(2) 또래나 교우의 대응

첫째, 또래상담자들이 은둔형 외톨이와 함께 다양한 사회활동과 취미 및 여가 활동을 하며 또래와 어울릴 수 있는 계기를 마련한다. 은둔형 외톨이 중 활동형은 SNS를 열심히 하기도 하고, 게임 폐인으로 발전하기도 하고, 활발하게 온라인 활동을 하며 댓글을 다는 경우도 있다. 이는 은둔형 외톨이들이 누군가와는 소통하기를 원한다는 것을 말하며, 기회만 주어진다면 충분히 함께 활동할 수 있다.

참고자료

나 전달법

'나'를 중심으로 하여 상대방의 행동에 대한 생각과 감정을 표현하는 대화 방식이다. 1. 사실 → 2. 나의 감정 → 3. 구체적인 바람의 순서로 표현한다.

또래 학생이 은둔형 외톨이에게 하는 '나 전달법' 예시

상대방의 행동에 대한 묘사	나에게 미치는 영향	나의 기분	상대방이 해 주기를 바라는 사항
네가 교실에서 쉬는 시간에 엎드려 있으면,	내가 그런 광경을 2번 이상 보았는데, 내가 밀을 걸고 싶어도 잘 안 돼.	그래서 나는 너와 친하게 지내고 싶었는데, 좀 속상한 마음이 든다.	조금이라도 나에게 상황을 알려 주었으면 좋겠어.
짝으로 하루 종일 아무 말도 하지 않고 가만히 있으면,	네가 나에게 관심이 없는 것 같고, 굳이 먼저 말을 걸어야 하나 싶어.	이런 생각이 들면서 좀 답답하고 당혹스러웠어.	네가 먼저 말을 걸어 주면 좋겠어.

둘째, 은둔형 외톨이도 친구이고 교우이니 최소한 그들을 낙인찍고 병리적으로 보는 시각에서는 벗어나야 한다. 은둔형 외톨이는 반(反)사회적 성향이 아니며, 소외된 현대인의 한쪽 끝에 있어 도와야 하는 사람으로 인식한다. 이미 은둔형 외톨이는 개인적 상처를 안고 살고 있다. 여기에 주변의 부정적 인식까지 더해진다면 이들이 고통에서 헤어나오기는 매우 힘들어진다. "우리를 괴물 취급하지 마세요." 외톨이들의 조용한 외침이다.

참고자료

은둔형 외톨이 청소년의 은둔 경험에 대한 자기보고

• 세상과의 고군분투: 관계로부터 상처 입음, 사람을 만나는 것이 무서운, 숨고 싶은 마음이 생김, 버티고 버팀

• 세상으로부터의 도피: 포기하는 마음으로, 자신만의 둥지에서 편안함을 느낌, 밤낮이 뒤바뀜, 생각하는 것을 그만둠, 스마트 기기에 의지함

• 행복은 세상에 있음을 깨달음: 마냥 편안하지만은 않은, 흘러가는 시간이 허무해짐, 문득 나가 보고 싶은 마음

• 세상에서 살아가기 위한 노력: 자격지심에 휩싸인 마음, 타인의 시선에 대한 두려움, 스마트

기기로 세상과 소통을 연습함

- 세상과 소통을 시작: 나를 이해하는 친구와 소통함, 부모님의 관심으로 노력하고 싶은 마음,
  상담기관을 찾음

출처: 파이교육그룹(2020).

참고
자료

은둔형 외톨이 청소년이 말하는 은둔의 의미

- 놓친 것들에 대한 아쉬움: 시간을 통째로 잃음, 학창시절의 추억을 만들지 못한 아쉬움, 놓친
  관계에 대한 아쉬움
- 자기를 이해하는 시간: 생각을 정리하는 시간, 나를 알게 되었던 소중한 시간
- 더 높이 날기 위해 움츠렸던 시간: 자유를 경험했던 시간, 상처받은 마음을 회복하는 시간,
  더 잘 살아가기 위한 시간
- 새로운 날개짓의 시작: 현재의 나를 받아들임, 자존감을 되찾음, 회피하지 않는 용기

출처: 파이교육그룹(2020).

2) 사례를 통해 살펴보는 대응적 개입

(1) 사례

사례를 통해 교사 또는 또래가 은둔형 외톨이에게 어떻게 대응해 왔는지 확인하고, 대응의 효율성에 대해서 생각해 보고 적절한 대응방식을 학습해 보자. 이어서 사례 속 대응방식에 대한 전문가적 조언과 의견을 토대로, 은둔형 외톨이에 대한 교사와 또래의 효과적인 대응책에 대해 알아보고자 한다.

사례자는 현재 29세 남성이다.

대학을 졸업하고 나서 일 년 정도는 무의미하게 공무원 시험 준비를 했다. 대학 때도 사실 그냥 집에만 있는 경우가 많았다. 고등학교 때 자퇴하고 나서부터 계속 집에 있었다. 고등학교를 자퇴하고 검정고시를 보았을 때는 어머니가 나를 강요하는 것이 싫었지만, 고등학교는 나와야 한다는 생각을 했다. 대학 다닐 때도 겨우 출석만 하고 다른 활동은 하지 않았다. 자퇴 계기는 고등학교 때 그냥 무기력하고 수업 자체가 무의미하다고 생각했기 때문이다. 학교를 계속 다니

는 것의 무가치함에 대한 질문이 반복되었고, 궁금증이 생겼지만 풀지 못했고, 수업을 따라가지 못하면서도 학업을 이어 갔다. 지금 생각하면 왜 그랬는지 모르지만 학습이 어려웠다.

또한 주변에 사람이 없었다. 초등학교 때 2번의 전학이 있었지만 그래도 잘 지냈다고 생각이 든다. 중학교 때부터 학습을 따라가지 못하고, 하고는 싶은데 잘 되지 않았다. 중학교 때 별일이 있었던 것도 아닌데 학교에서 어느 누구도 나를 알아주지 않았다. 학교에서 점심을 먹지 않는 경우도 있었다. 중학교를 초등학교 친구들이 가지 않는 학교로 가게 되었다. 모든 것이 처음부터 시작하는 기분이었다. 매일 반복해서 학교에 가는 것이 편치 않았다.

부모님은 자퇴에 대한 반대가 무척 심했다. 버티지 못한 이유는 아무도 날 못 도와줄 것 같고, 질문노 제대로 하지도 못하겠고, 나중에 대학 갈 때 비교당할까 봐 그런 느낌도 있고, 못나 보이는 내 자신이 싫었다. 겨우겨우 대학을 졸업했지만 사실 아는 것이 없었다. 자신도 없었다. 고등학교를 졸업해야 한다고 해서 검정고시를 보았고, 대학을 가서도 공부가 어려웠지만 그냥 참고 했다. 항상 공부는 나에게 맞지 않는 신과 같았다. 막상 대학을 졸업하고 나니까 뭘 해야 할지 막막했다. 대학에서 취업교육 연결해서 해 봤는데 며칠 만에 관두었다. 너무 멀고 같이 밥 먹을 사람이라도 있었으면 좋겠는, 내가 그런 사람을 사귈 수 없을 것 같고, 갑자기 또 너무 많은 것을 배워서 빨리 해야겠다는 마음이 들어서 힘들어지기만 했다. 자괴감도 많이 들었다. 사람들을 사귀고 싶은데 내가 말이 없어서 상대방이 나를 어떻게 볼지 이런 게 힘들었다. 대인관계와 직업이 필요하다는 것은 잘 알고 있지만 피하고만 싶다. 무엇이라도 용기를 내서 하는 것 자체가 어렵다고 느껴진다.

(2) 전문가 의견과 구체적 대응책

첫째, 은둔 성향을 보이는 학생이 사소한 목표라도 세워, 할 수 있는 만큼 조금씩 진행하도록 하는 것이 중요한 대응법이다. 대상자는 지금까지 준비해 왔던 공무원 시험이 무의미하며 대인관계 유지가 어렵다고 표현하고 있다. 그냥 집에만 있는 경우가 많았다고 밝히고 있다. 아마도 내일은 학원에 가서 공무원 시험공부를 할 것이라고 말하며 믿어 달라고 말했을지도 모른다. 하지만 다음 날에는 일어나지 않고 다른 이유를 말하면서 집에 있었을 것이다. 스스로 결정했던 목표가 있을지 모르지만 아마 현실적이지 않았을 수 있다. 따라서 아주 작은 목표라도 세우고 실행할 수 있도록 하는 것이 필요하다. 목표는 작고 사소한 것, 구체적이며 명확하고, 행동으로 옮길 수 있는 것, 실현 가능성에 초점을 두는 것이 좋다. 하지만 목표는 종착점 개념이 아니라 시작하는 첫 단계라는 것을 강조할 필요가 있다. 목표를 수행하는 것은 힘든 과정이지만, 아주 작은 것부터 혼자가 아니라 함께 하는 것이라면 실현 가능성이 높을 것이다. 필요한 일 또한 단계를 세워 실천하기 쉬운 낮은 단계부터 실천하기 어렵고 높은 단계까지 세분화해서 계획하는 것이 좋다. 한 단계에서 다른 단계로 넘어갈 때도 큰 변화가 아니라 아주 조금 복잡하고 어려워지도록 계획해야 성공적으로 단계를 올라갈 수 있다.

둘째, 에너지를 발산할 통로를 열어 줘야 하는데 그것이 활동의 형태라면 더욱 좋다. 학교에서 상담을 연계하는 경우 주로 언어적인 상담에만 머무는 경우가 많다. 하지만 이들의 에너지를 발산할 수 있는 통로로서 게임이나 활동으로 구성된 개인 혹은 집단 프로그램을 계획하는 것도 좋다. 이러한 활동을 통해 동기부여가 될 수 있고 참여로 이어질 수 있기 때문이다. 특히 함께 하는 경험 그 자체에 머물게 하고 느끼게 하는 것이 중요하다. 대화로서 격려나 지지를 하는 것도 중요하지만 때로는 격려나 지지 게임 활동을 하는 것이 초기상담에는 더 적절할 수 있다. 그러면서 차차 상처받은 마음을 표출하는 계기를 마련해 가는 것이 좋다.

사례를 통해 교사와 또래를 중심으로 은둔형 외톨이에 대한 학교에서의 대응방법에 대해 알아보았다. 은둔형 외톨이가 학교를 중도 탈락하는 경우가 많다고 해서 학교 밖 아이와 같은 맥락에서 생각하고 넘겨 버리는 실수는 하지 않기를 바란다.

의사소통에서 걸림돌이 되는 대화 요소				참고 자료
명령/지시	경고/위협	훈계/설교	충고/해결책 제시	
강의/가르침	비판/비난	칭찬/부추김	욕설/비웃기	
분석/해석	달래기/동정	심문/질문	전환/회피	

3. 은둔형 외톨이에 대한 학교와 교사의 인식

은둔형 외톨이에 대한 학교와 교사의 생각을 확인하기 위해 텍스톰(textom)을 활용한 빅데이터 분석을 실시하였다. 최근 2년 동안 은둔형 외톨이, 교사, 학교를 중심 키워드로 하여 온라인 데이터를 수집하였다. 국내 포털사이트인 네이버의 카페, 뉴스, 블로그 전문정보(연구보고서, 학습자료), 다음의 카페, 뉴스, 블로그, 구글의 뉴스와 유튜브를 선택하였다. 국내 포털사이트에서 다루어진 은둔형 외톨이, 학교, 교사와 관련된 빅데이터가 정제 과정을 거쳐서 분석결과로서 제시된다. 은둔형 외톨이와 연관된 교사 및 학교와 관련된 수많은 단어를 모으고 분석하는 것은 교사와 학교가 은둔형 외톨이를 어떻게 보고 있는지 그 생각과 인식을 확인하는 근거가 될 수 있다.

[그림 12-1]에서 볼 수 있듯이, 교사와 학교는 은둔형 외톨이가 상당수 있다는 것을 인지하고 있으며, 침묵, 엄마, 은둔, 이사, 게임, 학교, 사회, 청소년, 아들과 관련이 있는 것으로 지각하고 있었다. 또한 교사들이 은둔형 외톨이가 왜 생기고 어떻게 유지되는지에 대해서는 많이 지각하고 있지 않지만, 이러한 학생들이 상당수 있으며 프로그램이나 실태조사와 같은 개입이 필요하다는 것을 인식하고 있음을 보여 준다. 다양한 단어 중 '스위트홈'이라는 키워드가 들어 있음도 역설적으로 보인다.

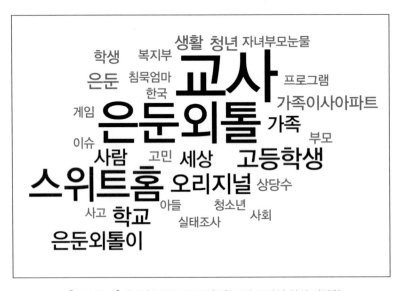

[그림 12-1] 은둔형 외톨이에 대한 학교와 교사의 인식 시각화

4. 은둔형 외톨이 예방과 대응을 위한 학교 내 활동

학교 내에서 은둔형 외톨이의 예방과 대응을 돕기 위해 활용할 수 있는 활동지들을 소개하고자 한다. 활동지들은 또래와 교사가 자신을 잘 이해하기 위해 활용할 수 있다. 소개된 자료는 간략한 형태이기 때문에 검사결과를 절대적으로 믿고 의지하는 것은 자제해야 한다. 좀 더 자세한 사항을 알기 위해서는 상담센터를 방문해서 전문 검사도구와 전문가 해석을 따르는 것이 필요하다.

활동지 1. 역기능적 의사소통 유형검사

○ **검사개요**

의사소통은 기능적 의사소통과 역기능적인 의사소통으로 나눌 수 있다. 역기능적인 의사소통은 대화를 하는 상대방과의 관계를 악화시킨다. 역기능적인 의사소통 유형에는 비난, 경멸, 방어, 냉담이 포함된다.

○ **실시방법**

문항을 읽고 다음 예시를 참조하여 자신에게 해당하는 것을 표시하면 된다. 표시한 후 각 영역별 점수를 합산하면 된다.

※ 각 문항을 읽고 자신에게 해당하는 바를 1~5점으로 괄호 안에 써 주세요.

1	2	3	4	5
전혀 그렇지 않다	별로 그렇지 않다	그저 그렇다	약간 그렇다	매우 그렇다

I.
1. 일이 잘못되면 누가 그랬는지를 아는 것이 중요하다. (   )
2. 나는 감정이 매우 상하기 전까지는 불평하지는 않는다. (   )
3. 나는 구체적인 상황이나 행동보다는 전반적인 면에 대해 불평하는 편이다. (   )
4. 나는 불평들을 오랫동안 쌓아 둔 뒤 한꺼번에 터트린다. (   )
5. 한번 불평하게 되면 아무도 나를 멈추게 할 수 없다. (   )
총점: _____

II.
1. 나는 종종 상대방의 기를 꺾는 말을 한다. (   )
2. 상대방이 너무 고집이 세서 타협이 안 된다. (   )
3. 의견이 서로 다를 때 나는 상대방의 입장을 생각하기 어렵다. (   )
4. 상대방이 너무 어리석을 때가 있다. (   )
5. 상대방이 유능하지 못할 때 나는 한심하다는 생각이 든다. (   )
총점: _____

III.
1. 상대방이 예민해서 마음의 상처를 쉽게 받는다. (   )
2. 상대방의 불평 중에 맞는 말도 있지만 모두 맞는 건 아니다. (   )
3. 상대방이 불평하면 나는 죄가 없다는 생각이 든다. (   )
4. 상대방이 불평을 하면 내 입장을 설명하려고 한다. (   )
5. 상대방이 내 입장을 진정으로 이해한다면 그런 불평을 하지 않을 것이다. (   )
총점: _____

IV.

1. 상대방이 고집이 너무 세서 타협이 안 된다. (   )

2. 내 감정이 폭발했을 때, 나를 혼자 있게 놔두었으면 좋겠다. (   )

3. 상대방이 화가 났을 때 가만히 있는 것이 상책이다. (   )

4. 싸울 때 내가 이런 대접을 받을 이유가 없다는 생각이 든다. (   )

5. 사소한 말다툼이 큰 싸움으로 번져 당혹스러울 때가 있다. (   )

총점: _____

출처: 이연주(2018) 참조.

※ 순서대로 각 부분의 총점을 써 주세요.

	I	II	III	IV
영역	비난	경멸	방어	냉담
총점				

○ 검사결과

어떤 영역의 총점이 가장 높은가? 총점이 가장 높은 유형이 자신의 역기능적인 의사소통 유형을 말해 준다. 예를 들어 비난 유형이라면, 주로 비난으로 의사소통을 하는 경우가 많다는 의미이다. 이를 유지한다면 관계는 개선되기 어려울 수 있다.

○ 결과해석

▶ 비난

비난 유형은 상대방에게 불평하고 비난하며 불평할 때 감정이 좀 더 격해진다. 불평을 하게 되면 보통 한꺼번에 터트리는 경우가 많으며, 때로는 스스로 멈출 수 없을 정도로 비난을 쏟아 내게 된다.

▶ 경멸

경멸 유형은 상대방과 말을 할 때 기를 꺾는 말을 많이 하며, 때로는 상대방과 고집을 부려서 타협이 안 되는 경우가 많다. 의견이 상대방과 다를 때는 상대방의 입장을 거의 고려하지 않는다. 상대방의 부정적인 면을 캐려고 하는 소통을 많이 한다.

▶ 방어

방어 유형은 비난이나 불평을 피하고 방어하고자 하는 유형이다. 상대방의 말에 지나치게 예민하여 마음의 상처를 쉽게 받기도 하고, 상대방에게 필요 이상으로 부정적인 태도를 가지기도 한다. 상대방이 불평을 하면 자신의 입장을 반복해서 설명하려고 한다.

▶ 냉담

냉담 유형은 자신이나 상대방의 감정을 무시하는 유형에 속한다. 감정이 격해지는 상황에서 바로 피하며 어떤 대적도 하지 않으려고 한다. 냉담하다 보니까 사소한 말다툼을 아주 크게 만들고, 때로는 상대방이 어째서 저렇게 분노하는지 이해하지 못하는 경우가 있다.

활동지 2. 교사-학생 의사소통 검사

○ **검사개요**

교사와 학생 간의 의사소통은 의미전달과 정보의 공유만이 아니라 상호작용의 의미를 갖는다. 효율적인 의사소통을 위해 한 사람은 말하고 한 사람은 잘 들어 주어야 한다. 따라서 소통이 적절히 일어나기 위해서는 어떤 내용을 소통하느냐 뿐 아니라 경청이나 공감과 같은 태도적인 면은 어떤지를 동시에 따져 보아야 한다. 다음 활동지를 통해 이러한 태도를 확인할 수 있다. 검사는 경청태도(수용 vs. 비수용적)와 의사소통 유형(명령소통 vs. 촉진소통) 순서로 구성되어 있다.

○ **실시방법**

※ 각 문항에서 자신에게 해당하는 바를 예시에 해당하는 숫자로 표시해 주세요.

〈예시〉

1	2	3	4	5
전혀 그렇지 않다	별로 그렇지 않다	그저 그렇다	약간 그렇다	매우 그렇다

I.
1. 나는 학생들과 이야기하는 것을 좋아한다. (   )
2. 나는 학생들의 말을 따뜻한 표정을 지으며 들어 준다. (   )
3. 나는 학생들의 요구 사항을 잘 들어 준다. (   )
4. 나는 학생들과 마음을 터놓고 대화를 나누고 싶다. (   )
총점: _____

II.
1. 나는 학생들이 나의 생각에 무조건 따르기를 원한다. (   )
2. 나는 학생들에게 대답할 여유를 주지 않는 편이다. (   )
3. 나는 학생들의 의견을 때로는 무시하고 나의 뜻대로 의사 결정할 때가 많은 것 같다. (   )
4. 나는 학생들이 요구하는 것을 잘 들어 주는 편이 아니다. (   )
총점: _____

III.
1. 나는 나의 말이 강압적이라고 느낄 때가 있다. (   )
2. 나는 학생들에게 주로 '하라' '하지 마라'는 식으로 말한다. (   )
3. 나는 학생들에게 칭찬이나 격려보다 잘못을 더 많이 지적한다. (   )
4. 나는 학생들에게 꾸지람을 할 때에도 설득하듯이 말한다. (   )
총점: _____

IV.

1. 나는 학생들에게 주로 '해 보자' '해 봅시다'는 식으로 말한다. (   )
2. 나는 말을 할 때 즐거운 표정으로 손짓, 몸짓을 많이 사용한다. (   )
3. 나는 이메일, 게시물, 문자, 카톡 등의 방식으로 의사전달을 한다. (   )
4. 나는 반장을 통해서보다는 학생에게 직접 의사전달을 한다. (   )

총점: _____

출처: 옥복녀(2010) 참조.

※ 순서대로 각 부분의 총점을 써 주세요.

영역	I 수용적 경청태도	II 비수용적 경청태도	III 명령적 의사소통	IV 촉진적 의사소통
총점				

○ **검사결과**

쌍을 이루는 두 개의 태도 중 어떤 쪽이 더 높은가? 즉, 경청태도인 수용적 I vs. 비수용적 II, 의사소통 유형인 명령 III vs. 촉진소통 IV 중 각각 어느 쪽이 높은가? 경청태도와 의사소통 유형의 조합에 따라 네 가지 유형으로 다시 나눌 수 있다. I과 III은 수용·명령형, II와 III은 비수용·명령형, I과 IV은 수용·촉진형, II와 IV은 비수용·촉진형이다(다음 설명 참조).

○ **결과해석**

교사-학생 의사소통은 교사와 학생들이 언어적이거나 비언어적인 것(말, 글, 그림, 몸짓)을 사용하여 자신의 생각, 의견, 지식, 정보, 태도, 감정을 전달하거나 교환하여 서로에게 영향을 미치는 과정이다(송권석, 2000). 교사의 효과적인 의사소통은 학생과 교사 간에 개방적 인간관계 형성과 긍정적 학습환경 조성의 기반이 된다(옥복녀, 2010).

▶ I, III 수용·명령형

교사의 태도가 학생들의 의견을 받아들이면서도 교사 자신의 의사에는 학생들이 따라 줄 것을 기대하는 것이다. 이는 상대에게 강요적인 느낌이 들 수 있고 수용받기보다는 명령받는 느낌을 줄 수 있다.

▶ II, III 비수용 · 명령형

교사의 태도가 학생들의 의견을 수용하지 않으면서 자신의 의사전달을 강요하려는 일방적인 의사소통 방식이다. 학생들은 듣기만 하는 수동적 청취자 입장이 되기 쉽고, 따라서 답답하고 벽 같은 느낌을 가질 수 있다. 때로는 교사의 메시지에 귀를 기울이지 않으려 할 수도 있다.

▶ I, IV 수용 · 촉진형

교사의 태도가 학생들의 의견을 능동적으로 수용하면서도 학생들 스스로 자율적으로 행동할 수 있도록 촉구하는 형태의 쌍방적 의사소통 방식이다. 학생들은 능동적으로 교사의 메시지에 귀를 기울이고, 교사와 학생 모두 1인칭의 메시지를 사용하며 자신의 생각과 감정을 표현할 수 있을 것이다.

▶ II, IV 비수용 · 촉진형

교사의 태도가 학생들의 의견을 잘 받아들이려 하지 않지만 학생들 스스로 자발적으로 행동할 수 있도록 격려 · 조언해 주는 의사소통 방식이다. 교사는 학생들의 의견보다는 중요하다고 여기는 메시지를 전달하는 데 초점을 둔다. 그렇지만 전달하는 방식은 학생들에 대한 배려를 잊지 않는 것이다. 이 경우에 학생들은 교사의 의견을 수동적으로 듣게 되기 쉽다.

제13장
사회에서의 은둔형 외톨이 예방과 대응

'한 아이가 자라려면 온 마을이 필요하다.'라는 아프리카 속담이 있다. 이 속담은 우리의 삶이 사회와 연결되어 있고 우리 삶에서 사회가 중요한 부분임을 보여 준다. 은둔형 외톨이가 고립을 선택하게 된 요인 중 하나가 사회이며, 다시 복귀해 살아가야 하는 곳도 사회이다. 이에 사회는 은둔형 외톨이에게 관심을 가지고 그들을 위한 정책과 서비스를 제공해야 한다. 이 장에서는 우선 은둔형 외톨이에 대한 우리 사회 인식의 현주소와 우리가 은둔형 외톨이에게 가져야 할 태도와 제공할 수 있는 지원방법이 무엇인지 알아볼 것이다. 이후 우리나라 은둔형 외톨이 관련 기관들의 현황과 제공되고 있는 서비스에 대해 살펴보고, 마지막으로 사례를 통해 은둔형 외톨이와 가족들이 경험하는 어려움에 관련하여 도움 받을 수 있는 정책과 전문기관에 대해 살펴보고자 한다.

1. 은둔형 외톨이에 대한 사회적 인식

1) 은둔형 외톨이에 대한 사회적 인식 현주소

은둔형 외톨이와 부모를 대상으로 필요한 도움이 무엇인지 조사한 결과 공통적으로 주변 사람들의 따뜻한 시선과 있는 그대로의 인정을 요구했다. 그러나 은둔형 외톨이는 자신에 대한 주변 사람들의 시각이 상당히 부정적일 것으로 예상하고 있었다(파이교육그룹, 2020). 이 책을 읽고 있는 당신은 은둔형 외톨이에 대해 어떻게 생각하는가? 또한 은둔형 외톨이라는 단어를 듣고 가장 먼저 떠오르는 모습이나 단어는 무엇인가?

은둔형 외톨이에 대한 일반인들의 인식에 대한 정확한 실태조사나 통계 자료는 거의 없는 상황이다. 관련 연구를 통해 일반인들의 은둔형 외톨이에 대한 인식을 추측해 볼 수 있다. 일반인을 대상으로 은둔형 외톨이의 원인이 무엇인지에 대해 설문을 진행하였다. 설문 결과, 일반인들은 은둔형 외톨이 문제는 은둔형 외톨이와 가족의 문제로 인식하고, 발생하는 이유로는 당사자의 과도한 인터넷 사용과 이기주의적 성격 그리고 가족 등 주위 사람들의 문제로 인식하는 것을 알 수 있었다(허경운, 2005).

보다 최근 연구에서도 이런 경향성은 유사했다. 은둔형 외톨이 당사자와 가족을 대상으로 한 면담조사(파이교육그룹, 2020)에서는 주변 사람들의 부정적인 시각이 은둔형 외톨이가 사회로 복귀하는 데 큰 걸림돌로 작용하고 가족에게 큰 상처가 됨을 보여 주었다. 앞 장의 내용에서 밝혔듯이, 일반인이 생각하는 많은 부분이 은둔형 외톨이의 실제와는 차이가 크다. 이러한 일반인의 편견과 잘못된 시각이 많은 은둔형 외톨이를 사회로 복귀하지 못하게 하는 요인이 될 수 있다. 일본에서 오랫동안 은둔형 외톨이를 연구한 정신과 의사 사이토 다마키(2012)는 은둔형 외톨이에 대한 올바른 인식의 공유만으로도 사회적으로 유용한 대책이 된다고 하였다.

편견은 어떻게 만들어지나? – 푸른 눈 갈색 눈 실험

대부분의 사람이 '나는 공평하고 차별은 하지 않아'라고 여기지만, 누구에게나 편견과 차별이 쉽게 형성된다. 1968년 미국 아이오와에서 교사인 제인 엘리엇이 초등학교 3학년 아이들을 대상으로 실험을 했다. 마틴 루터 킹 목사가 암살당한 이유와 인종 차별과 편견을 아이들에게 경험하게 하는 것이 목적이었다.

우선, 학생들의 눈 색깔에 따라 푸른 눈과 갈색 눈 집단으로 구분한 후, 선생님은 푸른 눈 아이들이 더 우월하다고 암시를 줬다. 첫날에는 푸른 눈을 가진 아이들이 갈색 눈을 가진 아이들보다 우월하다고 말하고, 멀리에서도 잘 구분할 수 있도록 갈색 눈을 가진 아이들에게 수건을 씌우고, 푸른 눈의 아이들과 같이 놀지 않도록 하며, 놀이터에 있는 기구도 못 쓰게 하고, 점심도 조금만 먹게 하고, 쉬는 시간도 적게 주는 등 여러 가지로 차별을 했다. 그러자 아이들은 금방 두 집단으로 갈라졌고, 며칠 전까지만 해도 잘 놀던 친구들이 원수지간이 되었다. 또 갈색 눈 아이들을 "어이, 갈색 눈."이라고 부르자 갈색 눈 아이들은 이름을 부르라며 반발하는 일이 벌어졌다. 이들이 집단을 이룬 후에 차별과 편견은 아주 빨리 전염되었다.

그러다가 다음 날 상황을 바꿨다. 이번에는 갈색 눈이 더 우월하다고 암시를 주었다. 그러자 어제까지 의기소침했던 아이들의 기세가 등등해졌다. 이 경험을 통해 아이들은 차별이 얼마나 나쁜지, 차별이 얼마나 어이없고 사소한 이유로 시작되는지 깨달았다. 이 실험은 미국에서 〈분열된 학급(A Class Divided)〉이라는 제목의 다큐멘터리로 제작되어 방영되기도 했다(http://www.pbs.org/wgbh/pages/frontline/shows/divided/etc/view.html에서 동영상을 볼 수 있다).

이처럼 아군과 적군, 편견과 차별은 간단한 암시와 작은 구별에 의해 갈리며 영원히 지속되지도 않는다. 그런데 현실에서는 지역 갈등, 빈부 격차, 다문화 가정과 같이 편 가르기, 편견과 차별이 너무도 많이 일어난다.

출처: 하지현, 신동민(2012).

은둔형 외톨이에 대한 편견이 어떻게 생기게 되는지 파악하기 위해서는 일반인들이 주로 어떤 경로로 은둔형 외톨이 문제를 알게 되는지를 살펴보아야 한다. 일반인을 대상으로 은둔형 외톨이를 알게 된 경로를 조사한 결과 대부분 TV와 신문이라고 응답하였다(허경운, 2005). 많은 사람이 TV나 신문을 통해 은둔형 외톨이가 우리 사회에 존재하고 있음을 알게 된다. 따라서 은둔형 외톨이의 존재를 일반인에게 알리는 중요한 매체인 언론이 은둔형 외톨이를 어떻게 표현하는지에 따라 은둔형 외톨이에 대한 편견이 생길 수도, 수용하게 될 수도 있는 것이다.

이렇게 은둔형 외톨이에 대한 편견 형성의 가장 큰 원인 중 하나는 편향된 언론이라 할 수 있다. 편향된 언론의 파급력은 2018년 10월 세상을 떠들썩하게 했던 강서구 PC방 살인 사건을 통해 확인할 수 있다. 사건 발생 후 한 온라인 커뮤니티에서 가해자가 학창시절부터 은둔형 외톨이였다는 글이 게시되었다. 그 후 언론에서는 가해자의 끔찍한 범죄의 원인을 은둔형 외톨이 문제와 연결하여 보도하기 시작했다. 또한 은둔형 외톨이가 모두 위험한 존재이고, 잠재적 범죄자인 듯 서로 앞다투어 보도하였다. 그러나 이후 한 언론사를 통해 밝혀진 것과 같이 은둔형 외톨이 소문을 포함하여 가해자와 관련된 소문 중 대부분은 근거가 없고, 가해자는 범행 전까지 사회생활을 했던 것으로 밝혀졌다(아시아경제, 2018. 10. 31.). 하지만 추후 밝혀진 진실을 다룬 기사나, 오보에 대한 정정기사, 혹은 은둔형 외톨이와 가족에 대한 사과 보도는 거의 이뤄지지 않았다. 이런 현상에 대해 정신과 전문의인 여인중(2005)은 신문, 방송 등 언론이 은둔형 외톨이를 보도할 때 마치 서커스단의 진기한 동물 보듯 자극적인 면만 파고든다고 지적했다.

은둔형 외톨이에 대한 편견을 버리고 유연한 시각을 갖는 것은 은둔형 외톨이 은둔의 장기화를 막는 데 효과가 있다(斎藤環, 2012). 사이토 다마키(2012)에 따르면 대부분의 은둔형 외톨이가 장기적으로 은둔하는 주요 원인 중 하나는 주변의 시선이다. 그는 은둔형 외톨이들이 주변의 따가운 시선을 피해 더 고립하게 되고, 이 과정에서 가족의 걱정과 비난이 뒤따르고, 이를 피해 은둔형 외톨이들은 더 심각한 은둔 상태에 빠지게 되는 악순환을 경험하게 된다고 하였다.

2) 일본 사례를 통해 본 인식개선의 중요성

일본의 경우 1999년 말부터 2000년까지 일어난 세 번의 강력 사건 가해자가 은둔형 외톨이였다는 사실이 보도된 바 있다. 이로 인해 많은 일본인이 순식간에 은둔형 외톨이 문제를 인식하게 되었다. 대중매체들은 앞다투어 은둔형 외톨이를 범죄자 예비군으로 묘사하였다. 이후 오랫동안 은둔형 외톨이가 예비범죄자로 취급되어 당사자들을 괴롭혔고, 부모들에게는 말할 수 없는 큰 불안감을 안겨 주었다(斎藤環, 2012).

은둔형 외톨이 문제가 일본사회에 알려지고 난 후, 관계자들은 젊은이들의 무기력하고 자폐적인 성향을 못마땅하게 여기며 비난했다. 이후 관련 전문가들이 은둔형 외톨이에 대한 인식전환을 위해 노력하기 시작했다. 특히 대중매체를 통해 은둔형 외톨이에 대한 부정적인 시각과 편견들을 정정하기 위해 노력했다. 그 결과, 2000년 후생노동성에 은둔형 외톨이 연구팀이 결성되어 은둔형 외톨이에 대한 전국적 조사가 실시되었고, 2001년에는 은둔형 외톨이에 대한 가이드라인이 지방자치단체별로 배부되었다(가이드라인은 14장에 자세히 설명되어 있다). 이후 전국 규모의 정책과 대책들이 마련되었고, 은둔형 외톨이에 대한 일반인들의 인식도 크게 개선되었다. 2003년에는 일본의 국영방송사인 NHK가 '히키코모리 후원 캠페인'을 전개하였고 '네트워크 상담'을 개시하였다(여인중, 2005).

일본사회 내의 다양한 노력으로 인해 방송매체들의 보도 자세도 바뀌어, 은둔형 외톨이와 범죄 간의 관련성을 언급하지 않고 은둔형 외톨이 자체에 관심을 보였다. 은둔형 외톨이의 문제와 실상을 다룬 다큐멘터리도 여러 차례 방영되어 은둔형 외톨이에 대한 인식 증진과 개선에 많은 도움을 주었다. 최근 일본 대부분의 정신의학 관련 전문지에서는 은둔형 외톨이 관련 특집을 적어도 한 번씩은 구성하고 있을 정도로 전문가들의 관심과 연구가 많다. 또한 정신건강 관련 전문가를 대상으로 은둔형 외톨이에 대한 교육과 인식증진 활동도 꾸준하게 진행되고 있다(斎藤環, 2012).

3) 우리 사회가 가져야 할 인식

일본의 경험을 통해 은둔형 외톨이 문제의 예방과 해결의 시작은 사회 내 은둔형 외톨이에 대한 인식 개선과 증진이라는 것을 알 수 있다. 우리나라에서도 몇몇 분야에서 사회의 인식개선을 위한 노력이 기울여지고 있다. 좋은 예가 우리나라에서 중요한 사회문제로 이야기되고 있는 '자살'에 대해서이다. 자살예방 관련 분야에서는 자살 보도 권고기준을 만들어 자살 예방과 인식개선을 위해 노력해 왔다. 자살 보도 권고기준은 관련 시민단체, 보건복지부, 중앙자살예방센터, 한국기자협회가 함께 자살 보도에 대한 사회적 책임을 인식하고, 언론과 개인이 자살예방에 동참할 것을 권유하면서 마련한 기준이다([참고자료] 참조). 2004년 만들어져 2018년에 세 번째 개정을 거친 자살 보도 권고기준은 우리나라의 자살 사건 보도의 감수성을 높이는 데 큰 역할을 해 왔다. 또한 자살문제에 대한 편견 해소와 유가족과 당사자의 인권을 보호하는 데 매우 중요한 역할을 하고 있다. 자살 보도 권고기준이 발표된 후 언론의 자살 보도 방식이 바뀌어 자극적인 단어나 내용이 줄어들었고, 보도 자료 내 자살을 고민하는 사람들에게 도움을 받을 수 있는 기관이나 도움이 될 만한 활동들을 소개하기 시작했다. 이후 우리나라의 자살률은 꾸준하게 줄어들어 2011년에 비해 자살률이 23.4% 감소했다고 한다(중앙자살예방센터, 2020).

참고 자료

자살 보도 권고기준 3.0 – '자살 보도의 5가지 원칙'

1. 기사 제목에 '자살'이나 자살을 의미하는 표현 대신 '사망' '숨지다' 등의 표현을 사용한다.
2. 구체적인 자살 방법, 도구, 장소, 동기 등을 보도하지 않는다.
3. 자살과 관련된 사진이나 동영상은 모방 자살을 부추길 수 있으므로 유의해서 사용한다.
4. 자살을 미화하거나 합리화하지 말고, 자살로 인한 부정적인 결과와 자살 예방 정보를 제공한다.
5. 자살 사건을 보도할 때에는 고인의 인격과 유가족의 사생활을 존중한다.

※ 유명인 자살 보도를 할 때 이 기준은 더욱 엄격하게 준수해야 합니다.

한국기자협회 · 보건복지부 · 중앙자살예방센터

출처: 중앙자살예방센터(2020).

우리 사회에서 더 이상 은둔형 외톨이와 가족이 편견과 차별로 인해 더 깊은 은둔과 절망에 빠지지 않도록 다양하고 전문적인 사회적 인식개선 활동이 필요한 시점이다. 일반인들이 은둔형 외톨이 관련 정보를 가장 많이 접한다고 알려진 언론 보도만이라도 자살 보도 권고기준과 같은 최소한의 안전장치가 꼭 필요하다. 이를 통해 은둔형 외톨이와 가족이 부정확하고 자극적인 편향된 언론으로 인해 상처받는 일이 사라지는 날이 오기를 바란다. 마지막으로, 우리 모두는 은둔형 외톨이가 될 수도 있고 은둔형 외톨이의 가족이 될 수 있음을 기억해야 한다. 은둔형 외톨이에 대한 사회적 인식개선이 은둔형 외톨이와 그 가족 그리고 관련 전문가들만의 분야가 아니며 모두가 함께 노력해야 하는 분야인 이유이다.

2. 은둔형 외톨이에 대한 사회적 대응 현황과 전문기관

1) 은둔형 외톨이 지원기관 현황

2000년대 초반부터 정신의학계와 상담학계 등에서 간헐적으로 은둔형 외톨이에 관심을 가지고 연구와 논의를 진행해 왔다. 하지만 20여 년의 세월 동안 이들에 대한 정책 개발은 미비한 상황이다(윤철경, 서보람 , 2020a). 은둔형 외톨이는 대상자 발굴과 개입 그리고 프로그램을 통해 쉽게 성과를 내기 어려운 대상이다. 성과를 내기 위해서는 서비스가 장기간 지속되어야 하고 매우 정교하고 전문적인 개입이 필요하다(윤철경, 서보람, 2020b). 2010년 초반 기숙형 대안학교, 기숙형 서비스 등 은둔형 외톨이를 대상으로 하는 민관기관들이 출현하기 시작했다. 이 기관들은 공적인 지원 없이 은둔형 외톨이 가족의 경제적 부담에만 의존해 서비스를 제공해 왔다. 은둔형 외톨이 당사자와 가족, 유관기관들이 꾸준히 공적인 지원을 요청하였음에도 불구하고 여전히 지원받지 못하는 사각지대에 놓여 있는 상황이다.

2020년 발표된 은둔형 외톨이 지원기관 관련연구(윤철경, 서보람, 2020a)에 따르면, 최근 10년 이내 관련기관이 많이 생겨나고 있음을 알 수 있다. 하지만 연구에 참여한 기관 중 25%가 예산규모도 작고 공공기관이나 다른 기관들과 연계되지 않은 채 사업을 진행하는 영세한 기관인 것으로 나타났다. 정부지원이나 지방자치단체 등의 외부 지원 없이 운영되는 기관의 비율도 약 44%였다. 이들 기관은 은둔형 외톨이 관련 사업운영 시의 가장 큰 애로 사항으로 예산 부족, 재정 자립의 어려움을 꼽았다. 추후 해결해야 할 과제로는 참여기관 중 절반 이상이 '은둔형 외톨이를 위한 제도적 기반을 마련해야 한다'고 응답하였다. 결국 은둔형 외톨이의 연구와 논의는 20여 년 동안 지속되어 왔지만, 여전히 제도적 기반을 쌓지 못한 것이 현실이다.

2) 은둔형 외톨이 전문기관 및 서비스

앞서 은둔형 외톨이 지원기관 현황에서 살펴본 것과 같이 은둔형 외톨이에 대한 국가적인 관심과 지원이 열악한 환경 속에서도 그 심각성을 인식하고 은둔형 외톨이와 가족을 대상으로 전문적인 서비스를 제공해 온 민간기관들이 있다(윤철경, 서보람, 2020b). 이들 기관과 그곳에서 제공하는 대표적인 서비스에 대해 살펴보기로 하자.

(1) 꿈터 가정형 대안학교(꿈터학교, https://cafe.daum.net/ggumterschool)

만 13~16세 중 중학교 과정을 마치지 못한 청소년을 대상으로 기초교육 및 기타 대안활동을 통해 학교 및 사회의 적응을 돕는 가정형 기숙학교이다. 가정환경의 어려움 때문에 학교에 적응하지 못하고 방황하는 청소년을 대상으로 돌봄과 배움을 함께하면서 튼튼한 울타리를 만들어 주고자 한다.

참고 자료

꿈터학교 기관 소개

○ 주소: 교육관 – 서울특별시 강동구 진황도로 33길 28

　　　　 생활관 – 경기도 구리시 아치울길 120–11번지

○ 문의: Tel. 02-404-3077, Fax. 02-489-3077

청소년의 **웃음소리**는

가장 아름다운 음악입니다.

꿈터학교?

꿈터학교 는 돌봄과 배움을 함께하는 가정형 기숙학교입니다. 가정환경의 어려움 때문에 학교에 적응하지 못하고 방황하는 청소년을 대상으로 _'찜해 놓고 사랑하자'_ 라는 모토 아래 소그룹으로 생활하면서 튼튼한 울타리를 만들어 주고 있습니다. 공동생활을 통해 우리라는 공동체의식 및 세상 살아가는 기술을 배우고 다양한 대안문화활동을 통해 도전과 성취를 지원하는 공간입니다. 학생과 교사와의 친밀한 관계 맺기와 강한 정서적 지지를 통해 문제를 완화하고, 개인의 달성 가능한 작은 목표를 설정하여 자신감을 회복하게 하여 경쟁력 있는 청소년으로 성장 할 수 있도록 아이들의 _버팀돌_ 역할을 하는 학교입니다.

(2) 딜라이트 대화모임(https://cafe.naver.com/delightforu)

오랫동안 집 안에 머물고 있지만 사람을 만나고 사회 속에서 살아가고 싶어 하는 모든 청년을 위한 대화모임이다. 모임에서는 정해 놓은 주제를 가지고 다양한 대화를 나눈다. 매주 온·오프라인으로 진행되며 주제는 카페에 미리 공지된다.

딜라이트 대화모임 소개

(3) G'L 학교밖청소년연구소(https://www.glosy.re.kr)

학교 밖 청소년, 위기 청소년, 은둔형 외톨이를 위한 연구기관이다. 청소년 정책에 올바른 방향성을 제시하고 지역사회 정책에 이와 관련된 내용을 반영하고 실질적 도움을 주기 위하여 다양한 연구를 진행하고 있다.

(4) 청년재단(https://yhf.kr/main.do)

청년 일자리 문제를 해결하기 위해 국민들의 자발적 기부와 참여를 통해 청년 일자리 창출사업을 지원함으로써 청년들의 일자리를 늘리고 청년들에게 희망을 주기 위해 설립되었다. 주요 사업 내용은 〈표 13-1〉에 제시되어 있다. 특히 청년재단에서는 은둔형 외톨이 연구와 프로젝트를 지속적으로 해 왔으며, 이들을 위한 다양한 프로젝트와 연구결과를 홈페이지 내에서도 찾아볼 수 있다.

표 13-1 청년재단 사업 내용

청년 체인지업 프로젝트	고립청년(은둔형 외톨이) 개별상황에 따른 자립 프로그램 지원 및 참여 청년 가족 안정 프로그램을 지원하는 프로젝트
청년 맞춤형 지원 사업	진로 및 일자리 문제로 어려움을 겪고 있는 청년에게 개인 맞춤형 프로그램을 설계하여 지원하는 사업
청년 일경험 지원 사업	일경험이 필요한 청년에게 근무기회 제공을 통해 사회경험 함양 및 일자리 기반을 조성하는 사업
청년주도형 학습매니저 일자리 사업	청년이 자신의 적성과 역량을 발휘하여 다문화가정 아동의 학습매니저로서 활동하며 취업역량 강화 및 경제활동 기회를 마련해 주는 사업
멘토링	취업을 준비하는 청년들이 필요로 하는 도전 및 경험, 직무지식을 쌓을 수 있도록 다양한 강연·컨설팅을 제공하는 사업
청년장학금상환 플랫폼	학자금 대출을 받은 청년들의 상환 부담을 경감시켜 취업 및 경제 활동에 전념할 수 있는 여건을 제공하는 사업

참고 자료　청년재단 기관 정보

○ 주소: 서울특별시 종로구 청계천로 35, 관정빌딩 3층 02-6731-2600

　　　울산광역시 남구 옥현로 129, 벤처빌딩 2층 052-944-3300

○ 은둔형 외톨이 부모모임 https://cafe.naver.com/youcandogoout

(5) K2인터내셔널코리아(https://k2-kr.com)

1989년 일본에서 시작된 등교거부 문제를 해결하기 위해 설립된 단체로 요코하마, 이시노마키, 뉴질랜드, 호주에 설립되었다. 2012년에는 한국에서도 활동을 시작하였다. 청년 포럼, 정책 네트워크 등 다양한 프로그램에도 활발히 참여하고 있다. '함께 살고, 함께 일하며, 함께 성장하기'가 모토이다. 운영 중인 프로그램은 공동생활 프로그램, 직업훈련 프로그램, 해외연수 프로그램 등이 있다. 공동생활 프로그램은 셰어하우스를 통해 함께 생활하며 소통능력을 익히도록 한다. 또한 청년 자립지원을 위해 견습 훈련소인 자립훈련식당(Don cafe)과 타코야키집(COLOTAKL)을 운영하여 은둔형 외톨이들이 직접 일을 할 수 있도록 돕고 있다. 또한 같은 어려움을 겪고 있는 해외의 고립 청소년 및 청년들과의 만남도 주선하고 있다.

K2인터내셔널코리아 기관 정보

○ 주소: 서울특별시 성북구 아리랑로 19다길 5
○ 전화: 02-941-5943

프로그램 소개

공동생활 프로그램	마음 맞는 친구, 동료, 스태프들과 함께 생활하면서 규칙적인 생활습관, 식사, 소통능력을 익히는 프로그램이고 K2형 지원의 기본입니다.
직업훈련 프로그램	일식 돈부리집과 타코야키를 다 같이 운영하면서 일할 때 필요한 스킬을 익히는 프로그램
해외연수 프로그램	일본, 호주, 뉴질랜드에서 언어를 배우면서 다른 문화를 가진 사람들과 소통을 익히는 특별프로그램

(6) 사회비행자(https://blog.naver.com/societypilot)

사회적 고립을 직접 겪었던 당사자들이 만든 사회적 기업이다. '모든 사람이 자신의 모습 그대로 살 수 있는 세상을 만들겠다'는 모토를 통해 사회비(非)적응자들의 자립을 돕고자 한다. 니트족, 은둔형 외톨이 등 사회적 소수자들을 위한 세미나, 콘텐츠 제작, 기획 등 다양한 활동을 하고 있다. 또한 예술치유 교육을 통한 예술 콘텐츠(춤추는 제자리표) 제작을 꾸준히 하고 있다. 현재 온·오프라인 니트족 모임, 글쓰기 모임 등을 통해 비슷한 어려움을 겪는 사람들과의 모임을 활발히 갖고 있으며, 사회정책 및 토론회 등에도 꾸준히 참석하여 고립된 청년들 지원의 필요성에 목소리를 내고 있다.

(7) 리커버리 센터(recovery center, https://www.the-recoverycenter.org)

심리·사회적 요소 등으로 인해 사회로부터 고립된 청년(18~34세)들의 회복을 지원하고 건강한 사회구성원으로 자립할 수 있도록 돕는 청년회복 지원단체이다. 공동생활 및 다양한 프로그램을 운영하고 있다. 대부분의 프로그램은 인문-예술 프로그램을 지향한다. 함께 식사를 만들며 협업을 하도록 돕는 쿠킹 런치, 창작을 통한 예술활동 및 워크숍을 진행하는 리커버리 예술단, 스포츠 활동(야구)을 통해 신체활동을 할 수 있도록 돕는 리커버리 야구단이 있다.

참고자료

리커버리 센터 기관 정보

ㅇ 주소: 리커버리 센터-서울특별시
성북구 보문로 72 2층

ㅇ 전화번호: 02-6494-2030

쿠킹 런치

셰프 코치의 가이드에
따라, 회의를 통해
메뉴를 선정하고,
요리하고 서로 대접
하는 모든 작업에 협업
하여 식사를 직접
만들어 먹는 밥상공동체

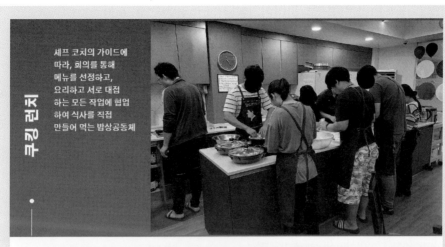

리커버리 예술단

배우, 화가, 영화감독,
싱어송라이터 등
현역에서 활동하고 있는
예술가들과 함께 다양한
예술분야를 체험하고,
나아가 각 크루들이
본인의 이야기가 담긴
창작물을 주도적으로
만들어낼 수 있도록
돕는 예술창작워크숍

리커버리 야구단

주 1회 야구훈련을 통해
야구의 기본 소양을
쌓고, 그 후 적정 수준의
실력이 쌓였을 때 5149
야구 리그에 소속되어
경기를 뛸 수 있도록
도와주는 스포츠
프로그램

(8) (사)PIE나다운청년들/파이심리상담센터(www.pie-edu.com, www.파이상담센터.com)

학교 밖 또는 사회 밖 청년들이 자존감과 비전을 회복하고 자신의 진로를 찾아가 도록 돕는 것을 목표로 하는 기관이다. 세상에 적응하기에 아직 준비가 되어 있지 않거나 사회로 나가기 꺼리는 젊은이들이 적성에 맞는 진로를 찾을 수 있도록 돕고 있다. 또한 정서적 안정을 도모하기 위해 심리상담전문가 심리상담을 지원하며, 일 대일 멘토링을 지원하고 있다.

참고자료

파이청년학교/파이심리상담센터 기관 정보

○ 주소: 경기도 성남시 분당구 새마을로 12 청흥빌딩 4층

○ 전화번호: 031-703-0103/0104

교육과정

대상	• 자존감과 비전을 회복해서 나답게 살고 싶은, • 자신의 창의성과 주체성을 발휘하고 싶은, • 잠시 멈춰 삶의 방향을 새롭게 찾고 싶은 18세 이상 청년
주요 내용	• 비전과 자존감 회복 교육(나의 삶, 나다움, 나의 일 찾기) • 직업/현장 체험 교육 • 개인 선택형 교육과정(2학기생부터 가능) • 개인별 심리케어, 멘토링

당사자

A. 은둔형 외톨이	B. 경계선 외톨이	C. 고립청년/NEET
방콕/대인 기피 방문상담, 공동 기숙	제한적 대인관계/간헐적 외출 쉼터 제공, 자존감 회복 활동 및 교육	취업의사 有/진로역량 필요 취업역량 교육, 맞춤형 일터 제공

교육/공동체 활동 ＋ 심리상담/정신건강 치료

주변 환경

부모	교사	상담자	지역사회
상담, 교육	예방교육	또래/전문가 양성	교육, 지원체계 제공

《(사)PIE나다운청년들의 영역별 · 단계별 지원서비스》

회복된 심리적 건강함을 바탕으로 급변하는 사회에 잘 적응할 수 있도록 체계적인 교육 및 활동프로그램을 제공하며, 심리상담 기반의 개인별 맞춤교육, 프로젝트교육, 현장형 진로탐색 등 다양한 교육이 진행된다. 파이심리상담센터의 전문가를 통해 학교 밖 및 사회 밖 자녀의 부모를 위한 전문상담과 워크숍도 진행하고 있다.

(9) 한국은둔형외톨이지원연대(www.hsak.kr)

한국은둔형 외톨이지원연대는 각 분야에서 고립된 당사자를 대상으로 직간접적 지원과 상담, 교육, 연구 등의 사업을 해 온 16개의 단체와 개인이 힘을 합쳐 만들어졌다. 은둔형 외톨이를 지원하는 전국 첫 연대조직으로 은둔형 외톨이에 대한 사회적 인식개선 및 제도마련에 앞장서고 있다. 한국은둔형외톨이지원연대는 은둔형 외톨이 및 가족 지원사업, 개선사업, 대외 협력사업, 연구 교육사업을 수행하고 있다.

한국은둔형외톨이지원연대 기관 정보

○ 주소: 서울특별시 서대문구 창천동 503-13 302호
○ 전화: 02-322-0058

참고
자료

(10) 생명의전화종합사회복지관(www.lifelineseoul.or.kr)

생명의전화종합사회복지관은 1986년 개관하여 어렵고 힘들게 살아가는 이웃들에게 희망의 불빛이 되기 위해 활동한 기관이다. 2020년 서울시 청년청으로부터 지

원을 받아 '2020년 서울시 고립청년 사회적 자립지원 사업'을 진행하였다. 사업은 사각지대에 놓인 고립청년 발굴, 유형별 맞춤 프로그램 운영, 고립청년의 사회 안착을 위한 지역사회 기반 조성과 종합적 지원체계를 마련하는 것을 목적으로 진행되었다. 2021년 청년맞춤형 지원사업(청년맞춤제작소in성북)을 통해 서울시에 거주 중인 만 19~34세의 진로 및 일자리 문제로 어려움을 겪고 있는 청년들에게 맞춤형 통합지원체계 구축 및 지원을 통해 사회적·경제적 활력을 고취하여 안정적 사회진입을 지원하고 있다.

참고자료

생명의전화종합사회복지관 기관 정보

○ 주소: 서울특별시 성북구 오패산로 21, 생명의전화종합사회복지관
○ 전화: 02-916-9193

3. 은둔형 외톨이 관련 정책과 서비스

1) 현황

현재까지 우리나라에서 은둔형 외톨이와 관련하여 마련된 지원방안을 살펴보면 NEET, 고립 청년, 위기 청소년 혹은 학교 밖 청소년 사업의 일부 대상에 포함시켜 온 것이 대부분이다(윤철경, 서보람, 2020). 사업 형태나 예산 영역을 살펴보면 정부나 지방자치단체, 민간재단에서는 은둔형 외톨이의 특수성을 고려하지 않고 일시적인 공모사업 방식으로 사업비를 지원한 경우가 많다.

은둔형 외톨이를 대상으로 한 면담조사(파이교육그룹, 2020)에 의하면, 은둔은 학제가 바뀔 때 혹은 군 제대 등 관계의 가변성이 높고 변화가 큰 시기에 집중되는 경향을 보인다. 또한 학교 및 사회 적응기에 잘 대처하지 못할 경우 은둔 상태에 진입할 위험성이 높고, 고립되기 전 어떻게든 집 밖으로 나오기 위해 노력한다(파이교육그룹, 2020). 이를 통해 은둔형 외톨이 문제를 사회적으로 예방할 수 있는 기회가 있었음을 알 수 있다. 하지만 앞서 언급했듯이 현재 우리나라에는 은둔형 외톨이만을 위한 체계적인 정책이나 통합적인 서비스를 제공하는 기관은 없다.

하지만 몇몇 관련 기관과 서비스를 통해 은둔형 외톨이가 관련된 도움을 받을 수 있는 가능성이 있다. 은둔형 외톨이에게 특화된 서비스가 아니라는 점에서 큰 아쉬움이 남지만, 은둔형 외톨이를 돕는 가족과 학교구성원은 이러한 정책과 서비스를 활용할 수 있을 것이다. 또한 은둔형 외톨이를 위한 제도적 기반이나 공적인 지원, 통합적인 서비스 제공기관도 없는 현실에서 은둔형 외톨이 지원을 위한 단계별·영역별 방안이 절실하다. 이러한 체계적 접근이 차후 통합적인 서비스 제공기관이나 지원체계 확립의 방향을 정하는 데 도움이 될 수 있을 것이다.

2) 학교부적응 및 학업중단 관련 정책 및 서비스

사례

"초등학교 고학년 때부터 대인관계가 불편했고, 고등학교 정도 때부터 고립적으로 생활해서 대학생인 현재까지 지속되는 중이에요."

"초등학교 3학년 때부터 따돌림을 당했고, 고등학교 때 와서는 적응을 잘 못하겠어서 고2 때 그만두고 현재까지 계속 은둔 중이에요."

"고등학교 때 왕따를 당하면서 밖에 나가기 싫었는데 그땐 어쩔 수 없이 다녔어요."

"초등학교 때부터 친구들에게 맞고 난 다음부터 자학하고 자해하면서 버텼어요."

"초등학교 때부터 애들이 괴롭히곤 했는데 중학교 땐 괜찮았다가 고등학교 때 언니들이 왕따시키고 그랬어요."

"초등학교 6학년 수학여행에서 남자친구들에게 집단폭행을 당했고 이후 중학교에 올라가서부터 잘 적응을 하지 못했어요."

"학교를 떠난 이후는 아무도 관심을 갖지 않고, 지원하는 곳이 없으므로 정보나 도움을 받을 수 있는 기관이나 지원 프로그램이 절실해요."

출처: 파이교육그룹(2020).

(1) 솔리언또래상담(www.peer.or.kr)

솔리언(solian)이란 solve(해결하다)+ian(사람을 뜻하는 접미어)의 합성어로 또래의 고민을 듣고 함께 문제를 해결하기 위해 돕는 친구라는 의미를 담고 있다. 또래상담이란 비슷한 연령과 유사한 경험 및 가치관 등을 가지고 있는 청소년들이 일정한 훈련을 받은 후, 자신의 경험을 바탕으로 주변의 다른 또래들의 고민이나 문제해결을 위해 조력하고 이들이 성장·발달할 수 있도록 생활의 제반 영역에서 지지적인 도움을 제공하는 프로그램이다. 2019년 기준 전국 9,012곳의 학교에서 또래상담을 운영하고 있다. 자세한 정보는 교내의 상담교사나 담임선생님을 통해 얻을 수 있다.

(2) Wee 프로젝트(www.wee.go.kr)

　Wee 프로젝트는 학교, 교육청, 지역사회가 서로 연계되어 학생들을 지원하기 위해 구축된 다중 통합지원 서비스망을 통틀어 지칭하는 단어이다. 지원대상은 일반 학생들을 포함하여 학습부진 및 학교부적응 학생들, 또한 그 부모 및 교사도 포함된다. 2009년부터 시범 운행하였고 그 효과가 입증되어 점차 전국 단위로 범위를 넓혀 왔다. '학생들이 건강하고 즐거운 학교생활을 할 수 있도록 지원하는 것'이 이 프로젝트의 궁극적인 목표이다. Wee 프로젝트는 초·중·고등학교에 소속된 학생이라면 누구나 이용 가능하다. 서비스 신청은 재학 중인 학교에 Wee 클래스가 있는 경우에는 Wee 클래스에, 재학 중인 학교에 Wee 클래스가 없는 경우에는 거주지역의 Wee 센터에 신청하면 이용이 가능하다. 자세한 정보는 교내 상담교사나 담임선생님, 인근 교육청을 통해서 얻을 수 있다.

표 13-2 Wee 프로젝트 기관 및 서비스

구분	특징 및 기능
Wee 클래스	학교 안에 설치된 상담실이다. 전문 상담사가 학생들의 대인관계, 진로 및 다양한 문제들을 상담한다.
Wee 센터	시·도 및 지역교육청에 설치된 기관이다. 학교에 설치된 Wee 클래스보다 규모가 크고 업무도 다양하다. 학교 안에서 해결되지 않는 근본적인 어려움을 해결하도록 돕고, 지역사회 내 유관기관과의 연계를 통해 학생에게 필요한 서비스를 제공한다.
Wee 스쿨	고위기 학생들을 지원하는 기숙형 장기위탁교육기관이다. 공립형 대안교육기관으로 학교와 비슷한 개념이다. 학년·학급이 구분되지 않은 통합교육과정으로 운영되며 정규 교과교육 이외에도 상담활동, 심성교육, 진로직업교육, 사회적응력 프로그램 등을 함께 운영한다.
가정형 Wee 센터	가정적 돌봄과 대안교육이 필요한 학생들이 이용하는 돌봄(보호), 상담, 교육이 어우러진 특화형 센터이다. 주거 환경 및 돌봄을 토대로 교과 운영, 가족 개입 프로그램 등 학교로의 복귀를 돕기 위한 통합 서비스를 제공한다.
병원형 Wee 센터	병원 내 위치한 대안교육 위탁기관이다. 정신과 전문의의 치료, 심리검사 및 전문상담, 대안교육과정 운영, 학교 현장 자문 등을 통해 실제적인 상담과 치료를 함께 병행하고 있다. 궁극적으로는 학생들이 학교로 복귀할 수 있도록 돕는다. 진단-상담-치료가 한꺼번에 이루어질 수 있도록 한다. 학적을 유지하면서 병원치료를 받을 수 있다는 장점이 있다.

(3) 학업중단 숙려제도

2014년부터 시행되고 있는 학업중단 숙려제도는 학업중단 징후가 발견되거나 학업중단 의사를 밝힌 학생에게 2~7주 동안 숙려할 기회를 제공하는 것이다. 숙려 기간 동안 학교 내 대안교실, Wee 센터, 청소년상담복지센터 등에서 상담, 체험, 진로교육 등의 프로그램을 이용하도록 하고 있다. 학업중단 숙려제도는 학업중단 위기 학생에게 다양한 체험 및 상담 등을 경험할 수 있는 숙려 기회를 부여하여, 신중한 고민 없이 이루어지는 학업중단을 예방하기 위한 목적을 갖는다. 또한 학업중단 위기 학생에 대한 상담 등 적극적인 개입으로 학교 적응력을 증진하고, 학교·교육청·지역사회가 연계한 체계적인 진로지도를 통한 인적 자원의 유실 방지의 목적도 가지고 있다.

참여대상은 학교 측에 학업중단 의사를 밝힌 초·중학생(유예), 고교생(자퇴), 미인정 결석 연속 7일 이상 또는 연간 누적 30일 이상인 학생 등이다. 학업중단 징후가 발견되거나 자퇴(유예)원을 제출한 경우 먼저 담임교사 또는 전문상담교사가 면담을 반드시 실시하도록 되어 있다.

숙려 기간 중 전문상담(교)사 또는 외부 기관에서 상담을 실시하며, 1~3주 숙려 기간에는 주 1회 이상 상담을, 4~7주 숙려 기간에는 주 2회 이상 상담을 실시한다. 숙려 기간 중에는 상담 · 치유/학습지도/진로개발/문화체험 · 예체능 중 특정 분야를 선택하여 프로그램을 필수적으로 운영하고 참여하도록 하고 있다. 숙려 기간이 종료되어 학업에 복귀하는 경우 학교생활에 원만하게 적응할 수 있도록 지속적인 관리 및 지도를 실시한다. 자세한 정보는 담임교사나 인근 교육지원청을 통해 얻을 수 있다.

2) 진로 · 취업관련 정책 및 서비스

사례

"다양한 분야에 관심이 있고 진로를 놓고 고민이 많아요."

"학교에서 성적이 잘 안 나와서 머리를 식힐 겸 나왔는데 뭘 해야 할지 모르겠어요."

"막상 대학을 졸업하고 나니까 뭘 해야 할지 모르겠더라고요."

"일을 좀 해야겠는데 무슨 일을 해야 할지 모르겠어요."

"취업만 생각하고 전공을 정해서 적성에 맞지 않는 것도 부적응에 일조했어요. 적성에 맞는 진로지도가 되었으면 좋았을 것 같아요."

"경력이 단절되고 있어서 내게 맞는 적절한 일을 찾아서 미래를 대비하고 싶은 마음은 있어요."

출처: 파이교육그룹(2020).

(1) 진로체험지원센터(www.ggoomgil.go.kr)

진로체험 프로그램 진행, 지역사회 내 진로체험처 발굴 · 관리, 프로그램 컨설팅, 학교 진로체험 지원 등의 업무를 하는 기관이다. 지역주민이라면 누구나 이용 가능하다. 참여자들이 현장을 직접 방문하여 직업인과 대화하는 프로그램부터 견학 및 체험, 진로캠프 · 진로특강 등 학교 내외에서 다양한 프로그램이 진행되고 있다.

표 13-3 | 진로체험 유형

유형	활동 내용
현장직업체험형	학생들이 관공서, 회사, 병원, 가게, 시장과 같은 현장 직업 일터에서 직업관련 업무를 직접 수행하고 체험하는 활동
직업실무체험형 (모의일터 직업체험)	학생들이 직업체험을 할 수 있는 모의 일터에서 현장직업인과 인터뷰 및 관련업무를 직접 수행하고 체험하는 활동(현장직업인 멘토 필요)
현장견학형	일터(작업장), 직업관련 홍보관, 기업체 등을 방문하여 생산공정, 산업 분야의 흐름과 전망 등을 개괄적으로 견학하는 활동
학과체험형	특성화고, 대학교(원)를 방문하여 실습, 견학, 강의 등을 통해 특정 학과와 관련된 직업 분야의 기초적인 지식이나 기술을 학습하는 활동
진로캠프형	특정 장소에서 진로심리검사 · 직업체험 · 상담 · 멘토링 · 특강 등 종합적인 진로교육 프로그램을 경험하는 활동(1일 6시간 이상 운영)
강연형 · 대화형	기업 CEO, 전문가 등 여러 분야의 직업인들의 강연, 진로특강을 통해 다양한 직업세계를 탐색하는 활동

교육부가 진로체험을 지원하기 위해 운영하는 대국민 서비스 플랫폼인 꿈길 사이트를 통해서 지역별로 참여가 가능한 진로체험 프로그램을 확인할 수 있다. 기관이나 지역별로 제공하는 프로그램에는 차이가 있을 수 있다. 자세한 내용은 인근 교육지원청이나 꿈길 홈페이지를 통해 확인할 수 있다.

(2) 꿈드림센터(www.kdream.or.kr)

꿈드림은 '꿈=드림(Dream)' '꿈을 드림'('드리다'의 명사형)이라는 중의적인 표현으로, 학교 밖 청소년에게 새로운 꿈과 희망을 드린다는 의미를 담고 있다. 학교 밖 청소년의 개인적 특성과 상황을 고려한 상담지원, 교육지원, 직업체험 및 취업지원, 자립지원 등의 프로그램을 통해 학교 밖 청소년들이 꿈을 가지고 자신의 미래를 스스로 준비하여 공평한 기회를 얻을 수 있도록 지원한다. 9~24세의 학교 밖 청소년(초 · 중학교 3개월 이상 결석, 취학의무를 유예한 청소년, 고등학교 제적 · 퇴학 처분을 받거나 자퇴한 청소년, 고등학교 미진학 청소년), 학업중단 숙려대상 등 잠재적 학교 밖 청소년이라면 누구나 무료로 이용 가능하다.

심리상담사, 청소년상담사, 청소년지도사, 사회복지사 등 청소년을 보호하고 지원하는 데 필요로 하는 자격을 소지하고 일정 기간 실무경력을 갖춘 전문가들이 배치되어 있다. 기관이나 지역별로 제공하는 서비스에는 차이가 있을 수 있다. 추가적인 내용이 궁금할 경우 24시간 청소년전화 1388로 연락하면 자세한 안내를 받을 수 있다.

표 13-4 꿈드림센터 지원별 서비스 내용

구분	서비스 내용
상담지원	• 청소년 심리, 진로, 가족관계, 친구관계 등
교육지원	• 학업동기 강화 및 학업능력 증진 프로그램 진행 • 검정고시를 통한 학력취득 지원 • 대학 입시 지원/복교지원 • 학업중단 숙려상담, 취학관리 전담기구 사례관리
직업체험 및 직업교육훈련 지원	• 직업탐색 · 체험 프로그램 제공/직업역량강화 프로그램 제공 • 취업훈련 연계지원(내일이룸학교, 취업성공패키지, 비즈쿨 등)
자립지원	• 자기계발 프로그램 지원/청소년 근로권익 보호 • 경제적으로 어려운 학교 밖 청소년 지원 • 기초 소양교육 제공
건강검진	• 10대 특성에 맞춘 건강검진 서비스 제공(본인부담 없음) • 건강생활 관리 지원/체력관리 지원
꿈드림 멘토	• 건강한 성인으로 성장하는 데 역할모델 제시 • 학교 밖 청소년의 학업복귀 및 사회진입에 실질적인 도움 제공

(3) 고용복지플러스센터(www.workplus.go.kr)

고용센터(고용부), 일자리센터(자치단체), 복지지원팀(복지부, 자치단체), 여성새로일하기센터(여가부), 서민금융센터(금융위), 제대군인지원센터(보훈처) 등 다양한 기관에 참여하여 고용, 복지, 서민금융 등의 서비스를 원스톱으로 제공하는 고용노동부 산하기관이다. 구직자 취업지원 서비스 및 구인업체 인력지원 서비스 제공, 근로자 실업급여, 능력개발 비용 및 사업주 고용유지, 교육훈련 비용지원 관리 등의 사업을 진행하고 있다. 2020년 현재 전국 98개소가 설치되어 고용-복지 통합 서비스를 제공하고 있다.

기관이나 지역별로 제공하는 서비스에는 차이가 있을 수 있다. 자세한 정보를 얻고 싶다면 인터넷에 고용복지플러스센터를 검색하거나 인근 고용복지플러스센터나 고용노동부 상담전화인 1350으로 연락하면 안내를 받을 수 있다.

| 표 13-5 | 고용복지플러스센터 서비스 내용 |

구분	세부내용
취업성공패키지	참여자 특성 진단(프로파일링)을 토대로 최장 1년간 '상담 · 진단 · 경로설정(1단계) → 훈련 · 인턴 등 직업능력증진(2단계) → 취업알선(3단계)'을 단계별 맞춤형으로 제공하는 종합 취업지원 프로그램
국민내일배움카드	취업에 필요한 직무능력을 습득할 수 있는 훈련에 참여토록 직업능력 개발계좌(국민내일배움카드)를 발급하여 훈련비를 지원하고, 훈련이력을 종합관리 · 지원
일반고 특화 직업능력개발훈련	대학 진학이 아닌 취업을 희망하는 일반고 3학년생에게 맞춤형 직업능력개발훈련 기회를 부여하여 노동시장 조기 진입을 촉진
청년 일경험 지원 사업	청년에게 중소 · 중견기업의 일경험 기회를 제공함으로써 직무경력과 정규직 취업가능성을 제고하고, 중소기업 등의 인력난 해소에 기여하는 청년 민간일자리 창출사업
청년 디지털 일자리 사업	청년층에게 IT분야 실무경험을 바탕으로 지속근무 또는 연관분야 취업을 촉진하고, 기업에게는 실질적인 부가가치를 창출토록 지원하는 청년민간 일자리 사업
청년구직활동 지원금	자기주도적 구직활동을 하는 미취업 청년(만 18~34세)에게 청년구직활동지원금을 지원하여 원활한 노동시장 진입 지원
중소기업탐방 프로그램	청년들에게 다양한 직업세계 및 산업현장에 대한 체험기회를 제공하고, 우수한 중소 · 강소기업에 대한 정보제공을 통해 중소기업 인력 부족 해소 및 노동시장으로의 조기진입 유도
해외취업지원	해외취업 희망 청년을 대상으로 맞춤형 연수 등 구인수요에 맞는 인재로 양성, 해외일자리 맞춤알선 등을 통하여 해외취업으로 연계
청년취업아카데미	산업현장에서 요구하는 맞춤형 교육과정을 대학생(원) 졸업(예정)자에게 제공하여 청년의 노동시장 조기진입 등 청년고용 창출

3) 정신건강 관련 정책 및 서비스

> 사례
>
> "대학교 2학년 때 공황장애로 1년 동안 그냥 혼자 견뎠어요. 그러다 일상생활이 마비가 왔어요. 부모님이 병원에 대해 편견이 있어서 병원에 안 가고 혼자 견뎠어요."
>
> "어느 날 시험기간에 도서관에 가려고 하는데 나가면 심장마비가 올 것 같은 느낌이라서 나갈 수 없었어요."
>
> "스트레스가 많은데 풀지 못해서 혼잣말도 많이 하고, 풀리지 않는 스트레스가 있어요."
>
> "몇 달 전에는 너무 불안해서 숨이 안 쉬어져서 숨을 헐떡거린 적도 있었어요."

> "제대 후 주변에서 뭐 할 거냐 질문에 움츠러들어 침대 밖으로 나오지 못하고 지냈다. 우울증이었
> 는데 몰라서 치료를 받지 못했다."
>
> 출처: 파이교육그룹(2020).

(1) 청소년상담복지센터

「청소년복지지원법」 제29조에 의거해 설립된 청소년상담 전문기관으로 전문적
인 상담을 통하여 청소년 문제를 해결하고 청소년들이 올곧고 건강하게 성장할 수
있도록 돕는 기관이다. 청소년 상담, 긴급구조, 자립, 의료지원 등 통합지원 서비스
를 제공하여 청소년의 건강한 성장 및 복지증진 도모를 목적으로 하여 전국 235개
청소년상담복지센터가 설치·운영 중이다. 청소년상담사, 상담심리전문가, 사회복
지, 임상심리사, 교육학 등 청소년 관련 분야 전문가들이 근무하고 있다.

청소년과 부모에 대한 상담복지 지원, 상담복지 프로그램의 개발 및 운영, 청소년
상담 또는 긴급구조를 위한 전화 운영, 청소년 폭력·학대 등으로 피해 입은 청소년
의 긴급구조, 법률 및 의료 지원, 일시보호 지원, 청소년의 자립능력 향상을 위한 자
활 및 재활 지원 등의 광범위한 사업을 진행하고 있다. 지역이나 기관 상황에 따라
제공하는 서비스는 다를 수 있다. 365일 24시간 운영되는 청소년전화 1388나 인근
청소년상담복지센터에서 자세한 안내를 받을 수 있다.

**참고
자료**

청소년상담복지센터 지원 내용

- 개인상담 및 심리검사(만 9~24세 청소년, 부모 대상)
- 집단 프로그램(만 9~24세 청소년)
- 위기청소년 긴급지원 서비스(위기청소년에게 긴급하게 필요한 의료비, 교통비 등 지원)
- 자살/자해, 성문제 등 위기사건에 대한 현장개입, 외상사건 사후 심리지원사업 운영
- 청소년동반자 프로그램[만 9~24세 위기(가능)청소년에게 찾아가는 상담, 지역자원 연계 등]
- 인터넷·스마트폰 과의존 예방·해소 사업(인터넷·스마트폰 이용습관 진단조사)
- 인터넷·스마트폰 과의존 예방·해소 개인·집단상담, 인터넷·스마트폰 과의존 가족치유캠프
- 부모교육 사업(청소년기 자녀 이해를 돕고, 부모 역할를 위한 부모집단상담) 등

(2) 정신건강복지센터

지역사회를 기반으로 하여 주민들의 정신건강 문제에 대한 통합적이고 지속적인 서비스 제공을 목적으로 하는 공공 정신건강 증진 전문기관이다. 「정신건강증진 및 정신질환자 복지서비스 지원에 관한 법률」에 의해 전국에 257곳이 설치·운영 중이다. 정신의료기관이 아니며, 센터에서 서비스를 이용하더라도 의료 기록에 남지 않는다.

지역주민이라면 누구나 무료로 이용 가능하며, 주요 사업으로 중증 정신질환 관리, 정신건강 증진, 아동·청소년 건강증진 등의 업무를 수행하고 있다. 주요 기능은 지역사회 내 정신질환 예방, 정신질환자 발견·상담·정신재활 훈련 및 사례관리이다. 정신과 전문의, 정신건강전문요원, 사회복지사, 간호사, 임상심리사 등이 근무하고 있다. 이용 가능한 서비스는 지역 및 기관의 상황에 따라 다를 수 있다. 자세한 정보를 얻고 싶다면 24시간 정신건강상담전화(1577-0199)나 인근 보건소로 연락하면 자세한 안내를 받을 수 있다.

> **참고 자료** 정신건강복지센터 지원 내용
>
> - 임상적 고위험군 평가에 대한 정신건강의학과 전문의 자문서비스
> - 초기상담 및 평가 요청 시 가정방문상담 진행
> - 전문적 사례관리(개인상담, 재활 프로그램, 가정방문 등)
> - 정신과적 증상으로 인한 자·타해 상황 발생 시 출동을 통한 위기개입
> - 정신질환 진료 및 치료비 지원 등 지역사회 복지서비스 연계
> - 정신의료기관과 퇴원환자 지역연계 촉진을 위한 정기적 활동 수행 등

(3) 중독관리통합지원센터

지역사회를 기반으로 하여 주민들의 중독문제에 대한 통합적이고 지속적인 서비스 제공을 목적으로 하는 공공 정신건강 증진 전문기관이다. 「정신건강증진 및 정신질환자 복지서비스 지원에 관한 법률」에 의해 전국에 49개 센터가 설치·운영 중이며, 센터가 속해 있는 지역의 주민이라면 누구나 무료로 이용 가능하다.

주요 사업으로 중독문제 조기 발견 및 개입 서비스, 중독질환 관리사업, 중독질환

가족지원사업, 중독 폐해 예방 및 교육사업 등의 업무를 수행하고 있다. 정신과 전문의, 정신건강전문요원, 사회복지사, 간호사, 임상심리사 등이 근무하고 있다.

이용 가능한 서비스는 지역 및 기관의 상황에 따라 다를 수 있다. 자세한 정보를 얻고 싶다면 인근 보건소, 24시간 정신건강상담전화(1577-0199), 보건복지상담센터(129)로 연락하면 더 자세한 안내를 받을 수 있다.

중독관리통합지원센터 지원 내용

- 접수 및 의뢰 대상자 중독 관련 심층 사정평가
- 알코올 및 기타중독(도박, 인터넷, 마약) 대상자 사례관리(개인상담, 재활 프로그램 등)
- 알코올 및 기타중독 고위험군 조기발견 및 위기개입
- 알코올 및 기타중독 가족 사례관리(개인상담, 집단 프로그램, 가족모임 지원 등)
- 지역사회 관련기관 연계 및 의뢰(의료기관, 법무체계 등)
- 알코올 및 기타중독 예방교육 등

4) 가정문제 및 위기상황 관련 정책 및 서비스

사례

"유치원 때부터 부모님의 불화로 선택적 함구증을 경험했어요."

"중·고등학교 때 부모님 불화가 너무 심해서 말을 안 했다."

"부모님이랑 그냥 안 맞고, 계속 트러블이 있어요."

"지인들은 나를 이해하지만 가족은 나를 이해하지 못해요."

"부모님이 내가 도움이 필요하다는 것을 일찍 알았더라면 그리고 그것을 일찍 인정했더라면 좋았겠어요."

"부부관계가 좋지 못했기 때문에 늘 가정불화가 있었다. 늘 집안이 냉랭했다."

"자녀의 은둔으로 인해서 나는 안사람과 둘째와도 지속적으로 갈등을 겪고 있다."

"난 아이에게 상처 주는 말을 그냥 아무렇지도 않게 했다. 그게 상처를 주는지 몰랐다. 부모들이 아이를 상처 주지 않도록 할 수 있도록 부모교육이 필요할 것 같아요."

"아빠가 술만 먹으면 엄마랑 저를 때리고 해서 불화가 많았어요."

"우울증이 심하던 시기에 두 번 옥상에 올라갔지만 막상 떨어질 곳을 못 찾았어요."

"나는 쓸모없는 사람이구나. …… 죽는 것이 낫지 않을까 하는 생각 정도가 있어요."

> "아무것도 안 하고 누워 있으면 엄마가 와서 뭐라고 하고 그러다 보면 싸움으로 번지고 몸싸움으로 번지기도 했어요."
>
> "면도날로 재건수술을 받을 정도의 깊이로 3회 그었어요."
>
> "엄마가 잔소리하고 그런 게 싫어서 그만하라고 주먹으로 때린 적이 있어요."
>
> 출처: 파이교육그룹(2020).

(1) 건강가정지원센터(www.familynet.or.kr)

여성가족부가 시행하는 가족정책의 주요 전달체계로서 다양한 가족지원 정책을 제안 및 실행하기 위해 설립된 기관이다. 2005년부터 시행된 「건강가정기본법」에 의해 중앙, 시·도 및 시·군·구에 설치되어 있으며, 가정생활에 도움 받기를 원하는 누구나 무료로 이용이 가능하다. 가족문제의 예방과 해결을 위한 가족돌봄나눔 사업, 생애주기별 가족교육사업, 가족상담사업, 가족친화문화조성사업, 정보제공 및 지역사회 네트워크 사업 등을 추진하고 있다.

일반 가족은 물론 한부모 가족, 조손 가족, 다문화 가족, 일탈청소년 가족, 군인 가족, 수용자 가족, 맞벌이 가족, 이혼 전·후 가족 등의 다양한 가족대상 상담, 교육 및 문화 프로그램이 결합된 맞춤형 통합 서비스를 제공하고 있다. 가족상담전문가, 상담전문가, 사회복지사 등 가족 분야 관련 전문가들이 근무하고 있다.

지역이나 센터별로 제공되는 프로그램에는 차이가 있을 수 있다. 자세한 정보는 인터넷에 건강가정지원센터를 검색하거나, 대표전화(1577-9337)를 통해 안내를 받을 수 있다.

참고 자료

건강가정지원센터 지원 내용

- 가족관계 향상, 의사소통방법, 역할지원 관련 등 가족교육
- 아버지 대상 육아교육 및 코칭
- 부부관계 회복을 위한 부부상담
- 문제해결을 위한 부모자녀상담
- 이혼 전·후 갈등상담
- 취약 가족 장기 사례관리 및 지역자원 연계 등

(2) 117학교폭력 신고센터(www.safe182.go.kr)

117학교폭력 신고센터는 학교·여성폭력 및 성매매 피해자 긴급지원센터이다. 학교·여성폭력으로 인한 피해자의 인권보호 및 신속구조를 위해 설립·운영 중이다. 전국에서 발생하는 학교폭력, 가정폭력, 성폭력 및 성매매 피해자 신고를 접수하여, 즉시 긴급구조 및 피해자 보호, 수사 지시, 법률상담, 또는 유관기관 연계 업무를 한다. 이용 가능한 서비스는 지역 및 기관의 상황에 따라 다를 수 있다. 자세한 정보를 얻고 싶다면 24시간 신고번호인 117로 연락하면 자세한 안내를 받을 수 있다.

참고자료

117학교폭력 신고센터 신고방법

- 전화: 전국에서 국번 없이 117 / 문자: #0117
- 인터넷: 안전 Dream 또는 117으로 신고 / 방문: 117센터에 방문하여 신고 상담

참고자료

학교폭력 대처와 예방법

학교폭력은 학교 내외에서 학생을 대상으로 신체·정신 또는 재산의 피해를 수반하는 행위를 의미한다. 사소한 괴롭힘, 학생들이 장난이라고 여기는 행위도 학교폭력이 될 수 있다.

학교폭력의 징후

자녀에게 다음과 같은 학교폭력의 징후가 있는지 주의 깊게 살펴본다.

어느 한 가지 징후에 해당한다고 해서 학교폭력의 피해 학생으로 특정 지을 수는 없으며, 여러 가지 상황을 고려하여 판단해야 한다.

1. 학교생활 및 친구관계에 대한 대화를 시도할 때 예민한 반응을 보인다.
2. 멍하게 있고, 무엇인가에 집중하지 못한다.
3. 학교나 학원을 옮기는 것에 대해서 이야기를 꺼낸다.
4. 용돈을 평소보다 많이 달라고 하거나 스마트폰 요금이 많이 부과된다.
5. 스마트폰을 보는 자녀의 표정이 불편해 보인다.
6. 수련회, 봉사활동 등 단체활동에 참여하지 않으려고 한다.

학교폭력의 대처

1. 대화를 통하여 충분한 공감과 지지를 한다.

   "혼자 많이 힘들었겠구나. 지금이라도 이야기해 주어서 정말 고마워. 엄마 아빠가 어떻게 해 줄까?"라고 상처받은 마음을 위로한다.

2. 감정을 잘 조절하여 자녀에게 심리적으로 안정감을 주며 차분히 대화를 이끈다.

   아이들은 이야기를 하면 혼날지도 모른다는 생각과 부모님도 해결할 수 없을지 모른다는 불안감을 가지게 된다. 다그치기보다는 따뜻한 말로 대화를 이끈다.

3. 폭력을 당하는 자녀에게도 원인이 있다고 생각하지 않는다.

   "너한테도 문제가 있으니 당하는 거 아니니."와 같은 말은 자녀에게 심리적 위축과 자존감을 저하시킨다.

학교폭력 예방법

1. 아이에게 친구를 놀리고 고의로 소외시키거나 괴롭히는 행동도 학교폭력이라는 사실을 알린다.

2. 학교폭력을 목격하거나 사실을 알았을 땐 선생님이나 부모님에게 꼭 이야기하도록 당부한다.

3. 주변의 학교폭력 관련 기관의 정보를 사전에 알려 준다.

4. 학부모를 대상으로 한 학교폭력 예방교육에 적극적으로 참석한다.

출처: 교육부, 국가평생교육진흥원, 중앙다문화교육센터(2020).

(3) 여성긴급전화 1366(www.women1366.kr)

여성긴급전화 1366은 2019년 12월 「양성평등기본법」에 의거하여 설립된 공공기관인 여성인권진흥원에서 운영하고 있다. 여성긴급전화는 가정폭력 · 성폭력 성매매 · 데이트폭력 · 디지털성폭력 · 성희롱 등으로 긴급한 구조 · 보호 또는 상담을 필요로 하는 여성들을 돕기 위해 만들어졌다. 1366은 365일 24시간 운영하며 중앙센터 및 광역자치단체(시 · 도) 단위로 전국 16개 시 · 도에 18개소를 운영하고 있다.

가정폭력 대처와 예방법

가정폭력이란 남편과 아내, 부모와 자녀, 형제자매 및 기타 동거가족을 포함한 가족구성원 중의 한 사람이 다른 구성원에게 의도적으로 물리적인 힘을 사용하거나, 정신적인 학대를 통하여 고통을 주는 행위를 말한다. 관련 법에서는 가정폭력의 범위를 '신체적, 정신적 또는 재산상 피해를 수반하는 행위'로 보고 있어 신체적 폭력에 국한하지 않고 정신적 학대와 재산상의 손해 및 손괴를 포함하는 포괄적인 폭력 개념으로 인정하고 있다.

가정폭력 발생 시 대처방법

1. 가정폭력이 발생하면 안전을 위해 일단 안전한 곳으로 피한다.
2. 상담은 여성긴급전화 1366 또는 가까운 가정폭력상담소로 전화한다.
3. 가정폭력이 발생한 즉시 112로 신고한다.
4. 신분증, 신용카드, 통장, 갈아입을 옷 등은 미리 준비해 놓고 급히 챙겨올 수 있는 장소에 보관한다.
5. 위급한 상황을 대비해 여윳돈을 준비한다.
6. 위급상황 발생 시 안전하게 머물 곳과 연락할 사람을 사전에 정해 놓는다.
7. 이웃들에게 폭행을 당하는 소리가 나면 경찰에 신고해 달라고 사전에 알려 놓는다.

가정폭력 통념 깨기

부부싸움은 남의 집 일이니 내가 상관할 바가 아니다? No!

가정폭력은 '싸움'이 아닌 '학대'이며, 외부의 개입 없이 막기 어려운 폐쇄성과 지속성을 가지고 있다. 당신의 관심과 신고가 가정폭력을 멈출 수 있다.

내 아이니까 내 마음대로 때릴 수 있다? No!

자녀는 부모의 소유물이 아닌 독립적인 인격체이다. '체벌'은 벌이 아닌 폭력이며, 누구에게도 타인의 신체를 훼손할 권리는 없다.

이혼하지 않는 피해자도 문제가 있다? No!

피해자는 오랜 폭력으로 인한 공포감, 이혼 이후 보복에 대한 두려움 등 복합적인 문제로 쉽게 이혼을 할 수 없는 경우가 많다. 또한 피해자에게 책임을 묻는 것은 2차 가해이다.

출처: 여성긴급전화(www.women1366.kr).

(4) 자살예방센터(www.spckorea.or.kr)

지역사회 내 자살문제에 대한 인식개선 사업, 고위험군 조기 발견 및 치료 연계, 자살위기 대응 및 사후관리 체계 마련 등의 사업을 통해 지역의 자살률 감소를 목적으로 하는 공공 자살예방 전문기관이다. 「정신건강증진 및 정신질환자 복지서비스 지원에 관한 법률」에 의해 전국에 42곳이 설치·운영 중이며, 지방자치단체의 상황에 따라 정신건강복지센터 부속으로 운영되기도 한다.

자살 고위험군(자해 및 자살 시도자, 자살유족) 등 지역주민이라면 누구나 무료로 이용 가능하다. 정신과 전문의, 정신건강전문요원, 사회복지사, 간호사, 임상심리사 등이 근무하고 있다.

이용 가능한 서비스는 지역 및 기관의 상황에 따라 다를 수 있다. 중앙자살예방센터(Korea Suicide Prevention Center)를 통해 지역별 센터 현황을 확인할 수 있다. 또한 보건복지상담센터(129)나 24시간 자살예방 전문상담전화(1393)로 연락하면 자세한 안내를 받을 수도 있다.

참고자료

자살예방센터 서비스 내용

- 자살위기 대상자 발견 및 전문사례관리[개인상담, 집단 프로그램, 치료비(진료비) 지원 등]
- 자살 위험 및 시도 현장 출장(경찰, 소방, 지자체, 의료기관 등 유관기관 연계)
- 자살 시도자 사후관리(방문 및 전화 사례관리, 심리상담 등)
- 자살유족 지원(심리상담, 유족모임 지원, 기타 교육 및 치료 프로그램 등)
- 생애주기별 자살예방교육(학생, 직장인, 노인 등) 등

---

4. 당신은 결코 혼자가 아닙니다

"빨리 가려면 혼자 가고, 멀리 가려면 함께 가라."라는 아프리카 속담이 있다. 그동안 우리 사회는 빨리 가기 위해 노력해 온 것 같다. 달려오는 과정에서 속도가 다른 사람은 소외되었고, 오랜 기간 동안 방치되어 왔다. 이제는 우리가 함께 멀리가기 위해 고민해야 할 때가 아닐까? 다행히 최근 10년 전부터 민간전문기관들이 생

기면서 은둔형 외톨이들과 함께 가기 위한 노력을 조금씩 하고 있는 것으로 보인다. 그러나 은둔형 외톨이 문제를 심각하고 민감하게 받아들여야 하는 국가가 지원하고 운영하는 은둔형 외톨이와 가족 관련 기관은 현재 없다. 즉, 은둔형 외톨이와 가족관련 민간 전문 서비스와 공공 서비스를 종합적으로 관리하고 연결하는 국가 차원의 시스템이 없는 것이다. 아무리 다양한 기관과 좋은 서비스가 있더라도 꼭 필요한 사람에게 관련 정보와 서비스가 전달되지 못한다는 것은 개인과 사회 그리고 국가에 큰 손실이다. 국가 차원의 시스템이 구축될 때까지 은둔형 외톨이들과 가족들은 관련 기관과 정책 및 서비스 정보를 공유하며 소외되지 않도록 서로를 도와야 한다. 또한 더 많은 사람이 소외되고 방치되지 않도록 '당신은 혼자가 아니다'라는 사실을 전달해야 한다.

복잡하고 어려운 청년관련 정책을 한눈에 쉽게 보는 방법이 있다고?

**참고
자료**

온라인 청년센터

중앙·지자체 청년정책·공간 정보 및 정책안내·상담을 제공하는 홈페이지이다. 일자리·금융·주거 등 청년 관련 중앙·지자체 정책 정보를 총괄 제공, 맞춤형 정책 정보검색 기능 제공, 청년공간검색(지도), 공간별 프로그램 예약사이트 링크, 정책안내 및 진로고민 등 개인맞춤형 청년상담실, 취업정보관련 사이트 등 청년들에게 유용한 정보들을 종합하여 제공하고 있다.

출처: 온라인 청년센터(www.youthcenter.go.kr).

제14장

일본의 히키코모리 관련 주요 지원정책

은둔형 외톨이의 대상과 지원범위를 정의하는 것 못지않게 이들에 대한 관련 정책과 지원체계를 수립하고 운영하기 위해 사회적 합의와 정책적 노력을 마련하는 것도 쉽지 않은 일이다. 우리보다 앞서 은둔형 외톨이를 사회적 문제로 인식하고 대응해 온 일본의 경우, 지원체계와 정책을 마련하기 위해 많은 노력을 기울여 왔다. 그 과정에는 크고 작은 시행착오와 아픈 실패의 경험도 포함된다. 이 장에서는 일본이 히키코모리 예방과 회복을 돕기 위해 준비하고 시행하고 있는 대표적인 정책에 대해 살펴보고자 한다. 이를 살펴봄으로써 우리나라 은둔형 외톨이의 지원체계와 정책을 수립하는 데 있어 시행착오를 줄이고 좋은 시사점과 함의를 얻을 수 있을 것이다.

1. 현재 일본의 히키코모리 관련 정책 및 가이드

1) 히키코모리 정책

현재 일본 후생노동성의 히키코모리 지원 추진사업에서 그 중심은 '히키코모리 지역지원센터'에 있다고 할 수 있다([그림 14-1] 참조). 히키코모리 지역지원센터는 히키코모리에 특화된 상담센터이다. 2019년에 일본 전국 67개 자치단체에 75개소가 설치되어 있다. 히키코모리 지원 코디네이터가 관계기관과 연대하여 방문지원을 하기도 하며 히키코모리 내담자를 조기에 적절한 기관에 연결할 수 있다. 후생성 홈페이지에서 공개한 2016년 연계 건수를 본다면 히키코모리 지역지원센터에서 연계를 가장 많이 한 곳이 1위 정신보건복지센터(1,323건, 17.6%), 2위 민간지원단체(당사자 단체, NPO 법인 등, 981건, 13.0%), 3위 보건소 및 보건센터(823건, 10.9%), 4위 의료기관(723건, 9.6%), 그 외 17여 곳이다.

　[그림 14-1]에서 볼 수 있듯이 가운데 동그라미 중심에 히키코모리 지역지원센터가 있다. 히키코모리 지역지원센터와 더불어 히키코모리 지원 추진사업의 일환으로 '히키코모리 지원을 하는 인재양성 사업'과 '히키코모리 지원사업'이 있다. 일본의 광역자치단체에서 '히키코모리 지원을 하는 인재양성 사업'을 통해 양성된 연수 수료자 명부는 더 아래 단계의 시, 마을 단위의 '히키코모리 지원사업'에 제공된다. 히키코모리 인재는 히키코모리 경험자(피어 서포터)도 포함된다. '히키코모리 지원사업'은 당사자 상담, 가족상담, 방문상담, 이바쇼(활동 거점) 만들기 등으로 히키코모리를 지원하게 된다.

　히키코모리 지원사업 외에 히키코모리가 도움을 받을 수 있는 다른 방법들도 준비되어 있다. 2015년 최저생활을 유지하기 어려운 사람을 대상으로 「생활곤란자 자립지원법」이 만들어졌다. '생활곤란자 자립지원제도'는 두 가지 사업으로 나누어지는데 이는 취업준비 지원사업과 자립상담 지원사업이다.

　먼저, 취업준비 지원사업은 2018년부터 435개의 자치단체가 실시하고 있고, 자립상담 지원사업은 전국 905개의 자치단체가 실시하고 있다. 두 사업은 생활 곤궁자의 자립을 지원하지만 성격이 다르다. 취업준비 지원사업은 취업에 중심을 두는 반면, 자립상담 지원사업은 취업지원과 취업준비 지원도 담당하기는 하지만 주거 확보금 마련, 일시적 생활지원, 가계개선 지원, 학습지원 등의 생활과 관련된 부분에 초점을 두고 있고 최근에는 코로나로 인한 특별지원도 실시하고 있다.

　취업준비 지원사업을 통해 히키코모리 여성이 어떻게 도움을 받았는지 후생노동성에서 밝힌 사례를 통해 확인할 수 있다([참고자료] 참조). 이를 보면 히키코모리를 위한 취업준비 지원사업이 얼마나 체계적으로 적용되고 있는지를 알 수 있다.

1. 현재 일본의 히키코모리 관련 정책 및 가이드

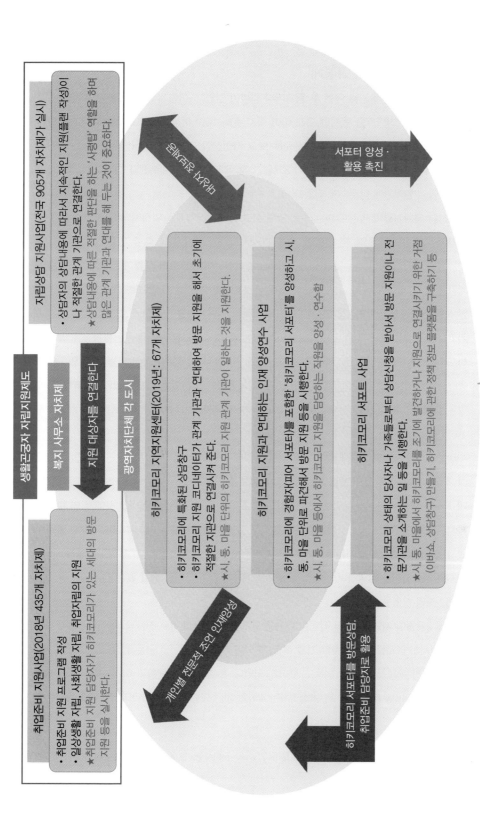

생활곤궁자 자립지원제도

취업준비 지원사업(2018년 435개 지자체)
- 취업준비 지원 프로그램 작성
- 일상생활 지원, 사회생활 지원, 취업지원의 지원
- ★취업준비 지원 담당자가 히키코모리가 있는 세대의 방문 지원 등을 실시한다.

복지 사무소

지원 대상자를 연결한다

광역자치단체 각 도시

히키코모리 지역지원센터(2019년: 67개 지자체)
- 히키코모리에 특화된 상담창구
- 히키코모리 지원 코디네이터가 관계 기관과 연대하여 방문 지원을 해서 조기에 적절한 지관으로 연결시켜 준다.
- ★시, 동, 마을 단위의 히키코모리 지원 관계 기관이 일하는 것을 지원한다.

히키코모리 지원과 연대하는 인재 양성연수 사업
- 히키코모리에 경험자(피어 서포터)를 포함한 '히키코모리 서포터'를 양성하고 시,
- 동, 마을 단위로 파견해서 방문 등을 지원한다.
- ★시, 동, 마을 등에서 히키코모리 지원을 담당하는 직원을 양성·연수함

히키코모리 서포트 사업
- 히키코모리 상태의 당사자나 가족들로부터 상담신청을 받아서 방문 지원이나 전문기관을 소개하는 일 등을 실행한다.
- ★시, 동, 마을에서 히키코모리를 조기에 발견하거나 지원으로 연결시키기 위한 거점 (이바쇼, 상담창구) 만들기, 히키코모리에 관한 정책 정보 플랫폼을 구축하기 등

자립상담 지원사업(전국 905개 지자체가 실시)
- 상담자의 상담내용에 따라서 지속적인 지원(플랜 작성)이나 적절한 관계 기관으로 연결한다.
- ★상담내용에 따른 적절한 판단을 하는 '사령탑' 역할을 하며 많은 관계 기관의 연대를 해 두는 것이 중요하다.

관계기관 연계

서포터 양성·활용 촉진

개인별 전문적 조언 인재양성

히키코모리 서포터를 방문상담, 취업준비 담당자로 활용

[그림 14-1] 일본 후생노동성의 히키코모리 지원 추진사업 체계도

출처: 후생노동성 사회·원호국(社会・援護局) 지역복지과 자료(2019. 9. 20., https://www.mhlw.go.jp/content/12600000/000554777.pdf).

참고자료 취업준비 지원사업 대상자의 예

A씨(30대 초반, 여성, 모친과 동거)

A씨는 중학생 때 따돌림을 당한 후 등교거부 경향이 있었다. 어렵게 고등학교에 진학했고 졸업 후 몇 가지 아르바이트를 했지만 오래 이어 가지 못해 10년 이상 히키코모리로 지내고 있었다. 같이 살던 엄마가 시청에서 정책 팸플릿을 보고 자립상담 지원기관에 상담한 것을 계기로, 자립상담 지원기관의 상담지원 담당자가 3개월간 정기적인 방문을 계속했다. 그 결과 A씨 스스로 자립상담 지원기관에 방문하게 되었다.

자립상담 지원기관의 평가 결과 A씨는 '일해 보고 싶다.' '어떻게든 일하지 않으면 안 된다.'라고 생각한 적은 있지만 일해 본 경험이 거의 없어서 자기가 어떤 일을 할 수 있을지, 어떻게 일을 찾는지 몰라서 고민한다는 것을 알게 되었다. 또 A씨는 히키코모리 생활이 길어지면서 자기가 치감을 잃고, 사회 속에서 다른 사람과 얽히는 것에 심한 불안을 느꼈으며, 취업하기 전에 이러한 상황을 개선할 필요가 있다고 생각되어 취업준비 지원사업을 이용하게 되었다. 오랜 기간 히키코모리 생활을 보낸 것을 고려하여 A씨는 우선 취업준비 지원사업 내 집단활동 작업에 참가하도록 제안받았다. 정시 출근에 적응하고, 함께 일하는 사람들과 소통이 가능할 수 있도록 하였다. 손재주가 있고 섬세한 작업을 좋아하므로 자치회가 이전의 취업지원 사업과 연대한 적이 있는 협력사업주 X사(아동복 제조회사: 회사원 수 10명)에 하루 3시간, 주 3회 취업 체험을 알선하였다.

A씨는 자신감이 없고 다른 사람과 이야기하는 것에 불안이 심해서 처음에는 인사도 할 수 없었다. 작업 내용은 직원들이 재봉틀로 바느질한 천의 실밥을 자르는 작업이나 서류 정리 등이었는데, X사의 사장 이외는 누구와도 대화하지도 않고 다른 직원들로부터 떨어진 곳에서 벽 보고 혼자서 작업을 했다. 그러나 사장은 A씨의 특성을 잘 이해하였으며 A씨를 살피며 적절히 말을 걸었다. 취업준비 지원담당자는 A씨가 취업 체험을 시작하기 전에 미리 X사의 직원들에게 사업의 취지와 주의사항을 설명하며 이해를 도왔으며, X사에 같이 가기도 하고 혹은 전화 확인을 해서 A씨의 취업 상황을 파악했다.

그렇게 2개월이 지난 어느 날 작업한 내용을 칭찬받은 것을 계기로 조금씩 자신감을 되찾게 되었다. 서서히 인사를 하거나 이야기할 수 있게 되어 4개월이 지난 지금은 컴퓨터도 배우고 싶다고 이야기하는 등 일에 대한 의욕도 보이게 되었다. 또한 주위 직원들과 이야기를 하기도 하며 같이 식사하러 가기에까지 이르렀다. X사는 A씨의 최근 모습을 보고 아르바이트로 고용하는 것도 가능한 상태라고 평가하고 있다.

출처: 후생노동성 취업지원준비사업 자료(https://www.mhlw.go.jp/content/000520648.pdf).

다음으로 자립상담 지원사업은 [그림 14-2]와 같은 체제 속에서 운영된다.

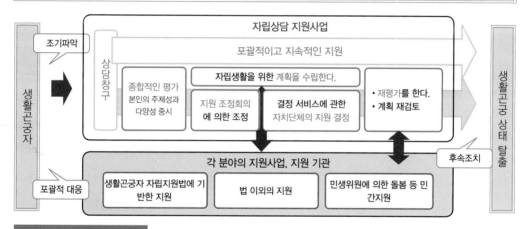

자립상담 지원사업

새로운 사업의 개요

• 복지 사무소를 설치한 자치단체가 직영 또는 위탁하여 자립상담 지원사업을 실시함.

※위탁일 경우 자치단체는 수탁 기관과 연계하여 제도를 운영함. 행정은 자원 조정회의에 참가하거나 사회 자원을 개발한다.

• 자립상담 지원사업은 생활 곤궁자들의 상담을 신청받은 후

① 생활곤궁자의 문제를 평가·분석해서 요구사항을 파악한다.

② 필요에 따른 지원이 계획적·지속적으로 이어지도록 지원 계획을 책정한다.

③ 자립 지원 계획에 기반한 각종 지원이 포괄적으로 이루어지도록 관계 기관과 연락하고 조정하는 업무를 실행한다.

자립상담 지원사업 / 포괄적이고 지속적인 지원 / 조기파악 / 상담창구 / 생활곤궁자 / 종합적인 평가 본인의 주체성과 다양성 중시 / 자립생활을 위한 계획을 수립한다. / 지원 조정회의에 의한 조정 / 결정 서비스에 관한 자치단체의 지원 결정 / • 재평가를 한다. • 계획 재검토 / 생활곤궁 상태 탈출 / 각 분야의 지원사업, 지원 기관 / 포괄적 대응 / 생활곤궁자 자립지원법에 기반한 지원 / 법 이외의 지원 / 민생위원에 의한 돌봄 등 민간지원 / 후속조치

기대할 수 있는 효과

• 생활 보호에 이르기 전 단계에서부터 조기에 지원을 실시하는 것으로 생활곤궁 상태에서 빠르게 자립하도록 지원한다.

• 생활곤궁자의 상담 지원 기능이 충실한 것은 복지 사무소의 부담을 경감시키며 더불어 사회 자원 활성화와 지역 전체의 부담을 줄인다.

[그림 14-2] **히키코모리 자립상담 지원사업의 흐름**

출처: 자립상담지원사업페이지(https://gooddo.jp/magazine/poverty/living-in-poverty/10119/).

자립상담 지원사업은 복지사무소가 설치된 자치단체가 직영·위탁하여 운영한다. 크게 세 과정으로 진행되는데, 첫째는 상담창구에 방문했을 때 생활곤란자와 상담하여 대상자가 안고 있는 문제를 조사하고 분석하여 어떤 지원이 필요한지 수요를 파악한다. 둘째, 지원 수요를 바탕으로 수요에 맞는 지원이 계획적이고 지속적으로 이루어지도록 자립 계획을 세운다. 동시에 각종 지원이 포괄적으로 이루어지도록 지원조정회의에서 조정하며, 법정 서비스와 관련된 자치단체가 지원을 결정해 나간다. 셋째, 이렇게 각 분야 지원사업이나 지원기관법에 기초한 지원 또는 법 이

외, 지원 민생위원(지역복지와 연계된 상담자)에 의한 돌봄과 같은 정서적인 지원을 받을 수 있다. 또한 필요에 따라 조사평가를 통해 계획을 수정하고, 단계별로 진행하며 구체적인 지원 내용과 방법을 조정해 간다.

가장 주목할 부분은 취업준비 지원사업과 자립상담 지원사업이 서로 유기적으로 연계하여 히키코모리 대상자를 돕는다는 점이다. 취업준비 지원사업에서는 주로 대상자에게 취업준비 지원 프로그램을 만들어 일상생활 자립, 사회생활 자립, 취업자립의 지원을 한다. 이때 취업준비 지원상담자가 히키코모리의 집으로 방문하여 지원 사항을 의논하고 추진한다. 한편, 자립상담 지원사업에서는 상담자의 상담 내용을 바탕으로 계속적인 지원 여부에 대한 계획을 세우고 적절한 관계기관으로 연결한다. 상담 내용에 따라 적절하다고 판단되어 위탁받은 복지사무소나 기관은 또다시 다양한 관계기관과의 연대를 통해 히키코모리를 돕는다.

이와 같이 생활곤란자 자립지원제도 아래의 두 사업은 각자 취업과 생활 지원이라는 성격이 다른 면을 연결하여 지원 대상자를 돕는다. 뿐만 아니라 히키코모리 지역지원센터와도 연대하여 내담자에게 정보 등을 제공하고, 전문적으로 조언을 할 수 있는 인재를 양성하기도 한다. 종합할 때, 히키코모리 지원정책의 전체 모습은 히키코모리 지원추진사업이라는 큰 그림하에, 히키코모리에게 특화된 히키코모리 지역지원센터와 생활곤란자 자립지원제도를 중심으로 취업준비 지원사업과 자립상담 지원사업을 연대시켜 운영하고 있다고 볼 수 있다.

2) 히키코모리 평가와 지원에 대한 가이드라인

일본 후생성에서는 2007~2009년에 실시한 후생노동과학연구(주임연구자 사이토 카즈히코 외 17명)의 성과로 만들어진 히키코모리 평가와 지원에 대한 가이드라인[1]을 제시하고 있다. 가이드라인의 분량이 PDF 파일로 68페이지 정도되며, 이 가이드라인에 대한 포인트와 요점을 따로 3페이지 분량으로 공개하고 있다.[2]

---

1) 가이드라인(https://www.mhlw.go.jp/file/06-Seisakujouhou-12000000-Shakaiengokyoku-Shakai/0000147789. pdf, www.mhlw.go.jp에서 무료로 다운로드 받을 수 있다).

2) 가이드라인 요점(https://www.mhlw.go.jp/file/06-Seisakujouhou-12000000-Shakaiengokyoku-Shakai/0000147786.pdf, 뒤의 참고자료에 번역하여 제시하였다).

히키코모리 가이드라인에서는 히키코모리를 정신병과 선을 그어 비정신병성 현상이라고 언급하지만, 실제로 진단을 확정하기 전의 조현병 증상이 포함될 가능성도 있다는 것을 언급하고 있다. 그렇기 때문에 당사자의 내원과 진단이 가능한 한 빨리 이루어져야 하고, 정신장애의 유무를 판단하여 장기적으로 관여해야 한다고 강조한다.

히키코모리 가이드라인은 히키코모리에 대한 국민들의 인식, 정부 지원 방향, 인재 양성 모두에 중추적인 역할을 하므로, 이에 대해 구체적으로 살펴봄으로써 우리나라 정책 방향을 수립하는 데 도움을 받을 수 있을 것이다.

참고 자료

히키코모리 평가와 지원에 대한 가이드라인 요점

(1) 히키코모리 지원의 다차원적 모델(가이드라인 25p.)
- 히키코모리 지원은 당사자와 그 주위 상황 평가를 기반으로 다차원적으로 이뤄져야 한다.
  - 제1차원: 은둔 배경에 정신장애가 있는 경우 그에 맞는 특수 지원
  - 제2차원: 가족을 포함한 스트레스가 심한 환경을 바꾸거나 지원기관을 찾아내는 등 환경적 조건을 개선
  - 제3차원: 은둔으로 인해 자립 과정에 문제가 생기는 경우 이에 대한 지원(정신적 어려움이나 환경이 개선된 경우라도 부모와 분리되는 것이 어려운 자기자율성 확립 등의 문제가 남아 있으면 다시 은둔에 빠지는 악순환이 생길 수 있음)

(2) 지역연대 네트워크에 의한 지원(26p.)
○ 히키코모리 지원은 교육, 보건, 복지, 의료 등 복수의 전문기관에 의한 다면적인 지원이 필요함.

(3) 가족지원(35p.)
- 당사자가 혼자 상담에 오는 경우뿐 아니라, 미성년자의 등교 거부로 인한 히키코모리 사례, 가족이 데리고 오는 성인 히키코모리 사례, 가족만 상담에 올 수밖에 없는 사례는 제1단계인 가족지원단계부터 시작해서 순서를 따라 당사자 지원으로 진행해 간다.
- 가족이 지원자들로부터 공감받고 수용되는 경험을 통해 가정에서 가족들이 당사자에게 긍정적인 영향을 줄 수 있다.

(4) 당사자 지원(41p.)
- 대부분 가족만 상담받는 가족지원에서 시작해서 어느 시점 당사자가 상담받는 형태 혹은 지원자가 방문하는 아웃리치 형태로 당사자를 지원하는 경과를 밟는다.

- 당사자와 지원자 간 직접적인 면담이 시작되면 먼저 지지적이고 수용적인 면담을 해야 한다.

- 개인치료적인 상담에서는 잘 보이지 않을 수 있지만, 동년배 집단상담 활동을 경험한 당사자들 중에는 보다 명확하게 취업을 목적으로 한 집단활동을 요구하는 경우도 있다. 그럴 경우 취업지원 기관으로 연결한다.

- 히키코모리 현상 자체를 약물치료 대상이라고 보는 것이 아니라, 정신장애의 정확한 진단에 근거하여 증상과 유효성을 평가하여 약물치료 개시를 결정해야 한다.

(5) 방문지원: 아웃리치형 지원(53p.)

- 등교 거부나 히키코모리 지원에서는 당사자가 면담과 치료 장면에 나오는 것이 어려운 경우가 많다. 상담과 치료에 올 수 없는 당사자에 대해 한 발 더 다가가는 개입이 필요한 경우가 있으므로 가정방문을 중심으로 한 아웃리치형 지원이 유효한 방법의 하나로 기대되고 있다.

- 방문지원 타이밍을 진지하게 고려하며 방문 전 다음과 같은 준비를 해야 한다.

  ① 정보 수집과 관계 맺기

  ② 달성 목표를 명확히 함

  ③ 가족과 당사자에게 사전 연락

  ④ 적절한 방문 세팅

  ⑤ 관계 기관과 정보교환을 검토해야 함

- 당사자가 방문을 거부해서 가족을 대상으로 방문한 경우에도 당사자는 지원자에게 큰 관심을 갖는 경우가 많으므로, 당사자의 존재를 의식해서 당사자의 마음을 존중하는 자세로 임한다.

- 방문지원의 목표는 정신과적 치료나 사회활동의 가능성을 넓히고 사회자원들과 연결하는 것이다.

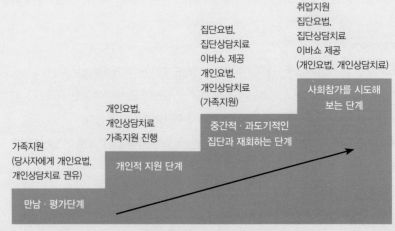

히키코모리 지원의 여러 단계

출처: 가이드라인 요점(https://www.mhlw.go.jp/file/06-Seisakujouhou-12000000-Shakaiengokyoku-Shakai/0000147786.pdf의 자료를 번역·요약함).

이상에서 보았듯이 현재 일본에서는 히키코모리 지원에 대해 다차원적 모델 속에서 다각도로 히키코모리가 어떤 상태인지 조사 및 평가하고 있다. 이를 바탕으로 실제 지원을 시작한 경우에도 계단식으로 단계를 밟아 히키코모리가 사회기관과 연결되는 최종적인 목표를 이룰 수 있도록 하고 있다. 또한 후생노동성에서는 히키코모리 관련 민간사업을 이용할 때 발생하는 소비자 문제를 해결하려는 소비자청의 핫라인[3]을 운영하기도 한다. 이 라인을 통해 앞서 소개한 히키코모리 지역지원센터 등과 같은 공공 상담기관 및 민간단체(가족회, NPO 법인, 민간 카운슬러 등) 지원방법을 요청할 수 있다. 또한 민간단체를 이용했을 때 대응이 설명과 다르거나 도중에 계약을 할 수 없는 등 여러 가지 어려움이 생겼을 경우 '소비자 핫라인(국번 없이 188)'을 활용해서 가까운 소비생활센터 등에서 상담받을 수 있다.

2. 대표적인 히키코모리 지원기관

1) 민간단체: 사포스테와 이바쇼

(1) 사포스테

일본에서 본격적으로 청년정책이 시작된 것은 2003년으로 알려져 있다. 2003년 일본 내각의 네 기관(문부과학성, 후생노동성, 경제산업성, 내각부)에서 청년자립 도전 전략회의를 통해 '청년(젊은이) 자립. 도전 플랜'을 마련하고 젊은이들이 일할 의욕을 가지고 직업적 자립을 할 수 있도록 촉진하는 전략을 짰다. 이를 통해 2004년 취업지원의 원스톱 센터인 '잡 카페', 2005년 '청년(젊은이) 자립학원', 2006년 '지역 청년 서포트스테이션(사포스테)'이 각각 개설되었다. 이 과정을 통해 젊은이들의 취업 문제뿐 아니라 넓은 의미의 자립을 돕는 지원으로 확대되어 갔다(村澤和多里, 2017).

사포스테는 지역 청년 서포트스테이션(support station)의 줄임말이다. 취업고민을 하는 15~49세의 청년을 대상으로 커리어 컨설턴트 등의 전문적인 상담, 커뮤니케이션 훈련 등의 스텝업, 협력기업에서의 취업체험 등을 통해 취업을 준비할 수 있

---

3) 핫라인 안내(https://www.mhlw.go.jp/kinkyu/180305.html).

도록 지원한다. 사포스테는 후생노동성의 전국 청년지원 실적이나 운영 노하우가 있는 NPO 법인 및 주식회사 등이 실시한다. 지역 청년들이 가깝고 친근하게 상담할 수 있는 기관으로 전국적으로 이용하기 쉽게끔 모든 일본의 도도부현에 설치하도록 되어 있다.[4]

일본의 히키코모리 정책 중 큰 의미를 갖는 부분이 하나 있다. 이는 복지, 고용, 여성 가족을 대상으로 하는 후생성의 히키코모리 지원추진사업(2009)에 덧붙여, 경제, 영토를 담당하는 내각부의 「아동·와카모노(젊은이) 육성지원 추진법」(2009)에서도 히키코모리를 대상으로 하는 아웃리치를 법 조항에 명기했다는 점이다(오오쿠사 미노루, 2020). 일본에서도 히키코모리가 본격적으로 사회적 문제로 떠오른 이후에도 이에 대한 정의와 정책적 합의가 이루어지기까지 쉽지 않은 시간이 있었다. 초반에는 히키코모리를 니트족과 구분하지 않고 같은 형식으로 지원하다가 효과를 보지 못했던 시행착오가 있었다. 예를 들어, 히키코모리 지원대책이 생기기 이전 젊은이 자립학원과 사포스테를 지원하며 동시에 진행한 '이바쇼'[5] 지원은 젊은이 자립학원이 폐지되고 사포스테도 취업지원 중심사업이 되면서 곧 축소되지 않을 수 없었다.

(2) 이바쇼

일본의 사포스테가 취업중심의 지원이라면 이바쇼는 히키코모리 및 히키코모리에 가까운 성향의 사람들을 지원하며 함께 관계를 맺을 수 있도록 하는 안전한 장소를 일컫는다.

A씨(30대 남성)는 중학교 때 따돌림을 당해서 사람을 기피하는 증상이 생기고 대인공포가 심해져 대학 중퇴 후 10년간 히키코모리 생활을 했다. 30대가 되어 가족의 소개로 플레이스라는 이바쇼에 다니게 되었다. 그는 이바쇼에서 체험발표를 한 것을 계기로 점차 회복이 이루어졌다. 또 다른 이바쇼 이용자 B씨(30대 남성)는 대학 졸업 후 한 번 취업을 했지만 병 때문에 정규 근무가 어려워서 퇴직을 하고 3년 정도

---

4) 후생노동성 홈페이지의 지역 청년 서포트 스테이션 소개(https://www.mhlw.go.jp/stf/seisakunitsuite/bunya/koyou_roudou/jinzaikaihatsu/saposute.html).

5) 이바쇼(居場所, いばしょ)는 히키코모리와 같이 사회적 고립 상태에 있는 개인이 같은 고민을 가진 사람들과 안심하고 만나 관계를 맺음으로써 상호승인과 자기승인을 재확인하도록 하는 물리적 공간이다(足立弦也, 2019).

집에서 은둔했다. 그 후 동거하던 가족에게 병이 생겨 은둔생활이 어려워지자, 눈여겨봤던 지원기관 광고를 통해 플레이스와 연계된 작업소와 연결되었다. 다음 [참고자료]는 이바쇼를 이용한 당사자 A씨와 B씨의 소감을 인터뷰한 자료이다.

이바쇼 이용자 A씨와 조사자의 인터뷰

조사자: 그거(체험발표)를 하고 나서 행동이 바뀌었어요? 대인공포를 예로 들자면 자기가 인기 있으면 좋겠다는 것만 생각하다가, 남이 자신을 어떻게 대하든 상관없어 하는 사람도 보게 되고, 이런 게 조금씩 낫는데 도움이 되는 건 싶어서요. 모두에게 사랑받고 싶어서가 아니라 뭐 특별히 나에게 잘해 주지 않아도 괜찮네?라는 여유가 생긴다든가요.

A씨: 응, 그런 거가 조금씩 생기고, 사람을 만나면서 모두에게 사랑받을 수는 없다는 걸 생각하면서요. 그런데 가장 큰 건 동갑인 사람이 '플레이스'에 왔는데 걔랑 이야기를 엄청한 거예요. 그랬더니 병도 점점 나아졌어요. 그렇게 심했던 강박성 장애도 좋아지고, 대인공포도 좋아지고요.

조사자: 나도 대인공포가 바뀐 건(연구자도 과거 히키코모리의 경험이 있었음—역주) 고등학교 축제 때였던 거 같아요. 매년 연극을 하는데 그해에는 전원 무대에 올라가야 하는데, 나랑 남자애들 몇 명이 선생님으로부터 "너네는 발레 담당이다."라고 듣고 '아이고, 이런!' 놀라는 마음이 들었지만 '어차피 모두 하는 거니까'란 느낌으로 춤을 췄어요. 그러고는 나 스스로 벽을 만들고 가까이 가지 않았는데 조금씩 가까워지게 되면서 뭔가 나를 드러낸다는 느낌이 든 거 같아요.

A씨: 나도 생각하는 건데 대인공포 같은 거, 자신의 약점을 이야기하지 못하는 거 같은 거잖아요. 트라우마인지는 모르겠지만 자신의 약점을 드러낸 다음, 또 드러내지 않으려고 하는 거 같은⋯⋯.

이바쇼와 연계된 작업소 이용자 B씨와 조사자의 인터뷰

조사자: '플레이스'에 다니면서 뭐가 이곳의 매력이라고 생각해요?

B씨: 역시 여기 오니까 '누군가는' 있잖아요. 분명 누군가 이야기할 상대가 있는 게 가장 크지 않을까요.

조사자: 자신이 받아들여지는 느낌인가요?

B씨: 그렇죠. 이전 단체에서 동료 지원 강좌 같은 걸 했잖아요. 그게 좋았다고 생각해요. 상담적 입장을 연구하고 모두가 그렇게 타인을 수용하는 분위기를 가지고. 그런 사람이 '플레이스'에 있는 것이 장점이 크죠. ⋯⋯ 나중에는 전 혼자 지내는 것도 괜찮아서⋯⋯ 다른

> 사람들보다 혜택을 덜 받는 게 있을지 모르겠지만, 진짜 혼자가 외로운 사람은 여기 다
> 니는 게 도움이 되지 않을까 해요.
>
> 조사자: 당신에게는 이 장소가 어떤 의미인가요?
>
> B씨: 저의 요즘 이용 방법은 정말 건강할 때까지 올 수 있으면 오는 거 같은 거라서. 다만 없어
> 지면 정말 곤란하다고 생각합니다.
>
> 출처: 足立弦也(2019), pp. 273-292.

우리나라에서도 은둔형 외톨이와 가족들이 도움받을 수 있는 여러 단체가 조금씩 생겨나고 있다. 양적인 성장도 중요하지만, 각각 성격이 다른 단체들이 운영되어 은둔형 외톨이와 가족들이 도움을 받을 수 있고 필요에 따라 선택할 수 있는 지원이 필요하다. 은둔형 외톨이 현상은 각 개인이 처한 상황도 매우 다양하고 단계별로 필요한 도움도 다르기 때문이다. 또한 이들 기관은 유기적인 연대체제를 갖고 있어 이용자들이 자신이 원하고 필요한 부분에 대해 도움을 요청할 경우 기관 운영자들 차원에서 효과를 높이기 위해 어떤 역할을 담당하며 지원할지 함께 고민할 수 있어야 한다. 일본의 사례를 통해 은둔형 외톨이에게 원스톱 서비스가 가능한 '따로 또 같이'의 지원체계를 확인할 수 있다.

3. 히키코모리의 회복 사례

일본에서는 다양한 현장에서 히키코모리 회복과 치료를 위해 노력한다. 이 중 몇 가지 사례를 살펴보고자 한다. 이를 통해 히키코모리 회복에 영향을 주는 프로그램에 대해 생각해 보고 현장에 적용하는 데 도움이 되기를 바란다.

1) 심료내과의 자기모니터링 사례

일본의 히키코모리 회복 사례는 병원 프로그램에서 주로 찾아볼 수 있다. 사례에서는 병원의 약물치료와 심리상담의 접근과 기법이 유기적으로 연결되어 함께 활

용되고 있음을 알 수 있다. 일본에서는 정신과와 정신과에서 다루지 않는 내과적 증상과 심신증을 진료하는 심료내과를 구분한다. 심료내과 의사가 사회불안장애 증상이 있는 히키코모리를 인지행동요법을 이용하여 회복한 경험을 다룬 연구(友成晶子, 山內祐一, 2015)를 통해 구체적인 사례를 접할 수 있다. 이 사례에서는 인지행동요법 한 가지만을 사용한 것이 아니라 약물치료와 심리검사, 심리상담과 같은 복합적인 치료가 이루어졌다. 그리고 은둔에서 회복하게 된 계기 중에는 동일본 대지진이라는 극적인 상황 속에서 당사자 개인의 깨달음이라는 요소도 포함되었다. 이 사례를 통해 인지행동요법이 구체적으로 은둔형 외톨이에게 어떤 회복의 흐름으로 작용했는지 살펴보고 회복 과정에서 유의해야 할 점을 점검해 보고자 한다.

내담자는 34세의 남성 S이다. 지방공무원으로 10년 이상 근무를 했지만 휴직 후 6개월이 지나면서 은둔생활이 시작되고 밤낮이 바뀌었다. 치료자는 S의 말과 행동을 통해 악순환 패턴이 있음을 알게 되었다. 대인관계의 불안을 느끼는 것이 자기혐오감으로 발전해 가는 사고 패턴으로 이어진다는 점을 확인하고, 이에 대한 악순환 도표를 작성하고 개선방법을 검토했다([그림 14-3] 참조).

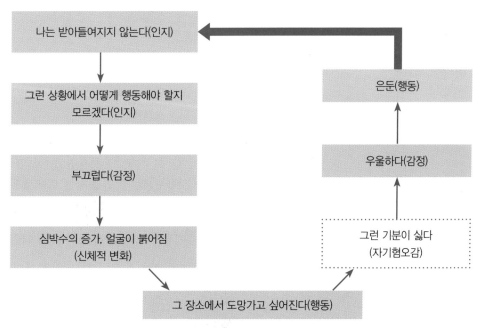

[그림 14-3] 인지행동요법 적용을 위한 악순환 도표

출처: 友成晶子, 山內祐一(2015).

이렇게 악순환 도표를 추출한 후 개선방법으로 내담자에게 인지행동요법 과제를 제시하고 모니터링하였다. 실천 내용은 〈표 14-1〉에 요약되어 있다.

표 14-1 인지 재구성을 위한 자기모니터링 과제

계기가 된 일/상황	감정(기분)	그때 어떻게 생각했나 −자동사고	무슨 생각을 해서 행동했나 −적응적 사고 (행동)	생각한 후 감정 등이 어떻게 변했나
산책 중	두근거림이 심해서 불안해졌다.	이대로 쓰러지는 것이 아닌가.	가까이 있는 벤치에 앉아서 호흡을 정리하고 하늘을 봤다.	10분 정도 만에 불안이 줄어들었다.
집에서	자기혐오감	내가 안 좋은 사람이라고 생각해서 우울해졌다.	음악을 듣고 기분 전환을 해 봤다.	듣기 시작해서 1시간 정도 지나니 나쁜 기분이 줄어드는 느낌이 들었다.
잠들기 전	숨쉬기 힘듦, 눈이 도는 느낌	이대로 못 자면 어떻게 하지.	잠들지 못해도 누워 있으면 피로는 풀릴 것이다. 조용한 음악을 듣자.	시간은 걸렸지만 (2시간 정도) 잘 수 있었다.
우체국 직원과 이야기 할 때(집세 계좌 이체)	긴장, 두근거림, 숨 쉬기 힘들다.	또 다른 사람을 불쾌하게 했다. 얼른 집에 돌아가서 혼자 있고 싶다.	직원이 짜증난 것뿐이다. 나는 실례를 범하지 않았다. 심호흡하고 사탕을 입에 넣었다.	숨 쉬기 힘들었던 것은 해소되고 용건을 마칠 수 있었다.

출처: 友成晶子, 山内祐一(2015).

이러한 개입 후 S는 "앞으로도 사람들과 사귀는 것을 잘할 수 있을지는 모르겠지만 못한다고 해서 도망가고 싶지 않아."라고 말하게 되었다. 인지행동요법을 학습해서 대인관계를 하는 장면에서 불안을 느낄 때 자기혐오감을 다시 바라보게 되었고, 사람 사귀는 것을 못하는 상태라 해도 있는 그대로 자신을 인정하는 인지적 수용을 하게 된 것으로 여겨진다.

그러나 내담자는 인지행동요법을 시작하고 3개월 후 홈워크를 중단했다. 순조롭게 진행되었던 과제가 중단되고 3개월이 흘렀다. S가 기록을 중단한 것은 역기능적인 사고를 기록하는 표가 인지적 재구조화에 유효하다고 본인이 인식하기 시작해서 '치료를 진행하는 것=복직'이라는 우려를 무의식적으로 갖게 되었으며 이에 대한 저항이 발생한 것으로 심료내과 치료자는 추측하였다. 이후 S는 동일본 대지진을 겪고 두 달 후 자기 스스로 홈워크를 다시 시작했다. 심적으로 자신이 이렇게 있으면 안 되겠다는 생각을 했다고 회고한다. 우연히 천재지변을 겪었지만 인지행동요법의 치료가 촉진되는 계기가 되었다. 중단한 기간은 있었지만 11개월간 매일 홈워크를 실시했고, 무사히 복직하게 된 후에도 15개월간 불안 증상이 나타날 때만이라도 〈표 14-1〉과 같은 자기모니터링을 하고 이를 꾸준히 표에 기록했다(友成晶子, 山內祐一, 2015).

이처럼 은둔형 외톨이의 지원기관에서뿐 아니라 의료기관의 치료적 장면에서도 회복이 진행되다가 후퇴하는 것 같은 상황들은 드물지 않다. 때로는 의외의 상황적 변수가 치료에 도움이 될 수도 있다. 이러한 변화에 대해 가족과 상담자들은 예측하고 대비할 필요가 있다. 또한 개선과 후퇴를 반복하면서 이들이 꾸준히 회복으로 나아간다는 점을 유의해야 할 것이다.

2) 치과의 전인적 접근 사례

대상자는 20세 남성으로 신장 170m, 체중 64kg의 체격을 갖고 있다. 은둔 상태에서 어금니 치통으로 인해 식사를 할 수 없는 상태가 되었고, 치과 치료 과정에서 다양한 접근이 이뤄졌다(別部智司 외, 2018). (대상자는 수년 전부터 공황장애, 우울, 히키코모리 증상으로 정신과 약물을 복용하고 있었고 전신마취를 통해 치과 치료를 받아야 했다.)

치과에서는 대상자의 치아만 치료한 것이 아니라 치과 공포증과 히키코모리 증상이 있는 환자의 경계심을 누그러뜨리고 라포를 형성하기 위해 많은 노력을 기울였다. 대상자가 여러 번 전화로 치과에 갈 수 없으므로 집으로 진료를 올 수 없는지 문의했을 때, 의료 안전상의 문제로 직접 방문해야 한다고 정중하게 설명했다. 환자가 자신만의 상상의 성에서 나올 수 있도록 병원 견학을 권유했다. 그리고 견학을 왔을 때 경계심을 풀 수 있도록 병원 대기실에서 자유롭게 휴식을 취하며 진료소 안을 보고 싶은 대로 볼 수 있도록 허락했다. 그리고 진료시간 중간에 환자에게 진료기기, 전신마취 기계, 치료의 흐름 등을 설명하며 계통적 탈감작[6] 치료를 병행했다. 이를 통해 집에서도 전신마취를 쉽게 할 수 있을 거라고 생각했던 자신만의 상상에서 벗어나 안전하게 시행하기 위해 마취 전 검사를 해야 할 필요성을 이해했다.

환자는 구강 내 검사를 위해 입에 덴탈 미러를 넣는 것도 구역질 반사와 손이 떨리는 등의 거부 반응을 심하게 보였다. 대상자는 공황장애와 우울증을 동반하는 정신질환적 원인으로 은둔을 시작하게 된 히키코모리였기 때문에 공황장애 증상이 언제 발생할지 모르는 상황이었다. 환자는 1회의 전신마취를 해서 진료를 한 후, 이후에도 의치 시술을 위해 방문 진료를 해야 하는 상황이었다. 처음에는 당사자와 가족이 의치 시술을 위해 여러 번 치과를 방문하게 된다는 사실을 받아들이기 어려워했다. 따라서 심리적으로는 정신과와의 연대, 사회적으로는 모친과 가족의 도움과 협력이 불가피했다. 이후 환자가 병원 방문을 주저할 때 가족의 설득이 있어서 병원 방문이 실현되었다.

이 사례는 치과 치료 하나만으로 접근하는 것이 아니라, 치과 치료를 계기로 은둔에서 조금씩 나오도록 돕는 전인적 접근이 가능함을 보여 준다. 처음 전화했을 때 병원에서 대수롭지 않게 응대했다면 불신을 갖고 병원에 오지 않았을 것이다. 하지만 환자가 병원에 오기까지 성심껏 대하고 병원에 왔을 때도 끝까지 최선을 다해 따뜻하게 진료하여, 이것을 계기로 정신과까지 연대할 수 있었던 것이다.

3) 핀란드 정신과의 오픈 다이얼로그를 받아들인 사례

오픈 다이얼로그(Open Dialog)는 핀란드 서쪽 랩란드 지방의 캐롭더스 병원(Keropudas Hospital)을 중심으로 1980년대부터 정신과적 위기 상황에 사용되던 대화치료법이다. 한국에서도 2020년 6월에 개업한 경기도립정신병원에서 최초로 도입된다고 보도되었다.[7] 일본에서 처음으로 사회적 히키코모리 담론을 펼친 정신과 의사 사이토 다마키는 오픈 다이얼로그를 소개하는 책[8]을 발간하며 히키코모리의 회복에도 오픈 다이얼로그가 도움이 될 수 있다고 보았다. 오픈 다이얼로그의 주요 항목을 열두 가지로 정리하여 [참고자료]에 제시하였다.

---

6) 대상자에게 환경 자극을 서서히 소개하면서 치과에 대한 경계와 공포심을 줄여 가도록 했다.
7) 마인드 포스트(2020. 5. 29., http://www.mindpost.or.kr/news/articleView.html?idxno=3795)
8) 『오픈 다이얼로그란 무엇인가(オープンダイアローグとは何か)』(医学書院 2015年).
　『오픈 다이얼로그가 여는 정신의료(オープンダイアローグがひらく精神医療)』(日本評論社 2019年).

오픈 다이얼로그 12항목

1. 미팅에는 2인 이상의 치료자가 참가한다.

2. 가족과 네트워크 멤버가 참가한다.

3. 열린 질문을 한다.

4. 클라이언트의 발언에 대답한다.

5. 지금 이 순간을 소중히 한다.

6. 여러 가지 복수의 관점을 이끌어 낸다.

7. 대화의 관계성에 주목한다.

8. 문제 발언이나 문제 행동에는 담담하게 대응하면서 그 의미에는 주의를 기울인다.

9. 증상이 아니라 클라이언트만의 언어와 이야기를 강조한다.

10. 미팅은 전문가끼리 대화(리플렉팅)한다.

11. 투명성을 가진다.

12. 불확실성을 견딘다.

출처: Olson, Seikkula, & Zeidonis, 2014; 飯田大輔, 2017에서 재인용.

[그림 14-4] 핀란드 캐롭더스 병원에서 연수 중인 모습

출처: 孫大輔, 塚原美穂子(2018).

이 열두 가지 항목은 오픈 다이얼로그 실천에서 중시되는 점이지만, 세이쿨라(Seikkula, 2014)는 오픈 다이얼로그가 기법이나 치료 프로세스가 아니라 철학이자 사고방식임을 강조한다(Olson, Seikkula, & Zeidonis, 2014: 飯田大輔, 2017에서 재인용). 이이다 다이스케(飯田大輔, 2017) 역시 내담자의 이야기를 확실히 들으면서 모놀로그(독백)가 아닌 다이얼로그(대화)를 확장시키는 것을 대화의 중심에 놓는 것이라고 강조한다.

오픈 다이얼로그는 한 명의 내담자(히키코모리)를 위하여 의사, 치료자 및 가족, 이웃 네트워크, 여러 도움을 주려는 사람들이 모여 충고나 답을 내지 않고 열린 방식으로 대화를 이어 나가는 형식이다. 기존의 일대일 구조인 개인상담이나 치료자가 1명이고 내담자가 다수였던 집단상담과 달리, 1명의 내담자를 위해 여러 치료자 및 지원자가 모여서 대화한다는 차이점이 있다.

간호학적 관점에서 오픈 다이얼로그는 의사의 지시에 따르는 문화에 익숙한 간호사들에게 스스로 자율성을 가지고 참가하게 되는 어려움이 있고, 충분한 스태프를 동원하기에 현실적 제약이 있기도 하다. 그럼에도 불구하고 소규모로라도 지역지원 장면에서는 오픈 다이얼로그가 내담자의 저항감을 낮추며 시작될 수 있을 것이다. 정신과 약물은 긴장이나 불안 상황에서 증상을 낮추는 효과가 있지만 자연 치료적 힘에 대해서는 의문을 제기하는 경우가 많다. 따라서 오픈 다이얼로그는 내담자의 인생 이야기를 소중히 다루며 네트워크를 재생해 나가는 '인약(人藥)'으로서의 역할을 하고 인간의 기본 가치를 소중히 여긴다는 점에서 높은 간호학적 가치를 갖고 있다고 할 수 있다(岡本響子, 2020).

4. 은둔형 외톨이만을 위한 지원정책을 바라며

이 장에서 은둔형 외톨이 문제를 앞서 고민해 온 일본 역시 한 가지 특효약을 제시하는 것이 아니라 은둔형 외톨이 회복을 위해 다양한 지원, 기관, 진료과목과의 연대를 고민해 왔음을 살펴보았다. 앞으로 한국에서도 어떤 정책을 어떤 규모로 시행할지 수많은 논의와 고민이 필요할 것이다. 일본에서 은둔형 외톨이에게 특화된 전용 상담창구를 마련하고 방문상담을 지원하는 정책을 마련한 것처럼, 우리나라에서도 멋지고 대단한 지원정책보다는 일단 은둔형 외톨이만을 위한 창구가 구체적으로 마련되기를 바란다.

부록

은둔형 외톨이 초기 평가 질문지-가족용[1]

날짜: 년   월   일

‒ 담당 질문자 이름(상담자 이름):

‒ 상담자 연령: (   )세

※ '대상자'는 은둔형 외톨이 당사자, '가족'은 상담 신청자를 의미합니다.

‒ 대상자와의 관계:

‒ 가족 연락처(전화번호):   이메일:

‒ 가족 주소:

‒ 현재 가족이 겪고 있는 곤란한 일, 어려운 점:

‒ 대상자 이름:

‒ 대상자 생년월일: 연령 (   )세

‒ 대상자 연락처(전화번호):

‒ 대상자 주소(동거 시 생략):

♣ 가족 사항(신청자 포함)을 적어 주세요.

이름	가족관계	연령	직업	동거 여부(○ 표시)
				동거 / 별거
				동거 / 별거
				동거 / 별거
				동거 / 별거
				동거 / 별거

---

1) 질문지는 일본의 NPO법인 라쿠노카이 리ー라(楽の森 リ−ラ)에서 사용하는 히키코모리 초기 평가 질문지를 한국어로 번역한 것이다. 우리 정서와 문화에 맞게 일부 내용을 변형하였다. 본 질문지는 가족용과 본인용으로 구분되어 있는데, 평가를 통해 각자의 시선 차이를 살펴볼 수도 있고, 상담자가 아니라도 가족구성원들이 스스로 체크해 볼 수도 있다.

해당하는 □에 V 표시해 주시고 ( ) 안에 자유롭게 기입해 주세요.

♣ 가족과 대화 유무, 빈도, 대화상대에 대한 질문입니다.

1. 대화유무: 대상자는 가족과 □ 잘 이야기한다 □ 가끔 대화한다 □ 끄덕이는 정도이다

　　　　　　 □ 거의 대화 없다 □ 전혀 대화 없다(아무 말 없음)

2. 내용, 화제: (누구와:　　　　　　　　　무엇을:　　　　　　　　　)

3. 가족과 친밀도

대상자와 부모는 □ 친밀하다 □ 보통이다 □ 친밀하지 않다

(　　　　　　　　　　　　　　　　　　　　　)

대상자와 형제, 자매는 □ 친밀하다 □ 보통이다 □ 친밀하지 않다

(　　　　　　　　　　　　　　　　　　　　　)

♣ 가족이 보기에 유아기, 초 · 중 · 고등학교 시절, 대학 재학 중이나 취업 상황 중에 대상자가
　겪었을 것으로 예상되는 힘든 사건이나 경험을 적어 주세요.

1. 유아기:

2. 초등학교:

3. 중학교:

4. 고등학교:

5. 대학, 전문학교 등:

♣ 대상자의 경험에 대해 적어 주세요

1. 취업(아르바이트 포함): □ 경험 유(□ 정직원 □ 아르바이트 □ 일일근무 직종:　　　　)

　　　　　　　　　　　　　　□ 경험 무

2. 은둔하게 된 기간: (　　)년 (　　)개월 정도 (　　)세 ～ (　　)세 정도

3. 대상자가 은둔하게 된 계기라고 여겨지는 사건:

4. 기타 특이사항:

♣ 가족이 보는 대상자의 일상생활과 생활모습에 대한 질문입니다.

1. 생활 패턴:

　　□ 밤낮이 바뀐 생활 패턴을 갖고 있다. (　　)년 (　　)월경부터

　　　기상시간 (　　)시 ～ 취침시간 (　　)시

　　□ 가끔 밤낮이 바뀐 생활 패턴을 하고 있다. 일주일에 (　　)일 정도

□ 밤낮이 바뀌지 않았다.

2. 옷 갈아입기: □ 거의 매일 옷을 잘 갈아입는다 □ 계절이 바뀌면 갈아입는다

□ 옷에 관심이 없다 □ 자기가 좋아하는 옷만 입는다

□ 기타(   )

3. 자기 방 정리: □ 자기 방 정리가 가능하다 □ 가끔 한다 □ 정리가 안 되어 있다

□ 쓰레기가 널려 있다 □ 기타(   )

4. 두발 상태: □ 미용실에 간다 □ 평소보다 머리가 길다 □ 두발에 관심이 없다

□ 부모가 머리를 잘라 준다 □ 스스로 자른다

□ 기타(   )

5. 식사: □ 혼자서 차려 먹는다 □ 혼자서 배달시켜 먹는다 □ 식탁에 차려 놓으면 혼자 먹는다

□ 가족과 같이 식사한다 □ 식사를 차려서 방 앞에 두거나 방에 넣어 준다

□ 기타(   )

6. 섭식 상태: □ 아침식사 □ 점심식사 □ 저녁식사 □ 아침 겸 점심 □ 점심 겸 저녁

□ 밤늦게 야식 □ 기타(   )

□ 섭식장애가 있었다. (   )년 (   )월 ~ (   )년 (   )월경까지

□ 현재도 섭식장애를 치료 중이다. 증상(   )

□ 특별히 고집하는 식생활이 있다. 내용(   )

7. 목욕: □ 매일 씻는다 □ 수일 간격으로 씻는다. 목욕시간은 (   )분 정도이다

□ 세수만 한다 □ 거의 씻지 않는다 □ 기타(   )

□ 특별히 고집하는 목욕 스타일이 있다. 내용(   )

8. 외출: □ 혼자서 가능하다 □ 가족과 외출이 가능하다. 보통 (   )시 정도에 외출한다

□ 기타(   )

이동수단: □ 지하철 □ 버스 □ 자전거 □ 도보 □ 자가용 □ 가족이 운전해 준다

9. 쇼핑: □ 자기 것만 산다 □ 취미에 관계된 것들을 산다 □ 식재료를 산다 □ 가족들의 생활

용품을 산다 □ 인터넷 주문을 한다 □ 가족에게 살 것을 부탁한다 □ 쇼핑하지 않는다

□ 기타(   )

10. 취미: □ TV 시청 □ 컴퓨터 게임 □ 음악감상 □ 독서 □ 기타(   )

교류하는 사람: □ 가족 □ 친척 □ 학교친구 □ 온라인 친구 □ 이성친구 □ 아무도 없음

□ 기타(   )

11. 함구(절대 말을 하지 않거나, 말을 걸 수 없는 상태): □ 함구상태이다 □ 상황에 따라 다르

다 □ 가정 내에서 함구한다 □ 집 밖에 나가면 함구한다 □ 기타(   )

12. 문제행동: □ 폭력(대상: 방식:)

□ 기물파손(대상: 방식:)

□ 폭언(대상: 내용:)

□ 낭비(비용:) □ 강박행동(내용:)

□ 자해(부위:) □ 자살시도[횟수: (   )년(   )월경]

□ 술버릇(내용:) □ 기타(   )

□ 문제행동을 일으킨 적이 없다.

13. 일상생활 기능: □ 상 차리는 것을 돕는다 □ 식사 후 자기 밥그릇을 싱크대에 내놓는다

□ 요리를 돕는다 □ 쓰레기를 버린다 □ 세탁기를 돌린다 □ 빨래를 갠다

□ 우편물이나 택배를 가져온다 □ 화장실 청소를 한다 □ 다른 가족의 방이나 거실을 치운다

□ 애완동물을 돌본다 □ 아무것도 하지 않는다

□ 기타(   )

14. 거주: □ 자취경험이 있다(이유: 기간:)

□ 친구와 살았던 경험이 있다(이유: 기간:)

□ 기숙사 생활을 한 경험이 있다(이유: 기간:)

□ 친척집에서 지낸 경험이 있다(이유: 기간:)

□ 집 외 다른 곳에 거주한 경험이 없다

□기타 (   )

15. 생활비나 용돈: □ 매달 용돈을 준다 □ 필요할 때 준다 □ 주지 않는다

□ 생활비나 용돈을 직접 얼굴을 보고 준다. 월 (   )원 정도

□ 생활비나 용돈을 계좌이체한다. 월 (   )원 정도

□ 기타(방식:)

♣ 가족이 보는 대상자의 건강상태와 보험관련 질문입니다.

1. 건강상태: □ 양호하다 □ 좋지 않다. 병원에 다닌다 (병원명: 진료과:)

용약: 통원시간대: (   )시~(   )시 (진료기간:)

□ 좋지 않지만 병원에 가지 않는다 (이유:)

장애등급 여부: □ 있다 (내용:) □ 없다

2. 이전 심리상담 경험: □ 있다 (장소: 기간:) □ 없다

3. 보험, 국민연금 가입상황: □ 대상자에게 실비보험이 있다 □ 대상자에게 실비보험이 없다

□ 대상자는 국민연금에 가입되어 있다 □ 대상자는 국민연금에 가입되어 있지 않다

□ 가족이 의료보험비를 부담하고 있다 □ 대상자는 의료보험비를 내지 않고 있다

□ 모른다 □ 기타(   )

4. 대상자는 보통 하루를 어떻게 보내는 것 같은지 써 주세요:

5. 가족의 희망을 써 주세요:

6. 대상자의 희망이 무엇인 것 같은지 써 주세요:

[부록 2] 은둔형 외톨이 초기 평가 질문지-본인용

은둔형 외톨이 초기 평가 질문지-본인용

작성날짜: 년 월 일

– 담당 질문자 이름(상담자 이름):

– 상담자 연령: (   )세

– 내담자 이름:

– 내담자 생년월일: 연령 (   )세

– 내담자 주소:

♣ 가족 사항을 작성해 주세요.

이름	가족관계	연령	직업	동거 여부(○ 표시)
				동거 / 별거
				동거 / 별거
				동거 / 별거
				동거 / 별거
				동거 / 별거

해당하는 □에 V 표시해 주시고 (   ) 안에 자유롭게 기입해 주세요.

♣ 가족과 대화 유무, 친밀함에 대한 간단한 질문입니다.

1. 부모님과 관계가 □ 친밀하다 □ 보통이다 □ 친밀하지 않다

2. 형제자매와 관계가 □ 친밀하다 □ 보통이다 □ 친밀하지 않다

3. 가족과 대화유무 □ 잘 이야기한다 □ 가끔 대화한다 □ 끄덕이는 정도이다

　　□ 거의 대화 없다 □ 전혀 대화 없다(아무 말 없음)

♣ 당신의 유아기, 초 · 중 · 고등학교 시절, 대학 재학 중, 취업을 준비할 때 겪었던 어려움이나
사건, 간단한 에피소드가 있었으면 적어 주세요.

1. 유아기:

2. 초등학교:

3. 중학교:

4. 고등학교:

5. 대학, 전문학교 등:

6. 취업(아르바이트 포함):

♣ 당신의 경험에 대해 적어 주세요

1. 당신이 은둔하게 된 계기라고 여겨지는 사건이 있으면 적어 주세요.

언제쯤: (   )세~ (   )세 정도   기간: (   )년 (   )개월 정도

2. 기타사건:

♣ 당신이 선호하는 연락방법:

□ 전화통화 □ 핸드폰 문자메시지 □ 카카오톡 □ SNS 계정(종류:) □ 이메일

□ 아무거나 상관없다

등교거부 경험: □ 없다 □ 있다(현재/과거) □ 기억나지 않음

병원에 다닌 경험: □ 없다 □ 있다(현재/과거) 기간 (   )년 (   )월 ~ (   )년 (   )월

□ 기억나지 않음

건강상태: □ 좋다 □ 좋지 않다/병원에 다닌다 □ 좋지 않지만 병원에 다니지 않는다

진료병원: □ 없다 □ 있다 (병원명: 진료과목:)

복용약: □ 있다 (복용약명: 복용기간:)

□ 없다

이전 상담 경험: □ 있다 (센터명: 기간:)

□ 없다

장애여부: □ 없다 □ 있다 (등급:)

♣ 당신의의 일상생활과 생활모습에 대한 질문입니다.

1. 생활 패턴은 어떻습니까?: □ 밤낮이 바뀐 생활 패턴을 갖고 있다

(   )년 (   )월경부터 기상시간 (   )시~ 취침시간 (   )시

□ 가끔 밤낮이 바뀐 생활 패턴을 갖고 있다. 일주일에 (   )일 정도

□ 밤낮이 바뀌지 않았다

2. 옷을 잘 갈아입고 생활합니까?: □ 거의 매일 옷을 잘 갈아입는다 □ 계절이 바뀌면

갈아입는다 □ 옷에 관심이 없다 □ 내가 좋아하는 옷만 입는다

□ 기타(   )

3. 식사를 어떻게 합니까?: □ 혼자서 차려 먹는다 □ 혼자서 배달시켜 먹는다 □ 가족이

식탁에 차려 놓으면 혼자 먹는다 □ 가족과 같이 식사한다 □ 가족이 식사를 차려서

방 앞에 두거나 방에 넣어 준다 □ 기타(   )

4. 외출할 수 있나요?: □ 혼자서 가능하다 □ 가족과 가능하다

보통 (   )시 정도에 외출한다.

기타(   )

이동수단: □ 지하철 □ 버스 □ 자전거 □ 도보 □ 자가용 □ 가족이 운전해 준다

5. 쇼핑하러 갈 수 있나요?: □ 내 것만 산다 □ 내 취미에 관계된 것들을 산다 □ 식

재료를 산다 □ 가족의 생활용품을 산다 □ 인터넷 주문을 한다 □ 가족에게 살 것을

부탁한다 □ 쇼핑하지 않는다

□기타(   )

6. 당신의 취미는 무엇인가요?: □ TV 시청 □ 컴퓨터 게임 □ 음악감상 □ 독서

□ 기타(   )

□ 요즘 당신의 관심사는 무엇인가요?

(   )

7. 교류하는 사람이 있나요?: □ 가족 □ 친척 □ 학교친구 □ 온라인 친구 □ 이성친구

□ 아무도 없음 □ 기타 [(   )명 정도   ]

8. 당신의 행동 때문에 스스로 곤란하다고 느낀 적이 있다면 무엇인가요?:

□ 쇼핑중독 □ 강박적 행동 □ 폭력 □ 기물파손 □ 폭언

9. 일상생활에서 당신이 담당하고 있는 일이 있습니까?: □ 상 차리는 것을 돕는다 □ 식사 후

밥그릇을 싱크대에 내놓는다 □ 요리를 돕는다 □ 쓰레기를 버린다 □ 세탁기를 돌린다

□ 빨래를 갠다 □ 우편물이나 택배를 가져온다 □ 화장실 청소를 한다

□ 다른 가족의 방이나 거실을 치운다 □ 애완동물을 돌본다 □ 아무것도 하지 않는다

□ 기타(   )

10. 취업 경험이 있나요? □ 정직원 □ 아르바이트 □ 일일근무

언제쯤인가요?   (   )년 (   )개월 정도 근무함

어떤 직무였나요?

힘들었던 점은 무엇인가요?

11. 혼자 살아 본 경험이 있나요?:

□ 없다

□ 자취해 본 경험이 있다. (이유: 기간:)

12. 생활비, 용돈:

　　□ 매달 용돈을 받는다. 대략 한 달에 (   )원

　　□ 필요할 때 받는다. (   )원 정도

　　□ 받지 않는다

　　□ 수입이 있거나, 저금한 것을 사용한다

13. 기타 생활 면에서 남들과 다른 나의 특이 사항:

♣ 메모 사항

1. 당신이 보통 하루를 어떻게 보내는지 적어 주세요.

2. 보험, 국민연금 가입상황:

　　□ 나는 실비보험이 있다　□ 나는 실비보험이 없다

　　□ 나는 국민연금에 가입되어 있다　□ 나는 국민연금에 가입되어 있지 않다

　　□ 가족이 의료보험비를 부담하고 있다　□ 나는 의료보험비를 내지 않고 있다

　　□ 모른다

　　□ 기타(   )

4. 당신의 희망은 무엇입니까?

5. 나에 대한 가족의 희망은 무엇일까요?

[부록 3] 영화로 보는 은둔형 외톨이-'도쿄! 흔들리는 도쿄'

도쿄! 흔들리는 도쿄

• 감독 · 각본: 봉준호

‖ 영화 소개

영화 〈도쿄!〉(2008)는 3편으로 이루어진 옴니버스 영화로, 에피소드 중 하나인 〈흔들리는 도쿄〉는 러닝타임 30분의 10년째 집 안에서만 틀어박혀 지내는 '히키코모리'의 이야기이다.

토요일은 피자를 주문하는 날! 배달원과는 눈을 절대 맞추지 않는 내가 피자 배달을 하러 온 여자와 뜻하지 않게 눈이 마주쳐 버렸다. 그리고 그 순간 마음이 흔들렸다. 다시 토요일. 그녀를 보고 싶은 마음에 피자를 주문하지만 낯선 피자배달원이 온다. 그리고 그에게서 그녀 또한 히키코모리가 되었다는 사실을 듣게 된다. 주인공은 그녀를 만나기 위하여 용기를 내고 세상 밖으로 나온다. 그러나 놀랍게도 도쿄의 도로는 휑하기만 하고, 사람들은 모두 히키코모리가 되어 있었다. 도쿄를 달리고 달려 결국 그녀의 집으로 찾아간 남자. 그곳에서 드디어 그녀를 만나게 된다.

#1. '나는 10년째 집 안에서 살고 있다. 나는 히키코모리다'

남자는 화장실에 앉아 짧게 남아 버린 휴지와 빈 휴지심을 꺼낸다. 휴지심의 둥근 부분을 손바닥에 얹고는 있는 힘을 주어 꾹 눌러 동그란 자국을 낸다. '이 동그라미가 사라지는 데 얼마나 걸릴까? 10초…… 10분…… 10시간…… 10일…… 10달…… 10년……' 남자는 화장실 한쪽 벽면에 산처럼 쌓아 놓은 휴지심들 위로 방금 전 휴지심을 조심스럽게 올려본다. 잔잔한 피아노 연주가 흘러나오는 오프닝 장면이 지나가면 '引き籠もり'라는 일본 글자 아래 '히키코모리'란 사전적으로는 '틀어박히다' '들어앉다'라는 뜻으로 오랜 시간 타인과의 접촉 없이 집 안에서만 생활하는 사람을 지칭하는 일본어라는 한국어 자막이 나온다.

"보통 히키코모리들은 부모에게 얹혀살지만 나는 혼자 산다. 의외로 나는 TV를 보지 않는다. 그런데 밥은 매일 먹는다." 서서 밥을 먹고 있는 남자가 보인다. 그 뒤로 컵라면과 통조림 음식이 정갈하게 쌓여 있다. 카메라는 그의 방을 훑으며 지나간다. 창밖의 눈부신 햇살과 대조적으로 그의 방은 어둡기도 하지만 편안한 느낌을 주기도 한다. 방의 공간을 다 차지해 버리고 있는, 정리 정돈이 잘 되어진 책들은 천장을 향해 자라나고 있다. 그는 히키코모리 생활 10년 동안 유일하게 책을 읽고, 그 책들을 정리하면서 시간을 보냈다. 우두커니 서서 돈 봉투를 바라본다. 아버지께서 보내 주시는 돈 봉투. 처음 1년간은 돈과 편지를 같이 보내 주셨지만 9년 동안은 돈 봉투만 보내는 아버지. 그는 자신의 아버지에게 의지하지만 소통은 단절한 채 살아가고 있다. 돈과 전화만 있으면 만사 오케이다. 전화는 그에게 세상과 소통할 수 있는 있는 유일한 수단이다. 그는 전화를 걸어 음식을 시킨다. 배달 음식을 받고, 아버지께서 보내 주신 돈을 낸다. 단, 배달원과는 절대로 눈을 마주치지 않는다. 사람들과 닿는 것이 싫다.

과거 회상 장면. 햇살이 뜨겁게 내리쬐는 시내의 거리. 자동차 경적 소리, 어딘가 급히 걸어가는 하얀 와이셔츠 차림의 그는 퉁명스럽고 지쳐 보인다. 땀을 흘리며 걸어가던 그가 하늘을 바라보며 눈을 찡그린다. 이내 손바닥을 들어 그늘을 만든다. 눈이 부시게 내리쬐는 햇빛은 그에게 불편함이다. 쉬지 않고 들리는 자동차 경적 소리는 영화를 보는 나까지도 심장을 두근거리게 한다. 그는 말한다. '햇빛에 닿는 것도 싫었다.' 다시 현재로 돌아온 그는 편안한 표정으로 창문을 뚫고 들어오는 햇빛을 고즈넉이 바라보고 있다. 그는 햇빛의 움직임을 보며 시간을 보낸다. 피자를 먹고 모아 둔 피자 박스에 기대어 잠이 들었다.

#2. '11년 만에 마주쳤다.' 그리고 지진

피자를 먹고 모아 둔 박스에 기대어 잠이 들었다. 남자는 서서히 눈을 뜬다. 삶의 의욕을 상실한 듯 무기력한 눈빛. 그렇게 또⋯⋯ 1년의 시간이 흘렀다.

그의 삶은 너무도 의미 없고 지루하게 흘러가고 있다. 서서 밥을 먹고, 변기에서 잠들면 좋은 꿈을 꾼다. 꾸벅꾸벅 졸면서 책을 읽거나 아버지가 쓰던 방 앞에서 그의 냄새를 느껴 보기도 한다. 오늘은 토요일이다. 토요일마다 먹는 피자를 주문한다. 음식 값을 건네받는 순간 배달원과는 절대 눈 맞춤을 하지 않던 그가 그녀의 가터벨트를 보고 놀라 그녀와 눈이 마주쳤다. 피자를 받고 잔돈을 건네받는 순간 갑자기 땅이 흔들린다. 지진이 난 것이다. 쌓아 둔 책들이 쏟아지고, 정리되어 있는 생수병들과 전화기가 흔들린다. 갑자기 피자배달원이 기절하여 쓰러진다. 그 순간 남자의 마음도 흔들렸다. 세상과 단절하고 살아온 은둔생활이 피자배달원과의 눈 맞춤으로 인해 무너졌다. 정성스럽게 쌓아 놓은 물건들이 흔들리고, 쓰러지는 장면들을 보여 줌으로써 앞으로 그의 삶에 변화가 찾아올 것을 예견하고 있는 것이다.

쓰러져 있는 피자배달원을 보며 허둥지둥 물을 가져오지만 기절해 있기 때문에 마실 수 없자 답답한 마음에 자신이 물을 마셔 보기도 한다. 그러고는 분무기를 가져와 조심스럽게 여자 얼굴에 뿌려도 본다. 그러다 그는 그녀 앞에 누워 그녀를 바라본다. 그녀의 소매에 가려져 있던 버튼 표시(전원버튼)와 다리에 새겨진 콤마. 남자는 잠시 주저하다가 버튼을 눌러 본다. 신기하게도 여자가 깨어난다. 깜짝 놀라 뒤로 물러서는 남자와 (버튼을) 눌렀냐고 물어보는 여자. 여자는 뜬금 없이 '손가락 절단' 마술을 한다. 그녀는 남자의 방 안을 둘러보더니 쌓여져 있는 피자 박스 중 밑에서 여덟 번째 피자박스가 거꾸로 쌓여져 있음을 지적한다. 그러고는 그의 방을 보면서 "정말 완벽해."라고 말한 뒤, 자신의 헬멧 냄새를 맡으며 이건 "정말 끔찍해."라고 한다.

#3. 그녀 또한 완벽한 고립을 원하는 것일까?

지진의 여파로 인한 충격 때문일까? 그는 이틀간 아무것도 못한 채 침대에 누워 허공만 바라볼 뿐이다. 그는 '흔들린다'라는 말을 하면서 일어난다. 그녀를 다시 만나고 싶은 마음에 피자집에 전화를 걸어 주문을 한다. 그런데 그녀 대신 낯선 피자배달원이 배달을 왔다.

- 남자 주인공: 귀하의 점포에서 근무하시는 여성분은 오늘은…… 휴무중인가요?
- 피자배달원: 누구?
- 남자 주인공: 왜 그 하얗고…… 가터벨트…… 버튼이…….
- 피자배달원: 걔(그 아이는)는 내 부인이야.
- 남자 주인공: (놀라 토끼 눈이 된다.)
- 피자배달원: 뻥이야. 걔도 어제 그만뒀어. 그 친구 말이야. 집에서 영원히 안 나오겠대.
  다들 미쳤나 봐. 참 오래 일한 앤데.

#4. '히키코모리'가 '히키코모리'를 만나려면 방법은 하나뿐!

신발장에서 운동화를 꺼내 신는다. 어두컴컴했던 자신의 집 현관문 앞에 서 있다. 조심스럽게 현관의 문을 열어 본다. 눈부신 햇살이 그의 집 안으로 쏟아져 들어온다. 그러나 힘겹게 한 발 나가려 하지만 쉽지 않다. 햇살은 그에게 두려움이 되어 버렸다. 그는 그렇게 밖으로 나갈 수 없었다. 집 밖으로 나가지 못한 채 하루를 보낸다.

그는 자신의 왼쪽 손바닥을 본다. 첫 장면 '이 동그라미가 사라지는 데 얼마나 걸릴까? 10초…… 10분…… 10시간…… 10일…… 10달…… 10년…… '이라고 했던 그는 아직도 선명하고 동그랗게 찍혀 있는 손바닥을 보고 과감하게 용기를 내어 현관문 밖을 나간다. 드디어 현관문 밖으로 나온 그는 불안한지 계속 중얼거린다. "눈부셔……." "덥다……." "땀 싫은데……." "내가 왜 나왔……." 그러다가 머리카락을 쥐며 "다이자와 3번지이다"라고 읊조린다. 다이자와 3번지는 그녀의 집 주소이다. '거길 가야지…….' '어느 쪽이더라.' '왼쪽…….' '전철역이…….' '아니야, 버스가 좋아.' '다이자와 3번지는 케이오선이 머니까.' '아참 돈이 없다.' '누가 날 보고 있으면 안 되는데…….' '어느 쪽으로 가야 하지?' ' 아 그게!' 뛰어가기 시작한다. '있다~ 아자!' '이걸로 산겐자야를 건너서…….' '왜 이렇게 안 나와.' '이걸 타고 가는 거야.' 그는 쪽문을 열고 자전거를 꺼낸다. 그러나 자전거는 나뭇가지들이 엉켜서 탈 수가 없다.

결국 자전거는 포기하고 걸어서 가기로 한다. 좋아! 행진이다. 마라톤 선수가 된 듯이 뛰어간다. 그런데 무언가 이상하다. 주위를 둘러보지만 주변에는 사람이 없다. 거리에는 주인공 남자 외에는 아무도 없다. 모든 사람이 히키코모리가 된 것이다. 뛰어가는 주인공 남자 뒤로, 피자를 들고 있는 피자배달원 로봇이 배달할 집 앞에서 서성이다가 카메라 정면을 응시한다. 뭔가 소름끼치는 장면이다. 주인공 남자가 도로 한복판을 뛰어다녀도 차 한 대 지나가지 않는다. 희뿌연 도시에서 그가 말한다. "전부 들어가 버렸어 전부……."

#5. '제발 나오세요. 빨리 나와…… 지금 안 나오면 평생 못 나와요'

드디어 그녀를 찾았다. 그러나 그는 집 밖에. 그녀는 집 안에 있다. 둘 사이는 유리창문과 방범창이 가로막고 있다. 빨리 나오라고 소리를 지르지만 그녀는 그를 보고는 창문을 닫아 버린다. 남자는 문을 열려고 노력하지만 잠겨 있는 문은 쉽게 열리지 않는다. 그런데 그 순간 다시 지진이 발생한다. 땅이 흔들린다. 누군가가 급하게 뛰어 나와 소리친다. 빨리 밖으로 나오라고. 하나 둘 셋…… 점점 사람들이 밖으로 나오기 시작한다. 그러나 이내 멈추는 지진. 다시 아무 일 없듯 지진이 멈추자 사람들은 자신만의 공간 속으로 들어간다. 후에 인터뷰에서 봉준호 감독은 〈흔들리는 도쿄〉를 소개할 때 "도쿄의 모든 사람이 히키코모리가 되어 버린다. 그런데 어느 날 지진이 일어나 다들 집 밖으로 뛰쳐나온다. 잠깐 지축이 흔들리며 사람들은 우왕좌왕. 그러더니 흔들림이 딱 멈춘다. 갑자기 어색해진 사람들. 주섬주섬. 다시 자기만의 보금자리로 돌아간다."라고 이 장면을 설명하였다.

피자배달원은 주인공 뒤에 서 있다. 그녀가 집 안으로 들어가려고 하자 남자는 그녀의 팔목에 있는 러브 버튼을 누른다. 그녀의 얼굴 뒤로 커튼이 흔들리기 시작한다. 그녀의 머리카락이 흔들린다. 그녀의 마음이 흔들린다. 그와 그녀는 서로의 눈을 바라본다. 그러다 또다시 지진이 난다. '흔들린다'라는 말과 함께 영화는 끝이 난다.

|| 히키코모리와 은둔형 외톨이

사회참여의 폭이 좁아져서 자기 집 밖으로 나오지 않고 가족 이외의 사람들과는 의사소통을 하지 않으며, 생활환경과 오랫동안 단절된. 혼자 외로운 사람을 우리나라에서는 '은둔형 외톨이'라고 부른다. 우리 사회가 은둔형 외톨이에 관심을 갖게 된 것은 일본의 히키코모리에서 비롯된 것이나 두 나라의 관심 영역은 다소 차이가 있다. 일본의 히키코모리는 단어 자체가 의미하듯 '방 밖으로 전혀 나오지 않는 현상'에 관심을 갖는다. 반면, 우리나라의 은둔형 외톨이는 대인관계의 단절이라는 부분에 보다 초점을 두고 있다(김유숙, 2012).

주인공 남자의 회상 장면을 통해 한때는 그도 사회생활을 하였음을 알 수 있었다. 무엇 때문에 사회생활을 뒤로하고 자신만의 공간 속으로 들어갔는지는 알 수 없다. 그러나 그가 햇살과 닿는 것이 싫고, 사람과 닿는 것이 싫다고 말하는 장면을 보면서 인간관계에서 오는 힘듦이 그를 극도의 불안을 느끼게 하고 그 상황을 회피하기 위하여 히키코모리 생활로 들어가게 된 것은 아닌지 어렴풋이 짐작할 수 있었다. 누구나 어려운 상황이 생기면 불안을 경험하게 된다. 불안이라는 감정은 정서적으로 불안정한 모습을 보이면서 신체 증상을 호소하거나 우울, 히스테리와 같은 정신장애의 증상을 보이기도 한다. 우리는 살면서 불안이라는 감정을 경험하게 된다. 만약 불안이라는 감정을 느끼지 못했다면 인간은 지금까지 살아올 수 없었을 것이다. 불안이란 생존을 위해서 꼭 필요하고 실제적이거나 상상적 위협에 대한 유기체의 반응이다.

결국 불안이란 생존의 필수조건이다. 현대 사회에서도 적절한 불안과 스트레스는 성과 향상에 긍정적 효과를 준다. 그러나 사람마다 불안을 어떻게 느끼느냐에 따라 정도가 다르고 개인차도 다르다. 불안에는 회피가 동반한다. 회피 반응은 불쾌하거나 위협적인 사건을 연기 혹은 예방하기 위한 반응이며(민병배, 남기숙, 2019). 괴롭거나 힘든 상황을 직면하지 않으려고 외면하거나 회피한다. 이렇게 은둔생활이 시작되면 대인관계에서 철수하게 되고, 자신만의 법칙대로 자신만의 공간에서 편안함을 느끼며 은둔생활을 한다. 그러나 고립은 우울과 무기력, 무망감을 가져온다.

‖ 사람은 많지만 외로워 보이는 도시, 도쿄……

영화 〈도쿄!〉는 미셸 공드리 감독(마이크롭 앤 가솔린, 2015), 레오 카락스 감독(퐁네프의 연인들, 1991)과 같은 세계적인 거장들이 모여 각자의 시선으로 도쿄를 그려 낸 작품이다. 우리에게 잘 알려진 영화 〈살인의 추억〉(2003), 〈괴물〉(2006) 등을 연출한 봉준호 감독은 2008년 기획단계부터 화제를 불러일으킨 한국, 프랑스, 일본의 합작 영화 〈도쿄!〉를 연출하였다. 일본의 대중문화에서는 '히키코모리' 이야기가 자주 등장한다. 봉준호 감독은 도쿄를 소재로 '히키코모리'의 이야기를 선택하였다. 그는 〈흔들리는 도쿄〉를 소개하면서 히키코모리의 이미지를 영상화시키기 위하여 층층이 쌓인 빈 피자박스와 차곡차곡 벽을 채운 두루마리 휴지심을 형상화하였다고 한다. 봉준호 감독의 봉테일(봉준호+디테일, 섬세함)스러움은 특유의 유머에서도 찾아볼 수 있다. 지진이 나고 기절한 여자를 바라보던 남자는 그녀의 소매에 가려져 있던 버튼 표시(전원버튼)를 누른다. 그녀가 깨어나자 남자에게 (버튼을) "눌렀냐?"라고 물어보고, 눌렀다고 말하자 여자는 뜬금없이 손가락 절단 마술을 한다. 인터뷰에서 봉준호 감독은 손가락 절단 마술은 상징적인 거세를 의미한다고 하였다.

거세란 동물의 생식기능을 없애는 것을 뜻한다. 정신분석에서 '거세'란 어느 쪽 성이든 실제로 또는 상상 속에서 생식기를 잃거나 다치는 것을 말한다. 프로이트는 인간의 성격은 명확하게 구분할 수 있는 5단계를 거쳐서 발달한다고 보았다. 구강기(생후~18개월)에 고착될 경우 손톱 물어뜯기, 과음과 같은 '입'을 통한 즐거움을 추구하게 된다고 보았다. 이들은 성인이 되어도 다른 이에게 의존하거나 속임수에 잘 넘어가는 성향으로 발달될 수 있다. 항문기(18개월~3세) 때 부모로부터 배변훈련을 가혹하게 받은 사람일 경우 성인기에 이르러 항문 보유적 혹은 항문 배제적인 성향이 될 수 있다. 항문 보유적인 성향은 지나치게 깔끔하고 질서정연한 태도를 보이지만 항문 배제적인 성향을 가진 사람들은 지저분하고 흐트러진 행동을 보이게 된다. 남근기(3~5세)에 고착된 경우, 자만, 쾌락 추구, 성적으로 공격적이 될 수 있다. 이때 성적 매력이나 원망, 경쟁, 질투, 두려움 등의 갈등이 유발된다. 구강기, 항문기를 지나 남근기가 되면 거세 콤플렉스를 경험하게 된다. 거세 콤플렉스로 인한 불안은 엄마에 대한 성적 욕망을 포기하고 결국 아빠를 닮아 동일시하게 된다. 동일시는 욕구불만과 불안에서 발생한다. 프로이트의 이론에 따르면 구강기 갓난아이는 맛이 쓴 물건을 입에 넣었을 때 자신에게 고통이 발생하면 그 물건을 뱉어 버림으로써 싫은 대상을 없앤다. 이와 같은 경험을 통해 갓난아이는 성가신 대상에게 입을 다물고 고통을 피하는 법을 배운다고 하였다(Hall, 2009). 피자배달원은 불안한 세상에서 주인공과 동일시하기로 결심한다. 또한 불안한 세상에서 철수함으로써 불안한 감정을 없앤다. 그녀는 자신의 생활을 끔찍하다고 여기면서 '상징적인 거세'를 의미하는 손가락 절단 마술을 통해 사회에서의 철수 및 세상과의 단절을 보여 준 것이다.

영화 〈도쿄!〉는 도쿄에 대한 인상을 표현하는 프로젝트로 봉준호 감독은 그 주문에 충실했다고 말한다. "도쿄에 대한 인상은, 사람은 많지만 오히려 가장 외로워 보이는 것이었고 그런 막연한 도쿄의 인상을 표현해 보고 싶었다."라고 인터뷰하였다(YTN 뉴스, 2008. 10. 22.).

일본문화 중 하나인 '혼네(속마음)'와 '다테마에(겉마음)'는 분리된 두 개의 자아가 사람의 마음 속에 존재하는 것인데, 이런 마음의 분리를 바람직하다고 여긴다. 일본인들은 겉마음을 표현하는 데는 익숙하지만 속마음은 잘 드러내지 않는다. 또한 일본은 자연재해, 특히 지진이 자주 일어난다. 전쟁·고문·자연재해·사고 등을 겪은 뒤 공포감에 휩싸이거나 마치 같은 경험을 현재도 하고 있는 것처럼 느끼는 정신장애를 PTSD라고 한다. 김택수 전 연세대학교 세브란스병원 정신과 교수는 "일본인들이 호소하는 PTSD는 교통사고 후유증 환자들이 차도나 큰길 쪽으로는 안 다니려 하고 성수대교 붕괴 당시 생존자들이 마치 붕괴 현장에 있는 듯한 느낌에 괴로워하던 것과 비슷한 경우"라고 설명하였다. 또 "단순한 우울증은 약을 안 먹어도 빠르면 6개월 안에 치유되는데 PTSD는 그렇지 않다."면서 "이 질환이 만성으로 치닫게 되면 마치 성격처럼 굳어지기 때문에 우울증과는 차원이 다르다."라고 설명한다(아시아경제뉴스. 2011. 3. 17.).

‖ 세상 밖으로 끌어내기: 열린 결말

때때로 인간은 자신의 마음을 들여다보려 해도 지금 자신이 어떤 욕구를 느끼고 있는지 잘 알지 못한다. 그러나 하루라도 식사를 하지 않거나 잠을 자지 않으면 음식과 잠에 대한 욕구가 있음을 확실히 알게 된다. 사람과 사람 간의 관계 욕구도 마찬가지라고 생각한다. 관계 욕구란 다른 사람과 관계를 맺고 이를 유지하려는 인간의 욕구이다. 우리는 관계에 대한 욕구를 가지고 살아간다. 관계에 대한 욕구를 반대로 생각해 보면 사랑받지 못하거나 사랑하는 사람에게 버림을 받게 될지도 모른다는 두려움과 동일하다고 본다. 따라서 관계에 대한 욕구가 없다고 말하는 사람에게 반대로 타인에게 거절당한다면 어떤 기분이 들었는지 물어보았을 때 행복하지 않다고 대답한다면, 이것은 바로 관계 욕구가 있다는 증거가 되는 것이다.

관계 욕구는 양육자와의 애착에서 생겨난다. '애착'이란 인생 초기에 가까운 사람에게 강한 감정적 유대를 형성하는 것이며, 볼비(Bowlby, 1969)에 의하면 애착은 부모 각각에 대해 아동이 가지는 강하고 지속적인 유대이다. 때로는 아기가 애착 인형을 통해 위안을 받기도 한다. 누군가에는 애착 로봇이 될 수 있고, 애착 담요가 될 수 있다. 세상과 분리하고 틀어박혀 지내는 은둔형 외톨이에게는 '방'이라는 공간이 자신만의 애착 장소이며 그곳에서 위안을 받는다. 〈흔들리는 도쿄〉는 단절된 사회 속에서도 희망적인 메시지를 전달한다. 주인공은 10년을 넘게 아버지에게 의존하며 고립된 삶을 살았지만 용기를 내어 햇살이 내리쬐는 세상 밖으로 나왔다. 그가 용기 낼 수 있었던 이유는 '사랑' 때문이다. 일본의 대표적인 자연재해인 지진이라는 메타포를 통해 그의 마음이 흔들렸고 변화될 수 있음을 보여 주었다.

기동전사 행진곡: 히키코모리, 뜻밖의 외출

• 감독: 신민주

‖ 영화 소개

2018년 5월 31일 개봉된 〈기동전사 행진곡: 히키코모리, 뜻밖의 외출〉은 신민주 감독의 단편 영화이다. 당시 서경대학교 영화영상학과 2학년 영화제작 워크숍 작품으로 러닝타임은 10분 정 도이다. 작품성은 높지만 상업 영화에 밀려 상영의 기회조차 없는 영화를 더 많은 사람이 볼 수 있도록 하기 위하여 픽코드 필름(Picord Film)에서는 유튜브나 네이버tv 채널을 통해 무료로 상영[2]되고 있다. 주인공 류준열은 1986년생으로 수원대학교 연극영화학과 출신이며, 2006년 연극 활동과 2012년 단편영화 〈NOWHERE〉에 출연하면서 연기활동을 시작하였다. 이 영화에서 류준 열은 주인공이며 히키코모리로 나온다.

현동은 히키코모리이다. 유일한 그의 공간인 집에서 건담을 조립하고 진열하는 낙으로 살아가 고 있다. 그러던 어느 날, 택배 아저씨가 문 옆에 놓고 가버린 건담 프라모델을 사수하기 위하여 큰 결심을 하고 문밖으로 조심스럽게 나오지만, 현관문이 쾅! 하고 닫혀 버린다. 비밀번호가 생각 나지 않아 발을 동동 구르며 낯선 공간인 세상 속에 갇혀 버린다. 그리고 그는 열쇠 집을 찾기 위 해 머나먼 길을 떠나기로 결심한다.

#1. 현동은 종일 집에서만 틀어박혀 지내는 '히키코모리'이다

경쾌한 피아노 음악이 나오면서 영화 는 시작된다. 음악은 가볍지만 방 안은 묵직하고 답답한 느낌이 든다. 정리가 되 지 않아 우르르 쏟아져 내린 책들과 플라 스틱 병들이 자리를 잡고 누워 있다. 누 군가 책상에 앉아 있다. 화면이 바뀌면서 건담 피규어들이 보인다. 현동은 책상에

앉아 조립을 하다가 잠이 들었다. 잠에 빠져 손에 쥔 조각 하나를 떨어뜨린다. 그의 핸드폰에 문자메시지 알림이 울린다. "주문하신 'PG 스크라이크 프리덤 건담'은 내일 배송될 예정입니다."

다음 날. 아파트 복도 끝에서 택배 아저씨가 있는 힘껏 힘을 주어 택배 상자를 주인공 집 앞으로 밀어 버린다. "택배요." 하고 외치고는 떠나 버린다. 주인공 현동은 현관문 아래에 있는 택배 상자 전용 문을 열고는 복도 쪽으로 고개를 내밀어 택배 상자를 찾는다. 그는 복도에 덩그러니 놓여 있는 자신의 택배 상자를 당혹스러운 표정으로 쳐다본다. 사실 현관문을 열고 나오면 두세 걸음도 안 되는 거리인데 말이다.

#2. 히키코모리, 의도치 않게 세상 밖으로······

환한 햇살이 눈부신 오후. 아파트 복도에 덩그러니 놓여 있는 택배와는 대조적으로 주인공의 얼굴은 어둡게 클로즈업 된다. 심장이 뛰는 듯한 배경음악. 침을 꼴깍 삼키며 무언가 굳은 의지를 보이는 현동. 선캡으로 얼굴을 다 가리고는 크게 심호흡하고 현관의 문고리를 잡는다. 현관문을 열어 본다. 햇살이 쏟아져 들어온다. 다시 문을 닫아 버린다. 준비가 되질 않았다. 다시 문을 열어 본다. 용기를 내 본다. 두세 걸음 걸어가야 택배 상자를 잡을 수 있다. 한 손으로 현관문을 잡고 다른 한 손으로는 어떻게든 택배 상자를 잡으려고 안간힘을 써 본다. 그러다가 행여 문이 닫힐까 엎드린 채 발가락 끝으로 현관문을 걸고는 간신히 버텨 본다. 몸을 길게 하여 최대한 팔을 뻗어 택배를 잡으려고 조금씩 나가다 보니 어느새 복도까지 나와 버렸고, 쾅! 소리와 함께 그만 문이 닫혀 버렸다.

그는 당황함에 어떻게든 문을 열어 보려고 애쓰지만 비밀번호는 생각이 나지 않는다. 생각나는 대로 눌러 보지만 다시 입력하라는 기계 소리만 무심하게 나온다. 자신만의 안전한 공간인 집으로부터 차단당한 현동은 맨발로 택배 상자를 들고 아파트 현관 계단을 주뼛거리면서 내려온다. 사람들의 시선이 두려운지 우스꽝스러운 행동으로 뛰어가다가 넘어져 발목을 다친다. 걱정스러운 눈빛으로 다가온 경비아저씨는 현동의 선캡을 올리며 말한다.

- 경비아저씨: 아우 발목을 못 쓰게 되었구만.
- 현동: (경비아저씨의 시선을 회피하며 발목과 발을 만진다.) ······
- 경비아저씨: 파스가 저기 있으니까 좀만 기다려 봐.
- 현동: (옆에 있던 택배 상자를 안고 일어나 저 멀리로 뒤뚱뒤뚱 뛰어간다.)
- 경비아저씨: 어이 총각! 어이 이거 안 가져가나? (자신의 손에 있는 선캡을 바라본다.)

---

2) https://www.youtube.com/watch?v=UnJWjlvcxTc

설상가상 비까지 내린다. 그는 자신이 입고 있던 점퍼에 달려 있는 모자를 눌러 쓰고 택배 상자를 꼭 안은 채 여전히 뛰어가고 있다. 그가 도착한 곳은 문방구 앞. 문방구 집 딸 여학생은 현동을 보고 택배를 훔치는 도둑으로 오해한다. 빼앗으려 하는 자와 뺏기지 않으려 하는 자의 치열한 몸싸움이 이어진다. 어떻게든 여학생과 눈을 마주치지 않겠다는 굳은 의지를 보이며 택배 박스를 사수하려는 주인공. 그러나 이내 빼앗기고 만다. 바닥에 철퍼덕 주저앉아 발을 만지며 아파하는 현동이 옆으로 택배 아저씨가 "택배요."를 외치며 문방구 안으로 들어간다. 죄송하다며 현동의 택배 상자를 들고 나오는 여학생. 현동의 발을 보고는 다시 안으로 들어가 샌들을 가지고 나온다.

- 여학생: (슬리퍼를 바닥에 내려놓으며) 이거라도 신어요. 안 그러면 거지같이 보이니깐. 어서요. 빨리……
- 현동: (슬리퍼를 쓰윽 쳐다보고는 무슨 말을 하려고 하고 싶은 것처럼 중얼거리기만 한다.)

#3, 과거의 상처로 히키코모리가 되었다. 그리고 다시 만난 나!

현동은 슬리퍼를 신고 걸어가고 있다. 이번에는 뛰지 않는다. 그는 샌들을 신은 자신의 발을 내려다보면서 웃고 있다. 그런데 저 앞에서 아이 둘이 한 아이가 들고 있던 건담을 빼앗으려 하고 있다. 현동은 그 장면을 보고 도와줄까 하며 멈칫하다가 이내 돌아선다. 그러다 그는 과거의 아픈 상처를 떠올린다. 자신도 학창시절 친구들에게 폭력과 괴롭힘을 당한 것이다. 현재와 과거의 장면이 교차되면서 그는 괴로워한다. 원하지 않았지만 집 밖으로 나오게 되었고, 원하지 않았지만 낯선 길에서 사람들의 따스한 온기를 느꼈다. 그러다가 기억하고 싶지 않았던 자신의 아픈 과거를 직면하게 된 것이다. 누군가 아이들의 싸움을 말린다. 현동은 괴롭힘을 당했던 아이에게 다가간다. 아이와 현동은 마주 보고 나란히 바닥에 앉아 건담을 조립한다.

- 현동: (조립된 건담을 들고) 다, 다, 다, 다음엔…… 절대 뺏기지 마.
- 아이: (환한 웃음)

드디어 열쇠 집에 도착하였다. 그러나 가게 문은 굳게 잠겨져 있다. 세상에 쉬운 일이 하나도 없다. 이렇게 힘들게 왔는데 또다시 기다려야 한다. 현동은 열쇠 집 문에 놓여 있는 평상에 앉아 기다리다가 잠이 들었다. 출장을 갔다가 돌아온 아저씨가 그를 본다.

- 열쇠 집 아저씨: 어이 아저씨, 남의 가게 앞에서 뭐합니까? 가요!
- 현동: (한참을 뜸을 들인다.) 아…… 아저씨.

그는 열쇠 집 아저씨의 오토바이를 타고 집으로 간다. 그는 살짝 미소를 짓는다. 그러고는 바깥 공기도 먹어 보고, 운전하는 열쇠 집 아저씨의 등에 기대어도 본다.

|| 과거의 트라우마: 학교폭력의 상처

현동은 과거의 상처로 은둔형 외톨이가 되었다. 그는 집 밖으로 한 발짝도 나갈 수 없을 만큼 힘들어하였지만 의도치 않게 세상 밖으로 떠밀려 나오게 된다. 열쇠 집으로 뛰어가다가 다친 발목을 보며 파스를 가져오겠다는 경비아저씨, 신발을 신지 않은 그에게 슬리퍼를 준 문방구 집 여학생, 괴롭힘을 당하고 있었던 어린아이를 보면서 자신의 과거를 마주하기도 하였다.

주인공은 과거 학창시절 친구들에게 받았던 학교폭력으로 인해 은둔형 외톨이가 되었다. 과거의 사건에 압도당하여 벗어나지 못하고, 그만의 방법으로 세상을 등지고 살아간 것이다. 또래관계 속에게 정서적 안정감을 받아야 할 시기에 자신이 속한 집단 안에서 또래 친구들에게 폭력을 당한다는 것은 정서적으로 불안정한 청소년의 심리를 더욱 가중시키게 된다. 정서적으로 불안정한 청소년은 결국 정신적 외상으로 작용할 수 있는 것이다. 그러나 때로는 부모나 교사, 아이 스스로도 마음의 상처는 시간이 약이라고 생각한다. "그냥 좀만 참아보자." "괜찮아, 넌 견뎌 낼 수 있어."라면서 위로 아닌 위로를 한다. 부모는 학교폭력이라는 부정적인 경험을 다시 떠올리게 하는 것이 자녀의 마음을 또다시 아프게 하는 것은 아닐까 전전긍긍하며 아이의 눈치만 보고 겉으로 티가 나지 않으면 묻어 두려고만 한다. 부모는 자녀를 걱정하고 자녀는 부모의 마음을 아프게 했다는 죄책감으로 고통을 억누르며 살아간다. 이렇게 마음의 상처를 치료받지 못하고 만성으로 넘어갈 경우 생기는 외상후 스트레스 장애는 심각한 후유증을 남기게 된다. 스스로에게 비난의 화살을 돌리며 씻을 수 없는 상처로 남게 될 수밖에 없다. 지속되는 우울감, 죄책감, 절망감, 무가치감, 수면 및 식욕 이상은 우울증과 불안장애를 비롯해 집 밖으로 나가지 않고 문을 닫아 버리는 은둔형 외톨이가 될 수 있는 것이다.

|| 희망

『어쩌다 히키코모리, 얼떨결에 10년』의 김재주 작가는 자신만의 방을 탈출하게 된 결정적인 계기가 있었냐는 질문에 다음과 같이 답하였다(채널예스, 2018. 9. 14.).

"사실 방을 나오고 싶은 마음은 늘 있었습니다. 하지만 늘 이기지 못했습니다.

어느 날 진지하게 삶을 뒤돌아보고 고민했습니다.

그러다 여태껏 늘 '추천받은 삶'만을 살아왔다는 것을 알게 되었습니다.

내 꿈이 없었기 때문이라는 결론에 이르더라고요.

저는 필사적으로 꿈을 찾았고 엉뚱한 곳에서 꿈을 발견했습니다.

그리고 드디어 방 안에 있어야 할 이유보다 나가야 할 이유가 커져 버린 것이었습니다."

인터뷰를 보면서 나는 그가 '나가야 하는 이유'와 '나가지 않아도 괜찮은 이유'의 문제를 두고 많은 시간을 고민했을 것이 느껴졌다. 그는 은둔형 외톨이가 된 이유로 꿈이 없었기 때문이라고 한다. 필사적으로 꿈을 찾았다는 인터뷰를 보면서 '꿈'이란 무엇인지 생각해 보았다. 꿈이란 실현하고 싶은 희망이나 이상이다. 어떤 일을 이루거나 하기를 바라는 것이 바로 희망인 것이다. 우리는 미래를 예측할 수 없기 때문에 누군가에게 앞으로는 지금보다 더 나아질 것이라는 등의 보장을 할 수 없다. 그러나 궁극적으로 '희망'은 심각한 트라우마와 상실과 연관된 무기력과 절망에 대한 강력한 해독제이다. 비록 치료의 목적으로 희망이 설명되지는 않겠지만 희망의 주입은 강력한 치료활동인 것이다(Briere & Scott, 2014).

주인공은 집 앞에 놓인 택배 상자를 집 안으로 들고 들어가려고 하다가 얼떨결에 집 밖으로 나오게 된다. 택배 상자 안에는 자신이 소중히 아끼는 PG 스크라이크 프리덤 건담이 들어 있었기 때문에 어떻게든 집 밖으로 나와야 했다. 그에게 있어 'PG 스크라이크 프리덤 건담을 조립해야 한다는 꿈'. 그런데 그 꿈은 집 밖에 있었다. 어쩌다 보니 집 밖에 덩그러니 던져진 현동과 택배 상자, 행여나 사람들과 눈이라도 마주칠까 봐 온몸으로 회피를 하면서 열쇠 집으로 달려가는 장면들을 보면서 그의 머릿속에 가득 차 있는 희망을 보았다. 그에게 있어 열쇠 집을 찾아가는 것은 다시 자신만의 공간으로 들어가기 위한 꿈이자 희망이다. 그러나 긴 여정을 마치고 그가 다시 자신만의 공간 속으로 들어갔을 때 자신을 궁지로 밀어 넣었고, 자신의 마음에 상처를 냈던 곳, 그래서 두려워 문을 닫아 버렸던 세상 밖이지만 자신을 치유할 수 있는 곳 또한 세상 밖이라는 것을 알게 되었으면 좋겠다. 아니, 어쩌면 주인공도 벌써 알고 있을 것이다. 그리고 언젠가는 세상 밖으로 나가 자신만의 목소리를 낼 수 있는 사람이 되기를 진심으로 바라본다.

은둔형
외톨이

참고문헌

강승지, 이연선(2017). 빅데이터를 통해 바라본 유아스마트미디어교육에 대한 인식. **열린유아교육연구**, 22(4), 45-72.

고스게 유코(2012). 은둔형 외톨이 사례연구-한국과 일본사례를 중심으로-. 숭실대학교 대학원 석사학위논문.

공의식(2002). **새로운 일본의 이해**. 서울: 다락원.

곽승주(2008). 가정과 어린이집에서 나타나는 영아의 부정적 정서에 관한 문화기술적 탐구. 한국아동학회 학술발표논문집. 186-186.

광주광역시(2021). 은둔형 외톨이 실태조사 결과 공유회. (자료 2021. 1. 27.).

구본용, 김택호, 김인규(1999). 청소년의 또래관계. 서울: 한국청소년상담원.

권석만(1996). 우울과 불안의 관계: 유발 생활사건과 인지내용에 있어서의 공통점과 차이점. 심리과학, 5, 13-38.

권석만(2008). **긍정심리학**. 서울: 학지사.

권석만(2013). **현대이상심리학**. 서울: 학지사.

권석만(2015). **현대심리치료와 상담 이론-마음의 치유와 성장으로 가는 길**. 서울: 학지사.

권석만(2017a). **성격심리학**. 서울: 학지사.

권석만(2017b). **현대이상심리학**. 서울: 학지사.

권석만(2019). 현대이상심리학. 서울: 학지사.

김경아(2005). 성 및 출생순위가 부모의 자녀 진로기대에 미치는 영향. 경기대학교 대학원 석사학위논문.

김경희, 이희경(2011). 긍정정서와 자기 결정성 요인이 삶의 의미에 미치는 영향. 상담학 연구, 12(4), 1353-1370.

김광희(2020). 한국의 청년 실업과 히키코모리 문제. 무역연구, 16(3), 467-480.

김기헌(2017). 한국 청년 니트(NEET)의 정의와 결정요인. 한국노동연구원.

김기홍(2009). 어머니의 양육태도와 유아의 기질 및 조화적합성이 보육시설 적응에 미치는 영향. 중앙대학교 대학원 석사학위논문.

김나미(2017). 은둔형 외톨이의 정신분석적 연구: 영화 '김씨표류기'를 중심으로. 한신대학교 대학원 심리학과 석사학위논문.

김민주(2018). 한국판 인지적·정서적 공감척도(K-QCAE)의 타당화 연구. 숙명여자대학교 대학원 석사학위논문.

김병숙(2006). 직업상담심리학. 서울: 시그마프레스.

김선희(2016). 유아의 기질과 친사회적 행동과의 관계. 한국교원대학교 대학원 석사학위논문.

김성륜(2010). 부적응적 도식과 경계선 성향의 관련성에서 방어유형 매개효과. 성신여자대학교 대학원 석사학위논문.

김성욱(2018). 은둔형 외톨이에 대한 경찰의 인식 및 개입방안 연구. 울산대학교 교육대학원 석사학위논문.

김소라(2014). 청소년의 조기 정신증과 회복탄력성과의 관계-전북지역을 중심으로. 전주대학교 대학원 석사학위논문.

김소연(2013). 스마트폰 및 SNS 사용이 중학생의 소외감과 교우관계에 미치는 영향. 건국대학교 교육대학원 석사학위논문.

김수경(2007). 아동의 수줍음이 대인관계 및 대인관계 스트레스에 미치는 영향. 명지대학교 대학원 석사학위논문.

김수민(2016). 심리적 외상경험이 관계중독에 미치는 영향: 주관적 고통 감내력의 매개효과. 가톨릭대학교 상담심리대학원 석사학위논문.

김수안, 민경환(2006). 자신의 감정에 압도된 사람들의 성격, 정서특성 및 주관적 안녕감. 한국심리학회지 사회 및 성격, 20(3), 45-66.

김신아(2019). 은둔형 외톨이 자녀를 둔 부모의 심리적 갈등과 영적 경험에 관한 연구. 고신대학교 대학원 기독교교육학과 박사학위논문.

김연옥(2005). 사회적 기술 훈련 프로그램이 따돌림 피해 중학생의 사회적 기술, 대인불안 및 교우관계에 미치는 효과. 계명대학교 대학원 석사논문.

김연옥, 김영희(2020). 성인의 자기결정적 고독동기와 심리적 안녕감의 관계에서 반추-반성적 사고와 삶의 의미의 매개효과. 한국심리학회지: 발달, 33(3), 19-42.

김영란(2017). 학교부적응 청소년의 학업중단 결정과정과 생활연구: 학교 밖 청소년지원 프로그램 참가자 사례연구. 공주교육대학교 교육대학원 석사학위논문.

김영숙(2006). 신도시 전입생의 학교생활 적응에 관한 연구. 인제대학교 대학원 석사학위논문.

김영애(2014). 사티어모델: 핵심개념과 실제적용. 서울: 김영애가족치료연구소.

김예슬(2007). 인지-행동 집단미술치료를 통한 '은둔형 외톨이'의 사회참여에 관한 연구. 명지대학교 대학원 석사학위논문.

김옥수(1997). 외로움(Loneliness)의 개념 분석. 간호과학-이화여자대학교. 9(2), 29-38.

김왕배(2014). '트라우마'의 치유과정에 대한 사회학적 탐색과 전망. 보건과 사회과학. 37(0), 5-24.

김용섭(1984). 분노에 대한 연구. 고신대학 논문집. 12, 71-90.

김용태(2008). 가족치료이론. 서울: 학지사.

김용희(2017). 대학생의 정신화 및 역기능적 분노표현방식이 우울에 미치는 영향에서 성인애착의 매개효과. 청소년학 연구, 24(10), 223-251.

김우근(2020). 집단따돌림 피해 경험, 은둔형 외톨이 경향, 고통 감내력의 관계-여가만족의 조절된 매개효과. 고려대학교 대학원 석사학위논문.

김유림(2011). 대학생이 지각한 부모의 심리적 통제가 사회적 문제해결에 미치는 영향. 동덕여자대학교 대학원 석사학위논문.

김유미(2018). 감정코칭 놀이프로그램이 유아의 사회적 기술과 자아존중감에 미치는 영향. 경기대학교 대학원 석사학위논문.

김유숙(2013). 가족상담. 서울: 학지사.

김유숙(2014). 가족치료. 서울: 학지사.

김유숙, 박진희, 최지원(2012). 은둔형 외톨이: 세상으로 나오기가 두려운 아이를 어떻게 도울 것인가?. 서울: 학지사.

김유정(2014). 유아의 동기 유형: 유아의 기질 및 어머니의 상호작용과의 관련성. 경희대학교 대학원 박사학위논문.

김윤정(2009). 청소년기 자녀의 인터넷게임중독에 영향을 미치는 관련. 변인목포대학교 대학원 국내석사학위논문.

김은서(2019). 청소년이 인식한 사회경제적 수준과 사회적 위축, 그리고 정신건강의 관계. 중앙대학교 대학원 석사학위논문.

김은임(2016). 대학생의 정서인식 명확성과 공감능력 및 심리적 안녕감의 관계. 아주대학교 대학원 석사학위논문.

김은정(2013). 대인관계 욕구를 매개로 한 대인갈등과 청소년 자살사고와의 관계. 가톨릭대학교 상담심리대학원 국내석사학위논문.

김재주(2018). 어쩌다 히키코모리, 얼떨결에 10년. 서울: 한국경제신문 한경BP.

김정윤(2000). 아동의 친구관계 질과 학교에 대한 태도 연구. 연세대학교 교육대학원 석사학위논문.

김종진(2006). 달팽이 껍질 속으로 숨은 외톨이. 서울: 해피아워.

김주연(2014). 혼자서 하는 여가: 고독이 주는 혜택. 건국대학교 교육대학원 국내석사학위논문.

김지연, 신민섭, 이영호(2011). 대학생의 외로움 및 우울의 인지적 특성: 초기부적응도식을 중심으로. 청소년문화포럼, 27, 40-60.

김태균(2008). 청소년의 학업성적에 영향을 미치는 사교육 시간, 학업흥미의 종단적 매개효과 검증. 명지대학교 대학원 박사학위논문.

김태명(2016). 지각된 부모의 자기통제력과 양육태도가 중학생의 적응에 미치는 효과: 자기결정성 동기적 관점. 경북대학교 대학원 박사학위논문.

김태진(2010). 부모와 자녀의 의사소통이 자녀의 자존감 형성에 미치는 영향. 상명대학교 대학원 석사학위논문.

김현주(2012). 자기통제력 수준에 따른 자아-고갈회복 요인. 가톨릭대학교 대학원 석사학위논문.

김형수(2014). 대학생들의 대인관계지향성과 SNS 몰입 간의 관계에서 사회불안의 매개효과. 인간이해, 35(2), 11-26.

김혜원(2018). 대학 밖 떠도는 20대 청년들…… '대안대학'으로 포용하자. (중앙일보, 시론, 2018. 9. 6.).

김혜원(2020). 대상자 특성, 범주 및 지원원칙. 서울시 은둔형 외톨이 현황과 지원방안 토론회(2020. 8. 25.).

김화정(2010). 초등학교 아동의 리더십에 영향을 미치는 가정환경 변인에 관한 연구. 목포대학교 대학원 석사학위논문.

김효진(1999). 청소년의 출생순위와 성에 따른 자아개념, 학교생활 적응능력 및 사회적 능력. 이화여자대학교 대학원 석사학위논문.

노경란, 변정현(2010). 청년층 진로장애 인식 분석에 기초한 평생 학습적 대안 탐색 연구. 평생교육학연구, 16(1), 63-89.

노여진(2007). 일본의 히키코모리(ひきこもり)와 한국의 은둔형 외톨이의 비교 고찰: 발생원인과 대책을 중심으로. 전북대학교 교육대학원 국내석사학위논문.

대한소아청소년정신의학회(2012). 청소년정신의학. 서울: 시그마프레스.

류승현(2009). 은둔형 외톨이에 대한 목회상담적 접근에 관한 고찰. 장로회신학대학교 대학원 석사학위논문.

무타 다케오(2005). 일본 은둔형 외톨이 실태와 대책. 은둔형 외톨이 등 사회부적응 청소년 지원방안 국제 심포지엄 자료집. 청소년위원회.

문희운(2018). 성인애착, 자기결정적 고독 동기, 외로움에 따른 집단분류와 우울, 스트레스 대처방식, 삶의 만족도의 집단 간 차이. 경상대학교 대학원 석사학위논문.

문희운, 양난미(2019). 성인애착, 자기결정적 고독동기, 외로움의 수준에 따른 집단분류와 우울, 스트레스 대처방식, 삶의 만족도의 집단간 차이. 한국심리학회지: 상담 및 심리치료, 31(1), 129-154.

민병배(2009). 강박사고와 걱정: 침투사고 대처 과정 및 관련 성격 특성에서의 유사점과 차이점. 서울대학교 대학원 박사학위논문.

민병배, 남기숙(2019). 의존성 성격장애와 회피성 성격장애. 서울: 학지사.

민원홍, 손선옥(2017). 청소년기 사회적 위축의 발달 궤적에 대한 부정적 또래 관계의 영향: 부모지도감독의 조절효과 검증을 중심으로. 미래청소년학회지, 14(1), 75-99.

박경애(1997). 인지, 정서, 행동치료. 서울: 학지사.

박경애, 조현주, 김종남, 김희수, 최승미, 백지은 공역(2019a). 인지치료기법: 상담 실제를 위한 안내서. Robert L. Leahy 저. 서울: 시그마프레스.

박경애, 조현주, 이병임, 이수진, 김희수, 김종남 공역(2019b). 아동과 청소년을 위한 인지정서행동치료(REBT). Ann Vernon 저. 서울: 시그마프레스.

박경옥(2006). 정서강도와 정서인식의 명확성, 정서조절양식이 대인관계에 미치는 영향. 가톨릭대학교 대학원 석사학위논문.

박계영, 김희순(2014). 초기 청소년 군인자녀의 적응유연성과 영향요인. 군집간호연구, 국군 간호사관학교 군진간호연구소. 2014 군진간호연구 Vol. 32, No. 1.

박근호(2005). 인터넷 공간에서의 탈주와 영토화: 얼짱 신드롬을 중심으로. 한국교원대학교 교육대학원 일반사회교육전공 석사학위논문.

박대령(2020). '은둔형 외톨이' 국내외 지원 현황과 쟁점 진단. 은둔형 외톨이 지원 방안 세미나 (2020. 8. 5.).

박미란, 이지연, 장진이(2014). 지각된 부모의 통제적 양육행동과 여중생의 역기능적인 섭식 태도와의 관계에서 부정적 정서와 부정적 정서조절 기대의 매개효과. 아시아 교육연구, vol. 15, No. 4, 143-165.

박민아(2012). 일본형 니트에 대한 일고찰: 한국과의 비교를 중심으로. 국민대학교 대학원 국 내석사학위논문.

박성규(2012). 중학생의 SNS 사용수준과 성별에 따른 학교생활 적응과 대인관계의 차이. 계 명대학교 일반대학원 석사학위논문.

박성희(1996). 공감의 구성요소와 친사회행동의 관계. 교육학연구, 33(5), 143-166.

박아청(2001). 성격심리학의 이해. 서울: 교육과학사.

박아청(2007). 에릭슨의 인간형성론의 발달이론적 구조에 관한 일고찰. 한국사회과학연구, 26(2), 143-163.

박애선(2018). 은둔형 외톨이 어떻게 대응해야 하나?. 은둔형 외톨이 지원방안 도출을 위한 토론회(2018. 11. 27.).

박은영(2005). 자기통제력과 자기효능감이청소년의 인터넷 중독에 미치는 영향. 장로회신학 대학교 목회전문대학원 석사학위논문.

박인숙(2018). 유아의 수줍음 및 두려움 기질, 어머니의 애정적 양육태도와 유아의 양심발달 간의 관계. 경희대학교 대학원 석사학위논문.

박종희(2009). 대학생의 우유부단 강화 요인 분석. 경기대학교 행정대학원 석사학위논문.

박지선(2013). 학령기 아동의 학교생활적응과 어머니의 양육행동 간 관계: 두려움과 의도적 통제의 매개효과를 중심으로. 덕성여자대학교 대학원 석사학위논문.

박지선(2014). 심리학용어사전. 서울: 한국심리학회.

박지수, 한윤선(2018). 학교폭력 가해경험과 피해경험의 종단관계 검증: 자기회귀교차지연 모형을 통한 성별 간 다집단 분석. 한국문화 및 사회문제심리학회, 24(1), 1-27.

박지영(2020). 학교부적응 아동의 또래관계 향상을 위한 인성강화 집단미술치료 프로그램개발 및 효과검증. 웨스트민스터신학대학원대학교 국내박사학위논문.

박철우(2013). 한부모 가정의 청소년 자녀가 지각하는 부모−자녀간 의사소통 유형이 자아존중감과 자아정체감에 미치는 영향. 동국대학교 대학원 석사학위논문.

박현숙(2004). 사회적 히끼코모리에 관한 일 연구; Bowen의 이론을 통해 본 히키꼬모리 사례연구. 서울여자대학교 기독교대학원 석사학위논문.

박홍규(2001). 전학 경험과 학교 적응 간 관계에 관한 연구. 충남대학교 대학원 석사학위논문.

방승일(2009). 중학교 전학생의 전학 스트레스 지각 및 대처행동에 관한 연구. 고려대학교 교육대학원 석사학위논문.

배상철(2020). 학교폭력 피해 청소년의 트라우마 회복경험에 관한 현상학적 연구: 해맑음센터 청소년을 중심으로. 한국방송통신대학교 대학원 국내석사학위논문.

배수경(2007). 불안 개념에 대한 정신분석학적 연구. 호서대학교 연합신학전문대학원 석사학위논문.

백형태(2009). 은둔 척도 개발 및 타당화 연구. 중앙대학교 의학과정신과학전공 석사학위논문.

백형태, 김붕년, 신민섭, 안동현, 이영식(2011). 부모 작성용 은둔형 외톨이 선별 도구 개발. *Journal Korean Academy Child Adolescent Psychiatry, 22*, 262−270.

변경원(2012). 출생순위와 어머니의 양육태도가 초등학생의 사회성발달에 미치는 영향. 충남대학교 대학원 석사학위논문.

보건복지가족부(2006). 한부모가족지원사업안내.

서경현, 유제민, 안경미(2008). 초등학생 사회불안의 예측 모형: 행동억제, 부모양육태도 및 자기효능감을 중심으로. 한국심리학회지: 일반, 27(3), 675-693.

서고은(2019). 부모의 행동적 통제 양육이 청소년의 자아존중감에 미치는 영향: 부모로부터의 분리와 지각된 존재감의 매개효과를 중심으로. 한국심리학회지: 발달, 32(2), 43-64.

서울대학교 교육연구소(2011). 교육학용어사전. 서울: 하우동설출판사.

성고은(2013). 어머니의 정서적 표현성 및 부정적 정서에 대한 반응 유형과 유아의 마음 이론과의 관계. 가톨릭대학교 대학원 석사학위논문.

세종시교육청(2020). 행복한 부모리더십.

손승민(2013). 초기 성인기의 자아개념과 회복탄력성이 고독감에 미치는 영향. 동아대학교 대학원 석사학위논문.

손은수(2005). 청소년 은둔형 외톨이에 관한 연구(교회 공동체를 중심으로). 광운대학교 대학원 석사학위논문.

손정우, 김은정, 홍성도, 이시형, 홍강의(2000). 청소년 정신과 환자 중 외톨이 혹은 왕따 특성을 보이는 환자에 대한 예비 연구. 소아청소년정신의학, 11(2), 240-251.

손지빈(2019). 20~30대 여성들의 일상 속 미묘한 성차별 경험과 우울, 전위공격성의 관계에서 자기침묵과 분노억제의 매개효과. 아주대학교 대학원 석사학위논문.

송권석(2000). 교사의 의사소통 유형과 아동의 학업성취와의 관계. 한국교원대학교 교육대학원 석사학위논문.

송남선(2005). 중학생의 외톨이 정도, 따돌림 가해-피해 경험, 인생목적 및 학교생활 만족도와의 관계. 경남대학교 교육대학원 석사학위논문.

송미령(2005). 부모의 정서적 방임과 아동의 자아탄력성 및 학교적응과의 관계. 숙명여자대학교 대학원 석사학위논문.

신지윤(2013). 사회적 기술 훈련이 초등학생의 대인관계 스트레스에 미치는 효과. 부산대학교 대학원 석사학위논문.

신효정, 송미경, 오인수, 이은경, 이상민, 천성문(2017). 생활지도와 상담. 서울: 박영스토리.

신희경, 김은산, 이승욱, 김경아, 문조영, 박아름, 이호영, 최지원(2014). 사회적 문제해결을 위한 청년 현장리서치: 청년 니트현상 문제해결을 위한 현장리서치. 서울시 청년일자리허브.

심상욱(2002). 사회적 기술훈련 프로그램이 지체부자유아의 사회적 효능감에 미치는 효과. 부산대학교 교육대학원 석사학위논문.

안도연, 이훈진(2011). 외로움 개입 예비 프로그램의 효과: 주관적 외로움 및 인터넷 사용행동 개선을 중심으로. 인지행동치료, 11(1), 1-15.

안옥희(2008). Media YP(Youth Patrol) Program이 아동의 자기조절능력 향상 및 대처능력에 미치는 효과. 고신대학교 대학원 석사학위논문.

양미경(2018). 4차 산업혁명시대 진로교육의 방향 모색. 제주대학교 탐라문화연구원. 탐라문화 59권 0호.

양미진, 이은경, 이희우(2006). 청소년의 심리내적 요인과 환경적 요인이 정신건강에 미치는 영향. 청소년상담연구, 14(1), 63-76.

양미진, 지승희, 김태성, 이자영, 홍지연(2007). 은둔형부적응청소년 사회성척도 개발연구. 아시아교육연구, 8(2), 119-134.

양미진, 김태성, 이자영(2009). 은둔형부적응청소년 수준별 현황 및 촉발요인 연구. 아시아교육연구, 10(1), 33-53.

양민정(2011). 대학생의 애착과 자기효능감이 대인관계문제에 미치는 영향. 동아대학교 대학원 석사학위논문.

양혜진(2005). 자녀가 지각한 부모의 양육태도에 따른 청소년의 분노형태. 사회과학논문집, 157-177.

엄철순(2003). 전학경험 중학생의 학교 부적합성과 학업 성취 연구 동아대학교 교육대학원 국내석사학위논문.

여성가족부(2014). 2013년 청소년백서.

여인중(2005). 은둔형 외톨이: 히키코모리. 서울: 지혜문학.

오상빈(2019a). 은둔형 외톨이 가정방문 상담 프로그램 개발과 효과. 목포대학교 대학원 박사학위논문.

오상빈(2019b). 은둔형 외톨이 지원방안 마련을 위한 전문가 토론회(2019. 11. 27.).

오상빈(2020). 고립 생활하는 사람은 누구인가?: 은둔형 외톨이 치유와 예방. 서울: 솔학.

오오쿠사 미노루(2020a). 해외의 '히키코모리' 지원 현형: 일본 사례를 중심으로. 은둔형 외톨이 지원방안 세미나(2020. 8. 5.).

오오쿠나 미노루(2020b). 한국에서의 은둔형 외톨이 지원의 어려움과 관점. 서울시 은둔형 외톨이 현황과 지원방안 토론회(2020. 8. 25.).

오윤선(2010). 은둔형 외톨이 청소년을 위한 기독교 상담 활성화 방안 연구. 복음과 상담, 15, 201-219.

오은주, 오수정(2017). 한국판 Young 심리도식 양육 질문지(YPI-K)의 예비 타당화 연구. Cognitive Behavior Therapy, 17(1), 21-45.

오카다 다카시(2015). 나는 왜 혼자가 편할까?: 인간관계가 귀찮은 사람들의 관계 심리학. 서울: 동양북스.

오혜영, 지승희, 박현진(2011). 학업중단에서 학업복귀까지의 경험에 관한 연구. 청소년상담연구, 19(2), 125-154.

옥복녀(2010). 담임교사의 의사소통과 태도에 대한 학생의 지각이 학교부적응에 미치는 영향. 인제대학교 대학원 박사학위논문.

원상숙(2013). 청소년의 가족 건강성과 학교 부적응: 자아 정체감, 대인관계의 매개효과. 위덕대학교 대학원 박사학위논문.

원소미(2016). 가정의 사회·경제적 배경과 부모진로지지, 학교진로지도 경험이 고등학생의 진로성숙에 미치는 영향. 이화여자대학교 대학원 석사학위논문.

유백산(2012). 가정배경 및 가정 내 의사소통과 학업성취. 고려대학교 대학원 석사학위논문.

유상애(2008). 미술치료가 아동의 행복감에 미치는 효과: 긍정적 정서와 부정적 정서표현을 중심으로. 한양대학교 대학원 석사학위논문.

유승규(2020). 당사자 시점에서 본 은둔형 외톨이의 현황과 지원방향. 서울시 은둔형 외톨이 현황과 지원방안 토론회(2020. 8. 25.).

유아진, 서영석(2017). 단절 및 거절 도식과 정서적 단절의 관계에서 거부민감성과 친밀함에 대한 두려움의 매개효과. 상담학연구, 18(5), 41-60.

윤기무(2017). 학교 밖 청소년의 가족의 지지 및 또래의 지지가 합리적 진로의사결정에 미치는 영향: 적응유연성의 매개효과를 중심으로. 백석대학교 기독교전문대학원 박사학위논문.

윤명숙, 박완경(2014). 대학생의 심리사회적 특성과 SNS 중독성향 연구. 정신보건과 사회사업, 42(3), 208-236.

윤여원(2014). 가정환경이 청소년 비행에 미치는 영향. 중앙대학교 대학원 석사학위논문.

윤일규(2019). 은둔형 외톨이에 관한 제도 개선방안 연구. 2019년 국정감사 자료집.

윤진희, 김영희(2019). 중년기 여성의 감정표현불능성향과 신체화의 관계에서 포커싱적 태도의 매개효과. 학습자 중심교과교육연구, 19(19), 561-588.

윤철경, 류방란, 김선아(2010). 학업중단현황 심층분석 및 맞춤형 대책 연구. 세종: 교육과학기술부.

윤철경, 서보람(2020a). 한국 사회적 고립인(은둔형 외톨이) 및 지원 기관 현황: 조사결과를 중심으로. '은둔형 외톨이' 지원방안 세미나(2020. 8. 5.).

윤철경, 서보람(2020b). 은둔형 외톨이 현황과 제도적 지원의 정립. 서울시 은둔형 외톨이 현황과 지원방안 토론회(2020. 8. 25.).

윤철경, 성윤숙, 유성렬, 김강호, 박예슬, 이지혜(2016). 학교 밖 청소년 이행경로에 따른 맞춤형 대책연구. 한국청소년정책연구원 연구보고서, 1-414.

이건성(2009). 정서경험이 대학생의 정신건강에 미치는 영향: 대인관계 능력 및 자아탄력성의 매개효과 연구. 연세대학교 대학원 석사학위논문.

이건엽(2020). 한국의 '은둔형 외톨이'에 대한 자서전적 탐구와 그 사진적 연구. 중앙대학교 대학원 석사학위논문.

이경상(2012). 청소년 학교부적응의 종단적 변화의 영향요인. 청소년학 연구, 18(12), 131-155.

이경선(2015). 후기청소년의 사회적 히끼꼬모리와 2차 분리–개별화. 연세상담코칭연구, 4, 105-127.

이규미, 구자경, 김은정, 이시형(2001). 외톨이 청소년의 심리사회적 특성에 관한 연구. 한국심리학회지: 상담 및 심리치료, 13(1), 147-162.

이동원, 박옥희(2003). 사회심리학. 서울: 학지사.

이만우, 김시광, 김란영(2012). 부모에 대한 경제적 의존과 자녀의 만혼화. 한국보건사회연구원 한국경제학회연구보고서. 2012-47-28.

이명희(2011). 부모에 대한 애착 및 우울감이 분노표현방식에 미치는 영향–중학생을 중심으로. 동아대학교 대학원 석사학위논문.

이미란(2005). 전학한 경험과 성격유형에 따른 학교적응관계. 전남대학교 대학원 석사학위논문.

이미혜(2013). 대학생의 긍정적 정서, 몰입, 삶의 의미, 성취감, 긍정적 관계가 행복에 미치는 영향. 계명대학교 대학원 석사학위논문.

이민철(2015). 2015년 학교 밖 청소년을 위한 정책제언연구. 광주광역시 학교 밖 청소년지원센터.

이봉주, 민원홍, 김정은(2014). 청소년기 사회적 위축 문제의 발달궤적에 영향을 미치는 요인: 발달–맥락주의적 관점을 적용한 탐색적 연구. 청소년학 연구, 21(8), 317-346.

이선화(2013). 학교부적응으로 인한 학업중단 청소년 사례연구. 한양대학교 교육대학원 심리학 석사학위논문.

이슬아(2009). 분열형 성격 대학생들의 공감능력과 사회적응. 고려대학교 대학원 석사학위논문.

이시형(2001). 외톨이 청소년의 심리사회적 특성과 부적응. 삼성생명공익재단 사회정신건강연구소.

이시형, 이세용, 정현희, 김형주, 이경아, 최영순(1997). 친구관계가 학교부적응에 미치는 영향. 서울: 삼성생명공익재단 사회정신건강연구소.

이연주(2018). 성인애착과 결혼 만족의 관계에서 역기능적 의사소통의 매개효과. 중앙대학교 심리서비스대학원 석사학위논문.

이예은(2013). 성별에 따른 부모양육태도가 중학생의 학교생활적응과 삶의 만족에 미치는 영향. 숙명여자대학교 대학원 석사학위논문.

이웅택, 조현주, 유난영(2014). 청소년의 전학경험과 학교생활부적응의 관계에서 우울·불안의 매개효과. 한국청소년문화연구소, 청소년문화포럼, VOL. 39.

이유형(2012). 울산시 대학생의 가족기능 및 가족의사소통과 인터넷 중독에 관한 연구. 울산대학교 대학원 석사학위논문.

이윤지, 서민재, 최태영(2015). 한국 청소년에서 사회적 은둔의 정신병리적 특성. 대한신경정신의학회, 54(4), 549-555.

이은성(2008). 초등학교 교사의 교육관에 관한 조사 연구: 개인주의, 집단주의 문화를 중심으로. 세명대학교 교육대학원 국내석사학위논문.

이은주(2001). 컴퓨터 매개 커뮤니케이션으로서의 트위터. 언론정보연구, 48(1), 29-58.

이재영(2014). 사회적 은둔 청소년의 임상특성, 평가 및 치료. 중앙대학교 대학원 국내박사학위논문.

이정선(2002a). 문화적 오리엔테이션에 따른 초등학교교육의 차이: 미국과 일본을 중심으로. 초등교육학회, 初等敎育學硏究, Vol. 9, No. 2.

이정선(2002b). 문화적 오리엔테이션에 입각한 초등교육의 문화적 이해의 중요성. 초등교육학연구, 9(2), 159.

이지민(2019). 은둔형 외톨이 청소년의 은둔 경험에 관한 현상학적 연구. 인제대학교 대학원 석사학위논문.

이지연(2017). 모-자간 융합으로 인한 며느리의 소외경험에 대한 자문화기술지. 인제대학교 대학원 석사학위논문.

이지영(2013). 정서인식명확성과 대인관계문제, 지각된 스트레스의 관계에서 정서조절양식의 매개효과. 광운대학교 대학원 석사학위논문.

이지은(2015). 저소득 가정 아동의 사회적 기술과 자아존중감 향상을 위한 집단 프로그램의 효과성 평가. 이화여자대학교 대학원 석사학위논문.

이형기, 김태훈, 유한석, 이승범, 조범수, 진성일, 한상준(2019). 홈리스(노숙·가출·가정 밖) 청소년 경로분석을 통한 정책제안. 서울연구원.

이혜민(2017). 외로움과 대인관계 능력이 인터넷 게임 중독경향성에 미치는 영향. 한국외국어대학교 대학원 석사학위논문.

이혜지(2014). 가정폭력 피해 경험이 비행 위험성에 미치는 영향: 정신건강의 매개효과를 중심으로. 경기대학교 대학원 석사학위논문.

이화영(2011). 공감, 자아존중감, 성격특성과 친사회적 행동간의 구조적 관계 분석. 국제뇌교육종합대학원대학교 박사학위논문.

이훈구, 이수정, 이은정, 박수애(2003). 정서심리학. 경기: 법문사.

임경희(2004). 가정, 학교 및 개인변인과 중학생의 학습된 무기력과의 관계. 한국청소년연구, 40, 474-475.

임미나(2020). 가정환경이 유아의 창의적 행동특성에 미치는 영향: 유아의 내적 동기와 외적 동기의 매개효과. 이화여자대학교 대학원 석사학위논문.

임선미(2016). 정서표현성과 회복탄력성 간 관계에서 자아존중감의 매개효과. 고려대학교 대학원 석사학위논문.

임성수(2020). 은둔형 외톨이 지원조례 비교와 청년 거버넌스 협력방안. 서울시 은둔형 외톨이 현황과 지원방안 토론회(2020. 8. 25.).

임아영(2010). 자기결정적 고독과 성격 및 심리적 건강의 관계. 서울대학교 대학원 석사학위논문.

임아영, 이준득, 이훈진(2012). 자기결정적 고독과 성격 및 심리적 건강의 관계. 한국심리학회지, 31(4), 993-1021.

임용선, 오예슬, 이라희, 이영인, 이혜윤, 박수이(2011). 시간 기반의 활동 유사성 중심의 온라인 관계 형성에 관한 연구. 한국 HCI학회학술대회, 924-926.

임전옥(2003). 정서인식의 명확성, 정서조절 양식과 심리적 안녕의 관계. 가톨릭대학교 대학원 석사학위논문.

장미애, 양난미(2015). 대학생의 애착회피와 삶의 만족도의 관계: 회피−분산적 정서조절양식, 정서표현 양가성의 매개효과. 상담학연구, 16(2), 273-292.

장민주(2002). 高校 非進學 및 中途脫落 靑少年의 進路意識 調査 硏究. 홍익대학교 교육대학원 석사학위논문.

장혜진(2015). 대학생이 지각하는 내·외향성과 대인관계 만족도가 스마트폰 중독에 미치는 영향. 인제대학교 대학원 석사학위논문.

장효정(2014). 노스텔지어가 실존적 공허 상태 대학생의 삶의 의미, 긍정정서 및 감사에 미치는 영향. 중앙대학교 대학원 석사학위논문.

전현수(2013). 심리적 부모화가 친밀함에 대한 두려움에 미치는 영향: 불안정 성인애착과 정서표현 양가성의 매개효과. 서강대학교 대학원 석사학위논문.

정경란(2001). 청소년의 인터넷 중독 경향과 가족의 심리적 환경 및 불안, 우울간의 관계. 중앙대학교 대학원 석사학위논문.

정광열(2006). 홈리스(Homeless) 福祉政策의 改善方案. 충남대학교 대학원 국내석사논문.

정기덕(2018). 성인자녀가 부모와 동거하는 원인에 관한 연구: 미혼성인자녀와 기혼성인자녀의 차이를 중심으로. 성균관대학교 대학원 국내석사학위논문.

정문자, 정혜정, 이선혜, 전영주(2018). 가족치료의 이해(3판). 서울: 학지사.

정민정(2012). 유아기 자녀를 둔 어머니의초기 심리도식 및 자동사고와 양육태도의 관계. 대구대학교 대학원 석사학위논문.

정재영(2010). 지역공동체 세우기를 통한 교회의 시민사회 참여. 신학과 실천, 22, 107-136.

정지현(2011). 은둔형 외톨이의 특징과 기독교 사이버상담 적용 가능성에 관한 연구. 아세아연합신학대학원 석사학위논문.

정현철, 한기순, 김병노, 최승언(2002). 과학 창의성 계발을 위한 프로그램 개발. 한국지구과학회지, 23(4), 334-348.

제가호(2009). 인터넷 중독 예방 프로그램을 학교현장에 적용하기 위한 효과적인 활용방안연구. 한국교원대학교 교육대학원 국내석사학위논문.

조관순(2020). 부모양육태도와 교사관계가 청소년 삶의 만족도에 미치는 영향에 있어 자아존중감과 진로정체감의 매개효과: 생태체계적 관점을 중심으로. 서울기독대학교 대학원 박사학위논문.

조성호(2001). 초기부적응도식과 방어유형 및 대인관계 특성과의 관계. 한국심리학회지: 상담 및 심리치료, 13(3), 39-54.

조영미(2011). 은둔형 인터넷중독 청소년과의 상담관계 형성을 위한 상담자의 접근방식 분석. 중앙대학교 대학원 석사학위논문.

조영미, 김동민(2011). 은둔형 인터넷 중독 청소년에 대한 상담자 접근방향의 형성과정 분석. 한국상담학과 상담학 연구 Vol. 12 NO. 4.

조화순, 한규섭, 김정연, 장슬기(2016). 빅데이터로 보는 한국정치 트렌드. 경기: 한울엠플러스(주).

주상희(2020). 한국은둔형 외톨이부모협회의 부모가 원하는 지원방향. 서울시 은둔형 외톨이 현황과 지원방안 토론회(2020. 8. 25.).

주석진, 조성심(2014). 군인가정 아동과 일반가정 아동의 학교생활적응 수준과 학교생활적응에 미치는 요인 비교연구: 대도시와 중소도시를 중심으로. 한국 가족복지학.

주순화(2014). 가족폭력 쉼터 여성의 의사소통 유형이 공격성에 미치는 영향. 국제신학대학원대학교 대학원 석사학위논문.

지승희, 배주미, 김태성, 김은영, 박재연, 허진석(2007). 은둔형부적응청소년 부모교육 프로그램개발 시범운영보고서. 한국청소년상담원.

지영진(2012). 수줍음과 공격성의 관계에서 또래 괴롭힘 피해와 대인불안의 매개효과 검증. 이화여자대학교 대학원 석사학위논문.

채유경(2001). 청소년 분노 표현방식의 모델 및 조절효과 검증. 전남대학교 대학원 박사학위논문.

천성문 , 권선중 , 김인규 , 김장회 외 4명 공역(2017). 심리상담과 치료의 이론과 실제. Gerald Corey 저. 서울: 학지사.

청년재단(2019). 고립청년 실태조사. 파이교육그룹.

청년재단(2020). 은둔형 외톨이 매뉴얼. 청년프로젝트 실험실.

청소년위원회(2005). 은둔형 외톨이 등 사회부적응 청소년 지원방안.

최미미, 조용래(2008). 지각된 부모양육행동과 행동억제가 대학생의 사회불안에 미치는 영향: 역기능적 신념과 정서조절곤란의 매개효과. 한국심리학회, (1), 576-577.

최미영(2010). 미취학아동을 둔 한부모 가정의 양육스트레스가 가족응집력 및 적응력에 미치는 영향. 경기대학교 대학원 석사학위논문.

최옥순(2014). 고등학생의 성취목표지향성, 부모지지, 교사-학생관계가 학업적 자기효능감에 미치는 영향. 동아대학교 교육대학원 석사학위논문.

최인숙(2003). 고등학생의 진로성숙도 및 진로정체감과 학업성적에 의한 Holland 직업적 성격유형의 분석. 부산대학교 일반대학원 석사학위논문.

최정윤(2016). 초등학교에서의 전학경험이 정서문제와 학교적응에 미치는 효과. 한남대학교 대학원 석사학위논문.

최지현(2008). 정서지능과 자아탄력성이 대학생활 적응에 미치는 영향. 연세대학교 대학원 석사학위논문.

최진선(2013). 은둔형 외톨이를 모티브로 한 도자 조형 연구. 상명대학교 예술디자인대학원 석사학위논문.

최태산, 김자경(2016). 부모의 과잉간섭이 초등학생의 휴대전화 의존에 미치는 영향. 청소년학 연구, 23(3), 393-414.

최현석, 하정철(2001). 대학생의 인터넷 중독 유발 요인에 관한 연구. 한국데이타정보과학지, 2(3), 437-448.

최현주, 최연철(2016). 빅데이터를 통해 바라본 유아 창의인성 교육방안 연구. 어린이문학 교육연구, 17(4), 601-627.

통계청(2021). 2021년 12월 및 연간 고용동향.

통계청, 여성가족부(2020). 청소년 통계. 고교비진학 및 중도탈락청소년의 진로의식조사연구.

파이교육그룹(2020). 고립청년(은둔형 외톨이) 실태조사 최종보고서.

하유정(2008). 저소득 가정아동이 지각한 부모양육태도 및 가족기능과 아동의 스트레스 대처행동유형. 명지대학교 대학원 석사학위논문.

하지현, 신동민(2012). 청소년을 위한 정신의학 에세이. 서울: 해냄.

한국청소년상담원(2006). 은둔형 부적응 청소년 상담 가이드북.

한국청소년상담원(2006). 은둔형부적응청소년 지원사업 운영보고서.

한국청소년상담원(2007). 은둔형부적응청소년 부모교육프로그램 지도자 지침서.

한국청소년상담원(2012). 학업중단청소년! 실태와 지원대책.

한국청소년정책연구원(2017). 청년 사회경제 실태 및 정책방안 연구. 연구보고서, 1-365.

한국청소년정책연구원(2019). 학교 밖 청소년 실태 및 25개 자치구별 관련 정책 현황.

한나, 이승연, 노경란(2014). 중학생의 행동억제체계, 지각된 부모양육행동, 불안의 관계. 청소년학 연구, 21(2), 327-348.

한연희(2015). 대학 졸업 니트족(NEET)의 개인 경험적 특성과 사회제도적 함의. 세종대학교 대학원 국내석사학위논문.

한유화(2007). 개인주의-집단주의 차원을 반영하는 자아존중감 척도의 제작. 충북대학교 대학원 국내석사학위논문.

한준(2019). 사회적 고립의 현황과 결과. 통계개발원.

한춘희(2007). 사회적 역할 중심의 초등학교 '한국의 사회동향' 자료집. 사회과 교육과정 탐색. 한국교원대학교 대학원 국내박사논문.

허경운(2005). 은둔형 외톨이의 사회문제와 분석에 관한 연구: 전화 상담, 사이버상담사례 중심으로. 동국대학교 대학원 석사학위논문.

허경화(2002). 청소년의 위축행동 수정을 위한 집단미술치료 효과에 관한 사례연구. 숙명여자대학교 대학원 석사학위논문.

허재홍, 이찬종(2010). 공감(Empathy)이 자기존중감과 주관적 안녕감에 미치는 영향. 한국음향학회. 韓國音響學會誌, Vol. 29, No. 5.

홍기묵(2004). 청소년의 공감능력과 사회적 유능성과의 관계. 숙명여자대학교 대학원 석사학위논문.

홍성도(1997). 기질과 가정환경 및 발달사이의 관계에 관한 예비연구. 소아·청소년정신의학, 8(1), 50-56.

홍지은(2007). 유아의 기질과 애착이 사회적 능력에 미치는 영향. 국민대학교 대학원 석사학위 논문.

홍창희(2003). 정서 경험과 정신건강과의 관계: 정서표현성의 매개모델 검증. 전남대학교 대학원 박사학위논문.

홍현표(2008). 隱遁形 외톨이 治癒를 위한 個人的 單位空間 計劃에 관한 硏究. 단국대학교 대학원 국내석사학위논문.

황순길, 여인중, 남재량, 장미경, 허묘연, 권해수, 박정민, 손재환, 홍지영(2005). 은둔형 외톨이 등 사회부적응 청소년 지원방안. 청소년위원회.

岡本響子(2020). オープンダイアローグって何? 天理医療大学紀要, 8(1), 42-46.

境泉洋, 中垣内正和, 蔵本信比古, 佐藤健二(2007). ひきこもり状態に関する心理学的研究 (4): 心理的メカニズムと治療実践. In 日本心理学会大会発表論文集 日本心理学会第71回大会(pp. WS076-WS076). 公益社団法人 日本心理学会.

舘農勝(2012). 総合病院における不登校・ひきこもりへの対応. 総合病院精神医学, 24(3), 238-244.

栗田明子(2008). ひきこもりが就労に向けてたどる心的プロセス−就労支援策の指針についての検討−. 帝京大学文学部教育学科紀要, 33, 75-84.

飯田大輔(2017). 日本におけるオープンダイアローグの実践可能性. ブリーフサイコセラピー研究, 26(2), 58-60.

別部智司, 今泉うの, 佐藤智一, 安田美智子, 香川恵太, 吉田和市(2018). 極度の歯科恐怖症を有するひきこもり患者に対する全人的アプローチ Comprehensive Medical Approach to a Hikikomori (social withdrawal) Patient with Severe Dental Phobia. 全人的医療, 17(1), 54-62.

山吹健司(2020). 「ひきこもり」に対する支援の方法を探る−生活困窮者自立支援制度では他機関と連帯する前段階においてどのような関わりが必要か−. 社会臨床雑誌, 28(1), 4-13.

小田晋, 作田明(2005). 心の病の現在── ニートひきこもり/PTSD/ストーカー.

孫大輔, 塚原美穂子(2018) 不確実性に耐える:オープンダイアローグがプライマリ・ケアにもたらす新たな可能性. 日本プライマリ・ケア連合学会誌, 41(3), 129-132.

友成晶子, 山内祐一(2015). 大震災を機に認知行動療法による治療が促進され「ひきこもり」から回復した社交不安障害症例. 心身医学, 55(2), 163-170.

斎藤環(2002).「ひきこもり」救出マニュアル. PHP 研究所.

斎藤環(2012). 은둔형 외톨이: 그 이해와 치유법. (김경란, 김혜경 공역). 서울: 파워북. (원저는 2002년에 출판).

斎藤環(2020). 中高年ひきこもり. 日本: 幻冬舎親書579.

足立弦也(2019). 社会的孤立における居場所の関係性がもたらす 承認機能についての考察 -ひきこもり当事者・支援者へのインタビュー分析から-. 立命館産業社会論集, 5(1), 273-292.

中尾達馬, 金城隆一, 蟇目崇, 坂本将史(2014). 沖縄県における社会的引き籠もり支援の現状と課題. 琉球大学教育学部紀要=Bulletin of Faculty of Education University of the Ryukyus(84), 205-216.

村澤和多里(2017). ひきこもり」についての理解と支援の新たなる枠組みをめぐって:心理-社会的な支店からの探求. 北海道大学教育学 博士学位論文.

和田秀樹(2008). 인간음치: 성공하는 사람의 소통 기술 (人間音痴: なぜか他人の氣持ちを逆なでする人への處方箋). (한성례 역). 서울: 풀빛.

Abramson, L. Y., Metalsky, G. I., & Alloy, L. B. (1989). Hopelessness depression: A theory-based subtype of depression. *Psychological review, 96*(2), 358.

APA (2015). DSM-5 정신질환의 진단 및 통계 편람. (권준수, 김재진, 남궁기, 박원명 외 8명 공역). 서울: 학지사.

Asher, S. R., & Paquette, J. A. (2003). Loneliness and peer relations in childhood. *Current directions in psychological science, 12*(3), 75-78.

Breitborde, N. J., Kleinlein, P., & Srihari, V. H. (2012). Self-determination and first-episode psychosis: Associations with symptomatology, social and vocational functioning, and quality of life. *Schizophrenia Research, 137*(1-3), 132-136.

Calvin S. Hall (2010). 프로이트 심리학 입문. (유상우 옮김). 서울: 홍신문화사.

Chauliac, N., Couillet, A., Faivre, S., Brochard, N., & Terra, J. L. (2017). Characteristics of socially withdrawn youth in France: A retrospective study. *Int J Soc Psychiatry, 63*(4), 339-344.

Davis, M. H. (1983). The effects of dispositional empathy on emotional reactions and helping: A multidimensional approach. *Journal of Personality, 51*, 167-184.

Dong, Jiahan (2015). 감성 지능이 직무만족과 정서적 몰입과 가지는 관계에서 긍정적 정서 와 부정적 정서의 조절효과에 대한 연구. 충남대학교 대학원 석사학위논문.

Ebesutani, C., Fiestein, M., Viana, A. G., Trent, L., Young, J., & Sprung, M. (2015). The role of loneliness in the relationship between anxiety and depression in clinical and school-based youth. *Psychology in the Schools, 52*(3), 223-234.

Faith Popcorn, & Lys Marigold (2010). 클릭! 미래 속으로. (조은정 역). 서울: 21세기북스.

Fredrickson, B. L. (2000). Extracting meaning from past affective experiences: The importance of peaks, ends, and specific emotions. *Cognition and Emotion, 14*, 577-606.

Freud, S. (1957). *Theproblem ofanxiety*. New York: Norton, 1926.

Freud, S. (1997). 정신 병리학의 문제들. (황보석 역). 서울: 열린책들.

Gable, S. L., Reis, H. T., Impett, E. A., & Asher, E. R. (2004). What Do You Do When Things Go Right? The Intrapersonal and Interpersonal Benefits of Sharing Positive Events. *Journal of Personality and Social Psychology, 87*(2), 228-245.

Gottman, J. M., & Mettetal, G. (1986). Speculations about social and affective development: Friendship and acquaintanceshop though adolescence. In J. M. Gottman & J. G. Parker (Eds.), *Conversations of friends: Speculation on affective development*. New York: Cambridge University Press.

Gratz, K. L., & Roemer, L. (2004). Multidimensional Assessment of Emotion Regulation and Dysregulation: Development, Factor Structure, and Initial Validation of the Difficulties in Emotion Regulation Scale. *Journal of Psychopathology and Behavioral Assessment 26*, 41-54.

Greenberg, M. T., Lengua, L. J., Coie, J. D., & Pinderhughes, E. E. (1999). Predicting developmental outcomes at school entry using a multiple-risk model: Four american communities. *Developmental Psychology, 35*(2), 403-417.

Harris, J. R. (2007). 개성의 탄생-나는 왜 다른 사람과 다른 유일한 나인가. (곽미경 역). 경기: 동녘사이언스.

Isen, A. M., & Baron, R. A. (1991). Positive affect as a factor in organizational behavior. *Research in Organizational Behavior. 13*, 1-54.

John N. Briere, & Catherine Scott (2014). 트라우마 치료의 원칙: 증상 평가 치료를 위한 길잡이 (Principles of trauma therapy). (김종희 역). 서울: 시그마프레스.

Jones, W. H., Freemon, J. E., & Goswick, R. A. (1981). The persistence of loneliness: Self and other determinants. *Journal of Personality, 49*(1), 27-48.

Kong: A cross-sectional telephone-based survey study. *Int J Soc Psychiatry, 61*(4), 330-342.

Kubo, H., Urata, H., Sakai, M., Nonake, S., Saito, K., Tateno, M., Kobara, K., Hashimoto, N., Fujisawa, D., Suzuki, Y., Otsuka, K., Kaminmae, H., Muto, Y., Usami, T., Honda, Y, Kishimoto, J., Kuroki, T., Kanba, S., & Kato, T. A. (2020). Development of 5-day hikikomori intervention program for family members. *Heliyon, 6*, e03011.

Linehan, M. (1993). *Cognitive-behavioral treatment of borderline personality disorder.* New York: Guilford press.

Liu, L. L., Li, T. M., Teo, A. R., Kato, T. A., & Wong, P. W. (2018). Harnessing social Media to Explore Youth Social withdrawal in Three Major Cities in China: Cross-sectional web Survey. *JMIR mental health, 5*(2), e34.

Liu, Z. X. (2007). Understanding the phenomenon of hidden youth. *China Youth Stud, 10*, 5-7.

Malagón-Amor, Á., Córcoles-Martínez, D., Martín-López, L. M., Pérez-Solà, V. (2015). Hikikomori in Spain: A descriptive study. *Int J Soc Psychiatry, 61*(5), 475-483.

Mennin, D., & Farach, F. (2007). Emotion and Evolving Treatments for Adult Psychopathology. *Clinical Psychology Science And Practice, 14*(4), 329-352.

Olson, M. E., Seikkula, J., & Ziedonis, D. (2014). The key elements of dialogic practice in open dialogue: Fidelity criteria.

Phelan, T. W. (2012). 내 아이의 행복을 결정하는 아이의 자존감 혁명. (문세원 역). 서울: 국민출판사. (원저는 1996년에 출판).

Reis, H. T., Sheldon, K. M., Gable, S. L., Roscoe, J., & Ryan, R. M. (2000). Dailywell-being: The role of autonomy, competence, and relatedness. *Personality and Social*

Psychology Bulletin, 26(4), 419-435.

Ryan, R. M., & Deci, E. L. (2000). Self-determination theory and the facilitation of intrinsic motivation, social development, and well-being. *American Psychologist, 55*(1), 68-78.

Seligman, M. E. P. (1975). *Helplessness: On depression, development, anddeath.* SanFrancisco: Freeman.

Seligman, M. E. P., & Schulman, P. (1986). Explanatory Style as a Predictor of Productivity and Quitting among Life Insurance Sales Agents. *Journal of Personality and Social Psychology, 50,* 832-838.

Shaffer, D. R. (2009). 발달심리학. (송길연, 장유경, 이지연, 정윤경 공역). 서울: 시그마프레스.

Spielberger, C. D., Jacobs, G., Russell, S., & Crane, R. S. (1983). Assessment of anger: The state-trait anger scale. *Advances in personality assessment, 2,* 161-189.

Staw, B. M., Sutton, R. I., & Pdselled, L. H. (1994). Employee Positive Emotion and Favorable Outcomes at the Workplace. *Organization Science, 5,* 51-71.

Teo, A. R., Fetters, M. D., Stufflebam, K., Tateno, M., Balhara, Y., Choi, T. Y., & Kato, T. A. (2015). Identification of the hikikomori syndrome of social withdrawal: psychosocial features and treatment preferences in four countries. *International Journal of Social Psychiatry, 61*(1), 64-72.

Turk, C. L., Heimberg, R. G., Luterek, J. A., Mennin, D. S., & Fresco, D. M. (2005). Emotion Dysregulation in Generalized Anxiety Disorder: A Comparison with Social Anxiety Disorder. *Cognitive Therapy and Research, 29*(1), 89-106.

Turk, J. (2005). Post-traumatic stress disorder in young people with intellectual disability. *Journal of Intellectual Disability Research, 49*(11), 872-875.

Uchida, C. (2010). Apathetic and withdrawing students in Japanese universities-With regard to Hikikomori and student apathy. *Journal of Medical and Dental Sciences, 57,* 95-108.

Vinokur, A., Schul, Y., & Caplan, R. D. (1987). Determinants of Perceived Social Support: Interpersonal Transactions, Personal Outlook, and Transient Affective States. *Journal of Personality and Social Psychology, 53,* 1137-1145.

Virginia Satir (2006). 아름다운 가족: 버지니아 사티어의 가족치료 리포트. 서울: 도서출판 창조문화. (원저는 1999년에 출판).

Watson. D., Clark, L. A., & Tellegen, A. (1984). Development and Validation of Brief Measures of Positive and Negative Affect: The PANAS Scales. *Journal of personality and Social Psychology, 54*(6), 1063-1070.

Wong, P. W. (2020). Potential changes to the hikikimori phenomenon in the wake of the Covid-19 pandemic. *Asian journal of psychiatry.*

Wong, P. W., Li, T. M., Chan, M., Law, Y. W., Chau, M., Cheng, C., Fu, K. W., Bacon-Shone, J., & Yip, P. S. (2015). The prevalence and correlates of severe social withdrawal (hikikomori) in Hong: A crss-sectional telephone-basee survey study. *International Journal of Social Psychiatry, 61*(4), 330-342.

Yang, Z. (2012). Hidden youth syndrome and intervention approaches. *China Youth Stud, 12,* 32-37.

Yuen, J, W., Yan, Y. K., Wong, V. C., Tam, W. W., So, K. W., & Chien, W, T, (2018). A Physical Health Profile of Youths Living with a "Hikikomori" Lifestyle. *International Journal of Environmental Research and Public health, 15*(2), 315.

KBS 시사 프로그램 추적 60분(2005. 4. 13.). 나는 방에서 나오고 싶지 않다.

KBS 제보자들(2020. 4. 29.). 방 안에 갇힌 아들을 구해 주세요!.

KTV 라이브 S & News(2019. 4. 19.). 은둔형 외톨이.

SBS 스페셜 다큐(2020. 3. 29.). 나는 고립을 선택했다.

TBS tv민생연구소(2021. 2. 2.). 은둔형 외톨이 '고립'을 선택한 이유.

CIVIC뉴스(2020. 5. 19.). 늘어나는 대학생 휴학 … '일단 쉬면서 활로 모색'. http://www.civicnews.com/news/articleView.html?idxno=28663

dongA.com(2020. 9. 3.). 엄마, 난 민달팽이야. 은둔형 외톨이에 가장 필요한 건. https://www.donga.com/news/article/all/20200903/102775844/1

YTN뉴스(2008. 10. 22.). 봉준호의 영화 '흔들리는 도쿄'. https://www.ytn.co.kr/_ln/0109_200810221428149460

국민일보 기획기사 6편(2020. 11. 28.-12. 7.). 방에 나를 가뒀다, 은둔 청년 보고서.

국민일보(2020. 11. 30.). 학교도 가정도 지옥이었다…청년들이 자신을 가둔 이유. http://news.kmib.co.kr/article/view.asp?arcid=0015268171

국민일보(2020. 12. 1.). 매일 스스로를 저주한 은둔의 밤…행복은 오지 않았다. http://news. kmib.co.kr/article/view.asp?arcid=0015272012&code=61121111

국민일보(2020. 12. 2.). 애야, 대체 왜 숨었니. 아들의 침묵에 엄마도 무너졌다. http://news. kmib.co.kr/article/view.asp?arcid=0015276587

국민일보(2020. 12. 7.). 10년 이상 장기은둔이 30%…한국도 '8050리스크' 머지않다. http:// news.kmib.co.kr/article/view.asp?arcid=0924168273

뉴스1코리아(2020. 11. 5.). 취업 실패 후유증에 구직자 10명 중 6명 '은둔형 외톨이'. https:// www.news1.kr/articles/?4109255

동아일보(2013. 11. 7.). 사회적 유대감, OECD 바닥권. https://www.donga.com/news/ article/all/20131107/58730584/1

마인드 포스트(2020. 5. 29.). 핀란드 '오픈 다이얼로그', 한국 정신병원서 최초로 도입된다. http://www.mindpost.or.kr/news/articleView.html?idxno=3795

서울신문(2005. 12. 13.). 패륜까지 치달은 청소년 게임중독. https://news.naver.com/main/ read.nhn?mode=LSD&mid=sec&sid1=110&oid=081&aid=0000069950

세계일보(2009. 9. 10.). 공연문화시장 나홀로 족은 '귀하신 몸'. https://news.naver.com/ main/read.nhn?mode=LSD&mid=sec&sid1=101&oid=022&aid=0002072678

소비자가 만드는 신문(2018. 11 .21.). 고통 받는 감정노동자… 폭언 · 성희롱 악순환. http:// www.consumernews.co.kr/news/articleView.html?idxno=527935

아시아경제(2018. 10. 31.). '잘못 알려진' 강서구 PC방 살인 사건 4가지 의혹 … 진실은? https://www.asiae.co.kr/article/2018103014062880775

아시아경제뉴스(2011. 3. 17.). 강진, 쓰나미, 일본인 정신까지 갉아 먹는다. http://www. asiae.co.kr/news/view.htm?idxno=2011031711072867069

여성신문(2020. 6. 25.). 밖으로 나갈 수가 없어요. 은둔형 외톨이의 호소. http://www. womennews.co.kr/news/articleView.html?idxno=200029

연합뉴스(2017. 10. 14.). '日 20대 60%가 히키코모리' 노인보다 외출 덜 한다. https://www. yna.co.kr/view/AKR20171014049500073?input=1195m

조선일보(2017. 6. 15.). 저출산에 족보도 헐렁… 초등생 셋 중 하나는 외동. https://www. chosun.com/site/data/html_dir/2017/06/15/2017061500172.html

중앙일보(2017. 6. 17.). [랭 · 본 · 대] 자퇴 학생 적은 대학 1위 서울대, 2위는 한동대. https:// news.joins.com/article/21674422

중앙일보(2018. 9. 6.). [시론] 대학 밖 떠도는 20대 청년들…'대안대학'으로 포용하자. https://news.joins.com/article/22946314

중앙일보(2020. 2. 7.). 방에서 15년째 … 한국 '히키코모리'는 나가고 싶다. https://news.joins.com/article/23700098

채널예스(2018. 9. 14.). 만렙 집돌이의 방구석 탈출기. http://ch.yes24.com/Articl e/View/37010

파이낸셜뉴스(2014. 2. 24.). 3번 이상 전학, 아이 정신 건강에 안 좋다. https://www.fnnews.com/news/201402241045481625?t=y

한겨레21(2019. 5. 20. a). 예비범죄자로 낙인찍지 말라. http://h21.hani.co.kr/arti/cover/cover_general/47079.html

한겨레21(2019. 5. 20. b). 허공에 떠 있는 우리가 보이지 않나요. http://h21.hani.co.kr/arti/cover/cover_general/47077.html

나무위키(2021. 2. 24. 수정). 대학서열화. https://namu.wiki/w/대학%20서열화

네이버지식백과. 새로운 일본의 이해. 연공서열. https://terms.naver.com/list.nhn?cid=62069& categoryId=62069

네이버지식백과. 두산백과. 집단주의. https://terms.naver.com/entry.nhn?docId=5953694&cid=40942&categoryId=31629

네이버지식백과. 상담학사전. 은둔형 외톨이. https://terms.naver.com/entry.nhn?docId=5675004&cid=62841&categoryId=62841

네이버지식백과. 상담학사전. 학교공포증. https://terms.naver.com/entry.nhn?docId=5674128&cid=62841&categoryId=62841

네이버지식백과. 시사상식사전. 학업중단숙려제. https://terms.naver.com/entry.nhn?docId=3325577&cid=43667&categoryId=43667

위키백과(2020. 6. 6. 편집). 히키코모리. https://ko.wikipedia.org/wiki/히키코모리

위키백과(2020. 9. 24. 편집). RPG게임. https://ko.wikipedia.org/wiki/롤플레잉_게임

위키백과(2021. 1. 14. 편집). FPS 게임. https://ko.wikipedia.org/wiki/1인칭_슈팅_게임

위키백과(2021. 2. 1. 편집). 표준점수. https://ko.wikipedia.org/wiki/표준_점수

위키백과(2021. 2. 19. 편집). Faith Popcorn. https://en.wikipedia.org/wiki/Faith_Popcorn

트렌드 지식사전(2013. 8. 5.). 갑을관계. 서울: 인물과 사상사. https://terms.naver.c om/

entry.nhn?docId=2070466&cid=55570&categoryId=55570&expCategoryId=55570

한국민족문화대백과사전. 문화. http://encykorea.aks.ac.kr/Contents/Index?contents_id=E0019771

G'L 학교밖청소년연구소 https://www.glosy.re.kr/, https://blog.naver.com/glosyri

K2인터내셔널코리아 https://k2-kr.com. K2인터내셔널코리아(2020). 앗! 나도 모르게 나와 버렸다: k2 코리아가 전하는 운둔 그리고 삶.

PICORD(픽코드필름) https://tv.naver.com/picordfilm

건강가정지원센터 https://www.familynet.or.kr/web/index.do

고용노동부 http://www.moel.go.kr/index.do

고용복지플러스센터 http://workplus.go.kr/index.do

교육부, 국가평생교육진흥원, 중앙다문화교육센터(2020). 학교폭력 예방 및 대응 안내(학 부모용) https://doran.edunet.net/dboardsvc/selectDoranBoardForm.do?boardNum=19&menu_id=42&atclNum=23140&contents_openapi=totalSearch

국립정신건강센터 정신건강사업부, 정신건강복지센터, 자살예방센터, 중독관리통합지원센터 http://www.ncmh.go.kr/mentalhealth/main.do

꿈길 www.ggoomgil.go.kr

꿈드림센터 https://www.cyber1388.kr:447/new_/helpcall/helpcall_n_04.asp?id=top_simter

꿈터학교 https://cafe.daum.net/ggumterschool

네이버 지식백과 https://terms.naver.com

도쿄도 복지 보건국 홈페이지 생활 곤궁자 자립지원사업 설명. https://www.fukushihoken.metro.tokyo.lg.jp/smph/nishifuku/seikatukonkyu.html

딜라이트 https://cafe.naver.com/delightforu

또래상담 www.peer.or.kr

리커버리 센터 https://www.the-recoverycenter.org/

보건복지부(2019). '노숙인 등의 복지 및 자립지원에 관한 법률'. https://www.mohw.go.kr/react/al/sal0301vw.jsp?PAR_MENU_ID=04&MENU_ID=0403&CONT_SEQ=342148

사회비행자 https://blog.naver.com/societypilot

생명의전화종합사회복지관 www.lifelineseoul.or.kr

아산프론티어아카데미 https://blog.naver.com/asan_nanum/221186821790

여성긴급전화 www.women1366.kr

온라인청년센터 www.youthcenter.go.kr

위프로젝트 www.wee.go.kr

은둔형 외톨이 부모모임 https://cafe.naver.com/youcandogoout/215

이재진 정신건강의학과 https://blog.naver.com/ee_jaejin

일본 나가노현 정신보건복지센터 홈페이지. https://www.pref.nagano.lg.jp/seishin/
heisetsu/hikikomori/withdraw_config.html#mylinks

자립지원 사업 흐름을 설명한 페이지. https://gooddo.jp/magazine/poverty/living -in-
poverty/10119/

중앙자살예방센터(2020). 자살보도 권고기준 3.0. http://www.spckorea.or.kr/sub.php?me
nukey=10&id=issue&mode=view&idx=18

청년재단 https://yhf.kr/main.do

청소년상담복지센터 https://www.cyber1388.kr:447/new_/helpcall/helpcall_n_03_1.
asp?id=top_simter

파이심리상담센터 https://www.pie-edu.com/

학교폭력 신고센터(117) http://www.safe182.go.kr/index.do

한국은둔형 외톨이부모협회 https://blog.naver.com/korea-hikikomori/221808779224

한국은둔형 외톨이지원연대 www.hsak.kr

한국청소년상담원 www.kyci.or.kr

핫라인 안내. https://www.mhlw.go.jp/kinkyu/180305.html

후생노동성 취업지원준비사업 수순(10p). https://www.mhlw.go.jp/content/000520648.pdf

후생노동성 홈페이지의 지역 청년 서포트 스테이션 소개. https://www.mhlw.go.jp/stf/
seisakunitsuite/bunya/koyou_roudou/jinzaikaihatsu/saposute.html

후생노동성의 자립상담지원사업안내(14페이지). https://www.mhlw.go.jp/content/
000520647.pdf

히키코모리(은둔형 외톨이) 가이드라인(www.mhlw.go.jp에서 무료 다운로드 받을 수 있
음). https://www.mhlw.go.jp/file/06-Seisakujouhou-12000000-Shakaiengokyoku-
Shakai/0000147789.pdf

히키코모리(은둔형 외톨이) 가이드라인의 요점. https://www.mhlw.go.jp/file/06-

Seisakujouhou-12000000-Shakaiengokyoku-Shakai/0000147786.pdf

히키코모리지원 시책의 방향성과 지역공생사회의 실현을 향해 후생노동성 사회. 원호국 지역복지과 PDF(2019. 9. 20.). https://www.mhlw.go.jp/content/12600000/000554777.pdf

은둔형
외톨이

찾아보기

117학교폭력 신고센터 365

ABC 이론 94

G'L 학교밖청소년연구소 345

K2인터내셔널코리아 18, 346

K2코리아 19

PIE나다운청년들 350

Wee 프로젝트 355

ㄱ

가정 학대 83

가족구성원 217

가족 구조 137

가족규칙 220

가족회의 283

강박 60

강박적 행동 149

강박증 61

개인위생 151

개인주의 260, 261

건강가정지원센터 364

게임 중독자 76

경쟁사회 263

경제활동 165

고독 124

고립청년 38

고용복지플러스센터 359

공감능력 267

공감성 57

공감인 19

과보호 209

관계 확장 289

광의의 은둔형 외톨이 37, 38

긍정적 정서 121

기동전사 행진곡 409

기질 176

꿈드림센터 358

꿈터학교 344

ㄴ

남존여비 49
내향성 182
내향적 성향 183
니트(NEET) 23
니트족 268

ㄷ

당위적 사고 97
대응적 개입 297
대인 기피 163
대인관계 56
두려움 58, 184
등교거부 18, 161, 235
딜라이트 대화모임 345

ㄹ

리커버리 센터 348

ㅁ

모자일체화 157
무관심 213
무기력 128
무력감 128
무망감 61, 143
무중력 청년 41
미해결과제 127

ㅂ

방임 213

범죄 74
부모 교육 293
부모 수업 293
부부체계의 대화 283
부정적 정서 121
분노 138
분노 폭발 60
분노조절 60
불안 58, 127
불안장애 59, 187
불화 205
비합리적 신념 95

ㅅ

사포스테 379
사회공포증 187
사회불안장애 123
사회비행자 348
사회적 고립자 38
사회적 기술 198
사회적 불안감 57
사회적 외톨이 40
사회적 인식 300
상담 167
생명의전화종합사회복지관 351
서열화 261
성격 176
성격장애 72
성별 48, 176
성취 211
솔리언또래상담 354
수용 294

수줍음 184

식습관 151

신체이형장애 102

심료내과 382

심리도식 양육 검사 306

심리치료 168

ㅇ

애착 202

애착반응 203

약물치료 59

양육태도 204

여성긴급전화 1366 366

예민함 142

예방적 개입 289

오픈 다이얼로그 386

온라인 청년센터 369

온라인 활동 153

외로움 139

외출 164

욕구위계 208

우울 58, 130

우울장애 187

우울증 58

위축 186, 239

유교문화 257

유대감 217

유전 84

은둔 계기 51

은둔 능력 115

은둔형 외톨이 15, 64, 65

은둔형 외톨이 지원 조례 19

은빛톨이 42

의사소통 215

의사소통 유형검사 302

이바쇼 380

이사 227

이아당심리상담센터 19

인터넷 273

인터넷 과의존 76

인터넷 중독 273

ㅈ

자기모니터링 382

자기애 135

자기애성 성격장애 135

자기효능감 191

자살 생각 61

자살 시도 61

자살사고 105

자살예방센터 368

자아개념 189

자책 100

자폐스펙트럼장애 187

자해 61

전문기관 343

전인적 접근 385

전학 227, 233

절망감 140

정서적인 수용 287

정서조절 123

정신건강 58

정신건강복지센터 362

정신질환 71

조현병 21, 187
존중 294
좌절감 61, 134
주장성 57
준 은둔형 외톨이 38
중독 61
중독 현상 62
중독관리통합지원센터 362
지원기관 343
지적장애 30
지지체계 268
진로체험지원센터 357
집단따돌림 241
집단주의 260, 261

ㅊ

차별 342
청년재단 345
청소년상담복지센터 361
추형공포 102
출생순위 50, 174, 178
충동성 60
취미활동 155
취업 53
취업 전쟁 264
침습적 사고 99

ㅋ

코로나 19 68
코쿤족 270

ㅌ

퇴행 156
트라우마 243

ㅍ

파이교육그룹 37
파이심리상담센터 19, 350
편견 342
편집성 57
평가 질문지 393
폭력적 159

ㅎ

학교 밖 청소년 42
학교 밖 · 사회 밖 청년 43
학교부적응 161, 233, 354
학교폭력 241
학업 부적응 51
학업중단 246, 354
학업중단 숙려제도 356
한국은둔형외톨이부모협회 20
한국은둔형외톨이지원연대 20, 351
한부모 가정 224
합리적 정서행동치료 94
행동 패턴 174
협의의 은둔형 외톨이 37, 38
홈리스족 271
회복탄력성 191
효문화 257
흔들리는 도쿄 402
히키코모리 15, 371

●저자 소개●

김혜원(Kim, Hyewon)
미국 Boston 대학교 심리학 박사
현 호서대학교 청소년 문화 · 상담학과 교수

조현주(Cho, Hyunjoo)
성균관대학교 교육학(상담심리) 박사
현 파이심리상담센터 센터장

김연옥(Kim, Yeanok)
아주대학교 교육학과(심리치료교육) 석사
현 파이심리상담센터 상담원

김진희(Kim, Jinhee)
강남대학교 교육학과(청소년상담) 석사
현 파이심리상담센터 상담원

윤진희(Yoon, Jinhee)
아주대학교 교육학과(심리치료교육) 석사
현 파이심리상담센터 상담원

차예린(Cha, Yelin)
한국외국어대학교 일어일문학과 언어학 박사
현 파이심리상담센터 상담원

한원건(Han, Wongeon)
남서울대학교 중독재활상담학(중독재활상담학과) 석사
현 파이심리상담센터 상담원

은둔형 외톨이
-가족, 사회, 자신을 위한 희망안내서-
A Guidebook for Hikikomori Themselves, Family, and Society

2021년 6월 30일 1판 1쇄 발행
2023년 6월 20일 1판 2쇄 발행

지은이 • 김혜원 · 조현주 · 김연옥 · 김진희 · 윤진희 · 차예린 · 한원건
펴낸이 • 김진환
펴낸곳 • ㈜ **학지사**

04031 서울특별시 마포구 양화로 15길 20 마인드월드빌딩
대표전화 • 02-330-5114   팩스 • 02-324-2345
등록번호 • 제313-2006-000265호

홈페이지 • http://www.hakjisa.co.kr
페이스북 • https://www.facebook.com/hakjisa

ISBN 978-89-997-2436-7 93180

정가 25,000원

출판 · 교육 · 미디어기업 **학지사**
간호보건의학출판 **학지사메디컬** www.hakjisamd.co.kr
심리검사연구소 **인싸이트** www.inpsyt.co.kr
학술논문서비스 **뉴논문** www.newnonmun.com
교육연수원 **카운피아** www.counpia.com